EDIÇÕES VIVA LIVROS

Seu horóscopo pessoal para 2013

Profissional de grande projeção nos Estados Unidos, Joseph Polansky escreve desde 1996 o anuário *Seu horóscopo pessoal*, muito consultado pelas informações precisas que apresenta. Publicou também *O poder dos pêndulos*, em coautoria com Greg Nielsen. O ano de 2013 é o 17º ano em que as previsões de Polansky estão acessíveis para o leitor brasileiro.

JOSEPH POLANSKY

SEU HORÓSCOPO PESSOAL PARA 2013

Tradução de
JOANA FARO

1ª edição

RIO DE JANEIRO – 2012

CIP-BRASIL. CATALOGAÇÃO NA FONTE
SINDICATO NACIONAL DOS EDITORES DE LIVROS, RJ

P816s
Polansky, Joseph
 Seu horóscopo pessoal para 2013 / Joseph Polansky; tradução de Joana Faro. – 1ª ed. – Rio de Janeiro: Viva Livros, 2012.
 12 × 18 cm

 Tradução de: Your 2013 Personal Horoscope
 ISBN 978-85-8103-017-3

 1. Horóscopos. 2. Astrologia. I. Título.

12-4453
CDD: 133.54
CDU: 133.52

Seu horóscopo pessoal para 2013, de autoria de Joseph Polansky.
Título número 018 da Coleção Viva Livros.
Primeira edição impressa em agosto de 2012.
Texto revisado conforme o Acordo Ortográfico da Língua Portuguesa.

Título original norte-americano:
YOUR 2013 PERSONAL HOROSCOPE

Copyright © 2012 by Star Data, Inc.
Copyright da tradução © 2012 by Edições Viva Livros, um selo da Editora Best Seller Ltda.

Os agradecimentos especiais do autor vão para a Star Data, que encomendou este trabalho. Sem o seu auxílio financeiro e técnico, este livro não teria sido escrito.

Star Data, Inc.
73 Benson Avenue
Westwood, NJ 07675, USA
www.stardata-online.com
info@stardata-online.com

www.vivalivros.com.br

Design de capa: Simone Villas-Boas.

Todos os direitos reservados. Proibida a reprodução, no todo ou em parte, sem autorização prévia por escrito da editora, sejam quais forem os meios empregados.

Direitos exclusivos de publicação em língua portuguesa para o mundo adquiridos pela Editora Best Seller Ltda. Rua Argentina 171 – 20921-380 – Rio de Janeiro, RJ – Tel.: 2585-2000 que se reserva a propriedade literária desta tradução.

Impresso no Brasil

ISBN 978-85-8103-017-3

Sumário

Introdução 7
Glossário de termos astrológicos 11

Áries
Perfil Pessoal 17
Horóscopo 2013 – Tendências Gerais 23
Previsões Mensais 32

Touro
Perfil Pessoal 53
Horóscopo 2013 – Tendências Gerais 59
Previsões Mensais 68

Gêmeos
Perfil Pessoal 89
Horóscopo 2013 – Tendências Gerais 94
Previsões Mensais 104

Câncer
Perfil Pessoal 123
Horóscopo 2013 – Tendências Gerais 128
Previsões Mensais 137

Leão
Perfil Pessoal 159
Horóscopo 2013 – Tendências Gerais 165
Previsões Mensais 174

Virgem
Perfil Pessoal 195
Horóscopo 2013 – Tendências Gerais 200
Previsões Mensais 209

Libra
Perfil Pessoal 231
Horóscopo 2013 – Tendências Gerais 236
Previsões Mensais 245

Escorpião
Perfil Pessoal 267
Horóscopo 2013 – Tendências Gerais 273
Previsões Mensais 282

Sagitário
Perfil Pessoal 303
Horóscopo 2013 – Tendências Gerais 308
Previsões Mensais 317

Capricórnio
Perfil Pessoal 339
Horóscopo 2013 – Tendências Gerais 344
Previsões Mensais 354

Aquário
Perfil Pessoal 375
Horóscopo 2013 – Tendências Gerais 380
Previsões Mensais 390

Peixes
Perfil Pessoal 411
Horóscopo 2013 – Tendências Gerais 417
Previsões Mensais 425

Introdução

Bem-vindo ao complexo e fascinante universo da Astrologia!
Há milênios o movimento dos planetas e de outros corpos celestes intriga as mentes mais argutas de cada geração. A vida não encerra maior desafio ou alegria do que o conhecimento do nosso ser e do universo que habitamos. E a Astrologia revela-se uma chave mestra nesse processo de conhecimento.

Seu horóscopo pessoal para 2013 permite a você, leitor, ter acesso à milenar sabedoria astrológica. Além de esboçar os traços gerais do seu caráter e as tendências básicas em sua vida, este livro irá ensiná-lo a fazer uso das influências planetárias para aproveitar ao máximo o novo ano.

Os capítulos reservados a cada signo incluem um "Perfil Pessoal", uma análise das "Tendências Gerais" para 2013 e "Previsões Mensais" detalhadas, com as influências dos planetas. O "Glossário" da página 11 ajuda a elucidar alguns termos astrológicos com os quais, porventura, você não esteja familiarizado.

Outra particularidade bastante útil desta obra é a listagem dos dias "mais benéficos" e "mais tensos", que antecede as previsões mensais para cada signo. Verifique essa listagem para informar-se sobre os dias mais favoráveis de modo geral e os mais auspiciosos para as finanças ou para o amor. Marque-os em seu calendário ou agenda, pois você deverá aproveitá-los bem. Tome nota também dos dias mais tensos. Evite marcar reuniões importantes ou tomar decisões de peso tanto nesses dias como naqueles em que planetas importantes no seu horóscopo estiverem *retrógrados* (deslocando-se em aparente marcha à ré no céu zodiacal).

A seção "Tendências Gerais", referente a cada signo, assinala os períodos em que sua vitalidade estará realçada ou debilitada, bem como os momentos em que o relacionamento com colegas de trabalho e entes queridos poderá exigir um esforço maior de sua parte. Se estiver atravessando uma fase difícil, dê uma olhada na cor, no metal, na pedra ou no perfume mencionados na seção do seu "Perfil Pessoal", intitulada "Num Relance". Usar joias ou acessórios que contenham seu metal ou pedra acentuará sua vitalidade; da mesma forma, vestir-se ou decorar seu escritório com tons pertencentes ao seu signo, usar perfumes e consumir chás feitos com ervas regidas por ele o ajudarão a manter seu astral alto.

Este livro o auxiliará a conhecer não apenas a si próprio, mas também aos que o rodeiam: seus amigos, colegas de trabalho, sócios, cônjuge e filhos. A leitura do "Perfil Pessoal", com previsões mensais para os signos dessas pessoas, irá muni-lo de valiosa compreensão quanto aos sentimentos e comportamento delas. Você saberá, por exemplo, quando deve ser mais tolerante, por compreender que se encontram mais suscetíveis ou propensas à irritação.

Tenho você, leitor, como meu cliente pessoal. Ao estudar seu Horóscopo Solar, adquiro um profundo conhecimento do que ocorre em sua vida, de como se sente, daquilo que almeja e dos desafios que terá de enfrentar. Faço, então, o melhor que posso para transmitir-lhe cuidadosamente essas diretrizes. Sendo assim, considere este livro a melhor alternativa a uma consulta pessoal com um astrólogo!

Espero sinceramente que *Seu horóscopo pessoal para 2013* melhore a qualidade da sua vida, facilite sua jornada e ilumine seu caminho, banindo a escuridão e tornando-o mais consciente de sua ligação pessoal com todo o universo. A Astrologia – quando bem entendida e sabiamente empregada – constitui um grande guia para a compreensão de si mesmo, dos outros e dos fenômenos existenciais. Mas lembre-se sempre de que o uso que fará dessa compreensão depende, antes de tudo, de você.

Nota sobre o "Novo Zodíaco"

Foi publicado recentemente um artigo que defendia duas novas ideias. A primeira é que a descoberta de uma nova constelação, Ofiúco, também chamada de Serpentário, faria com que passassem a existir 13 constelações e, portanto, um 13º signo. A segunda é a teoria de que como o alinhamento da Terra em relação às constelações mudou nos últimos milhares de anos, os 12 signos existentes teriam voltado uma casa do zodíaco. Essas ideias têm causado grande consternação, e venho recebendo uma verdadeira torrente de cartas, e-mails e telefonemas de pessoas dizendo "Não quero ser taurino, estou feliz como geminiano", "Qual é o meu signo verdadeiro?" ou "Agora que finalmente me compreendo, não sou quem eu pensava ser!".

Tanta comoção é "muito barulho por nada". O artigo está parcialmente correto. Sim, o alinhamento dos planetas mudou nos últimos 2 mil anos, mas isso não é novidade. Já sabíamos disso e os astrólogos hindus, que usam o zodíaco sideral, levam essa mudança em consideração há muito tempo, registrando-as cuidadosamente. Os astrólogos ocidentais, porém, usam o chamado zodíaco tropical, que nada tem a ver com as constelações físicas. O zodíaco tropical é determinado pelo movimento de translação da Terra. Basta imaginar sua órbita circular em torno do Sol e então dividir este círculo em 12 partes iguais. Há alguns milhares de anos, estes signos coincidiam perfeitamente com as constelações físicas, independentemente do zodíaco adotado. Com o passar do tempo, o alinhamento dos planetas se modificou em relação à posição original, mas nossa astrologia ocidental não foi afetada por tais mudanças. Por isso, seu signo permanece o mesmo.

Em 2 mil anos houve um realinhamento de 23 graus, que os astrólogos hindus subtraíram dos cálculos ocidentais. De acordo com o zodíaco sideral, muitos geminianos seriam taurinos e assim por diante. Este é, portanto, um fenômeno previsto, que nada tem de surpreendente.

A 13ª constelação, Ofiúco, uma vez que nosso zodíaco não tem relação com as constelações físicas, também não é problema para os astrólogos ocidentais. Poderia ser problemático para os astrólogos hindus, mas sinto que não é. O que os astrônomos identificam como uma nova constelação provavelmente era considerada parte de uma das constelações existentes. Não tenho provas disso, mas é algo que sei intuitivamente. Tenho certeza de que em breve teremos artigos de astrólogos hindus elucidando essa questão.

Glossário de termos astrológicos

ALÉM-FRONTEIRAS

Os planetas deslocam-se pelo Zodíaco obedecendo a diversos ângulos em relação ao Equador celeste (traçando uma projeção imaginária do Equador terrestre em direção ao universo, obtemos o Equador celeste). O deslocamento do Sol, por ser este a influência hegemônica no Sistema Solar, é utilizado pelos astrólogos como padrão. O Sol jamais se afasta mais de 23 graus ao norte ou ao sul do Equador celeste. Durante o solstício de inverno, ele atinge o grau máximo de declínio em sua órbita, e durante o solstício de verão, o ápice de sua angulação orbital norte. Sempre que um planeta transpõe essa fronteira solar – e ocasionalmente eles o fazem –, diz-se que está "além-fronteiras". Isso significa que o planeta se imiscui em domínios estranhos, que transcendem os limites determinados pelo Sol, regente do Sistema Solar. O planeta que se acha nessa condição realça e intensifica a própria autoridade, convertendo-se em influência proeminente num horóscopo.

ASCENDENTE

Vivenciamos as sensações de dia e noite porque a Terra perfaz uma rotação completa sobre o próprio eixo a cada 24 horas. Por causa desse movimento de rotação, o Sol, a Lua e os planetas parecem subir e descer no horizonte. O Zodíaco constitui uma faixa fixa (imaginária, mas bastante real em termos espirituais) que envolve a Terra como um cinturão. À medida que a Terra vai girando, os diferentes signos zodiacais dão ao observador a impressão de ascender num ponto do horizonte. Num período de 24 horas, todos os signos do Zodíaco percorrem esse ponto do horizonte, cada um em seu devido momento. O signo que ocupa um ponto do horizonte num instante determinado recebe o nome de "signo ascendente". O "ascendente" sintetiza nossa imagem pessoal, corpo e autoconceito – o ego pessoal, em oposição ao eu espiritual, representado pelo signo solar.

ASPECTOS

"Aspectos" são interações angulares entre planetas: a maneira como um planeta estimula ou influencia outro. Se um planeta se encontra em aspecto harmonioso com outro (ou em relação harmoniosa), ele tende a estimular este último de forma positiva e útil. Se o aspecto for tenso, também o estímulo será tenso ou desconfortável, causando perturbações na influência planetária habitual.

CASAS

Existem 12 signos zodiacais e 12 Casas ou âmbitos de vivência. Os 12 signos representam tipos de personalidade e meios pelos quais um dado planeta se expressa. As Casas indicam o âmbito de sua vida em que essa expressão tende a se manifestar para você. Cada Casa abrange uma área de interesse distinta, conforme se observa na lista a seguir. Uma Casa pode adquirir importância ou potencializar-se, convertendo-se em Casa de Poder para você, de diversas formas: se contiver o Sol, a Lua ou o regente do seu mapa astral, se contiver mais de um planeta, ou sempre que o regente da Casa estiver recebendo estímulos inusitados de outros planetas.

Casa 1: Corpo e Imagem Pessoal (o "Eu")
Casa 2: Finanças e Posses
Casa 3: Comunicação
Casa 4: Vida Doméstica e Familiar
Casa 5: Divertimento, Lazer, Criatividade, Especulação e Casos Amorosos
Casa 6: Saúde e Trabalho

Casa 7: Amor, Romance, Casamento e Atividades Sociais
Casa 8: Eliminação, Transformação e Bens de Terceiros
Casa 9: Viagens, Educação, Religião e Filosofia
Casa 10: Carreira
Casa 11: Amizade, Atividades em Grupo e Aspirações Íntimas
Casa 12: Sabedoria Espiritual e Caridade

CARMA

"Carma" é a lei de causa e efeito que rege todos os fenômenos no universo. A situação em que nos achamos deriva do carma gerado pelos atos que praticamos no passado. O universo constitui um sistema tão equilibrado que qualquer ação, automaticamente, põe forças corretivas em movimento que recebem a denominação de "carma".

FASES LUNARES

Após o plenilúnio, a Lua começa a diminuir de tamanho (do ponto de vista terreno) até tornar-se invisível a olho nu, quando advém a "Lua Nova". Essa fase lunar é conhecida como "Quarto Minguante".

Após a Lua Nova, a Lua volta a crescer gradualmente (sob o prisma da Terra) até alcançar seu tamanho máximo na "Lua Cheia". Esse período recebe a denominação de "Quarto Crescente".

LUNAR

Relativo à Lua.

MOVIMENTO DIRETO

Quando os planetas se deslocam para a frente – como normalmente fazem – pelo céu zodiacal, diz-se que estão em movimento direto.

MOVIMENTO RETRÓGRADO

Os planetas deslocam-se ao redor do Sol em diferentes velocidades. Mercúrio e Vênus movem-se muito mais rápido do que a Terra, ao passo que Marte, Júpiter, Saturno, Urano, Netuno e Plutão deslocam-se mais lentamente. Em decorrência disso, há períodos nos quais os planetas, baseando-se em um referencial terrestre, parecem deslocar-se para trás no Zodíaco, por um certo tempo. Esse movimento recebe a denominação de "retrógrado" e tende a debilitar a influência normal de determinado planeta.

NATAL

Literalmente, significa "nascimento". Astrologicamente, esse termo é empregado para diferenciar posições planetárias características do instante do nascimento (natal) das progressões planetárias atuais (trânsitos). Por exemplo, o Sol natal, no que diz respeito a você, alude à posição do Sol no instante do seu nascimento; já um trânsito do Sol indica a posição dele num dado momento, que geralmente não coincide com a posição na hora do seu nascimento.

PLANETAS LENTOS

Os planetas que levam um tempo maior para completar uma volta ao redor do Sol são denominados "planetas lentos". São eles: Júpiter (que permanece cerca de um ano em cada signo), Saturno (que fica dois anos e meio em cada signo), Urano (sete anos), Netuno (14 anos) e Plutão (de 15 a 30 anos). Os planetas lentos assinalam tendências duradouras numa determinada área da existência e são, por essa razão, importantíssimos para o astrólogo quando este faz prognósticos de longo prazo. Pelo fato de tais planetas permanecerem tanto tempo num signo, há períodos no ano em que "os planetas rápidos" se juntam a eles, ativando e aumentando a importância de determinada Casa.

PLANETAS RÁPIDOS

São os corpos que se deslocam rapidamente, a saber: a Lua (permanece num signo apenas dois dias e meio), Mercúrio (de 20 a 30 dias), o Sol (30 dias), Vênus (aproximadamente um mês) e Marte (cerca de dois meses). Como esses planetas se deslocam velozmente, sua influência se faz sentir a curto prazo. Revelam, pois, as propensões cotidianas num horóscopo.

QUALIDADES ASTROLÓGICAS

Existem três tipos de qualidades astrológicas: *cardeal, fixa* e *mutável*. Cada um dos 12 signos zodiacais se enquadra numa dessas categorias.

A qualidade cardeal se manifesta como princípio da atividade e iniciativa. Os signos cardeais (Áries, Câncer, Libra e Capricórnio) são excelentes quando se trata de fazer deslanchar um novo projeto.

A qualidade fixa encerra estabilidade, perseverança, tenacidade e perfeccionismo. Os signos fixos (Touro, Leão, Escorpião e Aquário) são excelentes em levar a cabo os empreendimentos.

A qualidade mutável se manifesta como flexibilidade, adaptação e equilíbrio. Os signos mutáveis (Gêmeos, Virgem, Sagitário e Peixes) exibem natureza criativa, porém nem sempre prática.

TRÂNSITO

Alude ao movimento dos planetas num determinado instante. Os astrólogos empregam o termo "trânsito" para estabelecer a diferença entre a posição natal de um planeta no horóscopo e seu deslocamento atual nos céus. Por exemplo: se, no dia em que você nasceu, Saturno estava no signo de Câncer, na sua Casa 8, mas agora está se movendo através da sua Casa 3, dizemos que ele está "transitando" pela sua Casa 3. Os trânsitos constituem ferramentas das mais importantes para os prognósticos astrológicos.

♈

ÁRIES

O CARNEIRO
Nascidos entre 21 de março e 20 de abril

PERFIL PESSOAL

ÁRIES NUM RELANCE

Elemento: Fogo
Planeta Regente: Marte
   Planeta da Carreira: Saturno
   Planeta do Amor: Vênus
   Planeta das Finanças: Vênus
   Planeta do Divertimento, do Lazer, da Criatividade e das Especulações: Sol
   Planeta do Lar e da Vida Familiar: Lua
   Planeta da Fortuna e da Abundância: Júpiter
Cores: carmim, vermelho, escarlate
Cores que promovem o amor, o romance e a harmonia social: verde, verde-jade
Cor que propicia ganhos: verde
Pedra: ametista
Metais: ferro, aço
Perfume: madressilva
Qualidade: cardeal (= atividade)
Qualidade essencial ao equilíbrio: cautela
Maiores virtudes: energia física abundante, coragem, honestidade, independência, autoconfiança

Necessidade mais profunda: ação
Características a evitar: precipitação, impetuosidade, excesso de agressividade, imprudência
Signos de maior compatibilidade: Leão, Sagitário
Signos de maior incompatibilidade: Câncer, Libra, Capricórnio
Signo mais útil à carreira: Capricórnio
Signo que fornece maior suporte emocional: Câncer
Signo mais prestativo em questões financeiras: Touro
Melhor signo para casamento e associações: Libra
Signo mais útil em projetos criativos: Leão
Melhor signo para sair e se divertir: Leão
Signos mais úteis em assuntos espirituais: Sagitário, Peixes
Melhor dia da semana: terça-feira

COMPREENDENDO A PERSONALIDADE ARIANA

Áries é o ativista zodiacal por excelência. A necessidade que sente de agir beira a compulsão, o que faz com que aqueles que não compreendem a fundo a personalidade ariana empreguem esse termo um tanto forte para descrevê-la. Na realidade, a "ação" constitui o cerne da psicologia ariana, e quanto mais direta, franca e sem rodeios, melhor. Trata-se, sem dúvida, do perfil psicológico perfeito do guerreiro, do pioneiro, do atleta e do gerente.

Os arianos apreciam executar tarefas e, em seu desvelo passional, muitas vezes perdem de vista as consequências que acarretam para si e para os demais. Sim, muitas vezes *tentam* agir com diplomacia e tato, mas a tarefa é demasiado dura para eles. Ao agir assim, sentem-se desonestos ou falsos. Para eles, é difícil até mesmo compreender a mentalidade do diplomata, do articulador de consensos, do executivo testa de ferro. Como podem essas pessoas perder tanto tempo com reuniões intermináveis, discussões, conversas e negociações, quando há tanto trabalho a ser feito, tantas realizações práticas a serem conquistadas? O ariano até consegue entender, desde que lhe seja bem explicado que as conversas e negociações – as chamadas concessões sociais – geram ações mais eficazes. O interessante no temperamento do ariano é que ele raramente se mostra rancoroso ou mal-intencionado, mesmo quando trava um combate. Os arianos contestam seus oponentes sem ódio. Para eles tudo não passa de um divertimento sadio, de uma grande aventura ou um jogo.

Quando se veem às voltas com algum problema, muitos dizem: "Bem, analisemos a situação para ver se encontramos uma solução." Mas nunca um ariano, que invariavelmente pensa: "Algo tem que ser feito logo. Mãos à obra!" Naturalmente, nenhuma dessas posturas isoladas soluciona a questão. Por vezes, a ação imediata se faz necessária, mas em outras situações é importante fazer bom uso do pensamento frio e analítico. Contudo, o ariano tende a errar quase sempre por precipitar-se na ação.

Os princípios da ação e da reflexão possuem naturezas radicalmente diferentes. A atividade física pressupõe o uso de certa medida de força bruta. A ponderação, por sua vez, requer a imobilidade e a suspensão temporária do uso da força. Não será proveitoso para um atleta ficar considerando qual deve ser o seu próximo movimento; isso apenas desaceleraria suas reações. O atleta tem que agir por instinto, de forma instantânea. E é assim que os nativos de Áries tendem a se comportar na vida. São ágeis, tomam decisões instintivamente e sem demora convertem-nas em ações. Se sua intuição estiver aguçada e em boa sintonia, seus atos serão coroados de poder e êxito. Mas, se estiver mal sintonizada, os resultados podem ser desastrosos.

Não pense que isso assusta ou intimida um ariano. Como bom guerreiro, ele sabe que no decorrer do combate pode vir a sofrer um ou outro ferimento. Todo ariano parece perceber intimamente que, no processo de permanecer fiel à sua própria verdade, arrisca-se a incorrer em mais de um acidente. Isso faz parte das regras do jogo, e ele dispõe de forças para aguentar qualquer contratempo.

Muitos arianos, todavia, são intelectuais brilhantemente criativos. Qualquer que seja o domínio a que se dediquem, tendem a ser pioneiros, inusitados e francos. Essa categoria de nativo do signo tende a sublimar o combate físico pelo combate de natureza mental ou intelectual. Trata-se de pensadores vigorosos.

De modo geral, a confiança que os arianos nutrem em relação a si próprios deveria servir de exemplo aos demais signos. É essa confiança básica e ferrenha que lhes permite atravessar a salvo situações de grande turbulência. Sua coragem e autoconfiança fazem deles líderes natos, e essa liderança é exercida mais pelo exemplo do que por meio da imposição de controle.

FINANÇAS

Os nativos de Áries são excelentes construtores e corretores imobiliários. O dinheiro em si não se revela, para eles, tão importante quanto a ação, a aventura e as atividades esportivas. São movidos por uma forte necessidade de apoiar emocionalmente seus parceiros e de conservar uma boa imagem aos olhos deles. Os arianos funcionam melhor trabalhando por conta própria, ou gerindo seu próprio departamento, quando se trata de uma grande empresa. Quanto menos dependerem de ordens superiores, melhor. Também se mostram mais eficientes em trabalhos de campo do que por trás de uma escrivaninha.

São trabalhadores tenazes e dotados de muita resistência física, que podem acumular *grandes* somas de dinheiro quase exclusivamente por causa de sua robustez e abundante energia.

Vênus é seu planeta das finanças, o que significa que necessitam desenvolver mais a cortesia social, a fim de que seu pleno potencial de ganhos se concretize. Apenas executar o serviço – ponto em que os nativos do signo se destacam – não basta. É preciso obter a cooperação alheia. Fregueses, clientes e companheiros de trabalho precisam sentir-se à vontade. É primordial tratar bem as pessoas para que o sucesso se faça presente. Quando os arianos desenvolvem essa habilidade – ou contratam alguém para fazê-lo por eles –, seu potencial financeiro torna-se ilimitado.

CARREIRA E IMAGEM PÚBLICA

É de se esperar que espíritos pioneiros anseiem por romper com as convenções sociopolíticas vigentes. Mas não se dá assim com os arianos. Eles são pioneiros dentro dos limites do convencional, no sentido de que preferem iniciar um negócio próprio dentro de um ramo já estabelecido a trabalhar para outrem.

Capricórnio ocupa a cúspide da Casa 10 (da Carreira) do horóscopo Solar ariano. Saturno é o planeta que governa o trabalho de suas vidas e suas aspirações profissionais. Isso revela alguns fatos interessantes sobre o temperamento ariano. Primeiramente, para chegar ao auge do potencial de sua carreira, precisam desenvolver certas qualidades um tanto alheias à sua natureza básica. Precisam tornar-se melhores administradores e organizadores. Têm de aprender a lidar melhor com detalhes e a vislumbrar seus projetos, bem como a própria carreira, a longo prazo. É impossível superar um ariano na execução de metas imediatas, mas uma carreira se constrói ao longo do tempo. Não é o tipo de meta que se alcance rapidamente!

Alguns arianos enfrentam grande dificuldade em levar um projeto até o fim. Entediam-se com facilidade. E sua constante necessidade de buscar aventuras faz com que prefiram delegar antigos projetos ou tarefas a outrem para começar algo novo. Os arianos que aprendem a adiar a busca do novo até que o antigo esteja concluído alcançam grande sucesso em sua carreira e na vida profissional em sentido amplo.

De modo geral, os nativos de Áries apreciam que a sociedade os julgue por seus próprios méritos, com base em suas realizações e conquistas efetivas. Elogios granjeados lisonjeiramente soam falsos aos seus ouvidos.

AMOR E RELACIONAMENTOS

No amor e nas associações, os arianos gostam de parceiros gentis, táticos, passivos e diplomáticos – imbuídos do charme social e das habilidades de que eles próprios carecem. Os parceiros que escolhemos representam amiúde uma parcela oculta de nós mesmos – o eu que pessoalmente não conseguimos externar.

Os arianos tendem a partir agressivamente no encalço do que almejam. Costumam mergulhar de cabeça nas relações e no casamento. Isso se mostra particularmente verdadeiro quando tanto Vênus quanto o Sol se encontram em Áries. Se um ariano se encantar por você, não aceitará facilmente um "não" como resposta; tentará minar sua resistência e não desistirá até que você se renda.

Embora os arianos possam ser enervantes ao extremo num relacionamento – sobretudo se não forem bem compreendidos pelo cônjuge –, não o fazem por crueldade ou malícia. Ocorre apenas que são tão independentes e seguros de si que dificilmente conseguem enxergar o ponto de vista ou a posição dos outros. É por isso que necessitam de parceiros imbuídos de transbordante traquejo social.

Entre seus aspectos mais positivos destaca-se a honestidade. Um ariano é alguém com quem se pode contar e cujo posicionamento em relação a você será sempre bem claro. O que lhe falta em diplomacia é compensado em integridade.

VIDA DOMÉSTICA E FAMILIAR

Obviamente, é o ariano quem governa a casa. São os mandachuvas do lar. Os nativos do sexo masculino tendem a delegar muitas decisões domésticas à mulher, e as nativas de Áries, por sua vez, também apreciam "cantar de galo". Ambos são jeitosos na lida doméstica. Apreciam famílias numerosas e acreditam na santidade e na importância do grupo. Os arianos geralmente são bons membros de família, embora parem pouco em casa, preferindo perambular por aí.

Considerando sua natureza notoriamente combativa e caprichosa, os nativos do signo revelam-se surpreendentemente suaves, gentis e até vulneráveis ao lidar com os filhos e com o cônjuge. O signo de Câncer, regido pela Lua, ocupa a cúspide da Casa Solar 4, que é a do Lar e da Família. Sempre que os aspectos com a Lua estiverem harmônicos, produzindo influências favoráveis, o nativo se mostrará terno para com a família e buscará sustento e apoio na vida familiar. Os arianos apreciam regressar ao lar ao término de um dia árduo na batalha da vida, para os braços compreensivos do cônjuge e para o seio do apoio e do amor incondicionais que a família oferece. Sentem que há contendas demais lá fora e, embora adorem participar delas, quando regressam a casa querem apenas desfrutar o conforto e o aconchego domésticos.

ÁRIES
HORÓSCOPO 2013

TENDÊNCIAS GERAIS

Desde que Urano, um dos planetas mais dinâmicos, entrou em seu signo em março de 2011, a mudança, certas vezes repentina e dramática, tem sido o tema de sua vida. Em cerca de cinco anos, quando Urano deixar seu signo, sua vida será completamente diferente do que é hoje. Todos os arianos estão passando por mudanças, mas os nascidos no início do signo de Áries (de 20 de março a 5 de abril) estão sentindo-as com mais intensidade. Isso nem sempre é muito agradável. Às vezes, as pessoas se prendem inconscientemente a situações, relacionamentos ou padrões mentais negativos, agarrando-se a um *status quo* que, na verdade, é prejudicial a elas. Assim, Urano tem de tomar medidas drásticas para nos libertar desse estado mental. Às vezes, é um terremoto, um tsunami ou outro desastre natural que dá conta do recado. Ocasionalmente, ocorrem outros eventos dramáticos. O objetivo não é punir, apenas nos libertar. Quando há influência de Urano, é impossível impedir a mudança – não se pode prevê-la ou se programar para ela. Normalmente, esses eventos são repentinos e inesperados, coisas com as quais você jamais sonharia. De Urano só se pode esperar o inesperado. Mas quando a mudança acontecer, repentinamente você estará em uma nova vida e se verá livre para seguir o verdadeiro desejo de seu coração. Essa é a benção de Urano.

Os anos de 2011 e 2012 foram muito desafiadores, repletos de crises. Felizmente, você as superou – o pior já passou. A maioria dos planetas de longo curso já se afastou do aspecto tenso com você. Haverá uma enorme melhora em sua saúde e em sua energia em 2013.

Saturno entrou em sua oitava Casa em outubro de 2012, um trânsito muito bom para você. Ele saiu de sua posição tensa. Este ano você deverá repensar sua vida sexual. É preciso focar mais em qualidade do que em quantidade. Saturno sabe como fazer isso.

No ano passado, em 4 de fevereiro, Netuno fez um movimento importante, saindo de sua 11ª Casa e indo para sua 12ª Casa – da Espiritualidade. A vida espiritual será muito mais enfatizada do que de hábito, e essa será uma tendência de longo prazo.

Suas principais áreas de interesse este ano serão corpo, a imagem e prazer pessoal; comunicação e interesses intelectuais (até 27 de junho); lar e família (de 27 de junho em diante); sexo, morte e renascimento, reencarnação, regressão a vidas passadas, estudos de ocultismo e reinvenção pessoal; carreira; espiritualidade.

Seus caminhos para a maior realização este ano serão comunicação e interesses intelectuais (até 27 de junho); lar e família (de 27 de junho em diante); sexo, morte e renascimento, reencarnação, regressão a vidas passadas, estudos de ocultismo e reinvenção pessoal.

SAÚDE

(Trata-se de uma perspectiva astrológica sobre a saúde, não de uma visão médica. Antigamente, não existiam diferenças, ambas as perspectivas eram idênticas. Porém, hoje, podem ocorrer diferenças. Para obter uma opinião com base em diagnósticos da medicina convencional, consulte seu médico ou um profissional da saúde.)

A saúde e a energia têm estado muito melhores nos últimos anos. Se você passou por 2011, vai tirar de letra este ano – provavelmente, estará mais forte do que nunca. Sua sexta Casa – da Saúde – ficará praticamente vazia este ano – não haverá qualquer planeta de longo curso nela. Os planetas rápidos passarão por ela brevemente, mas esses trânsitos serão temporários, e não tendências para o ano. Na verdade, a sexta Casa vazia terá impacto positivo em sua saúde. Você não precisará se concentrar muito nela porque não haverá nada errado. De certa forma, vai poder contar com a boa saúde.

Mas por melhor que esteja a saúde, é sempre possível melhorá-la. Dê mais atenção aos seguintes órgãos:

Cabeça, rosto e couro cabeludo. Isso é sempre importante para os arianos. Massagens regulares no rosto e no couro cabeludo são uma terapia poderosa para você. Assim como terapia sacrocranial.

Pulmões, intestino delgado, braços, ombros e sistema respiratório. Os braços e ombros devem ser massageados regularmente. A pureza do ar tende a ser mais importante para você do que para a maioria das pessoas.

Como essas são as áreas mais vulneráveis de seu corpo, mantê-las saudáveis e em forma é uma ótima maneira de praticar a medicina preventiva.

Urano permanecerá em seu signo por muito tempo. Por isso, você se sentirá inclinado a experimentar com seu corpo e a "testar" seus limites. Em geral, esse comportamento é positivo, pois é assim que aprendemos sobre nós mesmos e expandimos os limites físicos, a performance atlética, a força e a resistência. Mas esse teste precisa ser feito de forma cuidadosa e consciente. Algumas vezes, as pessoas põem o corpo à prova de maneira irresponsável. Recentemente li sobre um jovem que pulou da ponte Golden Gate, em São Francisco, por diversão – esse é o tipo de coisa com que é preciso tomar cuidado. É por isso que disciplinas com a ioga, o tai chi e as artes marciais são benéficas. Você pode testar o corpo, expandir seus limites, mas de forma segura e controlada. Essa tendência durará por muitos anos.

Mercúrio é seu planeta da Saúde – um ótimo planeta da Saúde, aliás – e esse é o domínio natural dele. Ele intercede por você com força e poder. No corpo físico, rege os pulmões, o intestino delgado, os braços, os ombros e o sistema respiratório, por isso é tão importante para a saúde geral.

Mercúrio é um planeta rápido. Ao longo de 2013, ele passará por todos os signos e casas de seu zodíaco. Portanto, existem muitas tendências de curto prazo na saúde (dependendo de onde Mercúrio estará e dos aspectos que receberá), que serão detalhadas nas "Previsões Mensais".

LAR E FAMÍLIA

Sua quarta Casa – do Lar e da Família – se fortalecerá de uma maneira propícia a partir de 27 de junho, quando Júpiter ingressa nessa casa e ali permanece até meados de 2014.

Quando Júpiter passa pela quarta Casa, propicia boa sorte na compra ou na venda de uma residência. Também traz prosperidade para a família como um todo, mas especialmente para uma das figuras paternas de sua vida.

Frequentemente, Júpiter mostra uma mudança feliz para um lugar melhor e maior. Mas não é preciso mudar de casa para se obter felicidade e mais espaço no lar. Em geral, basta uma reforma. Às vezes, o acréscimo de um novo ornamento ou acessório "expande" a casa e a deixa diferente. Com frequência, as pessoas compram casas ou propriedades adicionais. Trocando de casa ou não, a oportunidade de mudança aparecerá para você – quando isso acontecer, você poderá decidir o que fazer.

Júpiter na quarta Casa mostra felicidade e prazer vindos da família. Este ano, você receberá muito apoio da família. Seus familiares estarão generosos com você e vice-versa. Júpiter na quarta

Casa também indica que haverá "expansão da unidade familiar", geralmente por meio de nascimentos ou casamentos. Em outros casos, isso significa que conheceremos que são "como se fossem da família" e que nos apoiam incondicionalmente.

Um dos melhores acontecimentos de 2013 é que os ânimos – a vida emocional – estarão elevados e otimistas. Bons ânimos atraem bons eventos.

Nem tudo, porém, são flores com a família. Parentes por casamento passarão por um momento difícil – cirurgias, talvez experiências de quase morte, mudanças pessoais dramáticas. Mas a família permanecerá unida e se manterá otimista. Haverá um espírito positivo entre seus membros, o que vai ajudá-los a superar as adversidades.

As nativas de Áries em idade de engravidar estarão muito mais férteis do que o normal neste período, uma tendência que se manterá em 2014.

Seu mapa indica alguém que promove cerimônias religiosas, estudos das escrituras ou encontros de oração em casa, especialmente depois de 27 de junho. A família como um todo estará mais religiosa.

Se você estiver planejando uma reforma – especialmente uma construção – qualquer momento depois de 27 de junho será propício, mas o período entre 13 de julho e 28 de agosto será o melhor. Caso esteja reformando a casa, redecorando ou repintando, tornando-a mais bonita, o período entre os dias 3 e 28 de junho é favorável.

Irmãos ou figuras fraternas irão prosperar este ano. No geral, terão um bom ano, mas não estarão propensos à mudança. Os solteiros se envolverão em um relacionamento sério.

Figuras paternas ou maternas podem submeter-se a cirurgias cosméticas (o que também pode já ter acontecido). Os filhos não devem se mudar este ano. Não é aconselhável. Eles desejam a mudança, mas será melhor usarem o espaço que têm.

DINHEIRO E CARREIRA

Sua segunda Casa – das Finanças – não será uma casa de poder este ano. O ano de 2011 foi forte nas finanças, e você parece mais ou menos satisfeito. Este será um ano sem grandes alterações. Não haverá necessidade de mudar o padrão de vida. Entretanto, em 10 de maio haverá um eclipse solar em sua Casa do dinheiro, e isso vai criar algumas mudanças. Mas serão de curto prazo.

Vênus, seu planeta das Finanças (e também o do Amor) é um planeta rápido. Portanto, passará por inúmeras tendências de curto prazo, dependendo de onde ele estará e dos aspectos que receberá. Essas tendências serão discutidas mais detalhadamente nas "Previsões Mensais".

De forma geral, entretanto, o dinheiro chegará até você de diversas maneiras, por intermédio de uma variedade de pessoas. Você estará muito flexível quando o assunto forem os ganhos.

Como Vênus é seu planeta das Finanças, os contatos profissionais são de extrema importância nessa área. Basicamente, os nativos de Áries são do tipo independente, gostam de traçar o próprio destino, mas quando o assunto é dinheiro precisam dos outros.

Quando Vênus é o planeta das Finanças, não é possível medir a riqueza do nativo apenas pelo saldo de suas contas bancárias. Elas são apenas a ponta do iceberg. A verdadeira riqueza está em quem conhecem – nos relacionamentos que construíram. Riqueza de amizades é uma forma de riqueza. No mundo corporativo, essa riqueza é chamada de "boa gestão" e tem um valor financeiro, que está acima dos bens materiais que a empresa possui.

Embora a Casa do dinheiro esteja vazia, haverá períodos do ano em que planetas rápidos passarão por ela e a ativarão temporariamente. Esses períodos serão picos financeiros anuais. Neste ano, isso acontecerá de 20 de abril a 31 de maio.

O cônjuge, parceiro ou amor atual estará preocupado com as finanças este ano. Saturno está passando por sua Casa do dinheiro e, além disso, ocorrerão dois eclipses. Ele precisa reorganizar as próprias finanças. Reestruturar-se. Se estabelecer prioridades, perceberá que possui todos os recursos de que precisa. Ao longo dos próximos dois anos, sua vida financeira se tornará mais equilibrada – ele abrirá mão do desperdício e vai aprender a gerenciar melhor o próprio dinheiro. Esse nem sempre é um processo agradável, mas é um verdadeiro workshop cósmico em gerenciamento de finanças.

A carreira – status profissional e prestígio – será muito mais importante do que simplesmente dinheiro este ano. Dinheiro e carreira tendem a estar ligados, mas nem sempre. Muitas pessoas sacrificam os ganhos financeiros por uma posição de maior prestígio. Nem todos são assim, mas muitos são – e você é um deles.

Plutão, o planeta da Transformação, Morte e Renascimento, está em sua décima Casa – da Carreira – há alguns anos. Saturno, seu planeta da Carreira, entrou em sua oitava Casa (também da Transformação, Morte e Renascimento) em outubro de 2012. Então, temos uma dupla mensagem aqui. Sua empresa, indústria ou profissão passará por uma profunda transformação. Esse processo vem acontecendo há alguns anos, mas agora está se acelerando. Nos próximos anos, sua empresa, indústria ou profissão pode nem sequer estar reconhecível, será como se você tivesse um novo emprego.

Existem muitos cenários possíveis para esses acontecimentos – demasiados para enumerar aqui. Mas, em alguns casos, acontecem grandes mudanças de liderança em sua empresa ou indústria. Em outros, as pessoas mais importantes passam por cirurgias ou experiências de quase morte. Ocasionalmente há uma falência ou quase falência na empresa, ou o governo cria novas regras e regulamentos que reformam uma indústria. Esses são apenas alguns exemplos.

As mudanças na carreira, embora estressantes, são as dores do parto de algo novo e maravilhoso. O nascimento nunca foi um processo fácil ou indolor.

AMOR E VIDA SOCIAL

Sua sétima Casa – do Casamento e da Parceria – não será uma casa de poder este ano. Isso significa que nada de especial acontecerá na vida amorosa. Claro, haverá períodos do ano nos quais a vida amorosa estará mais ativa, à medida que os planetas rápidos ativarem a sétima Casa – mas essas são tendências de curto prazo, e não tendências para o ano. Em 2013, esses períodos serão de 16 de agosto a 23 de outubro e de 7 de dezembro até o fim do ano.

Os solteiros têm grande probabilidade de permanecer solteiros, os casados têm grande probabilidade de permanecer casados.

Embora sua sétima Casa esteja vazia, a vida social melhorou muito nos últimos dois anos. De 2009 a 2011, Saturno estava passando por sua sétima Casa. O amor foi testado e houve muitos divórcios e separações. Relacionamentos sérios e amizades também foram postos severamente à prova. Os bons sobreviveram – sempre sobrevivem –, mas os imperfeitos, aqueles que eram falhos desde o começo, não resistiram. Esse é o propósito desses testes. Se seu casamento ou relacionamento sobreviveu aos últimos anos, provavelmente sobreviverá a qualquer coisa. Você possui algo muito especial. Agora o teste terminou e vocês podem desfrutar um ao outro novamente. Os que estão se recuperando de um divórcio, por sua vez, provavelmente não pensam em se casar tão cedo.

Essas previsões se referem principalmente àqueles que estão no primeiro ou segundo casamento, ou buscando-o. Quem busca o terceiro casamento teve romance no ano passado – e, possivelmente, até mesmo o casamento. Os aspectos também serão ótimos em 2013. Não teremos uma calmaria absoluta: haverá testes e provas, mas estes serão bastante "passáveis". O ponto positivo é o que o amor está procurando você. Seu amado lhe será muito devotado. Existe um forte comprometimento, que tende a ser duradouro.

Áries está vivendo um momento de exploração da liberdade pessoal, o que normalmente não é muito bom para relacionamentos sérios – por definição, um relacionamento sério é um limitador da liberdade. Ele pode funcionar se a liberdade e a mudança forem permitidas. Os que estão envolvidos romanticamente com alguém de Áries precisam entender isso. Conceda a eles o máximo de liberdade possível, desde que não seja destrutiva.

Na verdade, independente da situação de sua vida amorosa, este será um ano mais propício para a amizade do que para o romance. Os amigos o procurarão, serão devotados a você e vão colocar seus interesses acima dos deles.

Essas são as tendências gerais para o ano. Haverá diversas tendências amorosas de curto prazo, dependendo de onde Vênus estiver e de que aspectos receber. Elas serão tratadas com mais detalhes nas "Previsões Mensais".

AUTOAPRIMORAMENTO

Como Urano permanecerá em seu signo pelos próximos anos, será necessário aprender a lidar com as mudanças. A mudança é a lei do universo. É a única constante no mundo. Se você conseguir aprender a aceitar as mudanças, e não resistir a elas, vai passar por esse período com muito mais facilidade e harmonia. Se a mudança é uma lei do universo, então é sua amiga, pois o universo, o Grande Macrocosmo, está a nosso favor, não contra nós. A mudança tende a despertar inseguranças, e essa é outra área com a qual será preciso lidar. Se o universo leva embora o brinquedo estimado, tenha certeza de que o substituirá por um melhor. Ele está sempre trabalhando para o nosso bem.

Com Urano no signo de Áries, há um clima de rebelião no mundo. Ninguém está sentindo isso mais do que Áries. Às vezes, a rebelião – especialmente contra a verdadeira opressão – é necessária. Normalmente, não. Existem maneiras positivas e construtivas de se rebelar. A maneira positiva é criar um sistema, uma metodologia e uma organização melhores que os atuais. Nada tem a ver com gritos, declarações bombásticas e violência. Se não gosta da maneira como sua empresa é dirigida, crie uma maneira melhor. Mostre-a. Demonstre-a. Se tem a sorte de viver em uma democracia, exercite sua rebelião por meio do voto e do ativismo político em prol do que você apoia.

O perigo dessa posição é que existe o risco de se tornar um "rebelde sem causa", fazendo uma rebelião pela rebelião, uma oposição que não está interessada em resolver os verdadeiros problemas. A autoridade é má simplesmente porque é autoridade. Isso traz consequências negativas não apenas para aquele contra quem ele está se rebelando, mas também para o próprio rebelde.

Essa disposição se mostrará especialmente predominante em crianças de Áries. Será mais difícil lidar com elas. Se você tem filhos desse signo, o primeiro passo é dar a eles o máximo de liberdade possível, desde que não seja destrutiva. Encoraje-os a se envolver com hobbies criativos, nos quais possam expressar sua originalidade e impulsos de rebeldia de formas seguras e construtivas. Caso deseje que façam alguma coisa, evite a atitude "autoritária". Explique a eles a lógica e a razão por trás de seu pedido – não apenas "porque sim".

PREVISÕES MENSAIS

JANEIRO

Melhores dias: 8, 9, 17, 18, 26, 27, 28
Dias mais tensos: 4, 5, 10, 11, 24, 25, 31
Melhores dias para o amor: 4, 5, 8, 9, 18, 19, 29, 30, 31
Melhores dias para o dinheiro: 4, 8, 9, 12, 18, 19, 20, 22, 29, 30, 31
Melhores dias para a carreira: 6, 7, 10, 11, 14, 15, 24, 25

Seu ano começa com 70 por cento e, às vezes, 80 por cento dos planetas acima da linha do horizonte – na parte superior do zodíaco. Sua décima Casa – da Carreira – estará muito poderosa durante o mês inteiro, mas especialmente até o dia 19. Esse é o período de seu auge profissional anual. É o meio-dia de seu ano. Concentre-se na carreira e em seus outros objetivos do mundo profissional. Pode deixar de lado as questões do lar e da família por algum tempo. Você servirá melhor a sua família se obtiver sucesso em sua profissão. Este será um mês de grande progresso na carreira, em que um aumento de salário e promoções são prováveis.

No mês passado, os planetas se deslocaram do setor ocidental de seu zodíaco para o setor oriental. Este mês, no dia 19, a mudança será ainda mais intensa. O setor oriental, da independência, se tornará dominante. Esse é o momento de tomar as rédeas de seu destino, moldar as condições e circunstâncias da maneira que quer e criar seu nirvana pessoal. Os outros provavelmente cooperarão, mas caso não o façam, aja sozinho. Após cerca de seis meses com os planetas no ocidente, um período no qual você foi forçado a se adaptar às situações, você conseguirá enxergar com clareza o que precisa ser mudado, e será capaz de começar a consertar as coisas.

Noventa por cento dos planetas estarão em movimento direto em janeiro. No final do mês, todos os planetas estarão em movimento direto. Então, este será um mês acelerado, e você alcançará seus objetivos mais rapidamente.

Este será um ótimo mês tanto para o amor quanto para o dinheiro. Vênus, seu planeta das Finanças e do Amor, ficará em Sagitário até o dia 19. Isso mostra um aumento dos ganhos, sorte em especulações e uma atitude otimista em relação às finanças. Evidentemente, surgirão alguns problemas, mas você terá a fé e a confiança para lidar com eles. Depois do dia 19, Vênus cruza o Meio do Céu e se desloca para sua décima Casa – da Carreira. Isso indica que você deve receber um aumento. Uma oportunidade financeira derivará de sua boa reputação profissional e do apoio dos chefes, superiores e figuras de autoridade – talvez até mesmo do governo. Se você tiver pendências com o governo, é aconselhável lidar com elas depois do dia 19. O planeta das finanças em Capricórnio depois do dia 19 proporcionará um bom raciocínio financeiro e uma perspectiva positiva de longo prazo nas finanças. Antes do dia 19, você estará gastando inveteradamente – talvez por impulso. Depois, ficará mais responsável.

O cônjuge ou o amor atual passará por mudanças financeiras dramáticas nesse período. Ele ou ela estará tenso. Provavelmente, é você quem ganha mais no momento. Para os solteiros, existem oportunidades amorosas em terras estrangeiras e em ambientes educacionais ou religiosos. Até o dia 19, você estará impulsivo no amor, mas prudência e, talvez, provações, chegarão após o dia 19. A questão é: você consegue conter seu ardor enquanto seu planeta do Amor está em Capricórnio?

No geral, a saúde está boa, mas este não será um dos melhores meses. Descanse e relaxe mais até o dia 19. Felizmente, você estará mais focado na saúde este mês, o que é uma boa notícia.

FEVEREIRO

Melhores dias: 5, 13, 14, 23, 24
Dias mais tensos: 1º, 7, 8, 20, 21, 22, 27, 28
Melhores dias para o amor: 1º, 9, 10, 18, 19, 27, 28
Melhores dias para o dinheiro: 9, 10, 15, 16, 17, 18, 19, 27
Melhores dias para a carreira: 2, 3, 7, 8, 11, 12, 20, 21

A carreira ainda estará bem-sucedida e será um foco importante, mas o interesse por ela começa a diminuir um pouco. De forma geral, é porque muitos objetivos de curto prazo foram alcançados, e agora é o momento de se concentrar em outras coisas. Desde o dia 19 do mês passado, sua 11ª Casa – dos Amigos – esteve poderosa, e isso continuará até o dia 18 de fevereiro. Você viverá um período social intenso, mas não necessariamente romântico, mais ligado à amizade e atividades em grupo. Seu conhecimento sobre alta tecnologia aumentará este mês e, quando Vênus entrar em sua 11ª Casa no dia 2, você provavelmente gastará mais nesse tipo de artigo.

O movimento planetário é especialmente acelerado. Até o dia 18, todos os planetas estarão em movimento direto. Portanto, é um excelente período para começar novos projetos ou lançar novos produtos. O período entre os dias 10 e 18 deste mês será o mais propício (a Lua estará crescente).

No dia 18, seu planeta da Carreira, Saturno, começa a retroceder. Se você precisar negociar com chefes, com o governo, ou tomar outras decisões profissionais importantes, é melhor fazê-lo antes desse dia.

As finanças do cônjuge ou amor atual estarão melhores em fevereiro, mas ele ou ela não estará a salvo. Será preciso fazer uma reorganização e uma reestruturação.

Fevereiro será um mês espiritual. Marte, seu planeta regente, entra em sua 12ª Casa – da Espiritualidade – no dia 2. Do dia 3 ao dia 5, fará uma conjunção com seu planeta Espiritual, Netuno. No dia 5, Mercúrio entrará na 12ª Casa. No dia 18, o Sol entrará nessa Casa. E no dia 26, Vênus se junta à festa. É um mês para avanços espirituais. O mundo invisível estará muito próximo de você e surpreendentemente influente em sua vida. Este será um período para experiências sobrenaturais – experiências de sincronicidade, percepção extrassensorial aumentada e sonhos proféticos. Os que estiverem seguindo o caminho espiritual farão grande progresso. Muitos de vocês vão experimentar as coisas sobre as quais estão lendo nos livros ou ouvindo em palestras ou seminários. Você vai vivenciar fenômenos que não podem ser negados.

Quando Marte estiver em conjunção com Netuno (do dia 3 ao dia 5) é melhor evitar álcool e drogas. Você estará naturalmente aéreo nesse período, e essas substâncias podem fazê-lo perder o controle. A intuição estará aguçada durante o mês inteiro, mas especialmente neste período.

O elemento Água será muito forte este mês, mas especialmente após o dia 18 – 60 por cento e, às vezes, 70 por cento dos planetas estarão em signos de Água. Portanto, as pessoas ao seu redor se mostrarão muito mais sensíveis que de hábito. Elas reagirão a coisas aparentemente insignificantes – tons de voz, linguagem corporal, expressões faciais. Tome mais cuidado com os sentimentos dos outros nesse momento – especialmente com os das crianças.

MARÇO

Melhores dias: 4, 5, 12, 13, 14, 22, 23, 31
Dias mais tensos: 1º, 6, 7, 20, 21, 27, 28
Melhores dias para o amor: 1º, 2, 3, 10, 11, 21, 22, 27, 28, 31
Melhores dias para o dinheiro: 1º, 2, 3, 8, 9, 10, 11, 15, 16, 17, 18, 21, 22, 27, 28, 31
Melhores dias para a carreira: 2, 3, 6, 7, 10, 11, 20, 21, 29, 30

Muitas das tendências do mês passado ainda estão em curso. O elemento Água continua forte. Até o dia 20, 60 por cento e, às vezes, 70 por cento dos planetas estarão em signos de Água. Lembre-se de nossa conversa anterior. Quando o elemento Água é forte, as pessoas se tornam mais sensíveis. Elas enxergam o mundo e o futuro de acordo com o humor do momento. A lógica é completamente suplantada. Compreender esse ponto – e é para isso que serve a astrologia – o ajudará a lidar melhor com a situação.

Agora, os planetas estão na posição mais oriental em seu zodíaco. Então, sua independência e seu poder pessoal estão no auge. Este é o momento para viver de acordo com sua vontade. Deixe que o mundo se adapte a você, para variar. (Evidentemente, as pessoas devem sempre ser tratadas com respeito, mas você pode agir à sua maneira, desde que não seja destrutivo com os outros.)

A saúde e a energia estarão excelentes em março – mas especialmente após o dia 20, quando o Sol entra em seu signo. Você terá toda a energia necessária – e até mais – para atingir seus objetivos. Você pode melhorar ainda mais sua saúde dando mais atenção aos pés – massagens regulares nos pés serão especialmente benéficas esse mês. Seu planeta da Saúde entrou em movimento retrógrado no dia 23 do mês passado, e continuará regredindo até o dia 19 de março. Então, deixe para fazer mudanças significativas na dieta ou no regime de saúde apenas depois do dia 19. Seja também mais cuidadoso com a comunicação, pois uma palavra impensada pode ter consequências que você nunca imaginou.

Sua 12ª Casa – Espiritual – ainda será poderosa até o dia 20. Portanto, agora seria um momento excelente para fazer uma reflexão sobre o ano passado, avaliar seu progresso ou falta dele, corrigir erros, perdoar aqueles que precisam ser perdoados e definir seus objetivos para este ano. Seu aniversário é seu ano-novo pessoal. Um momento muito importante, astrologicamente falando. Você deve começar um novo ano do zero.

Marte estará em conjunção com Urano mais para o fim do mês – do dia 27 ao dia 30 (mas você sentirá seus efeitos antes disso). Evite atividades arriscadas e mantenha seu temperamento sob controle. As crianças de Áries (que têm sido rebeldes há alguns anos) estão agora mais rebeldes que o habitual. Evite a pressa e a impaciência – será difícil, você estará se sentindo enérgico e ansioso para seguir em frente. Preste mais atenção ao plano físico.

ABRIL

Melhores dias: 1º, 9, 10, 19, 20, 27, 28
Dias mais tensos: 2, 3, 16, 17, 23, 24, 29, 30
Melhores dias para o amor: 1º, 9, 10, 21, 22, 23, 24, 29, 30
Melhores dias para o dinheiro: 1º, 4, 5, 9, 10, 11, 12, 14, 15, 21, 22, 23, 24, 29, 30
Melhores dias para a carreira: 2, 3, 6, 7, 16, 17, 25, 26, 29, 30

Desde que o Sol entrou em seu signo, em 20 de março, a vida tem sido boa. Você está fazendo as coisas do seu jeito. Está forte. (Seja qual for sua idade ou estágio de vida, tem mais energia do que o habitual.) A aparência física brilha. A libido urra. Você faz o trabalho de dez pessoas em metade do tempo. Amor e oportunidades financeiras o estão procurando. Tem sido assim desde 22 de março e continuará até o dia 15. Não é preciso procurar muito pelo amor – você nem sequer consegue evitá-lo. Não é preciso ceder a todos os estratagemas que a maioria das pessoas emprega, basta estar disponível. Simplesmente siga sua rotina diária. O amor é propício este mês – especialmente dos dias 5 ao 9, quando Vênus faz conjunção com Marte, seu planeta pessoal. Para os solteiros, isso mostra um importante encontro amoroso. Para os que já estão comprometidos, mostra um período mais romântico com a pessoa amada.

A saúde e a energia ainda estão muito bem, no auge do ano. Assim, você terá todo o poder de fogo para conseguir o que quiser. Até o dia 14, melhore a saúde com massagens nos pés. Técnicas espirituais também serão muito poderosas neste período. Após o dia 14, você responderá muito bem a massagens no couro cabeludo e no rosto. Exercícios físicos vigorosos (dos quais, de qualquer forma, você gosta) também melhoram a saúde. O maior perigo em termos de saúde (assim como no mês passado) são acidentes ou ferimentos devidos à pressa ou à impaciência. Quando nos apressamos, perdemos a atenção e, portanto, ficamos mais vulneráveis a essas coisas.

O Sol está em Áries, e o impulso planetário é incrivelmente acelerado. Noventa por cento dos planetas estarão em movimento direto em abril. Portanto, você viverá o melhor "pico de energia" de seu ano. Este será outro bom período para lançar novos produtos ou projetos, especialmente entre os dias 10 e 19, quando o Sol e Marte estarão em Áries, e será Lua crescente.

No dia 19, o Sol entrará em sua Casa do dinheiro e você vai começar a viver seu auge financeiro anual. Marte entrará nessa Casa um dia depois, no dia 20. Então, você começará um período de ganhos elevados, estará concentrado nisso – e costumamos conseguir aquilo em que nos concentramos. Agora é a hora de aumentar o saldo bancário e diversificar a carteira de investimentos. As especulações estarão favoráveis – mas haverá também outros golpes de sorte em sua vida financeira. O cônjuge ou amor atual – e o círculo social em geral – apoiará os objetivos financeiros. Você conseguirá combinar negócios e prazer neste período. Socializará com as pessoas com quem faz negócios e fará negócios com seus amigos. Depois do dia 20, as finanças do cônjuge ou amor atual também melhoram. Ainda há muitas mudanças acontecendo, mas este período é um "intervalo" – férias financeiras.

Haverá um eclipse lunar no dia 25. Programe uma agenda tranquila nesse período. Evite especulações e seja mais paciente com seus filhos e enteados. Os membros da família também devem evitar atividades arriscadas.

MAIO

Melhores dias: 6, 7, 16, 17, 25, 26
Dias mais tensos: 13, 14, 15, 21, 22, 27, 28
Melhores dias para o amor: 10, 11, 21, 22, 29, 30
Melhores dias para o dinheiro: 2, 3, 8, 9, 10, 11, 12, 21, 22, 29, 30
Melhores dias para a carreira: 4, 13, 14, 23, 27, 28, 31

Em 20 de março, os planetas se deslocaram da parte superior para a inferior de seu zodíaco. Em abril, a mudança ficou ainda mais forte. Em maio, 60 por cento e, às vezes, 70 por cento dos planetas estarão abaixo do horizonte de seu mapa (a metade inferior). Os objetivos profissionais foram mais ou menos alcançados, e agora é hora de se concentrar mais no lar e na família – de colocar essa área da vida em ordem. A carreira ainda será muito importante, mas agora é o momento de focar na sua vida emocional em geral. Agora existe uma necessidade de encontrar seu ponto de harmonia pessoal e agir de acordo com ele. Quando ele for encontrado, a carreira vai progredir de uma maneira muito natural. Se você estava negligenciando a família recentemente, agora é o momento de começar a consertar as coisas e de restaurar a harmonia.

Você ainda estará em seu auge profissional anual até o dia 20. Há prosperidade, mas também alguns obstáculos no caminho. Um eclipse solar acontecerá em sua casa do Dinheiro no dia 10, e isso mostra dramáticas mudanças financeiras – talvez reviravoltas. É bastante provável que essas mudanças precisassem ter sido feitas há muito tempo, mas a curto prazo não são confortáveis.

A saúde e a energia ainda estão muito boas, mas não faria mal programar uma agenda mais tranquila durante o período do eclipse, que também afeta os filhos ou enteados, trazendo eventos que mudam suas vidas. Agora, eles serão forçados a redefinir sua imagem, sua personalidade e a maneira com que pensam sobre si mesmos (o autoconceito). Em geral, isso leva a mudanças no guarda-roupa, no penteado, na cor do cabelo e na aparência geral.

Haverá um eclipse lunar no dia 25 em sua nona Casa. Embora o eclipse seja basicamente benigno para você, não faria mal ter uma agenda mais tranquila, de qualquer maneira. As vibrações do mundo estão mais turbulentas do que deveriam. Como em todo eclipse lunar, o lar e a família são afetados, então é positivo que você esteja focando mais nessa área. Os membros da família podem ficar mais temperamentais, de forma que será preciso ter mais paciência. Em geral, haverá a necessidade de fazer reparos em casa, pois falhas escondidas vêm à tona. Estudantes serão muito afetados. Pode haver mudanças na instituição de ensino, na carreira escolhida ou nos planos educacionais. Haverá eventos dramáticos que mudarão a vida de pessoas em seu lugar de culto ou em uma organização religiosa à qual você pertença.

No geral, entretanto, este mês será bom. Vênus entrará em conjunção com Júpiter no final do mês (do dia 27 ao dia 29), o que mostra uma bela recompensa: um golpe de sorte ou uma oportunidade financeira inesperada. Para os solteiros, propicia um feliz encontro amoroso. Para os casados, mais romance com o atual parceiro.

JUNHO

Melhores dias: 2, 3, 12, 13, 21, 22, 30, 31
Dias mais tensos: 10, 11, 17, 18, 23, 24
Melhores dias para o amor: 10, 17, 18, 19, 20, 27, 28
Melhores dias para o dinheiro: 5, 6, 8, 9, 10, 17, 18, 19, 20, 26, 27, 28
Melhores dias para a carreira: 1º, 10, 19, 23, 24, 27

Os planetas estão agora na posição mais baixa do mapa. Você está na "meia-noite" do ano. A meia-noite é considerada uma hora extremamente "mágica". O dia antigo terminou e um novo dia começa – mesmo que os sentidos ainda não o percebam. A meia-noite não é propícia para atividades exteriores, mas para as atividades noturnas, como dormir e reunir forças para o novo dia. Este é o momento de trabalhar em seus objetivos exteriores com métodos interiores – não métodos públicos – sonhando, visualizando, entrando em contato com as "condições interiores" do que você quer ou de onde deseja estar. Esse é o prelúdio necessário para alcançar qualquer objetivo. Você é como uma semente germinando no solo. Coisas importantes estão acontecendo, só que não podem ser vistas. Mas quando o dia de seu ano chegar, em alguns meses, elas serão vistas. A planta sairá da terra e florescerá na visível e tangível realidade.

No começo de junho, o foco estará na comunicação e nos interesses intelectuais. Será um bom momento para pôr em dia a correspondência, os e-mails e as ligações que você está devendo, para fazer cursos sobre assuntos que lhe interessam, expandir sua base de conhecimento e exercitar a mente. Mas depois do dia 21, o Sol entrará em Câncer, sua quarta Casa. Júpiter entrará no dia 27. Junho será um mês para se concentrar na família e fazer avanços psicológicos. Você tenderá a ficar mais nostálgico nesse período. É possível que pessoas do seu passado reapareçam e despertem as lembranças. Você também terá maior interesse em história – não apenas em sua história pessoal, mas em história em geral.

Embora a carreira não seja tão importante agora, muitos progressos profissionais acontecerão. Seu planeta da Carreira, Saturno, vai receber ótimos aspectos. Há muito sucesso – e talvez uma promoção e um aumento salarial, só que se manifestarão mais tarde. Seu planeta da Carreira está em movimento retrógrado.

Netuno, seu planeta Espiritual, também receberá aspectos muito favoráveis. Então, para aqueles que trilham o caminho espiritual, haverá importantes avanços, revelações vindas do alto. Sua intuição estará excelente.

Você precisará cuidar mais da saúde a partir do dia 21. Descanse e relaxe mais, evite se extenuar. Alimente-se corretamente e dê mais atenção ao estômago. As mulheres devem prestar mais atenção aos seios. A saúde emocional será muito importante este mês. Evite a depressão a todo custo. Mantenha um humor pacífico e construtivo.

Amor e dinheiro serão importantes. Conexões familiares desempenharão um papel crucial para ambos. A família dará bastante apoio nesse período. Uma figura paterna ou materna entrará em um ciclo de prosperidade de dois anos.

JULHO

Melhores dias: 1º, 9, 10, 11, 19, 20, 27, 28
Dias mais tensos: 7, 8, 14, 15, 21, 22
Melhores dias para o amor: 1º, 10, 11, 14, 15, 19, 20, 29, 30
Melhores dias para o dinheiro: 1º, 2, 3, 7, 8, 10, 11, 16, 17, 19, 20, 25, 29, 30
Melhores dias para a carreira: 7, 16, 17, 21, 22, 25

Muitas das tendências do mês passado ainda estão em curso. Então, reveja as previsões de junho.

No dia 21 de junho, o poder planetário se deslocou do oriente para o ocidente. No dia 18 de julho, Marte, seu planeta regente, também se deslocará para o ocidente. O setor social, ocidental, agora será dominante pelos próximos cinco ou seis meses. É bom que você já tenha feito as mudanças pessoais necessárias e criado as condições que precisava criar. Agora e hora de conviver com o que criou. Se você o fez sabiamente, e o momento de desfrutar. Caso tenha cometido erros, agora enfrentará as consequências. Conseguir o que quer não será tão fácil quanto era antes. Agora, o ideal é se adaptar às situações da melhor maneira possível e cultivar suas habilidades sociais. As boas graças alheias são o mais importante no momento – nas finanças, no amor e na carreira.

A saúde ainda precisará de cuidado até o dia 23. Você não terá grandes problemas nessa área, mas não será seu melhor período. Seu nível de energia caiu e, portanto, você ficará mais vulnerável a problemas. Siga as dicas de junho para melhorar a saúde. Seu planeta da Saúde ficará em movimento retrógrado até o dia 21, então, não faça mudanças importantes no regime de saúde sem se informar antes. A alimentação será importante neste momento, mas estude bem o assunto antes de fazer alterações em sua dieta. Você se sentirá mais bem-disposto depois do dia 23.

Como no mês passado, a carreira não será tão importante, mas muitas coisas maravilhosas acontecerão nos bastidores. No dia 8, seu planeta da Carreira começa um movimento direto e, portanto, haverá mais clareza nessa área.

A vida espiritual também será satisfatória e bem-sucedida. As faculdades espirituais – a percepção extrassensorial e a intuição – estarão muito acentuadas.

Marte entrará em conjunção com Júpiter do dia 18 ao dia 24. Um trânsito muito auspicioso. Uma viagem ao exterior vai acontecer. Estudantes obterão sucesso em seus estudos ou conseguirão ingressar em uma boa instituição de ensino. Um golpe de sorte ou uma oportunidade financeira surgirá. Pessoas em posição de autoridade formarão uma opinião positiva sobre você.

O amor vai florescer neste período. Os solteiros conhecerão pessoas com quem podem se divertir. Até o dia 23, você estará disposto a se arriscar – estará propenso ao amor à primeira vista. Mas depois do dia 23, ficará mais cauteloso (e com razão). Vênus em Virgem (a partir do dia 23) não é uma das posições favoritas desse planeta, que fica racional e analítico demais – e o romance não acontece na mente, mas no coração. Você terá de se esforçar mais para demonstrar amor e ternura para os outros a partir do dia 23.

AGOSTO

Melhores dias: 6, 7, 15, 16, 23, 24
Dias mais tensos: 3, 4, 10, 11, 12, 17, 18, 30, 31
Melhores dias para o amor: 8, 9, 10, 11, 12, 19, 25, 26
Melhores dias para o dinheiro: 3, 8, 9, 13, 14, 19, 21, 22, 25, 26, 30, 31
Melhores dias para a carreira: 3, 13, 17, 18, 21, 30

No dia 22 de julho, você entrou em um pico de prazer pessoal anual que ainda estará em curso pelo resto de agosto. É o momento de explorar a alegria de viver e atividades de lazer e recreação. As arianas em idade de engravidar estão férteis desde o mês passado, e agora ainda mais. Aproveite a vida, mas não se deixe levar demais pela "exuberância irracional", especialmente nos dias 1º e 2. Dirija com atenção, tente evitar atividades arriscadas e mantenha o temperamento sob controle. Se ler os jornais nos dias 1º e 2, vai entender o motivo.

O elemento Água ainda será muito forte este mês, por isso, tenha cuidado para não ferir os sentimentos dos outros. Todos estão mais sensíveis nesses dias.

Esta é uma época do ano na qual as pessoas gostam de viajar para o exterior, mas isso não é aconselhável neste período. Evite viagens internacionais do dia 18 ao dia 25. As jornadas favoráveis no momento são as "interiores". Jornadas para seu passado ou para vidas passadas serão bem-vindas. Embarque em jornadas emocionais e mentais em vez de físicas. Assuntos legais podem tomar um rumo surpreendente do dia 18 ao dia 25. Estudantes farão mudanças nos planos educacionais neste período.

Vênus ainda ficará em Virgem até o dia 16. Este não é o melhor aspecto para o amor. Como no mês passado, você terá de se esforçar mais para demonstrar afeto e amor. Você (ou as pessoas que você atrai) pode estar muito perfeccionista no amor – excessivamente crítico e analítico. Essa atitude destruirá momentos e oportunidades de romance. Desejar a perfeição no amor é algo positivo – você a merece –, mas é preciso fazê-lo da maneira correta, de forma construtiva. O amor será muito mais feliz quando Vênus se deslocar para seu próprio signo de Libra no dia 16. Ali, o planeta age intensamente a seu favor. O magnetismo social estará mais intenso do que o normal. Você estará em um estado de espírito romântico, atrairá pessoas mais românticas. Você terá vontade de se divertir, mas existem oportunidades para um relacionamento mais sério.

Até o dia 16, você ganhará dinheiro da maneira convencional, por meio do trabalho e de serviços para os outros. Depois do dia 16, a dimensão social (sempre importante para você) se tornará ainda mais influente nas finanças. As conexões sociais e sua habilidade de se dar bem com os outros aumentarão o lucro. Os que estão procurando emprego terão sorte este mês. Sua sexta Casa – do Trabalho – se torna poderosa depois do dia 22. Os empregadores encontrarão empregados adequados se precisarem deles.

A saúde estará excelente durante todo o mês.

SETEMBRO

Melhores dias: 2, 3, 11, 12, 20, 21, 29, 30
Dias mais tensos: 1º, 7, 8, 13, 14, 27, 28
Melhores dias para o amor: 7, 8, 17, 18, 27, 28
Melhores dias para o dinheiro: 1º, 8, 9, 10, 17, 18, 19, 22, 23, 27, 28
Melhores dias para a carreira: 1º, 9, 10, 13, 14, 18, 27

O poder planetário terá uma importante mudança este mês. No dia 22, a metade superior do zodíaco (o setor da carreira e das atividades exteriores) se tornará mais forte do a metade inferior (lar, família e questões emocionais). Está amanhecendo em seu ano. Hora de acordar e agir. Hora de trabalhar em sua carreira e em seus objetivos profissionais pelos métodos diurnos, ou seja, pelas ações. A vida familiar ainda será muito importante, mas é o momento de focar em sua carreira. Esta é a melhor maneira de servir a sua família.

Você ainda está em um período criativo e divertido, embora menos que no mês passado. O trabalho é importante desde o dia 22 de agosto. Setembro é o momento de ser mais produtivo no trabalho, de lidar com todas as tarefas chatas e detalhistas – colocar sua contabilidade em ordem, pôr suas cartas ou relatórios em dia, organizar seus arquivos, coisas dessa natureza. Ainda é um momento favorável para quem está procurando emprego, assim como para os empregadores.

No dia 22, você entrará em seu pico social anual e se abrirá para o romance. Você terá ânimo para isso e as oportunidades serão abundantes. Embora um casamento não seja provável, ainda haverá experiências e oportunidades românticas felizes acontecendo. Em geral, você sairá mais, irá a mais festas e reuniões.

Setembro será um mês agitado. Você tentará conciliar muitos interesses conflitantes – uma vida social ativa, a necessidade de diversão e entretenimento, sua vida espiritual, lar e carreira. Você terá muito que fazer este mês. Também estará envolvido em um projeto grande e complexo – o início de um novo negócio ou instituição. Esses grandes projetos tendem a ser complicados, então é preciso descansar e relaxar mais e prestar mais atenção à saúde. Até o dia 9, a saúde ficará bem se você não se descuidar do intestino delgado. Alimente-se corretamente. Depois do dia 9, dê mais atenção aos rins e aos quadris. Massagens regulares nos quadris serão muito benéficas. Divergências no amor ou com amigos podem ser uma causa de problemas de saúde nesse período, então é preciso manter a harmonia. A partir do dia 29, dê mais atenção ao cólon, à bexiga e aos órgãos sexuais. Sexo seguro e moderação sexual serão importantes. Uma lavagem intestinal nesse período também é uma boa ideia.

Apesar de todo o estresse, setembro será próspero. O cônjuge ou amor atual terá um bom mês – tanto pessoal quando financeiramente. Ainda há uma reorganização financeira acontecendo, mas agora as coisas serão mais fáceis. Ele ou ela também dará mais apoio financeiro, assim como os amigos em geral. Haverá uma boa recompensa nos dias 27 e 28, quando Vênus vai proporcionar aspectos fabulosos para Júpiter. Isso também traz um encontro romântico muito feliz ou uma ótima oportunidade social.

OUTUBRO

Melhores dias: 1º, 8, 9, 17, 18, 27, 28
Dias mais tensos: 4, 5, 11, 12, 24, 25, 31
Melhores dias para o amor: 4, 5, 7, 8, 17, 18, 27, 28, 31
Melhores dias para o dinheiro: 6, 7, 8, 15, 16, 17, 18, 19, 20, 24, 25, 27, 28
Melhores dias para a carreira: 6, 7, 11, 12, 15, 16, 24, 25

Como no mês passado, o ritmo da vida estará frenético e você trabalhará arduamente para conciliar muitos interesses distintos. Continue a descansar e relaxar mais – é difícil agora, mas se você mudar o ritmo da vida um pouco, conseguirá. Em vez de ter uma atividade incessante, intercale-a com descanso. Em geral, podemos aproveitar melhor a energia deixando de lado assuntos sem importância e nos concentrando no que é essencial. Como no mês passado, você poderá melhorar sua saúde dando mais atenção ao cólon, à bexiga e aos órgãos sexuais. Sexo seguro e moderação sexual continuam a ser importantes. Outubro será um mês mais ativo sexualmente do que o habitual, mas se você escutar seu corpo (e não sua mente), vai saber quando parar. Uma lavagem intestinal também seria uma boa ideia este mês. Seu planeta da Saúde entra em movimento retrógrado no dia 21, então evite grandes mudanças na alimentação ou no regime de saúde depois desse dia. Você se sentirá mais bem-disposto depois do dia 23.

O cônjuge ou o amor atual ingressará em um pico financeiro anual a partir do dia 23. Mas ainda há muitas mudanças financeiras dramáticas acontecendo – em geral para melhor.

A carga de trabalho será pesada este mês, mas depois do dia 15, quando Marte entrar em sua sexta Casa, você demonstrará uma forte ética profissional e será capaz de lidar com ela. As oportunidades de emprego precisam de mais atenção depois do dia 21. Leia todas as letras miúdas dos contratos. Faça perguntas. Tire suas dúvidas.

Você permanecerá no pico social anual até o dia 23. Depois, sua oitava Casa se torna poderosa. Os interesses mudam para transformação pessoal e reinvenção, vidas passadas e vida após a morte. No nível financeiro, você estará concentrado em tratar de dívidas e impostos.

Oportunidades profissionais propícias acontecerão depois do dia 23. Filhos ou enteados também terão sucesso profissional neste período.

Um eclipse lunar no dia 18 terá um efeito intenso sobre você, então, programe uma agenda tranquila. Como em todo eclipse lunar, o lar e a família serão afetados. Se existirem problemas ocultos no lar (ou com membros da família), eles virão à tona nesse período, de forma que possam ser resolvidos. O eclipse acontecerá em seu próprio signo. Os que nasceram mais tarde no signo de Áries – de 13 a 20 de abril – serão mais afetados. Ocorre uma redefinição em sua imagem e em sua personalidade. Você apresentará um "novo eu" ao público. Estudantes farão importantes mudanças em planos educacionais. Problemas legais começarão a se resolver – positiva ou negativamente (mas os aspectos parecem positivos agora).

NOVEMBRO

Melhores dias: 5, 6, 13, 14, 23, 24
Dias mais tensos: 1º, 7, 8, 20, 21, 22, 28, 29
Melhores dias para o amor: 1º, 7, 16, 17, 26, 27, 28, 29
Melhores dias para o dinheiro: 3, 4, 7, 11, 12, 16, 17, 21, 22, 26, 27, 30
Melhores dias para a carreira: 3, 4, 7, 8, 11, 12, 20, 21, 30

O eclipse solar no dia 3 será basicamente benigno para você, mas, de qualquer forma, não faz mal diminuir o ritmo. Ele ocorre em sua oitava Casa, o que normalmente mostra uma necessidade de lidar com assuntos de morte, embora não necessariamente a morte física. Às vezes, traz encontros com a morte ou experiências de quase morte. Na maioria dos casos, esses encontros ocorrem no nível psicológico. É preciso superar os medos e obter um entendimento mais profundo sobre a questão. Também mostra mais mudanças financeiras para o cônjuge ou amor atual. Elas vêm ocorrendo durante todo o ano, mas agora se intensificarão. Em geral, entretanto, será um bom mês para a vida financeira dessa pessoa. O Sol rege crianças em geral. Em seu mapa, como senhor da quinta Casa, é o regente das crianças. Então há dramas – eventos que mudarão as vidas – nas vidas dos filhos ou enteados. Esses eventos não precisam necessariamente ser "ruins" – mas são importantes e alteram seu relacionamento com eles. As mulheres que estiverem prontas para dar à luz nesse período (e muitas de vocês estarão) precisam tomar mais precauções.

A saúde e a energia serão muito boas neste mês, e ficarão ainda melhores quando o Sol entrar em Sagitário no dia 22. Você terá toda a energia de que precisa para alcançar seus objetivos.

Em novembro, a vida amorosa estará feliz, embora um pouco complicada. Por um lado, você socializará com pessoas importantes, com status acima do seu, e conseguirá encontrar socialmente pessoas que podem ajudá-lo na carreira. O amor será importante a partir do dia 5, e isso tende a ser positivo. Haverá oportunidades românticas com chefes e superiores este mês. O problema é que você estará prático demais em relação ao amor. Será mais difícil demonstrar sua cordialidade natural para os outros, você estará lento e cauteloso em relação ao amor. Será mais difícil entregar seu coração a outra pessoa. Os que estão envolvidos romanticamente com nativos de Áries precisam ser mais pacientes com eles. Do dia 14 ao dia 16, Vênus traz aspectos para Plutão e Urano, e isso pode agitar um pouco as coisas, com uma discussão entre amantes, uma briga, ou mudanças abruptas de humor. Essa situação será de curto prazo e poderá até conduzir a coisas boas mais tarde, pois ajuda a solucionar conflitos.

As finanças também serão boas neste período. Chefes, pessoas mais velhas, pais ou figuras paternas darão apoio financeiro. Você pode receber um aumento – oficial ou não. Às vezes, o chefe não lhe dá um aumento real de salário, mas age – arranja as coisas – de forma que você ganhe mais. Você, o cônjuge ou amor atual estarão em harmonia financeira e cooperarão um com o outro.

DEZEMBRO

Melhores dias: 2, 3, 10, 11, 12, 20, 21, 22, 30, 31
Dias mais tensos: 4, 5, 12, 18, 19, 25, 26
Melhores dias para o amor: 4, 5, 13, 14, 23, 24, 25, 26
Melhores dias para o dinheiro: 1º, 4, 5, 8, 9, 13, 14, 18, 19, 23, 24, 28, 29
Melhores dias para a carreira: 1º, 4, 5, 8, 9, 18, 19, 28, 29

Você tem um mês feliz e bem-sucedido à frente. Até o dia 21, sua nona Casa estará poderosa. Portanto, as terras estrangeiras o chamam. Mas tenha em mente que Júpiter está retrocedendo, de forma que viagens internacionais podem não ser aconselháveis. Se você precisar viajar, seja precavido. Faça um seguro-viagem e não marque voos com horários de conexões muito próximos uns dos outros, para prevenir atrasos. Reserve mais tempo para chegar e partir de seu destino. Religião, metafísica e educação superior também serão importantes neste mês. Estudantes – em níveis de graduação ou pós-graduação – se sairão bem. Aprender não precisa ser entediante e trabalhoso. Na verdade, é um dos grandes prazeres da vida, como você descobrirá em dezembro.

A saúde estará excelente até o dia 21. Siga as dicas mencionadas no mês passado até o dia 5. Depois do dia 5, dê mais atenção ao fígado e às coxas. Massagens regulares nas coxas serão benéficas. Caso se sinta indisposto, uma visita ao quiroprático ou ao osteopata pode ser uma boa ideia. A saúde ficará mais delicada depois do dia 21. Tente descansar e relaxar mais. Você estará muito ocupado – mais que o normal –, de forma que isso vai ser um desafio. Entretanto, se deixar de lado os assuntos irrelevantes de sua vida e se concentrar no que é realmente importante, terá a energia de que precisa para alcançar seus objetivos. Em meses anteriores, você podia se dar ao luxo de esbanjar energia, mas agora, não.

No dia 21 deste mês, os planetas realizam outro deslocamento importante – do setor ocidental para o oriental do mapa. A partir desse período – até meados do ano que vem – você se tornará mais independente a cada dia. Entrará novamente em um ciclo no qual pode fazer as coisas a seu modo. Não será preciso fazer concessões ou agradar os outros – seu destino e sua felicidade estão em suas mãos.

No dia 21, você entrará em um pico profissional anual. A família ainda será importante, mas o foco principal estará na carreira. Você deve a sua família ser bem-sucedido. Há muito sucesso e muito progresso acontecendo neste momento.

Tenha paciência com as finanças este mês. Seu planeta das Finanças está em Capricórnio, de forma que as tendências financeiras sobre as quais escrevemos no mês passado ainda estão atuando. Aumentos salariais ainda são prováveis, mas agora você deve prosperar a longo prazo. Este será um mês muito favorável para definir um plano financeiro de investimento ou de poupança a longo prazo. Seu planeta das Finanças entrará em movimento retrógrado no dia 21, então evite compras grandes ou decisões financeiras importantes depois desse dia. Faça as compras de fim de ano mais cedo.

No amor, o cenário será confuso. Por um lado, você estará ativo e agressivo no amor, além de popular. Mesmo assim, estará fora de sincronia com a pessoa amada e terá de se esforçar mais para fazer as coisas funcionarem. Ele ou ela está "por cima" agora, dando as cartas, e pode ser difícil lidar com isso.

TOURO

O TOURO
Nascidos entre 21 de abril e 20 de maio

PERFIL PESSOAL

TOURO NUM RELANCE

Elemento: Terra
Planeta Regente: Vênus
   Planeta da Carreira: Urano
   Planeta do Amor: Plutão
   Planeta das Finanças: Mercúrio
   Planeta do Lar e da Vida Familiar: Sol
   Planeta da Fortuna e da Abundância: Júpiter
Cores: tons terrosos, verde, amarelo e alaranjado
Cores que promovem o amor, o romance e a harmonia social: violeta, púrpura
Cores que propiciam ganhos: amarelo, amarelo-ouro
Pedras: coral, esmeralda
Metal: cobre
Perfumes: amêndoa, rosa, baunilha, violeta
Qualidade: fixa (= estabilidade)
Qualidade essencial ao equilíbrio: flexibilidade
Maiores virtudes: resistência, lealdade, paciência, estabilidade, boa disposição
Necessidades mais profundas: conforto, segurança material, riqueza
Características a evitar: rigidez, teimosia, tendência à posse e ao materialismo
Signos de maior compatibilidade: Virgem, Capricórnio

Signos de maior incompatibilidade: Leão, Escorpião, Aquário
Signo mais útil à carreira: Aquário
Signo que fornece maior suporte emocional: Leão
Signo mais prestativo em questões financeiras: Gêmeos
Melhor signo para casamento e associações: Escorpião
Signo mais útil em projetos criativos: Virgem
Melhor signo para sair e se divertir: Virgem
Signos mais úteis em assuntos espirituais: Áries, Capricórnio
Melhor dia da semana: sexta-feira

COMPREENDENDO A PERSONALIDADE TAURINA

Touro é o mais terreno dos signos de Terra. Se compreendermos que a Terra, mais que um elemento físico, é também uma atitude psicológica bem definida, fica mais fácil compreender os taurinos.

Os taurinos dispõem do mesmo potencial para a ação que os arianos. Mas, para os taurinos, a ação não se justifica por si mesma. Ela tem que ser produtiva, prática e produzir riquezas. Se um taurino não enxergar valor prático numa ação, não moverá um dedo para executá-la.

O forte dos taurinos é o dom que exibem de tornar realidade suas próprias ideias e as dos demais. Em geral, não são muito criativos, mas conseguem aperfeiçoar as ideias alheias, conferindo-lhes maior praticidade e utilidade. O mesmo se aplica aos projetos; não são bons em iniciá-los, mas, tendo se envolvido em algum, o concluem. Eles sempre acabam o que começam. Gostam de ir até o fim, e só não o farão se alguma calamidade inevitável intervier.

Muitos julgam os taurinos excessivamente teimosos, conservadores, fixos e inamovíveis. É compreensível, pois eles não apreciam alterações nem em seu habitat nem em sua rotina de vida. Também detestam mudar de opinião! Por outro lado, é justamente essa sua maior virtude. O eixo de uma roda não pode ficar oscilando a todo instante. Deve ser fixo, estável. Os taurinos são o eixo dos círculos sociais e dos céus. Sem a sua estabilidade e famigerada teimosia, a roda do mundo (e também a dos negócios) não giraria.

Os taurinos amam a rotina. E a rotina, quando boa, apresenta muitas virtudes. Trata-se de uma maneira fixa, e idealmente perfeita, de lidar com as situações. A espontaneidade pode originar erros que causam grande desconforto e intranquilidade, algo inaceitável para um taurino. Mexer no conforto e na segurança de um nativo de Touro é receita infalível para irritá-lo e encolerizá-lo.

Enquanto os arianos adoram a velocidade, os taurinos apreciam a calma. Pensam devagar. Mas não caia no erro de julgá-los beócios, pois são bastante inteligentes. É que gostam de ruminar bem as ideias, ponderá-las antes de decidir. Só aceitam uma ideia ou tomam uma decisão depois de muita reflexão. Demoram para se zangar, mas, se forem provocados, não fique por perto!

FINANÇAS

Os nativos de Touro são bastante conscienciosos financeiramente. A riqueza ocupa em suas vidas um lugar mais importante do que para os nativos de outros signos. Ela significa conforto e segurança, que se traduzem em estabilidade. Outros signos sentem-se ricos em virtude de suas ideias, seus talentos ou habilidades, mas os taurinos só conseguem apreciar claramente as riquezas que podem ver ou apalpar. Sua filosofia de vida os leva a crer que o talento nada vale se não se converter em casas, móveis, carros e férias em locais aprazíveis.

É pelas razões acima que os taurinos brilham na corretagem imobiliária e no agronegócio. Parecem destinados a possuir terras. Adoram sentir a ligação com elas. A fartura material começa na agricultura, com o arar do solo. Possuir um lote de terra corresponde à mais antiga forma de riqueza, e os taurinos insistem em conservar essa tradição primeva.

É na busca da riqueza que os nativos do signo desenvolvem sua capacidade intelectual e seus dons de comunicação de forma mais acentuada. É em razão dessa busca, e por necessidade de negociar, que aprendem a desenvolver um pouco de flexibilidade. São também esses processos que lhes ensinam o valor prático do intelecto, para que possam de fato chegar a admirá-lo. Não fosse pela busca da riqueza e do conforto material, é possível que os taurinos jamais despertassem para o intelecto.

Embora alguns taurinos sejam muito sortudos e costumem ganhar com frequência em jogos e apostas, isso só ocorre quando outros fatores no horóscopo os predispõem a agir dessa forma, que não condiz com sua natureza essencial, já que não têm o jogo no sangue. São trabalhadores que apreciam conseguir o que ganham mediante o próprio esforço. O seu conservadorismo nato faz com que abominem riscos desnecessários nas finanças e nas demais áreas de suas vidas.

CARREIRA E IMAGEM PÚBLICA

Por serem essencialmente práticos e simples, os taurinos encaram com admiração a originalidade, a inventividade e a ausência de convencionalismo. Apreciam que seus chefes sejam criativos e originais, uma vez que se regozijam em aperfeiçoar as captações mentais deles. Admiram os que exibem ampla consciência sociopolítica e sentem que, um dia (quando desfrutarem todo o conforto e a segurança de que necessitam), também se envolverão com essas questões cruciais.

Nos negócios, os nativos de Touro podem ser muito espertos, o que os torna valiosíssimos para os empregadores. Nunca demonstram preguiça, gostam de trabalhar e de obter bons resultados. Não toleram assumir riscos desnecessários e se dão bem em posições de comando e autoridade, o que faz deles bons gerentes e supervisores. Sua capacidade de gerenciamento é reforçada por seu talento natural para a organização e para lidar com detalhes, para não falar de sua paciência e constância. Conforme mencionado, em virtude de sua forte conexão com a terra, também se saem bem na agricultura e em atividades correlatas.

De modo geral, os taurinos perseguem mais o dinheiro e a capacidade de ganhá-lo em abundância do que o prestígio e o reconhecimento público. Preferem uma posição com uma remuneração mais alta, embora menos prestigiosa, a um cargo pomposo com salário reduzido. Os nativos de outros signos nem sempre pensam dessa forma, mas os taurinos nem mesmo hesitam, sobretudo se inexistirem elementos em seu mapa astral que atenuem essa característica. Só se disporão a perseguir o prestígio e a glória se lhes for mostrado que terão impacto direto e imediato no seu bolso.

AMOR E RELACIONAMENTOS

No amor, os taurinos gostam de possuir e manter. São do tipo que adoram casar. Apreciam envolvimentos e compromissos, desde que os termos da relação sejam claramente definidos. Detalhe fundamental: os taurinos gostam de ser fiéis a um único amante e, em troca, esperam a mesma fidelidade. Quando isso não ocorre, seu mundo desaba. Quando apaixonados, são leais, mas também intensamente possessivos. São capazes de grandes ataques de ciúme quando se magoam.

Num relacionamento, um nativo de Touro se compraz com o essencial. Se você estiver envolvido romanticamente com alguém do signo, não precisa gastar muito ou fazer agrados o tempo todo à pessoa amada. Bastará dar-lhe amor, comida e abrigo confortável que o ente amado ficará muito contente por permanecer em casa e desfrutar de sua companhia. E será leal a você por toda a vida. Faça com que um taurino sinta-se confortável e, principalmente, seguro na relação, e raramente terá problemas.

No amor, tendem a cometer o erro de tentar controlar os parceiros, o que costuma ocasionar mágoas de ambos os lados. O raciocínio por trás dessa forma de agir é simples: o taurino sente-se um pouco dono do ser amado e, em todos os setores de sua vida, procura modificar as coisas no sentido de aumentar seu próprio conforto geral e segurança. O raciocínio é acertadíssimo no tocante a objetos materiais e inanimados. Mas é perigoso querer fazer o mesmo com as pessoas. Por isso é preciso que você, taurino, tenha extremo cuidado e atenção.

VIDA DOMÉSTICA E FAMILIAR

A família e o lar são vitais para os taurinos. Eles adoram filhos. Também apreciam um lar confortável e até um pouco glamouroso, pois às vezes gostam de se exibir. Tendem a comprar móveis de madeira maciça, pesados, geralmente da melhor qualidade. Agem assim porque gostam de sentir consistência em seu ambiente. A casa não é apenas o seu lar, mas também seu nicho de criatividade e lazer. O lar de um nativo de Touro é seu castelo. Se pudesse escolher livremente, ele optaria por uma casa no campo em vez de uma residência na cidade. Quando isso não é possível, por causa do trabalho, gosta de passar fins de semana no campo e, ao se aposentar, procura áreas rurais onde possa estar mais próximo da terra.

Em casa, o taurino é como um esquilo silvestre: o senhor da toca. Trata-se de anfitrião do tipo mão aberta, que aprecia fazer com que seus convidados experimentem a mesma satisfação e segurança que sentem em seus próprios lares. Se você for convidado para jantar na casa de um taurino, espere boa comida e muita diversão. Esteja preparado para visitar os aposentos um a um e para ouvir o "dono do castelo" discorrer satisfeito, e com um pouquinho de exibicionismo e orgulho, sobre suas posses.

Eles gostam de crianças, mas geralmente são severos com elas. Tendem a tratá-las – como fazem com quase tudo na vida – como propriedades pessoais. O aspecto bom disso é que os filhos serão sempre bem cuidados e bem supervisionados. E terão satisfeitas todas as necessidades materiais de que carecem para se desenvolver adequadamente. O lado negativo é que os nativos de Touro tendem a ser muito repressivos com os filhos. Ai do filho que ousar perturbar a rotina diária que um pai (ou mãe) taurino adora cumprir! Estará arrumando uma grande encrenca com ele (ou ela).

TOURO
HORÓSCOPO 2013

TENDÊNCIAS GERAIS

O ano de 2012 foi basicamente um bom ano. Os planetas de curso lento não o estavam pressionando e foram em geral benéficos para você. A saúde foi boa, e a energia geral esteve alta. Entretanto, perto do final do ano – em outubro de 2012 –, Saturno entrou em Escorpião e em um alinhamento tenso com você. Aqueles que nasceram no começo do signo de Touro – do dia 20 de abril a dia 5 de maio – sentiram esses efeitos com mais intensidade. Os que nasceram mais tarde no signo também vivenciaram isso, mas sentirão com mais intensidade em 2014. Assim, terão mais resistência neste momento. Essa tensão não é suficiente para causar um colapso, mas o deixará um pouco mais lento. Você terá de conservar suas energias, pois há mais oposição a seus objetivos.

A entrada de Saturno em Escorpião foi também a entrada em sua sétima Casa – do Amor e das Atividades Sociais. Casamentos atuais e relacionamentos sérios estão passando por um bom teste, assim como as parcerias profissionais. Em geral, haverá menos atividade no ano que está por vir.

Netuno, o mais espiritual dos planetas, fez um movimento importante para sua 11ª Casa – das Amizades – no ano passado. Ele ainda permanecerá ali por cerca de 13 anos. É uma tendência de longo prazo. Sua esfera social e suas amizades estão se tornando mais refinadas, espiritualizadas, com vibrações mais altas. Como resultado, você atrairá pessoas mais espirituais para sua vida.

Em março de 2011, Urano fez um movimento importante para sua 12ª Casa. O planeta ainda permanecerá ali por cerca de cinco anos, outra tendência de longo prazo. Urano é seu planeta da Carreira, portanto, esse trânsito terá importantes implicações nessa área, que discutiremos mais tarde. Mas, basicamente, isso mostra uma mudança radical em sua vida espiritual interior. O taurino costuma ser uma pessoa tradicional e conservadora, mas deixará de sê-lo nas questões espirituais. Você se sentirá inclinado a novas experiências. Você vai encontrar novos professores, mudará rotinas e hábitos, provavelmente, diversas vezes. Aqueles que nunca se envolveram com a espiritualidade provavelmente se envolverão este ano ou nos próximos. Os que já trilham esse caminho mudarão de direção. Haverá muita agitação e reviravoltas nessa área da vida, e também nas organizações de caridade ou altruísticas nas quais você esteja envolvido.

Suas principais áreas de interesse este ano serão finanças (até o dia 27 de junho); comunicação e interesses intelectuais (do dia 27 de junho em diante); amor e atividades sociais; religião; filosofia; viagens ao exterior e educação superior; amigos, grupos, atividades coletivas, organizações; espiritualidade.

Seus caminhos para a maior realização este ano serão finanças (até 27 de junho); comunicação e interesses intelectuais (depois de 27 de junho); amor, romance e atividades sociais.

SAÚDE

(Trata-se de uma perspectiva astrológica sobre a saúde, não de uma visão médica. Antigamente, não existiam diferenças, ambas as perspectivas eram idênticas. Porém, hoje, podem ocorrer diferenças. Para obter opinião com base em diagnósticos da medicina convencional, consulte seu médico ou um profissional da saúde.)

Como mencionamos, os planetas de curso lento serão gentis com você este ano. Apenas Saturno proporcionará tensão de longo prazo. Então, a saúde continuará boa, talvez não tanto quanto no ano passado, mas ainda boa. Sozinho, Saturno não consegue causar problemas sérios. Só quando o poder planetário começa a "atacar" você em conjunto é que a situação torna-se preocupante.

O fato de sua sexta Casa – da Saúde – estar vazia também é um bom sinal. Não haverá necessidade de se concentrar na saúde. Nada de importante vai estar errado.

Mas, por melhor que esteja a saúde, é sempre possível melhorá-la. Dê mais atenção a:

Rins e quadris. Os quadris devem sem massageados regularmente.

Pescoço e garganta. Massagens no pescoço sempre são benéficas para você, pois essa é uma área sensível de seu corpo. A tensão tende a se acumular ali e precisa ser liberada regularmente. Terapia sacro-cranial também será especialmente positiva para você – ela trabalha as vértebras do pescoço e os ossos do crânio. Cantar, entoar mantras ou as cinco vogais – de maneira ritmada – liberará muita tensão e vai harmonizar a garganta e todo o corpo.

Coração. Uma área vulnerável este ano. Se você já está na idade de risco, check-ups regulares devem ser realizados. Mais importante do que isso é evitar preocupações e ansiedade, as raízes espirituais dos problemas cardíacos. Pense seriamente sobre esse assunto. Se houver algo positivo ou construtivo a ser feito em relação a um problema, certamente deve ser feito. Mas se não houver nada construtivo a fazer, como a preocupação ajudaria sua situação? Não só não ajuda como torna o problema ainda pior – especialmente se você entende as leis metafísicas do universo. Do ponto de vista da saúde, preocupar-se sem necessidade apenas prejudica o coração. Da perspectiva da psicologia secular – a perspectiva mundana – a preocupação é natural e normal. Afinal, todos se preocupam. Mas, na visão espiritual, a preocupação é uma patologia mental e a origem de muitos sintomas físicos.

Vênus é seu planeta da Saúde. No corpo físico, ele rege os rins, os quadris, o pescoço e a garganta. Daí sua importância para a saúde geral.

Vênus é o planeta genérico do amor. (Em seu mapa, Plutão é seu atual planeta do Amor, mas em geral Vênus é o regente). Portanto, problemas amorosos podem ser a origem de inúmeros problemas de saúde. Como o amor será desafiador este ano – você receberá uma verdadeira prova – será preciso se esforçar mais do que o habitual para manter a harmonia. Talvez um relacionamento tenha de chegar ao fim – se assim for, deixe que isso aconteça da maneira mais harmoniosa possível, com um mínimo de dor e de rancor. É claro que isso é fácil de dizer, e não tão fácil de fazer, mas se problemas de saúde surgirem, terá de ser feito.

Vênus é um planeta rápido. Ele passará por todos os signos e casas de seu zodíaco neste ano. Portanto, haverá muitas tendências de saúde de curto prazo – dependendo de onde ele estará e de que aspectos receberá. Essas tendências serão detalhadas nas "Previsões Mensais".

LAR E FAMÍLIA

Em 2014, a história será outra, mas neste ano sua quarta Casa – do Lar e da Família – não será uma casa de poder. Isso mostra contentamento com a situação atual, sem grande necessidade de fazer mudanças drásticas. Evidentemente, você sempre terá livre-arbítrio – nunca o perderá –, mas o cosmos não o estará impelindo para um lado nem para outro.

É melhor que figuras paternas ou maternas não se mudem no ano que está por vir, por mais que desejem fazê-lo. Se decidirem seguir em frente com a mudança, haverá muitos contratempos. É mais indicado reorganizar a casa ou mudar a mobília de lugar, para aproveitar melhor o espaço. Eles comprarão ou instalarão equipamentos de saúde em casa.

Uma das figuras paternas ou maternas enfrentará muitas mudanças ou dramas pessoais. Talvez passe por uma cirurgia ou experiência de quase morte. Essa pessoa também estará em conflito com o cônjuge ou amor atual. Nenhum dos dois aprova muito o outro. Isso não ajuda muito na vida amorosa e será um dos grandes desafios de 2013.

Essa mesma figura paterna ou materna (o sexo dessa pessoa depende de se você é homem ou mulher) pode encontrar o emprego dos sonhos. Se ela é encarregada de contratar outras pessoas, haverá uma expansão na força de trabalho.

Os filhos ou enteados serão bem-sucedidos em 2013. Terão um ótimo ano para a carreira, prosperarão e serão reconhecidos em seus empregos. Mas uma mudança não é esperada. Se acontecer, muito provavelmente será na segunda metade do ano – depois de 27 de junho.

Os netos passarão por uma grande instabilidade em casa e com a família este ano. Provavelmente farão muitas mudanças. Nem sempre será uma mudança real, mas eles viverão em lugares diferentes por longos períodos e será "como se" tivessem se mudado diversas vezes. Vão precisar cultivar o equilíbrio emocional e estarão especialmente sensíveis e temperamentais. Praticar ioga, meditação ou outras disciplinas espirituais será muito benéfico para eles.

Se você está planejando uma construção em casa – grandes reformas – os períodos entre os dias 22 de julho e 23 de agosto e entre os dias 28 de agosto e 15 de outubro são mais indicados. Caso esteja planejando redecorar a casa, de 28 de junho a 23 de agosto será um bom momento. Este último período também é propício para comprar objetos de arte para o lar.

Haverá muitas tendências de curto prazo na família, que serão detalhadas nas "Previsões Mensais". O Sol, seu planeta da Família, é um planeta rápido.

DINHEIRO E CARREIRA

As finanças são sempre importantes para o taurino, estando a Casa do dinheiro forte ou fraca. Mas em 2013 a Casa do dinheiro estará forte, de forma que você estará especialmente focado nessa área de sua vida.

Como mencionamos, desde que Júpiter entrou em seu signo em junho de 2011, você está passando por um ciclo de prosperidade, uma tendência que continua no decorrer deste ano, até o dia 27 de junho. A partir dessa data, as finanças continuarão bem, mas vão demandar menos atenção e você poderá se despreocupar.

A passagem de Júpiter pela Casa do dinheiro é um claro indício de prosperidade. Ele aumenta os ganhos, expande os horizontes financeiros, torna os bens que você possui mais valiosos. Também proporciona boas oportunidades financeiras. Sobretudo, traz otimismo financeiro, um sentimento de "eu sou capaz". Quando Júpiter entra na Casa do dinheiro, coisas "afortunadas" começam a acontecer. Aparece um trabalho ou cliente inesperado. Seu ressarcimento de impostos é maior que o habitual. Muitas vezes, as pessoas ganham na loteria, em apostas ou outro tipo de jogo. Um produto que você cobiçava, mas não tinha dinheiro para comprar, repentinamente passa a ser "comprável". Você cobra o valor x de alguém e essa pessoa paga o dobro e diz que você pode ficar com o troco. Você sentirá a presença constante da Senhora Fortuna (que, aliás, está sob o comando de Júpiter).

A presença de Júpiter em sua Casa do dinheiro (e a sensação de otimismo que ela proporciona) o fará gastar mais este ano. Além disso, você estará mais generoso com os outros. Gastará e dará, porque sentirá que pode se dar a esse luxo (tendo ou não dinheiro!). Gastar demais provavelmente é o maior perigo no momento. Evidentemente, você não deve deixar de comprar o que precisa, mas às vezes o gasto pode ser fútil e deve ser evitado.

Em seu zodíaco, Júpiter rege a oitava Casa. Portanto, em muitos casos haverá uma herança substancial. (Isso também pode ter acontecido no ano passado.) Em geral, ninguém precisa realmente morrer, mas você será citado em um testamento, receberá um fundo fiduciário ou será nomeado inventariante. Se tiver problemas com seguradoras, o resultado se mostrará favorável. Será fácil conseguir crédito este ano, o que é uma faca de dois gumes. O mundo corporativo é alimentado pelas dívidas. Se elas acabam, os negócios entram em crise. Mas para você isso não vai ser um problema. O problema real é evitar o abuso de dívidas. Só porque o dinheiro dos outros está disponível, não quer dizer que você tenha de aceitá-lo só por aceitar, e sim fazê-lo por algum propósito legítimo de negócios. Se tem boas ideias, este será um ótimo ano para atrair investidores para seus projetos.

A morte não é um assunto agradável e, compreensivelmente, as pessoas ficam temerosas em relação a ela. Mas ela pode beneficiá-lo. Como no ano passado, você poderá lucrar comprando propriedades ou empresas com problemas – talvez até empresas falidas e propriedades confiscadas – e revendo-as mais tarde. Você demonstrará talento e instinto para descobrir o que pode se valorizar.

Se você é investidor, o mercado de títulos se mostrará promissor – sobretudo títulos de empresas de comunicação, mídia e transportes. Em 27 de junho, Júpiter entrará em sua terceira casa – da Comunicação. Portanto, um carro novo – e um bom carro novo – e equipamentos de comunicação chegarão até você. Vendas e marketing se tornam importantes financeiramente. Faça bom uso da mídia.

AMOR E VIDA SOCIAL

Este será um ano desafiador para o amor e para a vida social com a passagem de Saturno pela sétima casa, os relacionamentos existentes, como casamentos e parcerias, serão postos à prova. Além dessas dificuldades, haverá também dois eclipses na Casa do casamento este ano – um eclipse lunar em 25 de abril e um eclipse solar em 3 de novembro. Com a quadratura de Urano com Plutão, seu planeta do Amor (que será muito exata por alguns meses neste ano), você terá a receita para uma volatilidade extrema no amor. O amor verdadeiro sempre prevalecerá, mas não vai ser fácil. Todos os relacionamentos que não estejam funcionando perfeitamente têm grandes chances de chegar ao fim.

Nunca sabemos ao certo se o amor é verdadeiro enquanto ainda estamos vivendo uma lua de mel em harmonia. Quando as coisas vão bem, é natural se sentir satisfeito. É nos momentos difíceis que descobrimos a força de nosso amor. Se as condições estão ruins e vocês ainda querem um ao outro, muito provavelmente o amor é verdadeiro. Se vocês estão dispostos a confrontar todos os desafios, e não fugir, o amor é verdadeiro.

Essa é a intenção cósmica por trás de tudo isso. Na angústia das provações e nos tempos difíceis a verdade é revelada. O cosmo quer sempre o melhor para você – nada menos do que isso é suficiente.

Outras coisas positivas emergem das provações. Quando uma empresa está produzindo um carro, ela o testa na estrada, sujeitando-o a pressões muito maiores do que o motorista comum irá enfrentar. Sob essas condições extremas, quaisquer problemas ocultos do carro são revelados e podem ser corrigidos. Portanto, o produto final será superior. Assim será em seu relacionamento. As pressões revelarão as falhas e você poderá corrigi-las e ter um relacionamento melhor do que antes. Trata-se de uma experiência desagradável, mas positiva.

Para os solteiros, especialmente aqueles que estiverem em busca do primeiro casamento, não é aconselhável se casar agora. Na verdade, a vida social deve ser reorganizada neste momento. Concentre-se em qualidade, não em quantidade. É melhor poucos encontros, mas de qualidade, do que vários encontros sem graça. Aprenda a desfrutar sua própria companhia. Se você conseguir, os outros também o farão.

Os solteiros sentirão atração por pessoas mais velhas. Eles obterão uma sensação de estabilidade e conforto com eles. Essas pessoas precisarão ser extremamente cultas, refinadas e estabilizadas em seus negócios ou profissão. Você estará com os aspectos de alguém que se apaixona pelo professor, pelo sacerdote, pelo mentor, pelo guru.

Há oportunidades amorosas no exterior, com estrangeiros, em ambientes educacionais e religiosos.

Aqueles que estiverem no segundo casamento, ou buscando-o, terão momentos mais tranquilos – mas as amizades e as parcerias profissionais ainda serão postas à prova. Haverá grandes oportunidades para o segundo casamento depois do dia 27 de junho. O mesmo vale para aqueles à procura do terceiro casamento. Júpiter começará a trazer ótimos aspectos para Netuno nessa época.

AUTOAPRIMORAMENTO

Com Júpiter em sua casa do dinheiro na primeira metade do ano, a vida financeira vai melhorar sozinhas. Você só precisa receber a dádiva e aproveitar as oportunidades que certamente surgirão. Entretanto, a situação amorosa será outra história. Nela, suas ações e atitudes podem tanto agravar os problemas como amenizá-los. Surgirão dificuldades, mas a grande questão é como você vai lidar com elas.

Nos próximos dois anos, é bom compreender e aplicar o Princípio da Mínima Dor – Mínimo Dano. Relacionamentos problemáticos são dolorosos – terminando ou sobrevivendo. A dor é inevitável. Mas seu desafio é seguir o caminho da mínima dor e do mínimo dano. Em geral, infelizmente, a tendência é querer infligir o máximo de dor àqueles que nos prejudicaram, mais isso apenas cria um ciclo de dor cada vez maior. Todos sofrerão mais do que o necessário, e isso atrasará futuros relacionamentos, que podem ser bem mais positivos. E, enquanto a pessoa não entende a lei cármica, a condição atual tende a se repetir, repetir e repetir até que a lição seja aprendida. A sala de aula cósmica da Terra, embora cheia de amor e compaixão, ainda funciona sob uma lei incansável. Ao contrário das escolas humanas, que mandam estudantes que não sabem ler para a faculdade – apenas para livrar-se deles ou por causa de algum modismo psicológico –, a escola cósmica mantém a pessoa no primeiro ano durante o tempo que for preciso para que ela aprenda as lições necessárias.

Se um relacionamento tem de acabar, o que, muitas vezes, é necessário, faça-o da maneira menos dolorosa. Se um relacionamento deve sobreviver, mas está passando por uma fase difícil, resolva as diferenças também da maneira menos dolorosa possível. Você terá de descobrir sozinho qual é essa maneira – não existem regras, cada situação é única e especial.

Praticar a arte do perdão também será muito importante nos próximos dois anos. Guardar rancores – mesmo que justificados – bloqueia o fluxo de energia espiritual e normalmente tem consequências para a saúde. O perdão será mais fácil se compreendermos que perdoamos a pessoa, não suas ações. Os atos incorretos são incorretos. Ponto final. Mas as pessoas são perdoadas – elas realizaram aqueles atos sob a influência de todos os tipos de compulsões internas. E, talvez, se estivéssemos no lugar delas poderíamos ter agido da mesma maneira. O perdão acontecerá eventualmente, com o tempo. Então, por que arrastar o processo e prolongar o sofrimento?

Urano, como mencionamos, ficará em sua 12ª Casa – da Espiritualidade – por um bom tempo. Esse é um trânsito muito importante. Muitas pessoas têm a ideia errônea de que a "espiritualidade" é uma área compartimentalizada que nada tem a ver com a vida "prática". Nada poderia estar mais longe da verdade. Este mundo exterior em três dimensões é um mundo de "puro efeito", não é causa para coisa alguma. Todos os eventos externos que observamos com nossos sentidos são apenas efeitos colaterais de forças "interiores", as verdadeiras causas. Portanto, quando uma pessoa começa a mudar suas condições interiores – as ideias e sentimentos – as condições exteriores inevitavelmente se modificam. Neste momento, mudanças interiores gigantescas estão acontecendo – mudanças revolucionárias – e no devido tempo você as verá manifestar-se em sua vida exterior. Você está passando por um processo de criar "liberdade interior" – liberdade de pensamento e de sentimentos – e isso inevitavelmente levará à liberdade exterior, ao rompimento de muitas amarras. Seja paciente, o processo leva tempo.

PREVISÕES MENSAIS

JANEIRO

Melhores dias: 2, 3, 10, 11, 19, 20, 29, 30
Dias mais tensos: 6, 7, 12, 13, 26, 27, 28
Melhores dias para o amor: 2, 3, 6, 7, 8, 9, 10, 11, 18, 19, 20, 29, 30
Melhores dias para o dinheiro: 2, 3, 4, 10, 11, 12, 21, 22, 23, 31
Melhores dias para a carreira: 8, 12, 13, 17, 26, 27

Você começará seu ano com 80 por cento e, às vezes, 90 por cento dos planetas acima da linha do horizonte de seu mapa – a metade superior. No dia 19, você entrará em um pico profissional anual. Então, este será um momento para se concentrar na carreira – em realizações exteriores. A família é importante para você, mas ela dará apoio a seus objetivos profissionais. Eles o encorajarão. O conflito habitual entre carreira e família será mínimo nesse período, o que é bom. Janeiro será um mês de sucesso e progresso.

O impulso planetário estará direcionado para a frente este mês. Até o dia 30, 90 por cento dos planetas estarão em movimento direto. Depois do dia 30, todos os planetas estarão em movimento direto. Será um excelente momento – especialmente do dia 11 ao dia 27 – para lançar novos projetos ou produtos. O progresso será mais rápido do que o normal.

Neste mês, a partir do dia 19, o poder planetário se deslocará do ocidente para o oriente – do setor social do mapa para o setor do *self* –, o que produz mudanças psicológicas. Você entrará em um período de maior independência pessoal. Será capaz de fazer as coisas do seu jeito, de levar a vida da maneira que deseja. Nos últimos seis meses você foi forçado a se adaptar às situações – a ceder e a agradar as pessoas. Agora, você sabe que situações são desagradáveis, o que precisa ser diferente, e pode começar a fazer as mudanças que deseja. A felicidade depende apenas de você.

Você estará bem-disposto até o dia 19, mas depois precisará descansar e conservar as energias. Se deixar de lado as questões irrelevantes de sua vida e se concentrar no que realmente importa, descobrirá que possui a energia de que precisa para alcançar seus objetivos. Siga as dicas de saúde do item "Tendências Gerais". Mas até o dia 10, dê mais atenção ao fígado e às coxas. Massagens regulares nas coxas serão benéficas. A partir do dia 10, quando seu planeta da Saúde entrar em Capricórnio, será preciso dar mais atenção à coluna, aos joelhos, dentes, ossos, pele e à postura. Massagens regulares nas costas e nos joelhos ajudarão você a se sentir bem. Caso esteja indisposto, uma visita ao quiroprático ou ao osteopata também pode ser benéfica. Regimes de desintoxicação serão poderosos até o dia 10. Depois do dia 10, são indicadas terapias metafísicas como oração, disseminação da palavra e visualização positiva.

O principal desafio profissional virá do cônjuge ou amor atual. Haverá oposição por parte dele. Talvez ele ou ela sinta que você está concentrado demais em sua carreira e não o bastante em seu relacionamento, o que será um desafio durante o ano todo. De alguma forma, você terá de equilibrar seus deveres profissionais com suas obrigações amorosas.

O amor será difícil este ano, mas especialmente este mês até o dia 19. Seu relacionamento atual será posto à prova.

Você está em um ciclo de prosperidade, com altos ganhos financeiros. Mas a prosperidade será ainda maior depois do dia 19.

FEVEREIRO

Melhores dias: 7, 8, 15, 16, 17, 25, 26
Dias mais tensos: 2, 3, 9, 10, 23, 24
Melhores dias para o amor: 2, 3, 7, 8, 9, 10, 15, 16, 18, 19, 25, 26
Melhores dias para o dinheiro: 1º, 9, 11, 12, 18, 19, 21, 22, 27
Melhores dias para a carreira: 4, 5, 9, 10, 13, 23

A maioria dos planetas ainda está sobre a linha do horizonte no mapa – até o dia 15, 90 por cento deles ficarão lá, e depois do dia 15, a porcentagem cai para 80 por cento. Em fevereiro, você ainda estará em seu pico profissional anual, então aproveite. Mantenha o foco. Em janeiro, era provável que você fosse promovido ou recebesse um aumento, mas isso ainda pode acontecer neste mês. A família continuará a apoiar sua carreira e estará ativamente envolvida nela. O ponto positivo é que você não terá os habituais conflitos entre família e carreira que a maioria das pessoas tem. As duas áreas vão se mesclar bem. Como no mês passado – e essa é uma tendência para este ano – seu desafio é equilibrar a vida amorosa – o casamento e a vida social – com a carreira. Será trabalhoso e você terá que fazer algumas concessões, mas é preciso ganhar o apoio da pessoa amada e dos amigos. Você pensará no melhor jeito de fazer isso.

O impulso planetário está para a frente este mês. Até o dia 18, todos os planetas estarão em movimento direto, mais do que o habitual. A atividade retrógrada aumentará mais para o final do mês, mas nunca passará dos 20 por cento. Assim, este ainda será um bom mês para lançar novos produtos ou projetos – especialmente do dia 10 ao dia 18.

Você ainda está passando por um ciclo de prosperidade, mas as finanças estarão mais desafiadoras em fevereiro, mais complicadas. No dia 5, Mercúrio, o planeta das Finanças, entra em Peixes em um aspecto tenso com Júpiter. Isso pode causar gastos exacerbados e excesso de confiança. A confiança saudável é sempre positiva, mas às vezes foge à realidade e leva as pessoas a assumir riscos desnecessários. Mercúrio entrará em movimento retrógrado no dia 23, então tente fazer compras importantes e tomar decisões financeiras antes desse dia. Depois do dia 23, vale a pena realizar uma saudável análise da vida financeira. Será o momento de obter clareza mental em relação às finanças – não de agir.

Seu planeta das Finanças entrará em conjunção com Netuno nos dias 6 e 7 – esteja alerta para a intuição financeira nesses dias. Informações e orientações financeiras virão por meio de sonhos, médiuns, sacerdotes ou canalizações espirituais. De qualquer forma, este será um período espiritual – seu planeta espiritual estará em conjunção com Netuno do dia 3 ao dia 6, de forma que a ajuda do mundo invisível estará disponível.

Fique atento à saúde até o dia 18. Até o dia 2, dê mais atenção à coluna, aos joelhos, dentes, ossos, pele e à postura – como no mês passado. Depois do dia 2, preste mais atenção aos tornozelos e às panturrilhas. Ambos devem ser regularmente massageados. Depois do dia 26, os pés se tornam importantes – massagens regulares nos pés serão benéficas.

MARÇO

Melhores dias: 6, 7, 15, 16, 24, 25, 26
Dias mais tensos: 2, 3, 8, 9, 22, 23, 29, 30
Melhores dias para o amor: 2, 3, 6, 7, 10, 11, 15, 16, 21, 22, 24, 25, 29, 30, 31
Melhores dias para o dinheiro: 1º, 2, 3, 8, 9, 10, 11, 17, 18, 19, 20, 21, 27, 28, 29, 30
Melhores dias para a carreira: 4, 8, 9, 12, 13, 22, 31

Embora o pico profissional anual já esteja quase acabando, ainda há coisas boas acontecendo nessa área. O sucesso continua. Seu planeta da Carreira, Urano, receberá estímulos intensos e positivos perto do fim do mês. A maioria dos planetas permanece sobre a linha do horizonte, de forma que o mundo profissional ainda está em foco. Marte estará em conjunção com seu planeta da Carreira do dia 18 ao dia 21. Isso mostra que você trabalhará arduamente e será proativo em relação a assuntos profissionais. Mostra autoconfiança e realizações rápidas, o que pode ser fonte de conflitos. O Sol estará em conjunção com Urano do dia 27 ao dia 30, uma indicação de apoio familiar para a carreira e oportunidades criadas pela família ou pelas conexões familiares. Provavelmente, você estará trabalhando mais em casa nesse período. Vênus também entrará em conjunção com Urano nesse período (do dia 26 ao dia 29), o que significa que você terá sucesso pessoal, chegará ao "topo" – acima de todos em seu área. Esses aspectos também trarão boas oportunidades profissionais.

O elemento Água será muito forte até o dia 12 – 60 por cento e, às vezes, 70 por cento dos planetas estarão em signos de Água. Normalmente, as pessoas ficam sensíveis nesses dias, então seja mais cuidadoso com isso. Elas não reagirão a palavras, mas a gestos, linguagem corporal, tons de voz e expressões faciais. Aparentemente, pequenas atitudes provocarão grandes reações. Algumas precauções extras prevenirão muita dor de cabeça e mágoa depois. Em geral, o clima estará mais chuvoso do que o normal. A umidade será mais alta.

Março será um mês muito espiritual. Até o dia 20, haverá muitos planetas no signo de Peixes. E mesmo depois disso, quando o Sol, Marte e Vênus entrarem em Áries – sua 12ª casa – da Espiritualidade. Muitos de vocês – especialmente aqueles que trilham esse caminho – farão importantes progressos espirituais. A prática espiritual também deve melhorar. Você e o mundo invisível estarão mais próximos. Espere um grande número de sonhos e muitas experiências sobrenaturais. Este será um bom mês para se envolver em caridade e causas altruístas.

As finanças ainda estarão um pouco delicadas. Seu planeta das Finanças estará em movimento retrógrado até o dia 17. Então, continue a reavaliar a vida financeira. Este ainda será um período para ganhar clareza mental nessa área, não para realizar coisas. Quando Mercúrio começar o movimento direto no dia 17, a clareza aparecerá e será mais seguro tomar decisões e realizar ações financeiras importantes.

O planeta das Finanças em Peixes mostra uma boa intuição financeira. Mas enquanto o movimento retrógrado está em curso, a intuição não deve ser seguida cegamente. Depois do dia 17, ela se tornará mais confiável.

Oportunidades financeiras surgirão através de amigos, grupos e atividades coletivas. Atividades on-line também terão impacto em sua vida financeira. É muito importante estar integrado às novas tecnologias, pois suas habilidades nessa área serão importantes para os ganhos.

O amor estará razoável até o dia 20. Depois, se tornará mais intempestivo. Um relacionamento atual estará por um fio.

ABRIL

Melhores dias: 2, 3, 11, 12, 21, 22, 29, 30
Dias mais tensos: 4, 5, 19, 20, 25, 26
Melhores dias para o amor: 1º, 2, 3, 9, 10, 11, 12, 21, 22, 25, 26, 29, 30
Melhores dias para o dinheiro: 4, 5, 7, 8, 14, 15, 19, 23, 24, 27, 28
Melhores dias para a carreira: 1º, 4, 5, 9, 10, 19, 20, 27, 28

Os planetas estão em sua posição mais oriental do ano, tendência que também se manterá no mês que vem. É o momento de mudar os aspectos de sua vida que não o agradam. Você terá o poder de fazê-lo. Só você sabe o caminho que deseja seguir – e deve agir de acordo com seus desejos. Em abril, você poderá fazer as coisas do seu jeito.

Este mês, depois do dia 19, os planetas começarão a se deslocar da metade superior para a inferior do zodíaco. O deslocamento não se completará em abril, só em maio, mas você já começará a sentir seus efeitos. Os objetivos profissionais já foram mais ou menos alcançados, e este será o momento de começar a se concentrar no lar, na família e em seu bem-estar emocional. É o crepúsculo de seu ano. O Sol se prepara para se pôr. Ainda não está escuro, mas logo ficará. Amarre as pontas soltas na carreira e se prepare para colocar a casa em ordem.

O movimento planetário está extremamente acelerado neste mês. Noventa por cento dos planetas estarão em movimento direto até o dia 12, e 80 por cento, depois. É um ótimo período, especialmente do dia 10 ao dia 25, para lançar novos produtos ou empreendimentos. A lua nova do dia 10 será o momento ideal para isso.

Até o dia 19, você ainda estará em um período bastante espiritual, então reveja as dicas do mês passado sobre o assunto.

O amor ainda está problemático. Apenas um relacionamento muito resistente – com laços amorosos muito fortes – poderá sobreviver a isso. A pessoa amada não apenas estará em conflito com sua carreira, como com as figuras paterna e materna e talvez com a família como um todo. As coisas ficarão um pouco mais fáceis depois do dia 15, mas a situação ainda será tensa.

O planeta das Finanças ainda ficará no místico signo de Peixes até o dia 14. Então, a intuição financeira estará excelente agora – e digna de confiança. Os taurinos são pessoas muito práticas e realistas. Mas este é um mês no qual você prosperará por conta das fontes de recursos sobrenaturais, em vez das fontes naturais. Dinheiro fácil chegará até você – repentinamente e de formas inesperadas – não por causa de seus esforços pessoais ou táticas inteligentes de negócios. Ele simplesmente virá e o forçará a refletir sobre a natureza da riqueza e de onde ela realmente vem.

Depois do dia 14, quando o planeta das Finanças entra em Áries, tenha cuidado para não tomar decisões financeiras de modo impulsivo. Se você alcançou alguma clareza mental durante o retrocesso (período de movimento retrógrado), isso não será um grande problema, mas se não, pode ser.

No dia 19, o Sol cruzará seu ascendente e entrará em seu signo. Marte entrará no dia seguinte. Assim, você começará um pico de prazer pessoal anual. Um momento para desfrutar todas as delícias dos sentidos e do corpo, para entrar em forma e cultivar a imagem. Embora o amor esteja tenso, você atrairá o sexo oposto. Você está com uma ótima aparência, e terá mais carisma que o habitual. A saúde e a energia estarão excelentes.

Um eclipse lunar no dia 25 será estressante para você – especialmente para aqueles que nasceram no começo do signo (de 21 de abril a 1 de maio). Busque atividades tranquilas. Esse eclipse testará seu atual relacionamento, carros e equipamentos de comunicação.

MAIO

Melhores dias: 8, 9, 10, 18, 19, 27, 28
Dias mais tensos: 2, 3, 16, 17, 23, 24, 29, 30
Melhores dias para o amor: 8, 9, 10, 11, 18, 19, 21, 22, 23, 24, 27, 28, 29, 30
Melhores dias para o dinheiro: 2, 3, 8, 9, 10, 11, 12, 21, 22, 29, 30
Melhores dias para a carreira: 2, 3, 6, 7, 16, 17, 25, 26, 29, 30

Quando Mercúrio entrar em seu signo no dia 1º, o deslocamento planetário para baixo da linha do horizonte em seu mapa estará estabelecido. Sessenta por cento e, às vezes, 70 por cento dos planetas estarão na metade inferior do zodíaco. Será o auge do ano. A carreira ainda estará importante, mas agora será a hora de trabalhá-la através dos métodos interiores – os métodos noturnos, não os diurnos. Visualize o que quer e onde quer estar. Adormeça com essa imagem. Trabalhe internamente para obter a "sensação" do resultado desejado. É uma espécie de devaneio, mas é um devaneio que está sob o controle de sua consciência. Deixe de lado o mundo das aparências – você está buscando um "estado interior". – e, na verdade, nenhuma aparência externa tem o poder de obstruir sua entrada. Quando você vive sob a sensação do que deseja, eventualmente (e especialmente quando os planetas se deslocarem outra vez), o estado interior será "objetivado" e se materializará.

Quando Mercúrio entrar em seu signo, você começará a obter lucros financeiros inesperados. Maio será um mês próspero. Oportunidades financeiras surgirão sem que exista uma necessidade de correr atrás delas. Sua aparência e seu charme terão grande impacto na vida financeira este mês, portanto, provavelmente você gastará mais com a imagem.

A saúde e a energia ainda estarão excelentes. Na verdade, essa abundância de energia pode criar alguns problemas. Provavelmente, você estará mais ansioso, desejará que tudo aconteça rapidamente.

Assim, a pressa e a impaciência poderão deixá-lo desatento. O temperamento também poderá ser um problema, pois pode causar conflitos indesejáveis ou desnecessários. Apresse-se, mas tome cuidado.

Teremos dois eclipses este mês. O primeiro – o eclipse solar do dia 20 – será o mais forte e acontecerá em seu signo. Programe atividades tranquilas e descontraídas para o período. Todos sentirão seus efeitos, mas para aqueles nascidos entre os dias 5 e 15 de maio, o eclipse terá mais influência. Normalmente, os eclipses provocam desintoxicações do corpo – especialmente se você não vinha sendo cuidadoso com as questões alimentares – e causam uma necessidade de redefinir a personalidade e a imagem. Certos eventos o levarão a se ver de maneira diferente e a apresentar uma nova imagem ao mundo, que pode incluir mudanças de penteado e de guarda-roupa. A família também será afetada por esse eclipse. Haverá reorganizações – eventos que mudarão a vida de membros da família (ou daqueles que são como se fossem da família para você). Se existirem falhas no lar, agora você as descobrirá e será obrigado a corrigi-las.

O eclipse lunar de 25 de maio trará dramas para a vida de irmãos ou figuras fraternas. Carros e equipamentos de comunicação serão testados e muitas vezes precisarão ser substituídos. O cônjuge ou amor atual será forçado a fazer mudanças financeiras dramáticas.

JUNHO

Melhores dias: 5, 6, 15, 16, 23, 24
Dias mais tensos: 12, 13, 19, 20, 25, 26
Melhores dias para o amor: 5, 6, 10, 15, 16, 19, 20, 23, 24, 27, 28
Melhores dias para o dinheiro: 1º, 7, 8, 9, 10, 11, 17, 18, 19, 20, 26, 27, 28
Melhores dias para a carreira: 2, 3, 12, 13, 21, 22, 25, 26, 30, 31

No dia 20 do mês passado, você entrou em um pico financeiro anual, o paraíso dos taurinos, que continuará até o dia 21 deste mês. Você terá muitos ganhos e os objetivos financeiros serão alcançados. No dia 27, quando Júpiter deixar a Casa do Dinheiro, seus interesses se deslocarão para a mente – aprender, se comunicar, ensinar. É hora de tomar fôlego e dar um passo atrás nas finanças. Seu planeta das Finanças entrará em movimento retrógrado no dia 26, e este é o momento de fazer uma pausa. Evite comprometimentos e decisões financeiras importantes depois do dia 26. Concentre-se mais em se tornar "esclarecido" – em se informar e fazer seu dever de casa financeiro.

A entrada de Júpiter em sua terceira Casa trará um novo carro e novos equipamentos de comunicação para você. Se não este mês, este ano.

As finanças serão o foco principal até o dia 21. Depois, é bom aumentar sua base de conhecimento – expandir sua mente – fazer cursos de assuntos que o interessam, aprimorar seu vocabulário, pôr em dia os telefonemas, cartas ou e-mails que você está devendo. Isso não apenas será agradável por si só, mas, com o planeta das Finanças na terceira Casa durante o mês todo, também trará ganhos futuros.

O amor continuará a ser problemático este mês – especialmente após o dia 21. Houve problemas nessa área desde o início do ano, mas nos últimos dois meses as coisas provavelmente estiveram mais tranquilas. Agora elas se reacendem. O relacionamento atual está em crise, não necessariamente por ser falho – podem acontecer eventos dramáticos, que modificam a vida do cônjuge ou amor atual, e os problemas originam-se dessa crise.

Os assuntos do coração são complicados. É difícil criar regras, pois cada situação é única. Mas como princípio geral, podemos recomendar que o caminho da mínima dor seja seguido. Um relacionamento turbulento será doloroso de qualquer maneira, mas você pode minimizar ou maximizar a dor. Faça o melhor que puder para minimizá-la.

Um chefe, pai ou figura paterna – uma figura de autoridade em sua vida – pode fazer uma cirurgia ou passar por uma experiência de quase morte.

Assuntos legais serão postergados, mas o resultado final será positivo. Há ótimas oportunidades de viagem este mês, mas reserve tempo suficiente para chegar e partir de seu destino sem perder conexões.

O amor estará tenso, mas a situação social em geral será feliz. Amigos novos e importantes entrarão em cena este mês.

Um pai ou figura paterna terá um ganho inesperado do dia 19 ao dia 21. Nesse período, haverá também oportunidades de mudança, compra de casas adicionais ou de renovação da casa atual.

JULHO

Melhores dias: 2, 3, 12, 13, 21, 22, 29, 30
Dias mais tensos: 9, 10, 11, 17, 23, 24
Melhores dias para o amor: 1º, 2, 3, 10, 11, 12, 13, 17, 19, 20, 21, 22, 29, 30
Melhores dias para o dinheiro: 4, 5, 6, 7, 8, 16, 17, 25, 26
Melhores dias para a carreira: 1º, 12, 13, 21, 22, 23, 24, 27, 28

Para manifestar os desejos de seu coração, ocasionalmente o cosmos tem de agitar as coisas – às vezes de maneira dramática. É o que acontecerá em julho. O amor continuará sendo severamente testado durante todo o mês, haverá importantes mudanças profissionais e a situação familiar também estará instável. Todas essas mudanças terão consequências positivas, mas não serão agradáveis enquanto estiverem acontecendo.

Parte da tensão familiar pode ser atribuída a uma mudança, reforma ou a outras melhorias no lar. É bom que você esteja focado no lar e na família agora. Os problemas profissionais não serão resolvidos imediatamente. Seu planeta da Carreira entrará em movimento retrógrado no dia 17 e assim permanecerá até o dia 17 de dezembro – praticamente pelo restante do ano. As aparências enganam neste momento. Evite julgar a carreira pelo que "parece". Trabalhe para obter clareza mental nessa área – isso é o mais importante.

Sua terceira Casa ainda estará muito poderosa até o dia 22. Esse é um ótimo trânsito para estudantes em idade escolar. Aprender é divertido. Haverá sucesso em seus estudos. Um irmão ou figura fraterna entrará em um período de prosperidade e sucesso geral de dois anos.

Este será um mês agitado e ativo. Felizmente, a saúde estará boa até o dia 22, e você terá energia suficiente para lidar com essa atividade. Mas depois do dia 22, você deverá descansar e fazer tudo o que puder para conservar as energias. Passe um tempo em um spa. Faça massagens. Até o dia 23, você poderá melhorar sua saúde dando mais atenção ao coração. Evite preocupações e ansiedade o máximo possível. Uma alimentação balanceada será importante. Depois do dia 23, preste atenção ao intestino delgado – antes, consulte um gráfico de reflexologia.

Para os solteiros, este será um bom mês para praticar o amor incondicional. Aqueles em busca do segundo casamento terão ótimas oportunidades amorosas – assim como no mês passado. Uma viagem internacional pode se tornar realidade do dia 12 ao dia 19, mas como seu planeta das Viagens ainda está em movimento retrógrado, reserve tempo suficiente para chegar e partir de seu destino.

Haverá importantes transformações em sua vida financeira este mês. Seu planeta das Finanças fixa sua posição em uma quadratura com Urano do dia 17 ao dia 21. Entretanto, é melhor fazer as mudanças depois do dia 21, quando Mercúrio entrar em movimento direto.

O poder planetário está começando a se deslocar do oriente para o ocidente – o setor social do mapa. Então, seu período de independência pessoal vai terminar. O deslocamento ainda não está completo, mas o processo está em andamento. Você começa a alterar os mecanismos psicológicos – o foco passará aos interesses dos outros, e não aos seus.

AGOSTO

Melhores dias: 8, 9, 17, 18, 25, 26, 27
Dias mais tensos: 6, 7, 13, 14, 19, 20
Melhores dias para o amor: 8, 9, 13, 14, 17, 19, 25, 26
Melhores dias para o dinheiro: 1º, 2, 3, 4, 13, 14, 15, 16, 21, 22, 24, 25, 28, 29, 30, 31
Melhores dias para a carreira: 6, 7, 15, 16, 19, 20, 23, 24

No final do mês (dia 28), o deslocamento planetário para o setor ocidental estará completo. Este será o auge de poder no ocidente este ano. Sessenta e, às vezes, 70 por cento dos planetas estarão no ocidente. É hora de deixar um pouco de lado os próprios interesses e se concentrar nas necessidades dos outros. Esperamos que você já tenha criado as boas condições para si mesmo, pois agora é o momento de colocá-las à prova. Se você agiu bem, verá os frutos de seu trabalho. Se não, verá as falhas e poderá corrigi-las durante seu próximo ciclo de independência pessoal, no ano que vem.

Sua décima Casa – da Carreira – estará praticamente vazia este mês, enquanto sua quarta Casa – do Lar e da Família – estará forte durante todo o período. Assim, o foco está no lar, como deveria. Sua harmonia emocional e seu foco na família beneficiarão a carreira este mês. Os superiores estarão prestando atenção a isso.

As finanças serão boas. Seu planeta das Finanças agora se move muito rapidamente. Mercúrio passará por três signos e Casas de seu zodíaco. Isso mostra segurança financeira, progresso rápido, muito terreno percorrido. As mudanças que você fez no mês passado darão certo. O planeta das Finanças estará em Câncer até o dia 8, e então ficará em sua quarta Casa (Lar e Família) até o dia 24. Portanto, você gastará mais com a casa e a família neste período, mas também pode ganhar com ela. Os membros da família darão apoio financeiro – assim como as conexões familiares e as figuras paternas. O mais provável é que você ganhe por seu trabalho em casa. Mercúrio estará em Leão do dia 8 ao dia 24. Por um lado, isso mostra que o dinheiro é ganho de maneiras positivas, e que você desfrutará a riqueza que possui. Por outro lado, você poderá ficar mais especulativo e temerário. Se exagerar, pode se prejudicar. Essa tendência especulativa continuará até mesmo depois do dia 24, quando Mercúrio entrará em sua quinta Casa. Os filhos ou enteados o inspirarão a ganhar mais, e muitas vezes terão boas ideias financeiras.

A saúde melhorará muito depois do dia 22. Mas até lá, continue a descansar e a relaxar mais. Reveja as dicas do mês passado. Preste mais atenção ao intestino delgado (como no mês passado) até o dia 16. Depois desse dia, dê mais atenção aos rins e aos quadris. Massagens nos quadris serão especialmente benéficas. Manter a harmonia na vida amorosa é sempre importante para a sua saúde, mas isso será especialmente verdadeiro depois do dia 16. Se estiver se sentindo indisposto, faça tudo o que puder para devolver a harmonia à vida amorosa. Com o amor tão tenso, não será fácil, mas você sempre pode "minimizar" a negatividade em vez de maximizá-la.

SETEMBRO

Melhores dias: 4, 5, 6, 13, 14, 22, 23
Dias mais tensos: 2, 3, 9, 10, 15, 16, 29, 30
Melhores dias para o amor: 4, 5, 8, 9, 10, 13, 14, 17, 18, 22, 23, 27, 28
Melhores dias para o dinheiro: 1º, 5, 6, 9, 10, 15, 16, 18, 19, 24, 25, 26, 27, 28
Melhores dias para a carreira: 2, 3, 11, 12, 15, 16, 20, 21, 29, 30

No dia 22 do mês passado, você entrou em um de seus picos anuais de prazer pessoal – um de seus períodos de férias cósmicas. É um momento para recreação e para gozar a vida. Você permanecerá nesse pico até o dia 22 deste mês. Independentemente dos problemas ou complicações que enfrentamos, a vida ainda pode ser aproveitada – e a alegria, por si só, suaviza muitos dos problemas. Esta é a lição para este mês.

Nos últimos dois meses, as taurinas em idade de engravidar estiveram em seu período mais fértil do ano. Essa tendência continuará em setembro. (Em 2014, elas estarão ainda mais férteis do que agora.)

No dia 22, quando o Sol entrar em sua sexta Casa, você começará um período mais sério e voltado para o trabalho. Sentirá a necessidade de ser produtivo e será um ótimo momento para os que estão procurando emprego. Você estará com sorte. Se está procurando emprego, não deixe de explorar as conexões familiares.

Este mês teremos uma Grande Cruz muito dinâmica nos céus. Estará em curso durante todo o mês. (Começou no dia 16 do mês passado.) Isso mostra um período desafiador. Você estará envolvido em uma enorme tarefa muito complicada, o que provavelmente será estressante. Você quer realizar algo grande e significativo no mundo. Muitos interesses distintos terão de ser conciliados – amor, carreira, interesses pessoais, trabalho, lar e família. Cada área o puxará em uma direção diferente. Cada uma exigirá o que lhe é devido. Quando a vida fica assim tão complicada, o melhor é passar por um dia de cada vez. Lidar com as necessidades do dia – as necessidades do momento – e tentar não pensar em um futuro muito distante. Se o dia de hoje for resolvido da maneira correta, o de amanhã também será.

O amor será testado mais uma vez. Como mencionamos, isso vem acontecendo durante todo o ano, mas o rigor tem altos e baixos. Esta provação será mais severa do que no passado. Você não conseguirá eliminar completamente a negatividade, mas pode minimizá-la o máximo possível. A boa notícia é que sua sétima Casa – do Amor – estará muito forte. A maioria dos planetas ainda está no setor social ocidental do zodíaco. Portanto, o amor e as atividades sociais serão muito importantes para você. Você estará focado, desejando superar todos os desafios, e isso tende a dar certo.

Mais mudanças financeiras dramáticas acontecerão do dia 9 ao dia 19. Mas você vai superá-las. Sua boa ética de trabalho e suas conexões sociais serão de grande ajuda.

A saúde estará basicamente boa, o que também ajuda. Com a energia em alta, será possível lidar com toda a atividade frenética que virá. Você poderá melhorar a saúde dando mais atenção aos rins e aos quadris (como no mês passado) até o dia 11, e ao cólon, à bexiga e aos órgãos sexuais depois desse dia. Regimes de desintoxicação serão poderosos depois do dia 11. Uma ou duas lavagens intestinais também são aconselháveis nesse período.

OUTUBRO

Melhores dias: 2, 3, 11, 12, 19, 20, 29, 30
Dias mais tensos: 1º, 6, 7, 13, 14, 27, 28
Melhores dias para o amor: 2, 3, 6, 7, 8, 11, 12, 17, 18, 19, 20, 27, 28, 29, 30

Melhores dias para o dinheiro: 6, 7, 15, 16, 22, 23, 24, 25
Melhores dias para a carreira: 1º, 8, 9, 13, 14, 17, 18, 27, 28

Este mês, o poder planetário mudará novamente. Desta vez, a mudança será da porção inferior do zodíaco para a superior – o setor da carreira e realizações externas. É a manhã de seu ano. É hora de acordar e se concentrar na carreira. A mudança começará no dia 23. Desse momento em diante – pelo resto deste ano – você poderá deixar de pensar na família e nas questões emocionais e se concentrar nos objetivos externos.

No dia 23, você entrará em um pico social anual. A vida amorosa – que foi tensa durante todo o ano – ficará mais fácil e ativa. Você ainda terá de ser criterioso em relação a seus amigos e aos convites que aceita, mas os que acontecerem agora serão de melhor qualidade. Os solteiros terão mais encontros, mas não é provável que se casem. Os que buscam o segundo ou o terceiro casamento tiveram oportunidades muito boas no mês passado e estão progredindo. Um cônjuge vingativo poderá prejudicar sua boa reputação profissional, ou desejará fazê-lo, mas eventualmente a verdade prevalecerá.

O ritmo da vida estará menos frenético do que no mês passado – especialmente depois do dia 23. O projeto atual mais importante fará progresso e exigirá menos esforço. A saúde ainda vai precisar de cuidados, e felizmente você estará atento. O importante é descansar mais depois do dia 23. Melhore a saúde com regimes de desintoxicação durante todo o mês. Até o dia 7, a desintoxicação do cólon será poderosa. Depois, a desintoxicação do fígado. Sexo seguro e moderação sexual serão importantes até o dia 7. Depois, massagens regulares nas coxas serão benéficas.

Haverá um eclipse lunar em sua 12ª Casa – da Espiritualidade – no dia 18. Ele também terá impacto sobre Júpiter, o planeta da religião e da metafísica. Isso sugere que importantes mudanças espirituais e filosóficas acontecerão nesse momento. Você mudará seu regime e disciplina espirituais – talvez, também seus professores. Podem ocorrer eventos dramáticos do tipo que alteram vidas com pessoas de seu local de culto e de organizações espirituais com as quais você se relaciona. Como Júpiter (o regente de sua oitava Casa) está envolvido, você poderá ter encontros (geralmente psicológicos) com a morte. É necessário aceitá-la, entendê-la melhor. O cônjuge ou amor atual será forçado a fazer mudanças financeiras dramáticas. Carros e equipamentos de comunicação serão testados.

Seu planeta das finanças estará em sua sétima Casa durante todo o mês. Assim, poderão acontecer parcerias profissionais ou *joint ventures*. As oportunidades irão até você. As conexões sociais desempenharão um papel importante em sua carreira. Você terá bom acesso ao dinheiro dos outros este mês – a crédito ou a investidores.

Mercúrio entrará em movimento retrógrado no dia 21. Procure fazer compras importantes ou tomar decisões financeiras antes desse dia. Depois, elas precisarão ser mais bem avaliadas. Poderá lhe parecer que sua vida financeira está retrocedendo, em vez de progredir – mas isso é uma ilusão. Você precisa apenas diminuir um pouco o ritmo e reavaliá-la.

NOVEMBRO

Melhores dias: 7, 8, 16, 17, 25, 26, 27
Dias mais tensos: 3, 4, 9, 10, 23, 24, 30
Melhores dias para o amor: 3, 4, 7, 8, 16, 17, 25, 26, 27, 30
Melhores dias para o dinheiro: 3, 4, 11, 12, 18, 19, 20, 21, 22, 30
Melhores dias para a carreira: 5, 6, 9, 10, 13, 14, 23, 24

Este não será um de seus melhores períodos para a saúde, então continue a descansar e dê mais atenção a essa área. Reveja as dicas do mês passado. Um eclipse solar, que acontecerá no dia 3, não ajudará nessa questão. Até o dia 5, dê mais atenção ao fígado e às coxas. Desintoxicação do fígado e massagens nas coxas serão benéficas. Depois do dia 5, preste mais atenção à coluna, aos joelhos, dentes, ossos, pele e à postura. Massagens frequentes nas costas e visitas regulares ao um quiroprático ou osteopata serão poderosas. Os que praticam ioga devem dar mais atenção às posturas que fortalecem a coluna. A saúde terá uma melhora dramática depois do dia 22.

O eclipse solar do dia 3 terá forte influência sobre você, então programe uma agenda tranquila para esse período. Passe mais tempo em casa com tranquilidade. Assista a um filme, leia um livro, medite e reze. Evite assumir riscos e desempenhar atividades exaustivas. A vida amorosa esteve tensa durante todo o ano, e esse eclipse o deixa ainda mais estressante. Um relacionamento atual está passando por sérios problemas. Mesmo os bons relacionamentos serão testados. Os ruins desmoronaram há muito tempo. Caso seu relacionamento sobreviva a este período, muito provavelmente sobreviverá a qualquer coisa. Todo eclipse solar afeta sua família, e esse não será diferente. O Sol é o regente de sua quarta Casa, de forma que haverá reviravoltas familiares. Eventos dramáticos de grande impacto acontecerão na vida de membros da família – talvez até experiências de quase morte. Em alguns casos, os membros familiares poderão passar por cirurgias perigosas (ou elas serão recomendadas). Se houver falhas no lar ou no relacionamento familiar, elas virão à tona para que você possa resolvê-las. Enquanto estavam escondidas, não havia muito que você pudesse fazer.

As tendências financeiras sobre as quais escrevemos no mês passado ainda estarão em curso este mês. Entretanto, seu planeta das Finanças entrará em movimento direto no dia 10, e a clareza financeira retornará. A tomada de decisões será muito mais fácil (e segura) depois do dia 10. Este será um mês próspero. O planeta das Finanças receberá ótimos aspectos de Júpiter e de Netuno. A intuição financeira estará boa (especialmente depois do dia 10) e o acesso ao dinheiro dos outros estará ainda melhor do que no mês passado. Será fácil contrair dívidas este mês, mas também será fácil pagá-las.

Para os solteiros, haverá oportunidades românticas positivas do dia 14 ao dia 16, mas a estabilidade delas é questionável.

DEZEMBRO

Melhores dias: 4, 5, 13, 14, 23, 24
Dias mais tensos: 1º, 6, 7, 20, 21, 22, 28, 29
Melhores dias para o amor: 1º, 4, 5, 13, 14, 23, 24, 28, 29
Melhores dias para o dinheiro: 1º, 8, 9, 10, 11, 15, 16, 17, 18, 19, 21, 22, 28, 29
Melhores dias para a carreira: 2, 3, 6, 7, 10, 11, 20, 21, 30, 31

Sua oitava Casa se tornou poderosa no dia 22 do mês passado e continuará assim até o dia 21 deste mês. Portanto, este é um período para se desintoxicar em diversos níveis – mental, emocional e físico. Ao longo do tempo, o corpo acumula todos os tipos de substâncias. Elas não são necessariamente maléficas ou tóxicas na hora, mas podem se tornar quando se acumulam, de forma que é benéfico limpar o corpo. O mesmo vale para os bens materiais. Temos a tendência a nos apegar a todo tipo de coisas das quais não precisamos mais. Elas "obstruem" o corpo financeiro e devem ser liberadas. É hora para uma boa limpeza na casa. Livre-se de tudo o que está atravancado, do que não tem utilidade. Venda ou doe para a caridade. Muitos de nós carregam padrões emocionais de um passado obscuro – da infância. Talvez esses padrões tenham sido úteis um dia, mas agora já não têm mais utilidade e provavelmente o estão atrasando. Livre-se deles. A ressurreição baseia-se nisso. Quando nos livramos do que não precisamos e do que já superamos, a ressurreição acontece naturalmente.

A vida amorosa tem sido tensa, e um casamento tem muito poucas chances de acontecer neste período, mas a vida sexual estará ativa. Suas necessidades serão satisfeitas.

A saúde será boa este mês e ficará ainda melhor depois do dia 21. Siga as dicas do mês passado para melhorar a saúde.

Depois do dia 8, temos outro padrão de Grande Cruz se formando. Será um período agitado. Novamente, um grande projeto se mostrará importante. Nada importante jamais foi realizado sem trabalho duro, e esse momento não será diferente. Felizmente, você terá a energia para lidar com isso.

O amor estará mais ativo este mês, mas ainda muito instável. Espere o inesperado. Mudanças de humor no amor são difíceis de lidar. Durante toda a sua vida, você se esforçou para ter estabilidade, e agora terá exatamente o oposto. Será difícil ter certeza de sua situação a cada momento.

Sua nona Casa será poderosa depois do dia 21. Viagens internacionais serão muito mais fáceis agora que Saturno voltou ao movimento direto. Os estudantes se sairão melhor nas instituições de ensino.

Haverá aspectos muito dramáticos do dia 23 ao dia 31. Dirija com mais cuidado, evite discussões, fique mais atento ao nível físico e evite atividades arriscadas. Não é hora para isso.

♊
GÊMEOS

OS GÊMEOS
Nascidos entre 21 de maio e 20 de junho

PERFIL PESSOAL

GÊMEOS NUM RELANCE

Elemento: Ar
Planeta Regente: Mercúrio
    Planeta da Carreira: Netuno
    Planeta da Saúde: Plutão
    Planeta do Amor: Júpiter
    Planeta das Finanças: Lua
Cores: azul, amarelo, amarelo-ouro
Cor que promove o amor, o romance e a harmonia social: azul-celeste
Cores que propiciam ganhos: cinza, prateado
Pedras: ágata, água-marinha
Metal: mercúrio
Perfumes: alfazema, lilás, lírio-do-vale, estoraque (benjoim)
Qualidade: mutável (= flexibilidade)
Qualidades essenciais ao equilíbrio: profundidade de pensamento, pouca superficialidade
Maiores virtudes: grande habilidade comunicativa, pensamento ágil, rápida capacidade de aprendizagem
Necessidade mais profunda: comunicação
Características a evitar: tendência a fofocas e a magoar os outros com palavras ásperas, superficialidade, uso da oratória para desinformar ou desviar de assuntos

Signos de maior compatibilidade: Libra, Aquário
Signos de maior incompatibilidade: Virgem, Sagitário, Peixes
Signo mais útil à carreira: Peixes
Signo que fornece maior suporte emocional: Virgem
Signo mais prestativo em questões financeiras: Câncer
Melhor signo para casamento e associações: Sagitário
Signo mais útil em projetos criativos: Libra
Melhor signo para sair e se divertir: Libra
Signo mais útil em assuntos espirituais: Touro, Aquário
Melhor dia da semana: quarta-feira

COMPREENDENDO A PERSONALIDADE GEMINIANA

O signo de Gêmeos representa para a sociedade o que o sistema nervoso representa para o organismo. Não produz informações novas, mas constitui um transmissor vital entre os estímulos gerados pelos sentidos e o cérebro, e vice-versa. O sistema nervoso não julga nem pondera esses impulsos; tal função é atribuição do cérebro ou dos instintos. Ele apenas transmite informações e o faz com perfeição.

Essa analogia deve fornecer uma ideia do papel dos geminianos na sociedade. Eles são os comunicadores e transmissores de mensagem. Para um geminiano, o teor de verdade de uma mensagem é irrelevante; ele apenas transmite o que vê, ouve ou lê; apregoa o que os livros escolares ensinam e o que lhe é passado por seus superiores. Assim, os nativos de Gêmeos são capazes de espalhar os maiores disparates, bem como de trazer luz e verdade a um tema. Eles tendem, por vezes, a ser inescrupulosos em suas comunicações e podem fazer grande bem ou mal com esse poder. É por isso que Gêmeos é considerado um signo de dualidade.

A habilidade para comunicar-se com facilidade faz dos geminianos excelentes professores, escritores e profissionais da mídia. Nesse aspecto, são ajudados pelo fato de Mercúrio, o planeta regente dos nativos do signo, reger também essas atividades.

Os geminianos possuem o dom da loquacidade. E que loquacidade! Podem falar sobre qualquer tema, a qualquer hora e em qualquer lugar. Nada é mais divertido para eles do que uma boa conversa, sobretudo se com ela aprenderem algo novo. Eles adoram aprender e ensinar. Privar um geminiano de conversas, livros e revistas é uma punição extremamente cruel.

Os geminianos costumam ser excelentes alunos e se saem bem nos estudos. Suas mentes armazenam vasto arsenal de informações, que inclui histórias, anedotas, trivialidades, curiosidades, fatos e estatísticas. Dessa forma, conseguem sustentar qualquer posicionamento intelectual a que se disponham. São assombrosos como debatedores e, quando envolvidos em política, oradores imbatíveis.

A verbosidade de Gêmeos é tão impressionante que, mesmo quando os nativos do signo não têm a menor ideia do que estão falando, dão a impressão de que são peritos no assunto. É impossível não se deixar ofuscar por seu brilhantismo.

FINANÇAS

Os geminianos tendem a se preocupar mais com a riqueza do aprendizado e das ideias do que com a riqueza material propriamente dita. Brilham em profissões ligadas à escrita, à didática, ao comércio e ao jornalismo. Nem todas essas profissões pagam bem! Mas sacrificar necessidades intelectuais por dinheiro é inconcebível para um geminiano. Ele sempre tenta conciliar os dois.

Câncer ocupa a segunda Casa geminiana – das Finanças – o que indica que você, de Gêmeos, pode ganhar dinheiro extra de forma harmoniosa e natural, por meio de investimentos em restaurantes, hotéis, imóveis e pousadas. Em virtude de sua habilidade verbal, você adora situações de barganha e negociação, principalmente quando há dinheiro envolvido.

A Lua, que rege a segunda Casa de Gêmeos, é o corpo celeste mais rápido do zodíaco; percorre todos os signos e Casas Zodiacais a cada 28 dias. Nenhum outro astro ou planeta se equipara a Lua em capacidade de mudança rápida. A análise da Lua e de seus fenômenos nos ajuda a compreender melhor a postura financeira dos nativos deste signo. Ao lidar com finanças, eles são versáteis e flexíveis. Ganham dinheiro de diversas formas, e suas necessidades e atitudes financeiras parecem flutuar diariamente. O mesmo acontece com sua maneira de encarar o dinheiro: entusiasmam-se com ele em alguns momentos e, em outros, parecem não lhe dar a mínima importância.

Para o geminiano, as metas financeiras e o dinheiro são vistos como mera forma de sustento para constituir uma família; fora isso, apresentam pouco valor.

A Lua, regente das finanças de Gêmeos, também envia outra importante mensagem para os geminianos: para concretizar plenamente seu potencial financeiro, eles precisam aprender a desenvolver uma compreensão aprofundada do aspecto emocional da vida. Necessitam combinar sua espantosa capacidade de raciocínio lógico com uma compreensão da psicologia humana. Os sentimentos possuem lógica própria. É uma lição que os geminianos têm que aprender e aplicar no domínio das finanças.

CARREIRA E IMAGEM PÚBLICA

Os geminianos intuem que foram agraciados com o dom da comunicação e que este é um poder capaz de trazer grande bem ou terrível mal-estar. Anseiam por colocar esse dom a serviço de ideais transcendentes e elevados. Sua principal meta consiste em comunicar verdades eternas e prová-las por meio da lógica. Respeitam poetas, artistas, músicos e místicos por terem conseguido transcender o intelecto. Encantam-se com a vida dos santos e mártires. Para um geminiano, a transmissão da verdade, seja ela de caráter científico, histórico ou revelador, constitui a mais elevada das possibilidades de realização. Aqueles que conseguem transcender o intelecto assumem o papel de líderes naturais para eles, que têm perfeita consciência disso.

O signo de Peixes ocupa a décima Casa de Gêmeos – da Carreira. Netuno, o planeta da espiritualidade e do altruísmo, é o planeta da carreira para os nativos do signo. Para que um geminiano se realize profissionalmente é preciso, portanto, que desenvolva seu lado transcendente, espiritual e altruísta. Ele precisa compreender o vasto panorama cósmico e a maneira como a evolução humana flui, sua origem e seu destino. Somente então sua potência intelectual encontrará seu legítimo lugar e ele poderá tornar-se "mensageiro dos deuses". Os geminianos precisam aprender a cultivar a inspiração, que não é algo que se origina *no* intelecto, mas *por meio* dele. Esse procedimento só tende a enriquecer e a fortalecer a mente geminiana.

AMOR E RELACIONAMENTOS

A tagarelice e o brilhantismo naturais dos geminianos refletem-se em sua vida amorosa e social. Uma boa conversa ou um bom bate-papo podem ser o interessante prelúdio de um novo romance. O único problema que enfrentam no amor é que seu intelecto é demasiado frio e apático para incitar ardor no outro. As emoções chegam a perturbar os nativos do signo, e seus companheiros(as) se queixam disso. Quem estiver apaixonado(a) por alguém desse signo deve compreender por que isso ocorre. Os geminianos evitam paixões profundas porque elas interferem em sua habilidade de raciocínio e comunicação. Se eles parecerem frios para você, que é nativo de outro signo, compreenda que se trata da própria natureza deles.

Não obstante, os geminianos precisam entender que falar de amor é diferente de sentir o amor em toda a sua plenitude e retribuí-lo. Falar sobre o amor não os levará a lugar nenhum. Precisam senti-lo e agir em conformidade. Esse sentimento pertence aos domínios do coração, não do intelecto. Se você deseja saber como um geminiano se sente em relação ao amor, não ouça o que ele diz; observe como age. Os geminianos tendem a ser bastante generosos com aqueles que amam.

Os nativos de Gêmeos apreciam companheiros refinados, educados e viajados. Se o consorte for mais rico do que eles, melhor ainda. Se você se apaixonou por um geminiano, é melhor ser um ótimo ouvinte.

O relacionamento ideal para um geminiano é o de natureza mental. É claro que ele também aprecia os aspectos emocionais e físicos de uma relação, mas se a comunhão intelectual não se fizer presente, sofrerá muito com essa ausência.

VIDA DOMÉSTICA E FAMILIAR

No lar, os geminianos se mostram incrivelmente organizados e meticulosos. Esperam que o cônjuge e os filhos mantenham o padrão ideal que eles mesmos seguem. Quando isso não ocorre, lamentam-se e criticam, mas são bons membros de família e gostam de servi-la de maneira prática e útil.

O lar de um geminiano é confortável e aprazível. Ele gosta de receber convidados e é ótimo anfitrião. Os nativos de Gêmeos também são bons em reparos, consertos e melhorias no lar. Nisso são impulsionados por sua necessidade de permanecer ativos e ocupados com algo que apreciem. Eles possuem muitos *hobbies* e passatempos que os mantêm ocupados quando ficam sozinhos em casa.

Os geminianos compreendem as crianças e se dão muito bem com elas – em parte porque eles são também muito jovens de espírito. Como grandes comunicadores, sabem explicar as coisas aos mais moços e, assim, ganham seu respeito, seu amor e sua confiança. Encorajam os filhos a serem criativos e falantes, como eles próprios são.

GÊMEOS
HORÓSCOPO 2013

TENDÊNCIAS GERAIS

Você enfrentou muitos anos de mudanças repentinas e dramáticas. Em um momento as coisas estavam de uma maneira e, de repente, a vida se alterava completamente. Muitos passaram por essas experiências, mas para você foram contínuas, sem descanso. A situação se acalmou um pouco nos últimos dois anos – Urano se afastou do aspecto tenso –, mas você já aprendeu a viver com a "incerteza" e esse era o objetivo. Nada neste plano terrestre é permanente, e precisamos aprender a lidar com a "impermanência".

No ano passado, aconteceram dois trânsitos significativos. Netuno fez um movimento importante, saindo de sua nona Casa e ingressando na décima, e Júpiter entrou em seu signo. Ambos afetaram as finanças e a carreira. A entrada de Júpiter em Gêmeos (em junho de 2012) deu início a um ciclo de prosperidade de dois anos. Assim, o ano que está começando será próspero. O ingresso de Netuno na décima Casa proporciona mais idealismo nos assuntos profissionais. Os geminianos têm a tendência a ser idealistas em relação à carreira de qualquer forma, mas agora serão ainda mais. Você ficará mais conhecido por suas atividades de caridade e por seus conhecimentos espirituais do que pelas realizações profissionais. Falaremos mais sobre isso depois.

Saturno entrou em sua sexta Casa no ano passado, e ficará ali ainda por dois anos, por isso será necessário trabalhar com mais disciplina. A situação do trabalho está difícil, e muitos trocaram de emprego. Isso também teve um impacto em seu bem-estar e em sua saúde. Você terá de controlar seu peso.

As geminianas em idade de engravidar estarão mais férteis este ano.

O amor florescerá em 2013. Ele também foi bom no ano passado, mas provavelmente será ainda melhor este ano.

Seus interesses principais no ano que está por vir serão corpo, imagem e prazer pessoal (até 27 de junho); finanças (a partir de 27 de junho); saúde e trabalho; sexo, estudos de ocultismo, reinvenção pessoal, vidas passadas, vida após a morte; carreira; amigos, grupos e atividades coletivas. Como você terá muitos interesses este ano, tome cuidado para não dispersar suas energias. Estabeleça prioridades.

Seus caminhos para a maior realização este ano serão corpo, imagem e prazer pessoal (até 27 de junho); finanças (depois de 27 de junho); saúde e trabalho.

SAÚDE

(Trata-se de uma perspectiva astrológica sobre a saúde, não de uma visão médica. Antigamente, não existiam diferenças, ambas as perspectivas eram idênticas. Porém, hoje, podem ocorrer diferenças. Para obter uma opinião com base em diagnósticos da medicina convencional, consulte seu médico ou um profissional da saúde.)

A saúde melhorou muito de 2009 a 2011. Este ano, haverá apenas um planeta de curso lento pressionando você, Netuno, que sozinho não consegue causar grandes problemas. A saúde provavelmente estará boa. Evidentemente, haverá períodos do ano em que ela precisará de mais cuidados, mas esses episódios são causados por trânsitos temporários, não tendências para o ano. Quando passarem, seu bem-estar e sua energia vão retornar.

A presença de Saturno em sua casa da Saúde durante todo o ano o influenciará de diversas maneiras. Você estará mais focado na saúde em 2013. Estará disposto a levar uma vida mais disciplinada – até mesmo espartana. Como vai se sentir bem, isso será um esforço para "manter" o bem-estar, não necessariamente uma doença. Além disso, será preciso dar mais atenção à coluna, dentes, ossos, pele e à postura. Plutão, seu planeta da Saúde, ficará no signo de Capricórnio durante este ano (e também nos próximos) e Capricórnio rege estas mesmas áreas. Visitas regulares a um quiroprático ou ao osteopata seriam benéficas. A coluna precisa estar corretamente alinhada, e ioga, técnica de Alexander, pilates e o método Feldenkrais são excelentes para isso – cada um a sua maneira. Massagens frequentes nas costas serão fantásticas. Dê mais suporte aos joelhos quando estiver se exercitando ou praticando esportes. Se ficar no sol por muito tempo, use um filtro solar forte. Sua pele estará mais sensível que de costume.

Saturno rege sua oitava Casa – das Cirurgias. Plutão, seu planeta da Saúde, rege as cirurgias em geral. Assim, é provável que ocorram procedimentos cirúrgicos este ano. Não serão do tipo que põe a vida em risco, mas essa forma de tratamento provavelmente lhe será recomendada. Deve-se sempre ouvir uma segunda opinião nesses casos, mas, se escolher esse caminho, será bem-sucedido. Entretanto, você também se beneficiará de regimes de desintoxicação. Normalmente, eles alcançam os mesmos fins da cirurgia, apenas levam mais tempo para fazê-lo.

Sendo Plutão seu planeta da Saúde, é muito importante manter o cólon limpo. Uma ou duas lavagens intestinais neste ano serão benéficas (em geral, essa é uma boa terapia para você). Problemas no cólon tendem a ter impacto sobre a lombar – uma área vulnerável este ano.

Haverá dois eclipses em sua Casa da saúde este ano. Um eclipse lunar em 25 de abril e um eclipse solar em 3 de novembro. Eles darão "sustos" na saúde – mas como seu estado geral estará muito bom, é provável que sejam apenas sustos e nada mais. Muitas vezes, esses eclipses causam mudanças importantes – fundamentais – no regime de saúde e na dieta, geralmente para melhor. São mudanças que precisavam ser feitas havia muito tempo, mas o eclipse o "estimula" a realizá-las, dá o empurrão necessário.

Como mencionamos, a presença de Júpiter em sua primeira Casa desde junho de 2012 significa que você terá de controlar o peso. Basicamente, este é um trânsito feliz, que proporciona prazeres sensuais e a realização de fantasias e desejos carnais. O maior risco em termos de saúde é o excesso – mesmo do que é bom. Aproveite todos os prazeres que Júpiter proporciona, mas tente não exagerar, pois isso tem um preço. Escute seu corpo quando estiver comendo ou desfrutando os prazeres carnais – ele lhe dirá quando parar.

Seus períodos mais vulneráveis para a saúde este ano serão de 18 de fevereiro a 20 de março; de 23 de agosto a 22 de setembro; e de 22 de novembro a 21 de dezembro. Será a hora de descansar e de prestar mais atenção à saúde de maneira geral.

LAR E FAMÍLIA

Sua quarta Casa – do Lar e da Família – passará este ano praticamente vazia – não será uma casa de poder nem um grande foco. Geralmente isso proporciona contentamento com o *status quo* e elimina a necessidade imediata de mudanças drásticas. Você terá maior livre-arbítrio nessa área do que o habitual, mas fará uso dele? Em geral, as pessoas não fazem.

Uma das figuras paterna ou materna entrará em um período muito espiritual. O corpo será refinado, espiritualizado, elevado em vibração. Se essa pessoa não trilha um caminho espiritual, provavelmente começará. Às vezes, isso provoca uma tendência a abusar de álcool ou drogas – que deve ser evitada, pois o corpo pode reagir com intensidade exacerbada. Exercícios como ioga, tai chi, euritmia ou outros exercícios espirituais serão muito benéficos para a pessoa em questão. Mais do que outros tipos de exercício, estes ajudarão no processo de elevação do corpo. Essa pessoa fará modificações financeiras muito dramáticas – talvez se envolva em novos empreendimentos. É provável que se mude, reforme a própria casa ou compre novas casas (o que também pode ter acontecido no ano passado). Se um dos pais ou figuras paterna ou materna for casado, o relacionamento não se alterará este ano. Haverá períodos mais difíceis (quando Mercúrio fizer um alinhamento tenso com Netuno) e períodos mais tranquilos (quando Mercúrio estiver em alinhamento harmonioso com Netuno) – mas essas são tendências de curto prazo e passarão rapidamente.

Irmãos ou figuras fraternas passarão por um período de instabilidade emocional. Não estarão felizes com a própria casa, e se sentirão desconfortáveis e limitados. Entretanto, uma mudança não é aconselhável este ano.

Os filhos farão grandes progressos psicológicos. Lidarão com questões psicológicas extremamente profundas e terão sucesso. Haverá uma reforma em seu quarto (caso morem com você) ou em sua casa (se já estiverem na idade apropriada).

Os netos mais velhos provavelmente se mudaram no ano passado. Este ano, estarão contentes com as circunstâncias.

Caso você esteja planejando grandes reparos ou reformas – e haverá muito livre-arbítrio envolvido nessa questão – o período entre os dias 15 de outubro e 7 de dezembro será propício. Se estiver apenas redecorando – fazendo mudanças decorativas ou comprando objetos de arte para a casa – os períodos de 22 de julho a 16 de agosto e de 23 de agosto a 22 de setembro serão mais apropriados.

DINHEIRO E CARREIRA

Desde que Júpiter entrou em seu signo, em junho de 2012, você está vivendo um ciclo de prosperidade. Em 2013, você ainda viverá os primeiros estágios do ciclo, de forma que a riqueza aumentará em um bom ritmo. Você desfrutará uma vida confortável – boa comida, provavelmente gourmet –, viajará mais do que o habitual e se sentirá otimista em relação a si mesmo e ao futuro. E terá a possibilidade para desfrutar os prazeres carnais. A Senhora Fortuna vai estar em sua aura e você terá golpes de sorte. Em geral, percebemos isso em coisas grandes e pequenas. Recebemos um ressarcimento de impostos altos inesperadamente. Vamos a uma loja comprar alguma coisa, descobrimos que está em liquidação naquele dia e acabamos comprando o item por um valor bem abaixo do que esperávamos pagar. Apostadores percebem que estão com mais sorte em cassinos. As pessoas ganham na loteria – nem sempre somas altas, mas substanciais, mais do que esperavam. Andamos na rua e encontramos moedas. Esses são os pequenos sinais de que Júpiter está fazendo sua mágica e de que mais sorte do que você esperava está a caminho. As portas da afluência celestial estão abertas.

A passagem de Júpiter por seu signo (até 27 de junho) também trará boas oportunidades educacionais, e será sensato aproveitá-las. Estudantes terão sucesso acadêmico. Os que estiverem se inscrevendo em universidades se sairão muito bem – as universidades procurarão por você, e não o contrário.

O cosmo tem muitas maneiras de favorecê-lo, mas não fará mal algum investir quantias modestas na loteria este ano. Evidentemente, sempre o faça com intuição, quando a sensação chegar até você, não de forma automática.

Em 27 de junho, Júpiter entrará na Casa do dinheiro. Mais prosperidade. Aquela antiga coleção de moedas que você guardava no armário e achava que não valia muito acaba se mostrando extremamente valiosa. O valor de suas ações aumentará. Sua casa provavelmente estará mais valorizada que você imagina. Seus horizontes financeiros serão expandidos, seus objetivos financeiros estarão mais ambiciosos e você terá mais poder para alcançá-los. Eles não estão mais fora de seu alcance. Boas oportunidades financeiras também surgirão.

Júpiter é seu planeta do Amor. Em termos financeiros, isso proporciona uma parceria de negócios ou *joint venture* positiva. Muitas vezes, empresas se fundem ou são vendidas sob esse aspecto. O cônjuge ou amor atual dará apoio financeiro – muito mais do que o habitual. As conexões sociais serão importantes financeiramente. Os amigos também estarão prósperos e darão apoio, proporcionando boas oportunidades financeiras. Quando o planeta do Amor se envolve nas finanças, nunca podemos julgar a riqueza de alguém por suas declarações financeiras ou pela simples observação de bens tangíveis. Nesse período, a riqueza dos geminianos envolverá muitos outros fatores. As conexões sociais serão tão importantes quanto os bens materiais. A riqueza de amizades é uma importante forma de riqueza.

Quando Júpiter entrar em Câncer, em 27 de junho, começará a proporcionar aspectos magníficos para seu planeta da Carreira, Netuno. Esse aspecto se tornará mais forte – mais exato – em julho, mas estará atuante antes, proporcionando-lhe ascensão profissional. É provável que você receba um aumento ou seja promovido – mas também pode obter reconhecimento e uma elevação de seu status na empresa, profissão ou indústria. O cônjuge ou amor atual – e os amigos em geral – darão apoio à carreira e propiciará oportunidades. Sua habilidade de se dar bem com os outros – sua popularidade e seu carisma – será um fator importante para a carreira e o sucesso. Quando Júpiter entrar em Câncer, haverá um Grande Trígono nos signos de Água – e seu planeta da Carreira será envolvido. Assim, este ano – até mesmo depois de julho – será bem-sucedido profissionalmente.

Com seu planeta da Carreira no espiritual signo de Peixes, você vai precisar de uma ocupação significativa. Não bastará ganhar dinheiro ou ser bem-sucedido. Para que você fique satisfeito, sua carreira também deverá possuir um valor espiritual – terá de ser algo que realmente beneficie o mundo. Este será seu principal desafio neste e nos anos seguintes.

AMOR E VIDA SOCIAL

O ano de 2012, especialmente o segundo semestre, foi ótimo para o amor, e a tendência se manterá, talvez até mais forte, em 2013. Os solteiros não ficarão solteiros por muito tempo. Talvez não se casem no papel, mas na prática estarão casados. Eles vão ter um relacionamento sério com grande potencial para se tornar um casamento.

Júpiter, o planeta do Amor, passará por seu signo. O amor irá até você e será difícil escapar dele. A pessoa o encontrará, o desejará e cortejará.

O amor estará a seu favor este ano. A pessoa amada vai cuidar de você, será devotada, estará totalmente a seu lado. Ele ou ela colocará seus interesses à frente dos próprios, você será a coisa mais importante do mundo. É difícil resistir a esse tipo de devoção.

Você terá sorte nas finanças este ano, mas talvez tenha ainda mais sorte no amor.

Esse amor será testado em agosto. O planeta do Amor formará uma quadratura com Urano, mas esse relacionamento terá muita ajuda cósmica e provavelmente vai sobreviver.

As previsões para o amor também se aplicam às amizades. Os amigos – assim como boas oportunidades sociais – o procurarão. Você será solicitado socialmente, será uma amizade cobiçada (mais do que o normal).

O efeito do trânsito planetário é semelhante à ação de uma droga. Será como se você tivesse tomado um afrodisíaco cósmico. Você transpirará amor e graça, estará com uma aparência bonita e estilosa. Você é sempre inteligente e intelectual, mas agora a força do amor emanará de você e as pessoas reagirão a isso. Você expressará sua inteligência com graça e charme. Será muito popular este ano.

Depois de 27 de junho, quando o planeta do Amor entrar na Casa do dinheiro, você terá de se esforçar para conciliar uma vida social ativa com uma igualmente movimentada vida financeira. Essas duas áreas se fundirão, uma se mesclará à outra. Você fará negócios com seus amigos – as pessoas com quem socializa – e socializará com as pessoas com quem faz negócios.

Até 27 de junho, você não precisará se esforçar para encontrar o amor, como já foi mencionado. Basta estar disponível. Depois desse período, você terá oportunidades amorosas e sociais ao tentar alcançar seus objetivos financeiros habituais e com pessoas envolvidas em suas finanças.

Antes de 27 de junho, serão os aspectos físicos do amor que o fascinarão – os encantos do corpo, a imagem certa, a aparência adequada. A pessoa amada terá de se encaixar em sua imagem do amor, e vice-versa. A expressão do amor será física – não apenas pelo sexo –, mas com abraços, toques, massagens e coisas dessa natureza, atitudes "melosas" (com as quais, por sinal, nem todos se sentem confortáveis). A partir do dia 27, a riqueza se tornará um atrativo importante. Você se sentirá fascinado pelos ricos, os bons provedores, as pessoas que podem ajudá-lo financeiramente. O amor será expressado de formas materiais – por meio de presentes ou de apoio financeiro. Assim você se sentirá amado e assim expressará amor.

AUTOAPRIMORAMENTO

Saturno, como já foi mencionando, permanecerá em sua sexta Casa – da Saúde – pelos próximos dois anos. Isso indica que você será atraído para a medicina ortodoxa. Buscará terapias tradicionais, comprovadas pelo tempo. Mesmo os que apreciam as terapias alternativas provavelmente se direcionarão aos sistemas mais antigos – acupuntura e acupressão, por exemplo. O que for novo e ainda não testado, independentemente de quanto estiver na moda, não será para você.

Isso é positivo, pois não será atraído para "consertos rápidos" no que diz respeito à saúde. Procurará curas e soluções de longo prazo. Geralmente, estas envolvem mudanças, como a adoção de um estilo de vida mais saudável, e você estará disposto a realizá-las.

Este será um ano muito próspero. Pode ser que você simplesmente se esforce mais, trabalhando mais horas. A sorte estará a seu lado, mas você também contribuirá com trabalho. Os empregadores provavelmente farão cortes no pessoal este ano. Você enxugará a força de trabalho, tornando-a mais produtiva, cortando desperdícios e excessos.

Aqueles que trabalham para os outros provavelmente verão o mesmo fenômeno na própria empresa. Haverá mudanças no emprego este ano, nas condições e no local de trabalho.

Netuno no Meio de Céu deixará você muito idealista em relação a sua carreira. Além disso, indica uma carreira espiritual para muitos dos nativos de Gêmeos. Aqueles que possuem um emprego mundano (o que, por sinal, não é nada de errado) podem dedicar mais tempo a causas altruísticas e de caridade. Isso não só lhe proporcionará muita satisfação, como de fato vai beneficiar sua carreira e sua imagem pública. Evidentemente, não se deve fazer o bem em benefício próprio, mas este será o efeito colateral natural.

O bom uso de filmes, fotografias e música também vai melhorar sua carreira. Para muitos, essas indústrias serão tentadoras este ano.

Em muitos casos, a própria espiritualidade se tornará a carreira. O desenvolvimento espiritual será a missão. Uma missão válida, por sinal. Práticas que parecem solitárias – como a meditação, exercícios de respiração ou abertura de chacras, na verdade não são nem um pouco solitárias. Elas exercem um impacto positivo em todos os que estão a sua volta. A prática espiritual modifica famílias, comunidades e até mesmo o mundo.

PREVISÕES MENSAIS

JANEIRO

Melhores dias: 4, 5, 12, 13, 21, 22, 23, 31
Dias mais tensos: 2, 3, 8, 9, 14, 15, 29, 30
Melhores dias para o amor: 4, 8, 9, 12, 18, 19, 22, 29, 30, 31
Melhores dias para o dinheiro: 2, 3, 4, 10, 11, 12, 21, 22, 24, 25, 31
Melhores dias para a carreira: 6, 14, 15, 24

Você começará o ano com a maioria dos planetas no setor ocidental de seu zodíaco, o que significa que os relacionamentos serão importantes. Você será beneficiado pelas boas graças dos outros, e não tanto por causa de suas habilidades e atos. Portanto, será necessário cultivar a desenvoltura social e se adaptar melhor às situações. Se as condições não forem agradáveis, tome nota e se prepare para mudá-las quando entrar em seu período de independência. Este não é o momento de pressionar os outros. Deixe que façam as coisas à maneira deles, desde que não seja destrutiva.

Setenta e, às vezes, 80 por cento dos planetas estarão na metade superior do zodíaco. Isso indica que você viverá um ciclo no qual a carreira e seus objetivos no mundo exterior serão dominantes. Estará focado nisso – como deveria – de forma que o sucesso será mais provável. Conseguimos as coisas nas quais nos comprometemos. Em fevereiro, você começará um pico profissional anual, e o sucesso será ainda maior.

O impulso planetário estará muito acelerado. Noventa por cento dos planetas terão movimento direto e, no dia 30, serão todos os planetas. Portanto, será um bom momento para lançar novos projetos ou produtos. O período entre os dias 11 e 27 será especialmente indicado para pôr em prática esses projetos.

A oitava e a nona Casas serão as mais poderosas em janeiro. Até o dia 19, a oitava Casa estará forte. Consequentemente, será um bom período para a desintoxicação em todos os níveis – física, emocional, mental e financeira. Seus esforços para a transformação pessoal – tornar-se a pessoa que você deseja ser – também obterão mais sucesso. Depois do dia 19, quando o Sol entrar em sua nona Casa, os progressos religiosos e metafísicos serão favorecidos. Será também um bom momento para marcar viagens internacionais. Os estudantes terão bom desempenho acadêmico. Se você estiver envolvido em assuntos legais, procure resolver essas pendências depois do dia 19.

Sua vida amorosa vai estar excelente durante todo o mês, mas em especial depois do dia 19, um bom período para marcar um casamento ou outro tipo de festa – principalmente no dia 31.

As finanças estarão razoáveis em janeiro. Nada especial vai acontecer. Você deverá ganhar mais do dia 11 ao dia 27, e terá mais energia financeira nesse período do que antes ou depois.

A saúde vai melhorar muito em relação ao mês passado. O perigo são os excessos, que podem gerar problemas de peso. Siga as dicas mencionadas em "Tendências Gerais" para melhorar a saúde.

FEVEREIRO

Melhores dias: 1º, 9, 10, 18, 19, 27, 28
Dias mais tensos: 5, 11, 12, 25, 26
Melhores dias para o amor: 5, 9, 10, 18, 19, 27
Melhores dias para o dinheiro: 1º, 9, 10, 18, 20, 21, 22, 27
Melhores dias para a carreira: 2, 11, 12, 20

No dia 19 do mês passado, teve início um de seus picos amorosos deste ano. Outros virão mais tarde, mas este foi um deles, e continuará até o dia 18 deste mês. A maioria dos geminianos estará envolvida em um relacionamento sério, mas no caso dos que não estiverem, este vai ser o momento para conhecer alguém especial. Seu planeta do Amor esteve em movimento retrógrado até o dia 30 do mês passado. Agora está se movendo para a frente, de forma que a autoconfiança e o bom-senso estarão apurados, e a clareza mental em relação aos assuntos amorosos retornará. Este será um período extremamente seguro para tomar decisões importantes no amor.

Você terá de fazer concessões e se adaptar aos outros na maioria das áreas da vida, mas no amor as coisas serão feitas do seu jeito. Depois do dia 5, seja mais paciente com a pessoa amada. Vocês terão um pequeno desentendimento.

O impulso planetário permanecerá direto pela maior parte do mês. Até o dia 18, todos os planetas estarão em movimento direto. Assim, você estará vivendo outro bom período para lançar novos projetos ou produtos, sobretudo entre os dias 10 e 18.

No dia 18 (talvez os efeitos sejam sentidos antes), você entrará em um pico profissional anual. A carreira estará ativa e bem-sucedida. Neste momento, uma promoção não seria surpresa. Os dia 7, 11 e 12, e do dia 19 ao dia 21 serão especialmente bem-sucedidos. Se tiver problemas com seus chefes ou com o governo, esta será uma boa hora para lidar com eles.

A saúde e a energia estarão excelentes até o dia 18. Depois, procure descansar e relaxar mais. Com a carreira tão ativa, provavelmente será difícil arrumar tempo para si, mas se você deixar de lado as coisas sem importância, terá mais facilidade. Siga as dicas mencionadas nas "Tendências Gerais" para melhorar a saúde, e faça o que for possível para conservar as energias. Embora 2013 seja um bom ano para a saúde, este não será um de seus melhores períodos.

No dia 18, o poder planetário se deslocará do ocidente para o oriente – do setor social para o pessoal. Portanto, você começará a ficar mais independente a cada dia. Vai alcançar suas metas, fará as coisas do seu jeito – será capaz de encontrar sua própria felicidade. Os outros começarão a se adaptar a você.

Marte estará em conjunção com seu planeta da Carreira dos dias 3 ao 5. Um amigo terá muito êxito e lhe dará apoio. Os amigos em geral lhe abrirão as portas da carreira. Sua experiência em tecnologia será muito importante nesse momento.

As finanças se fortalecerão do dia 11 ao dia 25, quando a Lua estiver em sua fase crescente. Programe-se de acordo com isso. O dinheiro não será o principal este mês – status, prestígio e ser o número um serão fatores mais importantes.

MARÇO

Melhores dias: 1º, 8, 9, 17, 18, 19, 27, 28
Dias mais tensos: 4, 5, 10, 11, 24, 25, 26, 31
Melhores dias para o amor: 1º, 2, 3, 4, 5, 8, 9, 10, 11, 17, 18, 21, 22, 27, 28, 31
Melhores dias para o dinheiro: 1º, 2, 3, 8, 9, 10, 11, 17, 18, 20, 21, 22, 27, 28, 31
Melhores dias para a carreira: 1º, 2, 10, 11, 20, 29

Mercúrio, regente de seu zodíaco e um planeta muito importante em sua vida, entrou em movimento retrógrado no dia 23 do mês passado, e continuará a retroceder até o dia 17. Você terá muito sucesso, ambição e estará no topo, mas não estará certo de qual caminho seguir. Assim, estará em um período de refletir sobre quais são os seus objetivos e pensar sobre as questões familiares. Talvez não esteja seguro quanto ao que vestir ou ao tipo de imagem que deseja projetar. Então, não se apresse em resolver essas coisas. A clareza chegará depois do dia 17.

Você estará absolutamente no controle de sua vida amorosa. Estará acima da pessoa amada, dando as cartas, o que geralmente cria problemas. É maravilhoso estar no controle, mas se abusamos dela, acontecem distúrbios no amor, e os amigos também não acham muito agradável. A pessoa amada – e os amigos em geral – terão conflitos com a família, o que aumentará a tensão. O amor e a vida social melhorarão drasticamente depois do dia 20. Abril será ainda mais positivo.

O Sol estará em Áries a partir do dia 20. Esse é um dos períodos do ano em que você terá mais energia. Além disso, o impulso planetário estará direto – especialmente depois do dia 17. Noventa por cento dos planetas estarão em movimento direto. Assim, este será outro grande momento para lançar produtos ou empreendimentos. O período entre os dias 20 e 27 será o mais indicado para esses novos projetos.

Fique atento à saúde até o dia 20. Releia as dicas de fevereiro sobre esse assunto. A saúde e a energia voltarão ao normal depois do dia 20.

No dia 20, sua 11ª Casa – dos Amigos – se tornará poderosa (e você sentirá esse efeito antes). Portanto, será um período de intensa atividade social. Você se envolverá com amigos, grupos, atividades coletivas e organizações profissionais. Será um ótimo momento para renovar seus equipamentos tecnológicos ou para aumentar seu conhecimento geral nessa área. Viagens internacionais também serão prováveis depois do dia 20, quando Urano (seu planeta das Viagens) receberá intenso estímulo. Viagens em grupo serão mais indicadas do que as jornadas solitárias.

Plutão, seu planeta do Trabalho, receberá aspectos tensos depois do dia 20. Portanto, há transformações profissionais a caminho. Isso pode acontecer com sua empresa atual ou com outra. Além do mais, as condições de trabalho se modificarão. Os empregadores passarão por um período de instabilidade com os empregados. Muito provavelmente haverá uma dispensa de pessoal. Você também fará mudanças drásticas no regime de saúde e em sua alimentação

ABRIL

Melhores dias: 4, 5, 14, 15, 23, 24
Dias mais tensos: 1º, 6, 7, 8, 21, 22, 27, 28
Melhores dias para o amor: 1º, 4, 5, 9, 10, 14, 15, 21, 22, 23, 24, 27, 28, 29, 30

Melhores dias para o dinheiro: 1º, 4, 5, 9, 10, 14, 15, 16, 17, 21, 23, 24, 29, 30
Melhores dias para a carreira: 6, 7, 8, 16, 25

O Sol estará em Áries e o impulso planetário ainda será direto. Se ainda não lançou os novos produtos ou projetos, este continuará sendo um ótimo período. A Lua nova do dia 10 será especialmente propícia. Mas o período entre os dias 10 e 25 – a Lua crescente – também será relativamente bom.

Seu planeta da Saúde receberá alguns aspectos tensos até o dia 20. Isso indica que você terá um susto na saúde. Como a saúde geral será excelente nesse período – e este ano –, é provável que não passe de um susto. Como em março, vemos mudanças no emprego e nas condições de trabalho. Os empregadores passarão por uma rotatividade dos empregados. Quem estiver procurando emprego precisará ser paciente este mês. Como Plutão entrará em movimento retrógrado no dia 12, as oportunidades de emprego precisarão de maior avaliação. Não acredite em tudo o que o entrevistador disser. Examine bem o contrato. Leia atentamente as letrinhas miúdas. Tome o mesmo cuidado com seguros ou planos de saúde.

Um eclipse lunar no dia 25 reforçará muito do que foi dito anteriormente. Proporcionará mudanças no emprego, instabilidade com empregadores e talvez um susto na saúde. Também indica mudanças financeiras dramáticas.

A maioria dos planetas ainda estará acima do horizonte, e sua décima Casa permanecerá poderosa até o dia 14, então mantenha o foco na carreira. Ainda vai haver muito sucesso e progressos. Neste momento, será seguro deixar um pouco de lado os assuntos do lar e da família. Na verdade, a família dará muito apoio à carreira. O status familiar como um todo cresceu nos últimos meses. Um dos pais ou figura paterna ou materna estará muito ativo no nível social.

O poder planetário se aproximará da posição mais oriental neste mês. O auge vai acontecer no mês que vem, mas você está se aproximando. Assim, não será preciso fazer concessões nesse momento. Estabeleça suas metas e se esforce para alcançá-las. Este e o momento para fazer as coisas do seu jeito. Você, e não os outros, conhece a si mesmo e precisa escolher o caminho para a felicidade. Você estará vivendo um período no qual a iniciativa e a habilidade farão a diferença. Aproveite-as ao máximo. Quando o ano estiver mais avançado, será mais difícil modificar os aspectos de sua vida com os quais não está satisfeito.

Sua 11ª Casa – dos Amigos – ainda estará poderosa este mês, então reveja o que foi dito sobre esse assunto no mês passado. Viagens internacionais – especialmente em grupo – parecem muito prováveis.

No dia 19, sua 12ª Casa – da Espiritualidade – se tornará poderosa. Para aqueles que trilham esse caminho, inicia-se um período de progressos espirituais e revelações interiores. O crescimento acontecerá em seu íntimo, não sendo evidente para os outros. Mas os resultados ficarão claros no mês que vem. Todo progresso espiritual conduz inevitavelmente a um progresso físico ou material. As coisas sempre acontecem antes no mundo espiritual.

As finanças não estarão grande coisa – como tem sido desde o começo deste ano. Mas os ganhos (e seu ânimo para as finanças) aumentarão do dia 10 ao dia 25.

O amor ainda estará muito positivo. Um filho ou enteado terá uma experiência romântica feliz dos dias 5 a 9.

MAIO

Melhores dias: 2, 3, 11, 12, 21, 22, 29, 30
Dias mais tensos: 4, 5, 18, 19, 25, 26, 31
Melhores dias para o amor: 2, 3, 10, 11, 12, 21, 22, 26, 29, 30
Melhores dias para o dinheiro: 2, 3, 8, 9, 10, 11, 12, 13, 14, 15, 19, 20, 21, 22, 29, 30
Melhores dias para a carreira: 4, 5, 13, 23, 31

Teremos dois eclipses em maio, o que indica que o mês será turbulento e repleto de mudanças. Apesar disso, sua vida correrá bem. Você não será muito afetado, e estará em boas condições para ajudar os outros a passar por esse momento difícil. As coisas podem não estar muito boas para eles.

O eclipse lunar do dia 10 ocorrerá em sua 12ª Casa – da Espiritualidade – o que proporciona mudanças em práticas e atitudes espirituais, geralmente impulsionadas por uma revelação interior. Muitas vezes, as pessoas escolhem novos professores, preceitos e caminhos quando ocorre esse tipo de eclipse. Haverá reviravoltas em uma organização espiritual ou de caridade com a qual você estiver envolvido. A Lua está em seu planeta das Finanças, de forma que qualquer eclipse lunar causa mudanças financeiras dramáticas. Este não será diferente. Dificilmente as pessoas fazem as mudanças necessárias de maneira voluntária. Os eventos têm de obrigá-las – e esta é a função do eclipse. Geralmente, enfrentamos um grande "medo financeiro" e precisamos superá-lo. Carros e equipamentos de comunicação serão testados – muitas vezes precisarão de reparos ou substituição. Haverá dramas na vida de irmãos ou figuras fraternas. Os amigos também sofrerão o impacto.

O eclipse solar do dia 25 ocorrerá em sua sétima Casa – do Amor. Geralmente, isso indica que um relacionamento será testado – e, de fato, a pessoa amada estará mais temperamental nesse período. Muitas vezes, o eclipse indica uma mudança no status conjugal. Em seu caso, como a vida amorosa está muito bem, pode sinalizar um casamento – levando o relacionamento um passo à frente. Esse eclipse também testará carros e equipamentos de comunicação e trará dramas e eventos que podem mudar a vida de irmãos, figuras fraternas ou vizinhos. Netuno, seu planeta da Carreira, sofrerá um grande impacto do eclipse, de forma que haverá mudanças nessa área, além de alterações em sua indústria e hierarquia corporativa. Um dos pais, das figuras paterna ou materna ou os chefes passarão por uma experiência dramática que pode mudar suas vidas.

Apesar disso, como mencionamos, este será um mês feliz. No dia 20, você entrará em um pico de prazer pessoal anual. Você teve muito prazer pessoal – carnal – durante todo o ano, mas este mês será ainda mais intenso. Você vai estar especialmente carismático, sua aparência chamará a atenção, sua autoconfiança e sua autoestima estarão muito saudáveis nesse momento – mas cuidado para não exagerar!

Sua energia financeira ficará mais forte entre os dias 10 a 25, durante a Lua crescente. As finanças estarão basicamente bem. O eclipse vai proporcionar mudanças, mas você verá os resultados dessas mudanças em junho.

JUNHO

Melhores dias: 7, 8, 17, 18, 25, 26
Dias mais tensos: 1º, 15, 16, 21, 22, 27, 28
Melhores dias para o amor: 8, 9, 10, 17, 18, 19, 20, 21, 22, 26, 27, 28
Melhores dias para o dinheiro: 7, 8, 9, 10, 11, 17, 18, 26, 27
Melhores dias para a carreira: 1º, 10, 19, 27, 28

Os eclipses ocasionaram mudanças financeiras e profissionais, e em junho você verá seus resultados positivos. No dia 21, você vai entrar em um pico financeiro anual. No dia 27, Júpiter ingressará em sua Casa do dinheiro e permanecerá lá por um ano. Esse pode ser mais um pico de vida do que um pico anual. O dinheiro virá facilmente. Será um bom período para aumentar seu saldo bancário e diversificar a carteira de investimentos. Administrar seu dinheiro pode ser tão importante quanto ganhá-lo. O cônjuge ou amor atual também terá mais prosperidade no final do mês, e ficará mais generoso. Assim como os pais ou figuras paterna ou materna. Oportunidades de carreira maravilhosas chegarão no fim do mês. (Julho também será bom.)

Até o dia 21, você ainda estará em um de seus picos anuais de prazer pessoal. Todos os prazeres dos sentidos lhe estarão abertos, e você poderá desfrutá-los. O único problema são os excessos. O exagero tem seu preço.

No dia 27, quando Júpiter entrar em sua Casa do dinheiro, uma parceria de negócios – muito lucrativa – será planejada. Pode ser que não aconteça em junho, mas acontecerá nos meses seguintes (a oportunidade chegará). O cônjuge ou amor atual dará apoio financeiro. Os amigos em geral cooperarão financeiramente. O mais importante é que você estará focado pela primeira vez no ano. Esse foco é o que tende a proporcionar o sucesso. Sua aparência e seu comportamento geral serão importantes no plano financeiro. Muito provavelmente você investirá no guarda-roupa e em acessórios.

A saúde permanecerá excelente durante todo o mês. Você terá toda a energia necessária para alcançar suas metas. Siga as dicas mencionadas em "Tendências Gerais" para melhorar a saúde.

No dia 20 de maio, o poder planetário fez outra mudança importante. Os planetas se deslocaram da parte superior para a inferior de seu zodíaco. Ainda haverá ótimas oportunidades profissionais chegando até você – e muito sucesso –, mas agora será o momento de dar um pouco de atenção para o lar, a família e seu bem-estar emocional. Você começará a ficar mais seletivo em relação às oportunidades profissionais. Não importa quão boas pareçam, se prejudicarem sua harmonia emocional ou impuserem tensão familiar ou doméstica, você provavelmente abrirá mão delas.

JULHO

Melhores dias: 4, 5, 6, 14, 15, 23, 24
Dias mais tensos: 12, 13, 19, 20, 25, 26
Melhores dias para o amor: 1º, 7, 8, 10, 11, 16, 17, 19, 20, 25, 29, 30
Melhores dias para o dinheiro: 7, 8, 16, 17, 18, 25, 27
Melhores dias para a carreira: 7, 16, 17, 25, 26

O elemento Água se tornou muito forte no mês passado, especialmente depois do dia 21. Sessenta e, às vezes, 70 por cento dos planetas entraram em signos de Água. Isso torna as pessoas mais sensíveis. Pequenas coisas – tons de voz, linguagem corporal, um comentário aparentemente inocente – podem provocar uma briga. Assim, seja mais cuidadoso este mês. Também há fatores muito positivos com esse excesso do elemento Água. As pessoas ficam mais carinhosas e compassivas.

A vida amorosa ficará especialmente mais terna. A criatividade estará mais intensa. No nível metafísico, vai ser mais fácil alcançar a "sensação" do que você deseja, e, portanto, manifestá-la e criá-la. A "sensação" de uma coisa é o sinal de sua manifestação iminente.

A atividade retrógrada aumentará muito. Quarenta por cento dos planetas estarão em movimento retrógrado até o dia 8, e do dia 17 ao dia 20. Trinta por cento dos planetas estarão retrógrados depois do dia 20. Estaremos no auge da atividade retrógrada do ano. Assim, seja paciente com as pequenas dificuldades e complicações que isso acarreta. Desacelere e faça tudo com mais cuidado.

Você ainda estará em seu auge financeiro. As finanças estarão excelentes nesse momento. Você terá golpes de sorte e o apoio financeiro do cônjuge ou da pessoa amada. O círculo social também dará suporte. A Lua nova do dia 8 será um dia particularmente forte para as questões de dinheiro. Essa Lua nova também irá aclarar as finanças conforme o mês for passando. Todas as informações de que você precisar chegarão até você.

Sua terceira Casa – da Comunicação e dos Interesses Intelectuais – se tornará poderosa no dia 22. Portanto, você estará no paraíso de Gêmeos. O cosmo o impelirá a fazer o que mais gosta – aprender, ensinar, ler, se comunicar, vender, trocar e divulgar. Portanto, será um período bem-sucedido e agradável. A mente estará mais aguçada do que o habitual, assim como as habilidades de comunicação.

Para os solteiros (se é que ainda existe algum), as oportunidades amorosas virão de sua rotina financeira habitual – enquanto você estiver tentando alcançar seus objetivos financeiros – e talvez de pessoas envolvidas com suas finanças. As oportunidades sociais também provirão dessa área. O amor será demonstrado por gestos materiais e práticos – como apoio financeiro e presentes. Dessa maneira você demonstrará amor e se sentirá amado. Dizem que o amor não se compra – mas neste momento, para os geminianos, isso não será verdade. A riqueza em geral o atrairá.

A saúde e a energia estarão excelentes. Siga as dicas mencionadas em "Tendências Gerais" para melhorar a saúde.

Mudanças no emprego também estarão em curso em julho.

AGOSTO

Melhores dias: 1º, 2, 10, 11, 12, 19, 20, 28, 29
Dias mais tensos: 8, 9, 15, 16, 21, 22
Melhores dias para o amor: 3, 8, 9, 13, 14, 15, 16, 19, 21, 22, 25, 26, 30, 31
Melhores dias para o dinheiro: 3, 4, 6, 7, 13, 14, 15, 16, 21, 22, 25, 30, 31
Melhores dias para a carreira: 3, 13, 21, 22

O elemento Água continuará bastante forte em agosto – não tanto quanto nos dois últimos meses, é claro – mas ainda forte. Reveja as previsões de julho em relação a esse assunto.

Grandes progressos profissionais acontecerão. Esta foi a tendência dos últimos meses, e se mantém. Haverá muito sucesso, diversas oportunidades de subir na carreira. Entretanto, como a maioria dos planetas ainda está sob a linha do horizonte – e sua quarta Casa – do Lar e da Família – se tornará poderosa depois do dia 22, seu principal foco será sua vida emocional e sua situação familiar. É preciso estabelecer as condições internas para que o sucesso profissional aconteça. As oportunidades existirão, mas você tem de estar emocionalmente pronto para elas. Seu planeta da Carreira, Netuno, está em movimento retrógrado desde 7 de junho, então estude com mais cuidado as ofertas profissionais. Não há pressa.

Sua terceira Casa – da Comunicação e dos Interesses Intelectuais – continuará poderosa até o dia 22. Sua mente, que já é aguçada, ficará ainda mais perspicaz, absorverá informações com facilidade. Todas as suas habilidades naturais de comunicação serão ampliadas. Será um ótimo período para escritores, professores, jornalistas e pessoal de mídia. Os estudantes também se sairão bem.

Depois do dia 22, o foco vai recair sobre o lar e a família. Este será um momento para colocar em ordem sua casa, para passar mais tempo com a família e fazer progressos psicológicos. Será um período para descobertas psicológicas.

A saúde e a energia ainda estarão excelentes. Mas depois do dia 22, comece a descansar e a relaxar mais. Com o Sol em Virgem, sua saúde não estará passando por um dos melhores períodos. Siga as dicas mencionadas em "Tendências Gerais" para melhorar a saúde e ter mais energia.

A vida amorosa vai estar muito bem. O cônjuge ou amor atual continuará a prosperar e a ser generoso com você. A prosperidade dele ou dela aumentará depois do dia 22, embora seja grande o mês inteiro. Os solteiros ainda podem encontrar o amor em meio aos objetivos financeiros habituais.

Marte estará em quadratura com Urano nos dias 1º e 2. Dirija com mais cuidado e seja mais atencioso no plano físico. Isso também se aplica aos amigos.

Júpiter ficará em quadratura com Urano dos dias 18 a 23. O cônjuge ou amor atual pode se comportar de maneira mais temperamental. Seja paciente. Ele ou ela deve dirigir com mais cuidado e evitar discussões fúteis. Júpiter estará em quadratura com Plutão dos dias 4 a 13, e o mesmo conselho se aplica a você.

As finanças serão boas em agosto e pelo resto do ano. Você estará mais apto a obter ganhos do dia 6 ao dia 23, durante a Lua crescente.

SETEMBRO

Melhores dias: 7, 8, 15, 16, 24, 25, 26
Dias mais tensos: 4, 5, 6, 11, 12, 18, 19
Melhores dias para o amor: 1º, 8, 9, 10, 11, 12, 17, 18, 19, 27, 28
Melhores dias para o dinheiro: 1º, 4, 5, 9, 10, 13, 14, 18, 19, 24, 27, 28
Melhores dias para a carreira: 1º, 9, 17, 18, 19, 27

No dia 22 do mês passado, o poder planetário se deslocou do oriente para o ocidente – do setor do *self* para o setor social. Portanto, uma mudança psicológica está em curso. Você será forçado a cultivar suas habilidades sociais. A capacidade pessoal não será tão importante, e sim o fator "simpatia". O sucesso dependerá dos outros, e não tanto de você. Esperamos que você já tenha criado as condições que desejava em sua vida. Agora vai ser a hora de colocar à prova sua criação, e será mais difícil criar. O ideal é se adaptar às condições existentes da melhor maneira que puder. Daqui até o final do ano, tome nota dos aspectos de sua vida que precisam ser modificados. Quando seu próximo período de independência pessoal chegar – no ano que vem –, você poderá mudá-los (com mais tranquilidade e menos tensão).

Seu planeta da Carreira ainda estará retrógrado, a maioria dos planetas ainda estará abaixo do horizonte do mapa, e sua quarta Casa – do Lar e da Família – continua poderosa. É uma mensagem bastante clara. Como no mês passado, mantenha o foco no lar, na família e na vida emocional. Continue trabalhando na construção das condições mentais para o sucesso – em estar emocionalmente preparado para ele. Há muitas oportunidades profissionais em seu caminho ou sendo preparadas – mas não aceite nada sem avaliar bem. Seu instinto lhe dirá quando alguma coisa for certa ou não. As oportunidades profissionais terão de ser "emocionalmente confortáveis" e compatíveis com a família.

As geminianas em idade de engravidar estarão no período mais fértil do ano.

A saúde continuará precisando de cuidados até o dia 22, mas depois vai melhorar muito. No dia 22, você ingressará em outro pico anual de prazer pessoal. Será um momento divertido do ano, você estará trabalhando mais do que o habitual – e haverá muita tensão no mundo nesses dias –, mas você conseguirá se divertir.

No dia 16 do mês passado, uma rara Grande Cruz se formou no céu. Essa Grande Cruz também atuará por todo este mês. Você e, talvez, o cônjuge ou amor atual podem se envolver em um grande empreendimento e estarão mais tensos do que de costume. Se estiver envolvido com problemas legais, eles serão mais tensos nesse momento, mais complicados. Viagens ao exterior não são aconselháveis nesse período – a menos que seja a trabalho. É melhor remarcar viagens internacionais.

Ainda haverá prosperidade em setembro, e outubro será ainda melhor. Seu período mais forte nos ganhos será do dia 5 ao dia 19, quando a Lua estiver crescente e você vai sentir mais entusiasmo pelos assuntos financeiros.

O amor será mais delicado após o dia 22. O cônjuge ou amor atual estará mais tenso e em discordância com você. Este será um problema de curto prazo que desaparecerá no dia 29.

OUTUBRO

Melhores dias: 4, 5, 13, 14, 22, 23, 31
Dias mais tensos: 2, 3, 8, 9, 15, 16, 29, 30
Melhores dias para o amor: 6, 7, 8, 9, 15, 16, 17, 18, 24, 25, 27, 28
Melhores dias para o dinheiro: 4, 5, 6, 7, 13, 14, 15, 16, 23, 24, 25
Melhores dias para a carreira: 6, 15, 16, 24

O elemento Água vai estar muito poderoso este mês. Haverá sempre um mínimo de 50 por cento dos planetas em Água e, às vezes, a porcentagem chega a 70 por cento. Por isso, seja mais cuidadoso com a sensibilidade dos outros (neste mês, é provável que estejam suscetíveis). Quando o elemento Água é forte, as pessoas ficam nostálgicas e sentimentais. Os sentimentos suplantam a lógica. É por isso que em momentos como este, pessoas que pensam claramente, como você, são mais necessárias do que nunca. Uma dose de pensamento racional (comunicada de maneira sensível) é do que o mundo precisa.

A Grande Cruz mencionada em setembro continuará atuando até o dia 23. Será um período agitado – para você, para a pessoa amada, para os amigos e para o mundo como um todo. Coisas grandes – gigantescas – se manifestarão.

Como no mês passado, você conseguirá se divertir, apesar do ritmo frenético. Ainda estará em um de seus picos anuais de prazer pessoal até o dia 23.

Haverá um eclipse lunar no dia 18 em sua 11ª Casa. Basicamente, esse eclipse será benigno para você, mas pode não ser para as pessoas a seu redor – o melhor é programar atividades mais tranquilas de qualquer maneira. Como sempre, faça o que puder para remarcar o que não for obrigação, sobretudo aquilo que causar tensão. Esse eclipse proporcionará mudanças financeiras que acabarão sendo positivas a longo prazo. Também trará dramas à vida de amigos, e as amizades podem ser testadas por causa disso. Esse eclipse terá impacto sobre Júpiter, seu planeta do Amor, de forma que o relacionamento atual terá um breve período difícil. A pessoa amada provavelmente estará mais temperamental, então seja paciente. Não leve muito as coisas para o lado pessoal. Basicamente, haverá harmonia entre você e o amado – vocês vão superar esse período.

A situação no trabalho permanecerá extremamente instável. Foi assim o ano todo, mas agora será particularmente intenso. A quadratura de Urano com seu planeta do Trabalho estará bastante exata. A boa notícia é que você vai estar muito concentrado no trabalho durante todo o mês, pronto para superar os vários desafios e mudanças. Quem procura um emprego terá ótimos aspectos durante todo o mês, mas especialmente depois do dia 23. Apesar de toda a instabilidade no trabalho, a carreira em geral estará excelente. As tendências profissionais dos últimos meses ainda valem.

A saúde será boa o mês todo, e você estará mais focado nessa área, dando-lhe muita atenção. Seu estado de saúde terá um impacto dramático sobre sua aparência, o que nem sempre é o caso. Portanto, manter-se saudável contribuirá mais para sua boa aparência do que cosméticos. Essa é a razão para o foco, não problemas de saúde.

NOVEMBRO

Melhores dias: 1º, 9, 10, 18, 19, 28, 29
Dias mais tensos: 5, 6, 11, 12, 25, 26, 27
Melhores dias para o amor: 3, 4, 5, 6, 7, 11, 12, 16, 17, 21, 22, 26, 27, 30
Melhores dias para o dinheiro: 3, 4, 11, 12, 20, 21, 22, 23, 30
Melhores dias para a carreira: 3, 11, 12, 20, 30

Depois do dia 22 deste mês, o poder planetário passará a se deslocar para a metade superior do zodíaco. O deslocamento não se completará até o mês que vem, mas você vai começar a sentir as mudanças a partir do dia 22. É bom que tenha colocado em ordem a família e a vida emocional. Agora será o momento para focar na vida exterior – sua carreira e seus objetivos no mundo externo.

A situação no trabalho continuará instável. Provavelmente haverá muitas demissões em sua empresa, e talvez outras mudanças no local de trabalho. A quadratura de Urano com seu planeta do Trabalho vai continuar muito exata. Um eclipse solar em sua sexta Casa também sinaliza mudanças no emprego ou reviravoltas no ambiente de trabalho. Mas não tenha medo, sua carreira não será afetada de um modo geral – ela está desabrochando este ano.

O eclipse solar do dia 3 testará carros e equipamentos de comunicação. Todo eclipse solar tende a ter esse efeito, pois o Sol é o planeta da Comunicação. Ele proporcionará eventos dramáticos na vida de irmãos, figuras fraternas e vizinhos. Muitas vezes haverá transtornos – novas construções ou outras perturbações – em sua vizinhança. Cartas serão extraviadas. Confusões nos correios ou com seu e-mail são comuns durante um eclipse solar. Ele terá impacto sobre Saturno, o senhor de sua oitava Casa, de forma que proporcionará mudanças financeiras dramáticas para o cônjuge ou amor atual. Também pode acarretar encontros com a morte – geralmente no nível psicológico. Em alguns casos, as pessoas sonham com a morte. Em outros, alguém que conhecem morre e elas precisam ir ao funeral. Às vezes é uma experiência de quase morte. O objetivo é obter um entendimento mais profundo da morte para que a vida possa ser mais plenamente vivida.

Uma herança está em seu mapa desde 27 de junho, e estará novamente este mês. Com sorte, ninguém precisará morrer. Pode ser que você seja citado no testamento de alguém, receba um fundo fiduciário ou um pagamento de seguro.

No dia 22, começa um pico anual de amor e vida social. É provável que os que não estiverem comprometidos conheçam alguém especial. Os que já estiverem comprometidos terão mais romance no relacionamento. Em geral, haverá mais saídas, mais festas, mais interação social.

A saúde fica mais delicada depois do dia 22. Nada sério, apenas não será um de seus melhores períodos. Siga as dicas mencionadas em "Tendências Gerais" para melhorar a saúde.

Sua capacidade de ganhar dinheiro será grande durante todo o mês, especialmente do dia 3 ao dia 17.

DEZEMBRO

Melhores dias: 6, 7, 15, 16, 17, 25, 26
Dias mais tensos: 2, 3, 8, 9, 23, 24, 30, 31
Melhores dias para o amor: 1º, 2, 3, 4, 5, 8, 9, 13, 14, 18, 19, 23, 24, 28, 29, 30, 31
Melhores dias para o dinheiro: 1º, 2, 3, 8, 9, 11, 12, 18, 19, 22, 23, 28, 29
Melhores dias para a carreira: 1º, 8, 9, 18, 28

Mercúrio, o regente de seu zodíaco, estará em "exílio" este mês – especialmente dos dias 5 a 24. Estará muito afastado de seu lar habitual. De certa forma, isso descreve você. Você está longe de casa, em circunstâncias estranhas, não tão confiante como normalmente é. Talvez isso seja positivo. Com tantos planetas no ocidente, e com as boas graças alheias, um pouco de humildade é necessária no momento, e é socialmente benéfica. Você estará muito popular este mês. Sua sétima Casa fica forte até o dia 21, e Mercúrio estará em sua Casa do amor dos dias 5 a 24. Isso indica que você vai se esforçar pelas pessoas. Vai colocar as necessidades dos outros acima das suas. Será um bom amigo para se ter. Os outros perceberão e apreciarão isso.

Seu planeta do Amor entrou em movimento retrógrado no dia 7 do mês passado. Assim, a autoconfiança não está como deveria, o que é outra razão pela qual você estará se esforçando pelos outros. O movimento retrógrado de seu planeta do Amor não impedirá a vida social, apenas deixará as coisas um pouco mais lentas. Os solteiros continuarão a ter encontros e a se divertir, mas é melhor postergar decisões amorosas importantes. No dia 21, Vênus também começará a retroceder (o que é relativamente raro – acontece a cada dois anos mais ou menos). Portanto, os dois planetas do Amor em seu mapa estarão retrocedendo ao mesmo tempo. Mais cuidado no amor (ou em parcerias profissionais) será necessário. Pode lhe parecer que sua vida amorosa ou relacionamento atual está andando para trás, mas é simplesmente uma reavaliação. Uma pausa agora seria saudável.

A saúde ainda precisará de cuidados até o dia 21. Depois desse dia, seu bem-estar e vitalidade naturais retornam.

Apesar das complicações em sua vida amorosa, esse será um mês sexualmente ativo. Independentemente de sua idade ou estágio de vida, a libido estará mais intensa do que o normal.

Com a oitava Casa poderosa depois do dia 21, o cônjuge ou amor atual entrará em um pico financeiro anual e provavelmente será mais generoso com você.

Será um bom período para saldar as dívidas ou pedir dinheiro emprestado, se for necessário. O acesso ao capital dos outros será mais fácil este mês.

Haverá alguns aspectos bastante dramáticos no final do mês, então evite atividades arriscadas. Marte estará em quadratura com Urano e Plutão (uma energia muito dinâmica) dos dias 23 a 31. Mercúrio (seu regente) estará em quadratura com esses planetas do dia 29 ao dia 31, e o Sol nos dias 30 e 31. Dirija com mais cuidado e evite discussões sempre que possível. Controle seu temperamento e preste atenção ao plano físico. Leia os jornais nesse período e entenderá.

CÂNCER

O CARANGUEJO
Nascidos entre 21 de junho e 20 de julho

PERFIL PESSOAL

CÂNCER NUM RELANCE

Elemento: Água
Planeta Regente: Lua
   Planeta da Carreira: Marte
   Planeta da Saúde: Júpiter
   Planeta do Amor: Saturno
   Planeta das Finanças: Sol
   Planeta do Divertimento e dos Jogos: Plutão
   Planeta do Lar e da Vida Familiar: Vênus
Cores: azul, castanho-escuro, prata
Cores que promovem o amor, o romance e a harmonia social: preto, índigo
Cores que propiciam ganhos: dourado, alaranjado
Pedras: pedra da lua, pérola
Metal: prata
Perfumes: jasmim, sândalo
Qualidade: cardeal (= atividade)
Qualidade essencial ao equilíbrio: controle das variações de humor
Maiores virtudes: sensibilidade emocional, tenacidade, capacidade de cuidar
Necessidade mais profunda: harmonia no lar e na vida familiar
Características a evitar: hipersensibilidade, estados depressivos
Signos de maior compatibilidade: Escorpião, Peixes

Signos de maior incompatibilidade: Áries, Libra, Capricórnio
Signo mais útil à carreira: Áries
Signo que fornece maior suporte emocional: Libra
Signo mais prestativo em questões financeiras: Leão
Melhor signo para casamento e associações: Capricórnio
Signo mais útil em projetos criativos: Escorpião
Melhor signo para sair e se divertir: Escorpião
Signos mais úteis em assuntos espirituais: Gêmeos, Peixes
Melhor dia da semana: segunda-feira

COMPREENDENDO A PERSONALIDADE CANCERIANA

No signo de Câncer, os céus parecem empenhados em desenvolver o lado emocional do universo. Se pudéssemos resumir o canceriano numa única palavra, seria *sentimento*. No que Áries tende a errar pelo excesso de ação, Touro pela inércia e Gêmeos pela frieza mental, Câncer erra por demasiada emotividade.

Os cancerianos parecem desconfiar da lógica. Talvez com razão. Para eles, não basta que um projeto ou argumento tenha aparência lógica; eles têm que *sentir* isso. Se não *sentirem* claramente que tudo está bem, rejeitarão a proposta ou se irritarão com ela. A frase "Siga o seu coração" deve ter sido cunhada por um canceriano, pois descreve precisamente a atitude do nativo deste signo perante a vida.

A capacidade de sentir constitui um método mais direto de conhecimento do que a capacidade de pensar. O pensar nunca toca o objeto de sua análise, ao passo que o sentimento sempre encontra o alvo em questão e nos faz vivenciá-lo. A intuição emocional é quase um sexto sentido da raça humana, um sentido de natureza psíquica. E, tendo em vista que muitas das realidades com as quais nos deparamos são pungentes e até destrutivas, não é de surpreender que os cancerianos optem por erigir barreiras de defesa, que funcionam como carapaças para proteger sua natureza sensível e vulnerável. Para os cancerianos, é pura e simples questão de bom-senso.

Quando um nativo de Câncer se acha na presença de desconhecidos ou num ambiente hostil, entra na carapaça, na qual se sente protegido. As outras pessoas se queixam disso, mas é preciso questionar seus motivos. Por que essa proteção as incomoda tanto? Por acaso gostariam de feri-lo e sentem-se frustradas por não poder fazê-lo? Afinal, se as intenções forem louváveis, não haverá por que recear: basta um pouco de paciência e a carapaça se abrirá – o estranho será aceito como parte do círculo familiar e da esfera de amizades do canceriano.

Os processos de raciocínio são geralmente analíticos e separatistas. Para pensar com clareza, precisamos fazer distinções, comparações etc. Já o sentimento unifica e integra. Analisar algo com clareza equivale a distanciar-se dele. Sentir é aproximar-se. Tendo aceitado você como amigo, um canceriano não o renegará jamais. Você terá que lhe fazer muito mal para chegar a perder a amizade de um canceriano. E, se você se relacionar com nativos do signo, jamais conseguirá se desligar totalmente deles. Eles sempre procuram conservar algum tipo de laço, mesmo nas circunstâncias mais extremas.

FINANÇAS

Os nativos de Câncer intuem profundamente como os demais se sentem em relação a algo e por que o fazem. Essa faculdade representa um dom valiosíssimo no trabalho e no mundo dos negócios. É claro que também ajuda a formar um lar e a criar uma família. Mas, indubitavelmente, tem grande aplicação nas finanças. Os cancerianos frequentemente amealham grandes fortunas em negócios familiares. Mesmo que não se trate de um negócio em família, eles o tratarão como tal. Se o canceriano trabalhar para alguém, encarará o(a) chefe como figura paternal (ou maternal) e os colegas de trabalho como irmãos e irmãs. Se o canceriano for o patrão, os demais serão tidos como filhos ou apadrinhados. Os cancerianos adoram ser vistos como provedores. Regozijam-se em saber que outras pessoas tiram sustento direto ou indireto de suas ações. É outra das formas de prover.

O fato de Leão ocupar a cúspide da segunda Casa Solar de Câncer – das Finanças – faz dos cancerianos jogadores sortudos, com grandes possibilidades de êxito em transações imobiliárias, hotelaria e gastronomia. Estâncias, spas e casas noturnas também lhes trazem bons lucros. Eles se sentem atraídos por propriedades próximas a água e, embora tendam ao convencionalismo, às vezes gostam de tirar seu sustento de atividades um tanto glamourosas.

O Sol, regente das finanças de Câncer, acena com importante mensagem para os nativos. Em questões financeiras, eles devem procurar ser menos "de lua"; mais estáveis e fixos. Para se dar bem no mundo dos negócios, não podem deixar o humor oscilar a seu bel-prazer – estar hoje aqui e amanhã ali. Precisam desenvolver seu amor-próprio e valorizar-se para realizar seu pleno potencial financeiro.

CARREIRA E IMAGEM PÚBLICA

Áries rege a décima Casa – da Carreira – dos nativos de Câncer, indicando que eles anseiam por ter seu próprio negócio, por se mostrar mais ativos em público e na política e por ser mais independentes. Responsabilidades familiares, o medo de magoar os outros ou de se ferir amiúde os inibem de atingir essas metas. Mas isso é, no fundo, o que gostariam de fazer.

Os cancerianos apreciam que seus chefes e líderes concedam liberdade, mas que saibam se impor quando necessário. Sabem como lidar com essas características num superior. Eles esperam que seus líderes comportem-se como guerreiros e que lutem sempre por seus liderados.

Quando ocupam posições de chefia, os cancerianos atuam como verdadeiros senhores feudais, dispostos a travar qualquer batalha em defesa dos vassalos sob sua proteção. É claro que as batalhas que travam não são só em autodefesa, mas em defesa daqueles por quem se sentem responsáveis. Se carece desse instinto de luta, desse pioneirismo e dessa independência, o nativo de Câncer encontra grande dificuldade em atingir suas metas profissionais mais elevadas, pois sua capacidade de liderança fica cerceada.

Por serem tão paternais, os cancerianos apreciam trabalhar com crianças e são excelentes professores e educadores.

AMOR E RELACIONAMENTOS

Os cancerianos, da mesma forma que os taurinos, gostam de relacionamentos sérios. Funcionam melhor quando a relação é claramente definida e cada uma das partes conhece bem seu papel. Quando se casam, é para toda a vida. São extremamente fiéis ao ser amado. Mas existe um segredinho que a maioria dos cancerianos oculta a sete chaves: tendem a encarar os compromissos e o consórcio afetivo como uma obrigação ou dever. Entram neles porque desconhecem outra forma de criar a família que desejam. A união, para eles, é apenas um caminho, um meio para se atingir uma finalidade, não um fim em si. A legítima finalidade para eles é a família.

Se estiver apaixonado por um nativo de Câncer, você terá que lidar de mansinho com os sentimentos dele. Você, que não é do signo, levará um bom tempo para conhecer a delicada sensibilidade e susceptibilidade dos cancerianos. O menor clima de negatividade os perturba. O seu tom de voz, sua mais leve irritação, um olhar ou uma expressão mais severa podem revelar-se motivo de profunda tristeza para eles. Registram os mínimos gestos e reagem intensamente a eles. Pode ser duro habituar-se de início, mas não desista de seu amor canceriano. São grandes companheiros depois que você passa a conhecê-los e aprende a lidar com eles. É importante entender que os cancerianos reagem não tanto ao que você diz, mas à maneira como você se sente no momento.

VIDA DOMÉSTICA E FAMILIAR

E nesse terreno que os cancerianos dão tudo de si. O ambiente doméstico e familiar por eles criado é como uma primorosa joia personalizada. Esforçam-se por desenvolver coisas belas que sobrevivam aos seus próprios criadores. E frequentemente o conseguem.

Os cancerianos sentem-se muito ligados à família, aos parentes e, sobretudo, às suas mães. Esses elos perduram por toda a vida e amadurecem à medida que eles envelhecem. Orgulham-se muito dos familiares bem-sucedidos e são bastante apegados aos bens herdados e as recordações familiares. Os cancerianos adoram crianças e gostam de provê-las com tudo aquilo que desejam e de que necessitam. Essa natureza nutriz e sensível os torna excelentes pais – sobretudo a mulher canceriana, que encarna o arquétipo da mãe zodiacal por excelência.

A postura dos pais cancerianos em relação aos filhos é sempre do tipo "certos ou errados, são meus filhos". A devoção incondicional a eles está sempre na ordem do dia. Aliás, não importa o que um membro da família faça, os cancerianos sempre acabam perdoando-o; afinal, "somos uma família", argumentam eles. A preservação da instituição e da tradição familiar é uma das principais razões existenciais dos cancerianos. Nesse ponto, eles têm muitas lições a nos ensinar.

Por serem tão voltados para a família, seus lares revelam-se sempre impecavelmente limpos, organizados e confortáveis. Apreciam mobiliário antigo, mas não dispensam os confortos da modernidade. Os cancerianos adoram hospedar, receber parentes e amigos e organizar festas. São anfitriões primorosos.

CÂNCER
HORÓSCOPO 2013

TENDÊNCIAS GERAIS

Você passou por dois anos muito difíceis. Estava "pagando as penas", tornando-se mais resistente e forte. Tudo o que obteve foi com o "suor da camisa". O ano de 2011 foi mais desafiador do que o de 2012, embora este também tenha sido complicado. Em 2013, você será recompensado por seus esforços e trabalho árduo e vai achar que se tornou "sortudo", mas a verdade é que você estará apenas colhendo o que plantou nos últimos dois anos.

Muitos cancerianos são ambiciosos, o que é bom. Mas para alcançar suas aspirações você precisa se desenvolver nos níveis espiritual e mental. Precisa de treino – e esse foi o motivo do período difícil. Ninguém esperaria correr nas Olimpíadas sem treinar os músculos e a resistência. Era isso que você estava fazendo nos últimos dois anos.

Na primeira metade do ano, seu crescimento será espiritual e interior. Júpiter estará em sua 12ª Casa. Muitas coisas poderosas vão acontecer – coisas secretas e sagradas, mas não aparentes. Quando Júpiter entrar em seu signo, em 27 de junho, seu crescimento interior vai se manifestar externamente – fisicamente e de forma tangível. As pessoas vão perceber a mudança.

Como os obstáculos que estiveram dificultando seu caminho foram superados, e seus músculos estão mais fortes, você alcançará seus objetivos mais rapidamente. Você tem um ano bem-sucedido à frente.

A saúde esteve delicada em 2011 e 2012 – mais em 2011 que em 2012 –, mas este ano a situação será totalmente diferente. Você estará bem de saúde. Se aparecerem problemas, logo você terá boas notícias sobre eles.

Seu emprego e sua carreira passarão por mudanças dramáticas este ano, mas provavelmente para melhor. Entretanto, como serão acontecimentos repentinos, essas mudanças podem causar um pouco de tensão.

Desde que Urano entrou em sua décima Casa (em 2011), a carreira ficou instável – já houve mudanças e muitas mais estão por vir.

Seus interesses mais importantes este ano serão espiritualidade (até 27 de junho); corpo, imagem, prazer pessoal (a partir de 27 de junho); filhos, criatividade e lazer; amor e romance; religião, metafísica, educação superior e viagens internacionais; carreira.

Seus caminhos de realização no ano que está por vir serão espiritualidade (até 27 de junho); corpo, imagem e prazeres pessoais (a partir de 27 de junho); filhos, criatividade e lazer.

SAÚDE

(Trata-se de uma perspectiva astrológica sobre a saúde, não de uma visão médica. Antigamente, não existiam diferenças, ambas as perspectivas eram idênticas. Porém, hoje, podem ocorrer diferenças. Para obter uma opinião com base em diagnósticos da medicina convencional, consulte seu médico ou um profissional da saúde.)

Se você passou por 2011 e 2012 com a saúde intacta, se saiu muito bem. O ano de 2013 será tranquilo. Você ainda precisará ficar atento à saúde, pois dois poderosos planetas de curso lento ainda estão em alinhamento tenso com você, mas isso não é nada comparado ao que já passou.

No final do ano passado, em outubro, Saturno se afastou de seu aspecto tenso, e agora se encontra em harmonia com você. Em 2012, Netuno deixou um aspecto neutro e se moveu para um mais harmonioso. Este ano, Júpiter passará por seu signo – um aspecto feliz e harmonioso. Assim, a saúde será boa. Se não boa, muito melhor. Você ficará mais forte a cada dia.

Como foi mencionado nas "Tendências Gerais", se você teve problemas de saúde, receberá boas notícias nessa área. Talvez um novo médico, terapia ou medicamento receba o crédito – muitas vezes, isso acontece –, mas a verdade é que os alinhamentos planetários mudaram e, portanto, você recebe mais "poder de cura" cósmico – força vital, chi, ou seja lá como você chame –, o que produz a melhora.

Ainda será necessário ficar atento à saúde este ano, mas você já está fazendo isso. Júpiter, seu planeta da Saúde, entrará em seu signo no dia 27 de junho. Sua sexta Casa – da Saúde – estará mais ou menos vazia, mas seu planeta da Saúde estará poderosamente posicionado. Portanto, haverá um foco nessa área.

Muito pode ser feito para melhorar a saúde. A primeira e mais importante é conservar as energias. Descanse e relaxe mais. Não deixe para repousar apenas depois que estiver exausto. Delegue as tarefas que puderem ser delegadas. Um pouco de reflexão e planejamento podem lhe mostrar como obter mais com menos esforço.

Dê mais atenção:

Coração. Evite a preocupação e a ansiedade. Essas são as principais causas espirituais dos problemas cardíacos.

Estômago e seios. (Importante durante o ano todo, mas especialmente após o dia 27 de junho.) A dieta correta é sempre mais importante para você do que para as outras pessoas. Seu estômago tem a tendência a ser sensível. Preste atenção ao que come, mas também a como o faz. As refeições devem ser feitas de maneira calma e relaxada. Coma devagar, com um sentimento de gratidão e apreciação.

Fígado e coxas. As coxas devem ser massageadas com regularidade. Pulmões, intestino delgado, braços, ombros e sistema respiratório. (Importante até 27 de junho.) Os braços e ombros devem ser massageados regularmente. A pureza do ar será mais importante do que de costume.

Como essas serão as áreas mais vulneráveis em 2013, mantê-las saudáveis e em forma será uma ótima maneira de praticar a medicina preventiva. Na maioria das vezes, os problemas podem ser evitados ou, no mínimo, bastante amenizados e restringidos.

LAR E FAMÍLIA

Para os nativos de Câncer, o lar e a família são muito importantes, esteja a quarta Casa forte ou fraca. A família é o propósito da vida, a razão pela qual nasceram. Mas o poder na quarta Casa define se em determinado ano haverá mais ou menos foco nessa área. Em 2013, o foco será menor do que o habitual. Nos últimos anos, foi maior – e essa área da vida foi muito mais complicada.

Agora que Saturno deixou sua quarta Casa (em outubro do ano passado), você poderá respirar com um pouco mais de tranquilidade. Os principais problemas foram resolvidos. Nos últimos dois anos, você teve de assumir novas obrigações e responsabilidades familiares. Havia uma necessidade de reorganizar o lar, os relacionamentos familiares e a rotina doméstica diária. Muitos cancerianos se sentiram reprimidos e sufocados em casa – tanto física quanto psicologicamente. Muitos redecoraram, compraram objetos de arte e embelezaram a casa. Toda a vida social girou em torno do lar e da família.

Sua quarta Casa estará mais ou menos vazia este ano, o que significa que os principais desafios foram resolvidos e o cosmos não o impelirá em nenhuma direção específica. O *status quo* tende a prevalecer.

Este ano, o foco estará mais nos filhos e naqueles que desempenham esse papel em sua vida. Será um período sério na vida deles, especialmente para os mais velhos. Eles terão menos autoestima e autoconfiança do que deveriam. Ele ou ela estará deprimido, pessimista, sentindo que o mundo é um lugar sombrio. Ele ou ela temerá "se soltar", embora, na verdade, seja mais indicado ter discrição nesse período. Entretanto, é possível se soltar de maneira tranquila e simples. Esse será um desafio para esse filho ou enteado. Os estudos serão difíceis, e ele ou ela se sentirá sobrecarregado. Talvez haja problemas com um irmão – eles estarão cooperando um com o outro, mas o relacionamento será tenso. Também não estará bem-disposto, e talvez haja problemas de saúde. A vida social pode não estar tão boa quanto de costume. Mas haverá fatores positivos. Esse filho estará mais disciplinado e sério em relação à vida (talvez sério demais). Tente garantir que ele ou ela se divirta um pouco, que nem tudo seja trabalho, trabalho, trabalho. Se esse filho precisa perder peso, este será um bom ano para seguir uma dieta e colocar o corpo em forma. Além disso, haverá dois eclipses que afetarão esse filho, de forma que ele passará por muitas mudanças dramáticas.

Em geral, seu desafio será aprender a disciplinar com sabedoria esses filhos e enteados. Dê limites a eles, mas não deixe de proporcionar a liberdade necessária. Mas lembre-se: apesar de amá-los, você não pode simplesmente deixá-los fazer o que quiserem nesse período – tem de haver limites.

Caso esteja planejando reparos e reformas grandes em casa, depois do dia 7 de dezembro será um bom momento. Se deseja redecorar, os períodos entre 16 de agosto e 11 de setembro e de 22 de setembro a 23 de outubro serão propícios.

DINHEIRO E CARREIRA

As finanças foram mais ou menos estáveis nos últimos anos, e isso está para mudar. Em 27 de junho, Júpiter entrará em seu signo, iniciando um ciclo de prosperidade que vai durar muitos anos. Nesse meio-tempo, você vai se preparar para isso. Seja paciente. Quando uma semente é plantada, quem observa da superfície não vê nada acontecendo. Mas a verdade é que uma atividade extraordinária e dinâmica acontece sob a terra. Um belo dia, brotos e botões aparecerão acima do solo. Mas antes dos efeitos visíveis, precisa existir uma atividade secreta interior. Desde que Júpiter entrou em sua 12ª Casa – em junho do ano passado – isso acontece em sua vida. Um belo e poderoso crescimento interior vem ocorrendo. Médiuns e videntes podem perceber isso, mas, para as pessoas comuns, nada será visível. Parecerá que você não tem "nada para mostrar". Mas quando Júpiter cruzar o ascendente, os botões começarão a desabrochar naturalmente, normalmente, sem esforço. De repente, todo o quadro muda. O invisível vai se tornar visível. O interno se tornará externo.

Quando Júpiter entra na primeira Casa de seu signo, proporciona uma boa vida. Todos os obstáculos desaparecem. Repentinamente, o sucesso fica a seu alcance. Coisas boas começam a acontecer. Sob esse aspecto, muitas vezes as pessoas ganham na loteria ou em apostas. Elas viajam para outros países, comem em bons restaurantes, frequentam os melhores lugares, compram (e ganham) roupas e acessórios caros, realizam muitas de suas fantasias carnais e, sobretudo, possuem os meios para fazê-lo. Mais importante do que os ganhos materiais é o sentimento de otimismo, o espírito positivo que surge. Você se sentirá rico, sortudo. E, portanto, eventos afortunados começarão a acontecer. Você começará a atrair a riqueza e oportunidades de ganhar dinheiro.

Júpiter é seu planeta do Dinheiro. Portanto, a passagem dele por seu ascendente é muito positiva para os que estiverem procurando emprego. Isso indica que aquele ótimo cargo tão sonhado chegará até você. Não será necessário gastar sola de sapato procurando emprego. Não será necessário bater em portas. O emprego chegará até você. O mais provável é que você não consiga fugir dele nem se tentar. (Você sempre terá seu livre-arbítrio – pode recusar se quiser –, mas não vai escapar à oportunidade.)

Nesse meio-tempo, enquanto Júpiter estiver em sua 12ª Casa, os que estão em busca de um emprego devem procurar posições em ambientes espirituais e altruísticos. Trabalhar em uma organização sem fins lucrativos ou espiritual sera promissor. Alguns de vocês poderão dedicar parte de seu tempo a uma dessas organizações, o que levará a oportunidades de emprego reais.

A carreira tem sido empolgante desde que Urano entrou em sua décima Casa em março de 2011. Muitas mudanças acontecerão, e, na verdade, você fica contente com isso. Haverá grande instabilidade, talvez até um pouco de insegurança, mas muita liberdade e empolgação. Trabalhos *freelance* serão mais positivos nesse período. Você sentirá uma necessidade de mudança constante. A rotina não será o bastante nesse momento, você vai se sentir entediado rápido demais. Mesmo se estiver em um ambiente corporativo, precisará de tarefas variadas. Aprender a se sentir confortável com a insegurança – em assuntos profissionais – será a maior lição deste período. Haverá muitas mudanças revolucionárias e reviravoltas em sua empresa ou indústria, e as regras do jogo mudarão o tempo todo. Os altos e baixos da carreira, seus status e sua posição serão extremos. Quando houver sucesso, normalmente será muito, mas também pode haver períodos bastante difíceis. Você está sendo liberado para seguir a carreira de seus sonhos, e este será um processo que vai durar vários anos. Conforme o tempo for passando, os obstáculos que existiam vão desaparecer e o caminho estará livre. Obstáculos e barreiras às vezes precisam de ações drásticas para cair – e o cosmos as fornecerá.

Você vai terminar o ano mais rico do que começou – e 2014 será ainda melhor.

Com o Sol como planeta das Finanças, haverá muitas tendências de curto prazo nessa área – dependendo de onde o Sol estará e dos aspectos que receberá. Isso será discutido em detalhes nas "Previsões Mensais".

AMOR E VIDA SOCIAL

Agora que Plutão ficará em sua sétima Casa – do Amor – por muitos anos, essa se tornará uma importante área da vida. O amor foi complicado nos últimos dois anos – ainda o será em 2013, mas menos. Caso seu relacionamento tenha resistido aos últimos dois anos, resistirá também a este.

Em 2011 e 2012 (e em grande parte de 2010), seu planeta do Amor estava em um aspecto tenso com Plutão e Urano. O amor foi posto à prova. Qualquer relacionamento que não estivesse funcionando perfeitamente – que é o que o cosmos quer para você – provavelmente chegou ao fim. Isso se aplicou não só à vida amorosa, mas também às parcerias profissionais. Entretanto, o pior já passou.

Seu planeta do Amor ficará na quinta Casa pelos próximos dois anos – no signo de Escorpião. Isso indica uma mudança nos relacionamentos amorosos. O magnetismo sexual será o fator mais importante. Você já passou por tensão suficiente, então agora vai querer relacionamentos agradáveis, divertidos, nos quais possa desfrutar bons momentos com a pessoa amada. Desejará aquela sensação de "lua de mel". Você começará a atrair esse tipo de relação este ano, apenas lembre-se de que luas de mel não duram para sempre, por mais que nos esforcemos. Esperar que um relacionamento seja uma lua de mel constante não é algo realista, se levarmos em consideração a natureza humana.

A química sexual é vital em qualquer relacionamento romântico. Contudo, ela pode ter um peso exagerado, e talvez seja esse o caso este ano. Seu planeta do Amor estará no sensual Escorpião, e Plutão, regente geral do sexo, estará em sua sétima Casa – do Amor. Um bom sexo acoberta muitos pecados, mas sozinho não é suficiente para manter um relacionamento de pé. Minha experiência é de que mesmo as melhores químicas sexuais (nas quais mais nada estava envolvido) duram de 9 a 12 meses. Assim, é necessário avaliar as coisas de forma mais profunda e levar mais fatores em consideração. Entretanto, os solteiros não estarão tão sérios em relação ao amor este ano – relacionamentos duradouros não serão uma questão muito importante –, de forma que a atitude deles será correta. Divirta-se e quando terminar, terminou.

Se seu casamento ou relacionamento resistiu aos últimos dois anos, é o momento de se divertir juntos e talvez sair em uma segunda lua de mel. É hora de começar a desfrutar um ao outro novamente. Se você é solteiro e busca seu primeiro casamento, encontrará o amor nos lugares habituais – boates, resorts, lugares de entretenimento. Caso esteja buscando o segundo casamento, o amor estará em ambientes espirituais – seminários de meditação, grupos de oração ou eventos de caridade. Apenas um bom sexo não será o bastante para você, que estará procurando compatibilidade espiritual, uma alma gêmea. Provavelmente não a encontrará em boates e bares, mas esse tipo de relacionamento certamente chegará até você – mais provavelmente na segunda metade do ano. Os que estiverem buscando o terceiro casamento terão um ano sem alterações.

Sua vida amorosa e sua esfera social passarão por uma desintoxicação cósmica de longo prazo. Desintoxicações dificilmente são agradáveis. Mas o resultado final vai ser positivo. As impurezas no amor – assim como as impurezas físicas do corpo – precisam ser eliminadas para que um amor saudável possa existir. O nascimento da vida amorosa e do casamento de seus sonhos está prestes a acontecer. Os problemas e desafios são apenas "dores do parto". O novo bebê nascerá. Plutão sabe como fazer isso acontecer.

AUTOAPRIMORAMENTO

Júpiter, como mencionamos, está em sua 12ª Casa – Espiritual – desde junho de 2012. Isso pressupõe um ano de intenso desenvolvimento espiritual ligado à saúde. Será um período no qual você vai se aprofundar nas dimensões espirituais da cura. Muitos cancerianos já adquiriram uma boa compreensão sobre o tema – sobretudo nos últimos dois anos. Mas sempre há mais a aprender, e você se aprofundará no assunto.

A cura espiritual é um pouco diferente da conexão "corpo-mente", sendo mais elevada e profunda. Houve uma época em que nem sequer a conexão "corpo-mente" era aceita. Qualquer um que falasse sobre isso era considerado "perigoso" e charlatão. Graças aos praticantes de ioga – e a muitos outros pioneiros – a conexão entre mente e corpo hoje em dia é uma noção bastante difundida. Ninguém mais se abala por causa disso. É normal. Mas não se engane, foi um grande progresso para o mundo.

A medicina corpo-mente tem a ver com pensamento positivo, afirmações positivas, imaginar e visualizar ideais de saúde e da performance física desejada. A habilidade de visualizar posturas "impossíveis" possibilita ao iogue desempenhá-las fisicamente. Os grandes atletas também aplicam esse princípio. A performance atlética – nos níveis mais altos – é, na verdade, um jogo mental.

Mas na cura espiritual, olhamos para um lugar mais alto. O objetivo na cura espiritual é alcançar um poder que está essencialmente acima e além da mente. A mente é utilizada, mas o poder que produz a cura está além dela, não tem nenhuma relação com o pensamento. É uma força que conhece apenas a perfeição e, quando permitimos que aja sobre a mente e o corpo, começa imediatamente a criá-la.

Entramos em contato com esse poder por meio da oração, da meditação e da invocação. Portanto, o acesso a ele é diferente do acesso mente-corpo.

Não existem limites para o que esse poder pode operar no corpo, e não é sábio impor limites. As limitações que experimentamos são pessoais – as limitações de nossas crenças, de nossa consciência. Mas o poder em si não possui limites. Nada é incurável para ele. Em 2011 e 2012 – mas especialmente em 2011 – muitos cancerianos foram obrigados a apelar para esse poder. Os acontecimentos foram simplesmente devastadores demais.

Quando esse poder é invocado, não apenas começa a ocupar-se dos problemas físicos, mas também das raízes espirituais por trás desses problemas. Ele cura no âmago, o que normalmente leva algum tempo. Os problemas podem ser muito profundos.

PREVISÕES MENSAIS

JANEIRO

Melhores dias: 6, 7, 14, 15, 24, 25
Dias mais tensos: 4, 5, 10, 11, 17, 18, 31
Melhores dias para o amor: 6, 7, 8, 9, 10, 11, 14, 15, 18, 19, 24, 25, 29, 30

Melhores dias para o dinheiro: 2, 3, 4, 10, 11, 12, 21, 22, 26, 27, 28, 31
Melhores dias para a carreira: 4, 5, 12, 13, 17, 18, 22, 23, 31

Você começará o ano com 70 por cento e, às vezes, 80 por cento dos planetas no setor social ocidental do mapa. Sua sétima Casa – do Amor – estará muito poderosa durante o mês todo, mas especialmente até o dia 19. Você estará em meio a um pico social anual. O ideal é deixar de lado seus próprios interesses e desejos nesse momento. Os relacionamentos e as necessidades das outras pessoas são o mais importante agora. Embora seja improvável que os solteiros se casem este mês, é possível que conheçam pessoas com quem acabem considerando se casar. Os aspectos para um casamento serão muito melhores quando o ano estiver mais avançado – em julho e agosto.

Parece que este também será um mês sexualmente ativo. A libido estará muito intensa.

Em dezembro de 2012, o poder planetário começou a se deslocar da metade inferior para a metade superior de seu zodíaco. No dia 10 de janeiro, o deslocamento estará completo. Oitenta por cento e, às vezes, 90 por cento – uma porcentagem enorme – dos planetas estarão acima do horizonte de seu mapa. Assim, embora o lar e a família sempre sejam importantes para você, este será um período para se concentrar na carreira e em seus objetivos no mundo exterior. No momento, esta será a melhor maneira de servir a sua família. Na verdade, seu sucesso vai melhorar sua vida familiar, não prejudicá-la.

Seu charme e sua capacidade de se dar bem com os outros também serão importantes no nível financeiro. Suas conexões sociais desempenharão um enorme papel em sua vida financeira até o dia 19. Você socializará com as pessoas com quem faz negócios – e muito de sua atividade social será relacionada a negócios – e gostará de negociar com pessoas de quem é amigo. No dia 19, o Sol entra em sua oitava Casa e isso indica que o cônjuge ou amor atual entrará em um pico financeiro anual. Assim, é provável que ele ou ela seja mais generoso.

Seu planeta das Finanças estará na oitava Casa a partir do dia 19, o que mostra que será fácil saldar ou contrair dívidas, dependendo de sua necessidade. Uma boa desintoxicação financeira será necessária depois do dia 19. Livre-se dos excessos, como cartões de crédito extras e despesas desnecessárias. Será um momento para prosperar cortando gastos supérfluos. Evidentemente, não se deve eliminar o necessário, apenas o excessivo. Uma boa ideia é livrar-se do que não usa, como roupas ou mobílias antigas. Venda-as ou doe para a caridade. Isso limpará os canais para que novos suprimentos cheguem.

A saúde ficará delicada até o dia 19. Não se esqueça de descansar e relaxar mais. Siga as dicas mencionadas em "Tendências Gerais" para melhorar a saúde.

FEVEREIRO

Melhores dias: 2, 3, 11, 12, 20, 21, 22
Dias mais tensos: 1º, 7, 8, 13, 14, 27, 28
Melhores dias para o amor: 2, 3, 7, 8, 9, 10, 11, 12, 18, 19, 20, 21
Melhores dias para o dinheiro: 1º, 9, 10, 18, 20, 23, 24, 27
Melhores dias para a carreira: 1º, 11, 12, 13, 14, 20, 21, 22

O impulso planetário será especialmente acelerado este mês. Até o dia 18, todos os planetas estarão em movimento direto, o que é extremamente incomum. O ritmo da vida vai estar mais rápido. Os resultados vão aparecer mais depressa. Será um bom período para lançar novos empreendimentos ou produtos, sobretudo entre os dias 10 e 18 – com a Lua crescente. Mas o mês todo será propício.

Sua oitava Casa continuará poderosa até o dia 18, então reveja as previsões sobre esse assunto feitas em janeiro. Muitos cancerianos se envolverão em uma transformação pessoal, e este será um bom período para fazer progressos nessa área.

Como Júpiter ainda está em sua 12ª Casa – Espiritual – a vida espiritual tem sido muito importante. Os fenômenos espirituais vão ser mais frequentes esse mês, pois haverá muitos planetas em

Peixes. Sua sensibilidade, que já é aguçada, ficará ainda melhor. Os sonhos serão extraordinariamente frequentes e significativos – preste atenção especial aos sonhos dos dias 6 e 7.

O elemento Água – seu elemento natural – será muito poderoso este mês, a partir do dia 18, o que é basicamente bom para você. O mundo como um todo estará mais voltado para os sentimentos, mais "meloso". A lógica e a racionalidade serão menos relevantes. O importante será o humor do momento e o sentimento, e você se sentirá muito confortável com isso.

No dia 18, sua nona Casa se tornará ultrapoderosa. Talvez você já comece a sentir seus efeitos ainda antes desse dia. Você terá oportunidades de fazer viagens internacionais. Haverá também viagens de negócios dos dia 3 a 5. Também surgirão boas oportunidades educacionais, que devem ser aproveitadas. Sua mente estará mais filosófica, compreendendo melhor os ensinamentos superiores. Será um bom período para os estudantes, especialmente os universitários ou pós-graduandos. Será um momento para descobertas religiosas e filosóficas.

Sua vida amorosa ficará mais complicada este mês, quando seu planeta do Amor entrar em movimento retrógrado no dia 18. Você já passou por isso muitas vezes, pois Saturno retrocede por alguns meses todo ano, mas não é algo que interrompa sua vida amorosa, apenas a desacelera um pouco. Decisões amorosas importantes não devem ser tomadas nos próximos meses. Este será um momento para reflexão e reavaliação. Apesar dessa pequena dificuldade, o amor estará afortunado especialmente depois do dia 18. Saturno receberá ótimos aspectos de diversos planetas. Os solteiros terão muitas oportunidades românticas e mais encontros. Os casados irão a mais festas e reuniões. É ótimo aproveitar essas atividades de uma maneira descontraída.

As finanças serão boas este mês, e ficarão ainda melhores depois do dia 18. A intuição financeira estará excelente a partir do dia 18 – mas especialmente dos dias 19 a 21.

A saúde vai estar maravilhosa.

MARÇO

Melhores dias: 2, 3, 10, 11, 20, 21, 29, 30
Dias mais tensos: 1º, 6, 7, 12, 13, 14, 27, 28
Melhores dias para o amor: 2, 3, 6, 7, 10, 11, 20, 21, 22, 29, 30, 31
Melhores dias para o dinheiro: 1º, 2, 3, 8, 9, 10, 11, 17, 18, 22, 23, 27, 28, 31
Melhores dias para a carreira: 2, 3, 11, 12, 13, 14, 22, 31

A maioria dos planetas ainda está na metade superior de seu mapa, e no dia 20 você entrará em um pico profissional anual. Busque o sucesso, concentre-se na carreira. As questões familiares não precisarão de muita atenção no momento. Na verdade, a família apoiará suas atividades profissionais. Será um período de muito sucesso, em que você pode receber um aumento ou intensificar seus ganhos de outras maneiras. Sua boa reputação profissional favorecerá os resultados financeiros, e março será um mês próspero. Pessoas mais velhas, chefes, pais ou figuras paterna ou materna não apenas apoiarão a carreira, mas também seus objetivos financeiros.

Caso você não tome cuidado, esse foco na carreira pode prejudicar sua saúde, que ficará mais delicada depois do dia 20. Cinquenta por cento e, às vezes, 60 por cento dos planetas estarão em um alinhamento tenso com você depois do dia 20, uma porcentagem alta. Dê à carreira toda a atenção necessária, mas não deixe de conservar as energias, fazendo pausas quando se sentir cansado. Livre-se do que for supérfluo em sua vida, busque ter hábitos saudáveis, receba massagens sempre que puder. Siga as dicas mencionadas em "Tendências Gerais" para melhorar a saúde.

Este mês, os planetas farão uma importante mudança do setor ocidental, onde estavam o ano todo, para o oriental. O deslocamento terá início no dia 20, mas se estabelecerá melhor no mês que vem. Você sentirá seus efeitos imediatamente. O deslocamento o levará a um ciclo de independência pessoal. As outras pessoas sempre significarão muito para você, mas nesse período, seu foco estará em outras questões. Sua própria iniciativa e suas habilidades serão extremamente importantes. É bom que nos últimos meses você tenha tomado nota dos aspectos de sua vida que precisavam ser mudados. A partir de março, você poderá fazer as mudanças que deseja. Você terá mais controle sobre sua vida do que de costume.

Mercúrio está em movimento retrógrado desde 23 de fevereiro, e continuará a retroceder até o dia 17 deste mês. Isso afeta sua intuição espiritual, que não deverá ser seguida cegamente. A verdadeira intuição está sempre certa, mas às vezes a mente humana não a interpreta corretamente. Este será o problema principal nesse momento. Além disso, tome mais cuidado ao se comunicar. Tenha certeza de que está passando a mensagem correta e de que os outros a estão recebendo. A recíproca também é verdadeira. Em seu mapa, o movimento retrógrado de Mercúrio está mais intenso do que para as pessoas de outros signos. Mercúrio não apenas comanda as comunicações em geral, como também rege seu mapa. Portanto, seja paciente quando ligações telefônicas caírem, computadores tiverem problemas ou cartas não forem entregues. É um fenômeno típico e recorrente. Sua compreensão sobre o que está acontecendo o ajudará a ficar mais tranquilo em relação a essas questões.

O cônjuge ou amor atual será mais generoso nos dias 1º e 2. Ele ou ela terá uma boa recompensa financeira. Mudanças importantes nas finanças acontecerão dos dias 27 a 30, e algumas podem ser chocantes ou surpreendentes, mas será um problema que você vai resolver rapidamente. Os pais ou figuras paterna ou materna devem dirigir com muito cuidado dos dias 18 a 21 – eles também precisam evitar atividades arriscadas. Talvez haja abalos em sua hierarquia corporativa (ou indústria).

ABRIL

Melhores dias: 6, 7, 8, 16, 17, 25, 26
Dias mais tensos: 2, 3, 9, 10, 23, 24, 29, 30
Melhores dias para o amor: 1º, 2, 3, 6, 7, 9, 10, 16, 17, 21, 22, 25, 26, 29, 30

Melhores dias para o dinheiro: 1º, 4, 5, 9, 10, 14, 15, 19, 20, 21, 23, 24, 29, 30
Melhores dias para a carreira: 1º, 9, 10, 21, 29, 30

No dia 14, quando Mercúrio se mover para o leste, o deslocamento planetário para o oriente estará firmado. Os próximos seis meses mais ou menos serão um período de independência pessoal. Você pode e deve fazer as coisas do seu jeito, desde que não prejudique os outros. Se as pessoas não colaborarem com seus planos, você terá o poder e os meios para agir sozinho, caso seja necessário. Não haverá mais desculpas, sua felicidade estará em suas mãos.

O destaque deste mês será o poder em sua décima Casa – da Carreira. Ela estava forte em março, e estará ainda mais forte em abril. Sessenta por cento dos planetas passarão por essa Casa nesse momento. Isso indica um período de muito foco e atividade. Se não tiver recebido um aumento no mês passado, é provável que isso ocorra em abril, especialmente entre os dias 14 e 20. Chefes, pessoas mais velhas e figuras paterna e materna apoiarão seus objetivos financeiros. Como foi mencionado, nem sempre acontece um aumento de salário literal, mas os ganhos podem aumentar de maneiras mais sutis.

Abril será um mês de muito sucesso. Geralmente, um foco na carreira afasta as pessoas da vida familiar, mas esse não vai ser o caso. A família dará muito apoio – na verdade, vai estimular e favorecer seus objetivos profissionais.

As finanças também serão boas este mês. Evite especulações dos dias 1º a 3. Tenha mais cuidado com as dívidas – leia todas as letras miúdas do contrato antes de fazer qualquer empréstimo. Um filho ou enteado pode ocasionar alguma despesa repentina nesse período. Mas essas serão dificuldades pequenas e de curto prazo. A prosperidade será forte. A Lua nova do dia 10 proporcionará avanços na carreira e crescimento financeiro. Além disso, pequenos conflitos em seu emprego serão resolvidos este mês.

A saúde precisará de cuidados até o dia 19. Portanto, lembre-se das previsões de março sobre esse assunto. Após o dia 19, você se sentirá mais bem-disposto. Siga as dicas mencionadas em "Tendências Gerais" para melhorar a saúde.

O impulso planetário estará bastante acelerado e o Sol estará em Áries, a melhor energia inicial do zodíaco. Se você tem novos projetos ou produtos para lançar, esse será o mês para fazê-lo. A Lua nova do dia 10 será o melhor momento, mas qualquer dia até o dia 25 vai ser propício. Um filho ou enteado passará por um período complicado, estará rebelde e difícil de lidar. Tenha paciência. Ele ou ela precisará também de mais atenção, e um eclipse lunar no dia 25 vai agravar essa situação. Faça o melhor que puder para manter filhos e enteados longe de problemas. Atividades mais tranquilas serão benéficas tanto para você quanto para eles.

O amor será mais complicado depois do dia 19. Talvez haja conflitos com a pessoa amada causados por questões financeiras. Talvez seu foco na carreira esteja prejudicando o relacionamento. Na verdade, nenhuma dessas razões é real, são apenas desculpas. O verdadeiro motivo é que a pessoa amada estará mais estressada e talvez mais irritável depois do dia 19.

MAIO

Melhores dias: 4, 5, 13, 14, 15, 23, 24, 31
Dias mais tensos: 6, 7, 21, 22, 27, 28
Melhores dias para o amor: 4, 10, 11, 13, 14, 21, 22, 23, 27, 28, 29, 30, 31
Melhores dias para o dinheiro: 2, 3, 8, 9, 10, 11, 12, 16, 17, 19, 20, 21, 22, 29, 30
Melhores dias para a carreira: 6, 7, 8, 9, 10, 18, 19, 27, 28

Dois eclipses tornarão este mês agitado, tanto para você quanto para o mundo. Os seres humanos são criaturas poderosas com o dom do livre-arbítrio. Isso lhes possibilita se desviar do plano divino para suas vidas, e são necessários os eventos proporcionados por um eclipse – um terremoto, um desastre natural, uma experiência de quase morte – para recolocá-los na linha. As criações humanas – especialmente aquelas de natureza destrutiva – precisam de medidas drásticas, e os eclipses as fornecem. Mais do que todos, você será afetado pelos eclipses. Sendo a Lua seu planeta regente, o eclipse lunar tende a ser o mais forte. Entretanto, o eclipse solar será poderoso, pois afetará sua vida financeira.

Os eclipses deste mês – um lunar no dia 10 e um solar no dia 25 – serão leves em comparação a alguns pelos quais você já passou. Poucos outros planetas serão afetados. Além disso, eles formarão aspectos harmoniosos ou não destrutivos com você. Ainda assim, não fará mal programar uma agenda mais tranquila nesses períodos.

O eclipse lunar do dia 10 proporcionará uma redefinição da personalidade e do autoconceito. Você mudará a forma de pensar sobre si mesmo e a maneira pela qual deseja ser percebido pelos outros, o que é saudável. Você atualizará e refinará sua imagem. Se não tiver se alimentado corretamente, os eclipses lunares podem proporcionar uma desintoxicação do corpo (que não é uma doença, embora os sintomas sejam os mesmos). O eclipse ocorrerá em sua 11ª Casa – dos Amigos. Portanto, talvez as amizades sejam postas à prova. Às vezes, o problema é o próprio relacionamento e em outros casos são eventos dramáticos que acontecem na vida de amigos. Seus equipamentos tecnológicos e eletrônicos serão testados. Atualizar seu antivírus será uma boa ideia. Marte, seu planeta da Carreira, será afetado por esse eclipse, de forma que poderá haver abalos na carreira ou na vida de pessoas envolvidas com sua carreira. Pais ou figuras paterna ou materna devem programar uma agenda mais tranquila nesse período.

O eclipse solar do dia 25 trará mudanças financeiras positivas que provavelmente deveriam ter sido feitas há muito tempo. As experiências dramáticas proporcionadas pelo eclipse terão de acontecer de maneira a forçar essas mudanças. Esse eclipse ocorrerá em sua sexta Casa, o que pode ocasionar um susto na saúde ou uma mudança no emprego. Como a saúde estará basicamente boa, é muito provável que não passe de um susto. Netuno, o senhor de sua nona Casa, sofrerá o impacto desse eclipse. Provavelmente não será uma boa ideia viajar para o exterior nesse período se isso puder ser evitado. Estudantes passarão por dificuldades na instituição de ensino ou com os professores. Haverá eventos dramáticos que mudarão a vida de pessoas em seu local de culto. Normalmente, esse tipo de eclipse causa "crises de fé" – suas crenças fundamentais em relação à vida e a seu significado serão postas à prova.

JUNHO

Melhores dias: 1º, 10, 11, 19, 20, 27, 28
Dias mais tensos: 2, 3, 17, 18, 23, 24, 30, 31
Melhores dias para o amor: 1º, 10, 19, 20, 23, 24, 27, 28
Melhores dias para o dinheiro: 7, 8, 9, 12, 13, 17, 18, 26, 27
Melhores dias para a carreira: 2, 3, 7, 8, 17, 18, 25, 26, 30, 31

Maio foi um mês muito espiritual, especialmente a partir do dia 20. Como aconteceram dois eclipses, isso foi bom. Em épocas de aflição, quando os eventos são arrasadores demais, precisamos apelar para nossos recursos espirituais – e muito provavelmente foi isso o que aconteceu com você. Esses recursos são mais que adequados para lidar com qualquer tipo de crise no plano material. Seu período espiritual continuará até o dia 21 deste mês. Será um momento para descobertas espirituais. Seu acesso ao mundo invisível – o mundo do espírito e da energia – estará muito melhor do que em outros períodos. Será positivo refletir sobre o ano passado, consertar erros, perdoar a si mesmo e aos outros, e definir seus objetivos para o próximo ano – que, para você, começa em seu aniversário – seu ano-novo pessoal.

Você está a um passo de acontecimentos importantes e gloriosos. As coisas podem parecer sombrias no início do mês, mas como dizem, a hora mais escura é sempre antes do amanhecer. Eventos significativos acontecerão. Júpiter entrará em seu signo no dia 27, iniciando um período de dois anos de prosperidade, felicidade e sorte. Você começará a ter golpes de sorte na vida, terá sorte nas especulações, estará animado e otimista. Coisas com as quais você apenas sonhava começarão a acontecer.

O poder planetário estará na posição mais oriental de seu mapa. Portanto, você viverá um período de máxima independência pessoal. Fará as coisas do seu jeito. Criará as condições para a felicidade e a realização. Isso vai estar em suas mãos. Mesmo que a saúde ainda esteja delicada este mês – ainda há dois poderosos planetas de curso lento pressionando você–, após o dia 21 ela ficará excelente. Com mais energia, surgem todos os tipos de novas possibilidades.

A vida amorosa, que estava "mais ou menos" até agora, melhorará significativamente após o dia 21. Os solteiros vão conhecer pessoas importantes e casamentos não serão surpresa, embora julho seja um momento mais propício. Em junho, o amor estará no ar.

Com o Sol e Vênus passando por seu signo, sua aparência estará ótima. Você estará charmoso e carismático, se vestirá com estilo e elegância e parecerá rico. Terá a imagem de uma pessoa próspera. Mas será mais que apenas imagem – quando o Sol passar por seu ascendente no dia 21, vai trazer sorte financeira. Este ano, você terá um padrão de vida mais elevado. Com Júpiter, pouco importa se existe ou não dinheiro para bancar esse estilo de vida. Você vai viver como se fosse rico.

Viagens também acontecerão mais para o fim do mês. Lembre-se de que Netuno, seu planeta das Viagens, entrará em movimento retrógrado no dia 7 – portanto, reserve tempo suficiente para chegar e partir de seu destino com calma.

JULHO

Melhores dias: 7, 8, 17, 25, 26
Dias mais tensos: 1º, 14, 15, 21, 22, 27, 28
Melhores dias para o amor: 1º, 7, 10, 11, 16, 17, 19, 20, 21, 22, 25, 29, 30
Melhores dias para o dinheiro: 7, 8, 9, 10, 11, 16, 17, 18, 25, 27
Melhores dias para a carreira: 1º, 5, 6, 16, 17, 25, 26, 27, 28

Você passou por alguns anos muito difíceis – sobretudo 2011 e 2012 –, mas agora virá o retorno positivo. A recompensa divina. Você viverá um dos melhores períodos de toda a sua vida. Todos os nativos sentirão isso, mas para os que nasceram no início do signo de Câncer – de 21 junho a 1 julho – será mais intenso. Você ainda enfrentará alguns desafios? Certamente. Mas o bem-estar e a harmonia serão muito mais fortes.

No dia 21 do mês passado, você entrou em um pico anual de prazer pessoal. Este pico de prazer pessoal será muito mais intenso do que de costume, pois o benevolente Júpiter se juntou à festa. Todos os cancerianos ficarão mais ricos – alguns mais que outros. Mas não importa. Todos estes planetas em seu signo (o Sol, Vênus, Mercúrio, Marte e Júpiter) lhe proporcionarão viver "como se" fosse rico e abastado, em grande estilo. As fantasias sensuais serão realizadas. Você comerá bons pratos, beberá bons vinhos, irá a ótimos restaurantes, viajará e aproveitará a vida ao máximo. Os estudantes terão sucesso nas instituições de ensino. Os que estiverem tentando entrar em universidades receberão ótimas notícias. Em geral, a Fortuna estará a seu lado na maioria dos assuntos de sua vida.

Depois de passar por anos tão difíceis, é natural desejar levar uma boa vida. Um pouco de excesso é compreensível, mas procure mantê-lo sob controle. Esse será o maior perigo para a saúde nesse momento. Não deixe de controlar seu peso. Apesar disso, você se sentirá bem-disposto e terá toda a energia necessária para alcançar suas metas.

As nativas de Câncer em idade de engravidar, entraram em um período de grande fertilidade. Neste momento, ele está em seu auge, mas continuará forte pelo restante do ano.

Muitos progressos positivos acontecerão também na vida amorosa. Seu planeta do Amor, Saturno, entrará em movimento direto no dia 8, após retroceder por muitos meses. Assim, a vida social se tornará mais movimentada. O importante é que Saturno receberá aspectos positivos de Júpiter (e de muitos outros planetas) neste mês. Ele fará parte de um raro Grande Trígono no elemento Água. Portanto, o amor estará no ar. Haverá romance para quem o desejar, assim como oportunidades de casamento.

Este será um mês próspero. No dia 22, você começará um pico financeiro anual.

No dia 21 do mês passado, o poder planetário se deslocou da metade superior para a inferior do zodíaco. Este mês, a mudança se tornará ainda mais intensa. Então, será o momento para se concentrar em seus maiores amores – lar, família e vida emocional. Apesar dessa mudança, haverá boas oportunidades profissionais e sucesso dos dias 19 a 24. Agora você poderá se dar ao luxo de ser exigente em relação às ofertas que vai aceitar – elas deverão ser emocionalmente confortáveis e não acarretar problemas familiares.

AGOSTO

Melhores dias: 3, 4, 13, 14, 21, 22, 30, 31
Dias mais tensos: 10, 11, 12, 17, 18, 23, 24
Melhores dias para o amor: 3, 8, 9, 13, 17, 18, 19, 21, 25, 26, 30
Melhores dias para o dinheiro: 3, 6, 7, 13, 14, 15, 16, 21, 22, 25, 30, 31
Melhores dias para a carreira: 3, 4, 13, 14, 22, 23, 24

O pico financeiro anual iniciado em julho se intensificará ainda mais em agosto, quando mais planetas rápidos se unirem ao Sol em sua casa do Dinheiro. Você terá altos ganhos financeiros, provenientes de diversas fontes. Os portões celestiais da abundância se abriram e ela está jorrando sobre você, uma experiência maravilhosa.

A ocorrência de um Grande Trígono raro em Água, seu elemento natural, conduzirá à harmonia emocional, pois as pessoas ficam mais sensíveis nesse nível. Além de ser muito confortável para você.

As oportunidades profissionais virão até você, que será visto como um "artigo cobiçado". Apesar de não ser um período muito focado na carreira, ela irá bem, provando que muita interferência pode acabar estragando algo bom. Às vezes, é melhor "permitir" que as coisas boas aconteçam em vez de tentar forçá-las.

Quanto a criar as condições para sua felicidade, é preciso tomar a iniciativa. Mas em assuntos profissionais, não.

Viagens internacionais ainda serão prováveis em agosto, mas tenha em mente que seu planeta das Viagens, Netuno, está em movimento retrógrado, de modo que é importante reservar tempo suficiente para chegar e partir de seu destino com calma. Os estudantes continuarão a ingressar em boas instituições de ensino. O mais provável é que tenham uma grande variedade de escolas entre as quais escolher, o que vai exigir reflexão. Não se apresse em fazer a escolha.

Mesmo quem não for um estudante terá boas oportunidades educacionais nesse período – e deve aproveitá-las. Haverá também descobertas religiosas e filosóficas.

A saúde e a energia continuarão bem. Como no mês passado, o perigo será aproveitar em excesso os prazeres da vida. A boa notícia é que Marte passará a maior parte de agosto (até o dia 28) em seu signo, o que o deixará mais envolvido com atividades físicas e esportes.

Marte estará em quadratura com Urano nos dias 1º e 2 – um aspecto dinâmico. Evite acessos de raiva (aos quais você estará mais suscetível), riscos desnecessários e dirija com mais cuidado. Isso também se aplica aos pais ou às figuras paterna ou materna. Pode haver mudanças repentinas nos níveis superiores de sua empresa ou indústria nesse período.

Como já foi mencionado, a vida amorosa estará bem, mas o cônjuge ou amor atual estará mais tenso que de costume. Ele ou ela precisará descansar e relaxar mais. Essa tensão pode prejudicar um bom relacionamento.

SETEMBRO

Melhores dias: 1º, 9, 10, 18, 19, 27, 28
Dias mais tensos: 7, 8, 13, 14, 20, 21
Melhores dias para o amor: 1º, 8, 9, 10, 13, 14, 17, 18, 27, 28
Melhores dias para o dinheiro: 1º, 2, 3, 4, 5, 9, 10, 13, 14, 18, 19, 24, 27, 28, 29, 30
Melhores dias para a carreira: 2, 3, 11, 12, 20, 21, 29, 30

Neste mês, o poder planetário estará no ponto mais baixo do zodíaco. Um paraíso para os cancerianos. Os objetivos profissionais foram mais ou menos alcançados (nunca os alcançamos completamente, sempre escolhemos novos, mas foram relativamente alcançados), e agora você poderá se concentrar em suas verdadeiras paixões – o lar e a família. Esta situação não vai durar para sempre, os planetas se deslocarão novamente em alguns meses, então aproveite esse período enquanto pode. Nesse momento, uma pausa na carreira seria bem-vinda. Este será o momento de reunir suas forças para a próxima investida profissional que acontecerá em alguns meses. Você está na meia-noite de seu ano. O corpo estará imóvel – de certa forma, as atividades exteriores estão em suspenso – mas processos muito poderosos acontecerão em seu íntimo. E serão exatamente esses processos que possibilitarão ao corpo funcionar quando for hora de acordar.

O poder planetário fará outra mudança importante no dia 22 (você vai sentir antes). O setor ocidental do mapa voltará a prevalecer. Seu período de independência pessoal está terminando, e será mais difícil fazer as coisas do seu jeito. Provavelmente, sua maneira de fazer as coisas não será a melhor nesse período. Resolver os problemas chegando a um consenso e exercer suas habilidades sociais será o caminho. Agora vai ser mais difícil (possível, mas mais difícil) agir de acordo com sua vontade, de modo que o ideal é se adaptar da melhor maneira possível às condições existentes. É bom que você tenha utilizado os últimos cinco meses para modificar os aspectos de sua vida que o deixavam insatisfeito. Agora você vai saber se tomou as decisões certas.

O lar e a família serão o centro de sua vida neste momento. Você se divertirá em casa e com os membros da família. Até mesmo a vida amorosa ficará mais centrada no lar. Vênus, seu planeta da Família, entrará em conjunção com seu planeta do Amor depois do dia 11. As oportunidades amorosas estarão relacionadas ao lar, e virão por intermédio de membros da família – especialmente um dos pais ou figuras paterna ou materna – e de conhecidos da família.

As finanças serão boas este mês. Até o dia 3, comprar, vender ou negociar será importante. Vendas e marketing – a divulgação de seu produto ou serviço – serão importantes. Após o dia 22, quando seu planeta das Finanças entrar em sua quarta Casa, serão as conexões familiares a propiciar oportunidades financeiras. Muito provavelmente você também trabalhará mais em casa.

Quem busca um emprego está tendo aspectos fantásticos desde 27 de junho. As oportunidades profissionais chegarão até você. Não será preciso se esforçar muito para encontrar um emprego, ele irá encontrá-lo.

A saúde ficará mais delicada depois do dia 22, portanto não se esqueça de descansar e relaxar mais. Siga as dicas mencionadas em "Tendências Gerais" para melhorar a saúde.

OUTUBRO

Melhores dias: 6, 7, 15, 16, 24, 25
Dias mais tensos: 4, 5, 11, 12, 17, 18, 31
Melhores dias para o amor: 6, 7, 8, 11, 12, 15, 16, 17, 18, 24, 25, 27, 28
Melhores dias para o dinheiro: 1º, 4, 5, 6, 7, 13, 14, 15, 16, 23, 24, 25, 27, 28
Melhores dias para a carreira: 1º, 8, 9, 17, 18, 19, 30

Todo eclipse lunar tem forte influência sobre você. A Lua rege seu mapa, ela é muito importante para os nativos de Câncer. Mas o eclipse lunar do dia 18 será mais forte do que a maioria dos outros – certamente mais forte que os de abril e maio. Ele formará aspectos tensos com você. Portanto, certifique-se de esvaziar a agenda desse período. Passe mais tempo em casa, tranquilamente. Assista a um bom filme, leia um bom livro, medite e reze. Os pais, figuras paterna e materna e filhos também devem programar uma agenda mais calma. Esse eclipse vai acontecer em sua décima Casa – da Carreira – (que também rege chefes, figuras de autoridade, pais ou figuras paterna ou materna), portanto, haverá mudanças profissionais e abalos nos níveis superiores de sua empresa ou indústria. Esse eclipse também terá impacto sobre Júpiter, seu planeta do Trabalho, proporcionando também mudanças no emprego. Além disso, existem importantes mudanças financeiras que precisam ser feitas, e o eclipse as precipitará. Como a saúde vai estar mais delicada, talvez aconteça um susto – sobretudo se você tiver se descuidado dela. Todo eclipse lunar o compele a redefinir sua imagem, sua personalidade e seu autoconceito. Este não será diferente. Você estará em vias – e os efeitos do eclipse ficam em vigor por seis meses – de projetar uma nova imagem para o mundo, um novo eu.

A saúde e a energia vão melhorar a partir do dia 23. Mas até lá, descanse e relaxe mais.

Embora o poder planetário esteja sob a linha do horizonte, haverá muitas boas oportunidades profissionais este mês – sobretudo após o dia 23. Algumas delas podem ter acontecido no mês passado. Mas, como já mencionamos, você vai poder ser mais seletivo – escolher a oportunidade que crie menos problemas familiares e que seja mais confortável emocionalmente.

No dia 23, o Sol ingressará em sua quinta Casa e você vai começar outro pico anual de prazer pessoal. Será um período de férias cósmicas, um momento propício para o lazer e a diversão, para aproveitar a companhia de seus filhos (ou enteados). Um período muito feliz. Haverá certa atitude despreocupada em relação à vida. As finanças estarão excelentes. Você possuirá os meios para se divertir – e, provavelmente, de arcar com divertimentos dispendiosos. Terá sorte nas especulações. O mais importante é que você vai ganhar dinheiro de maneiras agradáveis e saberá aproveitar sua riqueza. Nem todos podem dizer o mesmo. Além disso, talvez aconteça uma parceria profissional ou *joint venture* após o dia 23 (o que também pode acontecer no mês que vem). Oportunidades e melhoras financeiras poderão ocorrer enquanto você estiver se divertindo em algum resort, teatro ou festa.

A vida amorosa continuará bem. Astrologicamente falando, você não poderia pedir aspectos amorosos melhores dos que terá depois do dia 23. Viagens internacionais também serão prováveis, lembre-se apenas de que seu planeta das Viagens está retrocedendo, o que torna provável a ocorrência de atrasos e complicações. No dia 21, Mercúrio também entrará em movimento retrógrado. Assim, os dois planetas que regem as viagens em seu zodíaco estarão se movimentando para trás ao mesmo tempo. Será melhor marcar suas viagens para antes do dia 21.

NOVEMBRO

Melhores dias: 3, 4, 11, 12, 20, 21, 22, 30
Dias mais tensos: 1º, 7, 8, 13, 14, 28, 29
Melhores dias para o amor: 3, 4, 7, 8, 11, 12, 16, 17, 20, 21, 26, 27, 30
Melhores dias para o dinheiro: 3, 4, 11, 12, 21, 22, 23, 24, 30
Melhores dias para a carreira: 7, 8, 13, 14, 16, 17, 26, 27

No que se refere aos eclipses, o solar do dia 3 será relativamente benigno para você. Ele vai acontecer em sua quinta Casa – dos Filhos –, de forma que haverá eventos dramáticos que poderão modificar a vida de filhos e enteados. A vida deles foi turbulenta o ano todo, mas ficará ainda mais. Faça o melhor que puder para afastá-los dos riscos nesse período. Também é aconselhável evitar as especulações. Você terá sorte nas especulações nessa época, mas não durante o eclipse. Como todo eclipse solar, este acarretará grandes mudanças financeiras. O que não mudou no último eclipse lunar será alterado e ajustado agora. Esse eclipse terá impacto sobre Saturno, o planeta do Amor, o que indica que relacionamentos serão postos à prova. A vida amorosa estará muito bem, mas suas impurezas – problemas que foram ignorados ou varridos para baixo do tapete – virão à tona para que possam ser eliminadas. A pessoa amada pode estar mais temperamental, então seja paciente. Esses eclipses nos mostrarão o "lado negro" da pessoa amada – algo que não queremos ver. Essa é mais uma forma de testar o amor. É muito provável que o eclipse fortaleça o seu relacionamento. É comum acontecerem casamentos quando o planeta do Amor é eclipsado. O eclipse indica uma mudança no estado civil. Casados podem se divorciar, solteiros podem se casar.

Até o dia 22, você ainda estará em um de seus picos anuais de prazer pessoal, de forma que estará trabalhando, mas também conseguirá se divertir. Após o dia 22, começa um período mais sério de trabalho. Diversão, jogos e lazer são coisas maravilhosas, mas não são tudo na vida. O lazer nos permite trabalhar melhor, aumenta nossa produtividade no ramo profissional que escolhemos. Em geral, este seria um bom momento para quem estiver procurando emprego – e ainda será bom –, mas seu planeta do Trabalho entrará em movimento retrógrado no dia 7. As oportunidades profissionais podem não ser tudo o que aparentam – analise-as com mais cuidado. Rotinas de saúde – especialmente as novas – também devem ser analisadas com cuidado. Pesquise bem. Este será um ótimo período para cuidar de pendências desagradáveis, mas necessárias – como contabilidade, arquivamento e organização.

A saúde será boa este mês. Siga as dicas mencionadas em "Tendências Gerais" para melhorar ainda mais a saúde.

As finanças também estarão bem durante todo o mês. Haverá a oportunidade de uma parceria profissional ou uma *joint venture* dos dias 4 a 7. As conexões sociais, o cônjuge ou o amor atual darão muito apoio nesse período. Haverá uma boa recompensa financeira ou talvez uma indicação de emprego dos dias 12 a 14, e no mesmo período as especulações serão propícias. Dos dias 22 a 25, analise com mais cuidado todas as oportunidades financeiras. O Sol estará em aspecto negativo com Netuno, o que significa que haverá negociações nos bastidores – não divulgadas – que precisam ser compreendidas.

DEZEMBRO

Melhores dias: 1º, 8, 9, 18, 19, 28, 29
Dias mais tensos: 4, 5, 10, 11, 12, 25, 26
Melhores dias para o amor: 1º, 4, 5, 8, 9, 13, 14, 18, 19, 23, 24, 28, 29

Melhores dias para o dinheiro: 1º, 2, 3, 8, 9, 11, 12, 18, 19, 20, 21, 22, 23, 28, 29
Melhores dias para a carreira: 4, 5, 10, 11, 12, 15, 16, 25, 26

Este será um mês muito ativo e agitado, com diversas mudanças. Haverá uma Grande Cruz nos céus depois do dia 8, que ficará ainda mais forte depois do dia 21. A saúde estará mais delicada este mês, especialmente após o dia 21. Descanse e relaxe mais. Não se apresse. Estabeleça prioridades. Geralmente, isso nos obriga a tomar decisões difíceis, pois não se pode estar em todos os lugares ao mesmo tempo. Não se pode fazer tudo. Você terá mais exigências do que de costume. Concentre-se no que for realmente importante. Siga as dicas mencionadas em "Tendências Gerais" para melhorar a saúde.

A saúde e o trabalho serão os principais interesses até o dia 21. Este é o momento de alcançar todos os seus objetivos profissionais. Você estará com ânimo para trabalhar, o que o deixará com mais energia. Depois do dia 21, começará um pico social anual. O amor está basicamente bom desde julho, e ficará ainda melhor. Os solteiros terão mais encontros do que o normal. Os que estiverem comprometidos terão mais romance no relacionamento atual.

Seu planeta da Carreira, Marte, entrará em sua quarta Casa no dia 8. Isso indica que seu foco neste momento será a família. Você estará presente para eles. Eles serão sua carreira. Mas também significa mais trabalho e um caminho profissional em casa. Essa será apenas uma condição temporária, que vai durar aproximadamente um mês. No dia 21, o poder planetário se deslocará da metade inferior para a metade superior de seu zodíaco. Será o momento de começar a prestar mais atenção à carreira e aos objetivos externos. Você encontrou seu ponto de harmonia emocional – e, se não, vai encontrá-lo no mês que vem. Agora será a hora de transformar essa harmonia em sucesso exterior.

É preciso deixar o lar mais seguro nesse período – especialmente a partir do dia 23. Mantenha objetos afiados, fósforos ou outros objetos perigosos fora do alcance das crianças. Isso é sempre bom, mas especialmente agora. Os pais ou figuras paterna ou materna precisam dirigir com mais cuidado e evitar atividades arriscadas. Os filhos também, especialmente dos dias 29 a 31.

Até o dia 21, o dinheiro chegará da maneira convencional, pelo trabalho. Você estará gastando muito até o dia 21, mas depois dessa data, o bom-senso financeiro se tornará melhor e mais prático. Após o dia 21, o círculo social – os amigos, o cônjuge ou o amor atual – terão um papel importante nas finanças. Além disso, talvez você gaste mais com a pessoa amada.

LEÃO

O LEÃO
Nascidos entre 21 de julho e 21 de agosto

PERFIL PESSOAL

LEÃO NUM RELANCE

Elemento: Fogo
Planeta Regente: Sol
  Planeta da Carreira: Vênus
  Planeta da Saúde: Saturno
  Planeta do Amor: Urano
  Planeta das Finanças: Mercúrio
Cores: dourado, alaranjado, vermelho
Cores que promovem o amor, o romance e a harmonia social: preto, índigo, azul-ultramarino
Cores que propiciam ganhos: amarelo, amarelo-ouro
Pedras: âmbar, crisólito, diamante amarelo
Metal: ouro
Perfumes: bergamota, incenso, almíscar, nerol
Qualidade: fixa (= estabilidade)
Qualidade essencial ao equilíbrio: humildade
Maiores virtudes: capacidade de liderança, amor-próprio e autoconfiança, generosidade, criatividade, jovialidade
Necessidades mais profundas: divertimento, elevação espiritual, desejo de se fazer notar
Características a evitar: arrogância, vaidade, autoritarismo
Signos de maior compatibilidade: Áries, Sagitário
Signos de maior incompatibilidade: Touro, Escorpião, Aquário

Signo mais útil a carreira: Touro
Signo que fornece maior suporte emocional: Escorpião
Signo mais prestativo em questões financeiras: Virgem
Melhor signo para casamento e associações: Aquário
Signo mais útil em projetos criativos: Sagitário
Melhor signo para sair e se divertir: Sagitário
Signos mais úteis em assuntos espirituais: Áries, Câncer
Melhor dia da semana: domingo

COMPREENDENDO A PERSONALIDADE LEONINA

Pensou em Leão, pense em realeza. Assim você compreenderá melhor a personalidade dos leoninos e o porquê de eles agirem como agem. Os leoninos são o que são. É verdade que, por motivos variados, nem todos expressam essa qualidade de realeza, mas certamente gostariam de fazê-lo.

Um monarca não governa com base no exemplo, como fazem os arianos; tampouco por consenso, como os capricornianos e os aquarianos. Ele o faz por vontade pessoal. A sua vontade é lei, e seus gostos pessoais são logo imitados por todos os súditos. Um grande monarca é, de certa forma, imortal, e é assim que os leoninos desejariam ser.

O fato de você contestar a vontade de um leonino é assunto sério. Ele considerará isso uma afronta pessoal, um insulto; logo fará você saber que a vontade dele encerra autoridade e que desobedecê-la é degradante e desrespeitoso.

Os leoninos são reis ou rainhas em seus domínios. Os amigos, os subordinados e a família são os leais súditos de confiança, que eles governam com benevolência e por cujos interesses sempre zelam. Dotados de presença majestosa, são poderosos e parecem atrair a atenção em qualquer evento social a que compareçam. Destacam-se porque são astros em seus espaços. Todo leonino sente, à semelhança do Sol, que nasceu para brilhar e governar. Os nativos de Leão pressentem que nasceram com privilégios reais, e a maioria deles alcança, pelo menos até certo ponto, esse status.

O Sol, regente do signo, é sinônimo de saúde e entusiasmo. É difícil pensar no fulgor do Sol e continuar a sentir-se enfermo e deprimido, pois ele é, de certa forma, a antítese da enfermidade e da apatia. Por isso, os leoninos amam a vida e adoram se divertir. Apreciam o teatro, a música e todos os tipos de divertimento. Afinal, são essas atividades que colorem e alegram a existência. Se, mesmo que seja para o bem deles, você tentar privá-los dos prazeres, das boas comidas, das bebidas e dos divertimentos, subtrairá deles a própria vontade de viver, pois consideram que a vida sem alegrias não é vida.

O signo de Leão representa o anseio humano de poder. Mas o poder em si não é bom nem ruim. Somente quando se abusa dele é que ele se torna maligno. Sem a existência de um poder, nem mesmo coisas boas poderiam se concretizar. Os leoninos compreendem isso e parecem talhados para o comando. São, entre todos os signos do zodíaco, os que melhor manejam o poder. Capricórnio, outro grande detentor de poder zodiacal, gera e administra extremamente bem, até melhor do que Leão, mas perde para ele em magnanimidade. Leão *adora* exercer o poder, ao passo que Capricórnio encara seu exercício apenas como uma responsabilidade.

FINANÇAS

Os leoninos são excelentes líderes, mas nem sempre são bons administradores. Lidam bem com decisões importantes de ordem geral, mas não gostam de ficar se preocupando com os pormenores de um negócio. Tendo bons gerentes a seu serviço, podem tornar-se executivos fora de série, já que são dotados de visão e de bastante criatividade.

Os leoninos amam a riqueza e os prazeres que ela traz. Apreciam a opulência, a pompa e o glamour. Mesmo quando não são ricos, vivem como se o fossem. Em razão disso, tendem a contrair dívidas vultosas que muitas vezes têm dificuldade em saldar.

Os leoninos, assim como os piscianos, são generosos ao extremo. Muitas vezes, aspiram à riqueza apenas com o intuito de ajudar economicamente os demais. Na visão de um leonino, a riqueza compra serviços e capacidade de gerenciamento. Serve para gerar empregos para terceiros e para melhorar o bem-estar geral dos que o cercam. Portanto, para um leonino, a riqueza é uma coisa boa e deve ser desfrutada ao máximo. O dinheiro não foi feito para ficar empoeirando num velho cofre. Tem que ser posto em uso, precisa circular e ser bem aproveitado. Não é preciso dizer que os nativos de Leão gastam descuidadamente, perdulários que são por natureza.

Virgem ocupa a cúspide da segunda Casa de Leão – do Dinheiro e das Finanças. E, de fato, os leoninos precisam aprender a cultivar alguns traços virginianos – como a capacidade de análise e o discernimento – para lidar com as finanças de forma mais equilibrada. Precisam aprender a ser mais cuidadosos com detalhes financeiros (ou contratar alguém que o faça) e a observar melhor seus gastos. Trocando em miúdos, eles devem administrar melhor o dinheiro. Irritam-se com apertos financeiros, mas essas limitações podem ser decisivamente úteis ao desenvolvimento de seu pleno potencial financeiro.

Os leoninos gostam de saber que seus amigos e suas famílias contam com seu apoio financeiro ou precisam dele. Não se importam – na verdade, até gostam – de emprestar dinheiro, desde que não se sintam explorados. Do alto de seu trono real, os nativos de Leão apreciam dar presentes a seus familiares e amigos e compartilhar a alegria e o bem-estar que esses mimos trazem a todos. Adoram investir e, quando as influências celestes são favoráveis, costumam ter bastante sorte.

CARREIRA E IMAGEM PÚBLICA

Os leoninos gostam de transmitir a impressão de riqueza, pois no mundo de hoje ela quase sempre se traduz em poder. Quando são ricos de fato, adoram morar em mansões nababescas com muitas terras e vários animais.

No trabalho, destacam-se em posições de liderança e autoridade. Exibem excelente capacidade decisória no tocante a questões mais amplas, mas preferem deixar os detalhes para os outros. São, geralmente, respeitados por colegas e subordinados porque têm o dom de compreender e de se relacionar bem com os que os cercam. Os leoninos sempre almejam o ápice, mesmo quando têm que começar de baixo e trabalhar duro para avançar até o topo. Como seria de esperar de um signo tão carismático, os leoninos estão sempre tentando melhorar sua situação profissional. E o fazem pensando em chegar às posições mais altas.

Por outro lado, os nativos de Leão não apreciam que digam a eles o que fazer e detestam ser mandados. Talvez seja até por isso que aspiram ao topo, onde possam tomar eles próprios as decisões, sem ter que acatar ordens.

Um leonino nunca duvida do seu sucesso e canaliza toda a sua atenção e seu esforço para obtê-lo. Outra característica distintiva deles é que, a exemplo dos monarcas esclarecidos, jamais tentam abusar do poder ou da reputação que chegam a conquistar. Se porventura o fizerem, não terá sido de forma deliberada ou consciente, pois, geralmente, procuram compartilhar a riqueza e fazer com que todos ao seu redor também sejam bem-sucedidos em suas aspirações.

São bons trabalhadores e gostam de ser vistos assim. Contudo, embora deem duro no trabalho e sejam capazes de grandes realizações, não podemos nos esquecer de que, lá no fundo, é de muito divertimento que eles gostam.

AMOR E RELACIONAMENTOS

Os leoninos não são tipos muito casadouros. Para eles, os relacionamentos são bons enquanto trazem prazer. Quando a relação deixa de ser prazerosa, querem logo pular fora. E valorizam muito a liberdade de poder dar o fora quando bem entenderem. Por isso, destacam-se mais pela quantidade de casos amorosos do que pela qualidade dos compromissos. Porém, quando casados, costumam ser fiéis, embora sua tendência seja a de casar-se muitas vezes na vida. Se você se apaixonou por um nativo de Leão, proporcione-lhe muita diversão. Viaje, frequente cassinos, clubes, teatros, discotecas. Saia constantemente para beber e jantar fora com seu amor leonino; custará caro, mas valerá a pena... e você se divertirá à beça.

Os nativos deste signo costumam ter vida sentimental bastante ativa e demonstram claramente a afeição. Gostam de conviver com pessoas otimistas e hedonistas – como eles próprios –, mas muitas vezes acabam se envolvendo com pessoas vanguardistas, mais sérias e intelectualizadas do que eles. Os companheiros dos leoninos também exibem maior consciência sociopolítica e espírito libertário do que seus parceiros de Leão. Todavia, se você se casou com alguém do signo, saiba que dominar o apego do seu amado à liberdade será um desafio para toda a vida – e tome cuidado para que seu amor leonino não domine você primeiro.

Aquário ocupa a cúspide da sétima Casa de Leão – do Amor. Dessa forma, para atingir um ótimo potencial no amor e na vida social, os leoninos precisam cultivar um pouco a maneira igualitária dos aquarianos de encarar e tratar os demais – o que nem sempre é fácil para o Rei Leão, que só consegue se considerar igual a outros reis e rainhas como ele. Mas, talvez, justamente aí resida a solução para o dilema social dos leoninos, e eles possam permanecer reis entre reis. Afinal, não há nada de errado em ter sangue nobre, desde que se consiga reconhecer também a nobreza nos demais.

VIDA DOMÉSTICA E FAMILIAR

Embora os leoninos sejam ótimos anfitriões e gostem de receber convidados, muitas vezes tudo não passa de um show. Somente uns poucos amigos íntimos chegam a conhecer o lado autêntico da vida diária de um nativo de Leão. Para ele, o lar é um local de conforto, recreação e transformação; um refúgio secreto e privado – um castelo. Os leoninos apreciam gastar dinheiro, exibir-se um pouquinho, entreter e divertir-se. Gostam de adquirir os últimos lançamentos de móveis, roupas e tecnologia doméstica.

Os nativos deste signo são ferozmente leais à família e, naturalmente, esperam o mesmo dela. Amam os filhos com loucura e devem tomar cuidado para não mimá-los demais. Também devem procurar evitar moldar membros da família à sua própria imagem e semelhança. Precisam entender que os outros têm o direito e a necessidade de continuar a ser como são. Nesse sentido, você, leonino, deve tomar o máximo cuidado para não ser um dominador ou um mandão.

LEÃO
HORÓSCOPO 2013

TENDÊNCIAS GERAIS

O ano de 2012 passou praticamente sem complicações. Os planetas de curso lento foram gentis ou o deixaram em paz. Você esteve com mais disposição – especialmente se comparado à dos anos anteriores – de modo que foi mais fácil cumprir suas metas. No final do ano, em outubro, Saturno fez um alinhamento tenso com você, o que criou curtos obstáculos, mas isso não foi suficiente para impedi-lo de atingir seus objetivos. Saturno o desacelerou um pouco, mas mesmo assim você teve sucesso. Essa tendência se manterá em 2013. A saúde vai estar basicamente boa, mas precisará de alguns cuidados.

Seu planeta do Amor está em Áries há dois anos. Ele cria aspectos harmoniosos com seu Sol, e no primeiro semestre de 2012 formou com Júpiter aspectos interessantes. Assim, a vida amorosa estava bem. Essa tendência continuará no primeiro semestre de 2013.

Júpiter transitou por sua décima Casa – da Carreira – em 2011 e 2012, o que lhe proporcionou muito sucesso profissional, além de honra, ascensão, aumentos, promoções e reconhecimento. Em junho de 2012, Júpiter entrou em sua 11ª Casa – dos Amigos – e ali permanecerá durante o primeiro semestre de 2013. Portanto, este ano será intensamente social. Você conheceu – e conhecerá – novos e importantes amigos. Seu círculo social se expandirá bastante. Você aproveitará a companhia de seus amigos, e eles a sua. Essa expansão do círculo social vai continuar até o dia 27 de junho, quando Júpiter ingressa em sua 12ª Casa – a Espiritual. Consequentemente, a segunda metade do ano será intensamente espiritual. Os que já estiverem trilhando o caminho espiritual se aprofundarão. Haverá muitos progressos espirituais nesse período, que será de crescimento interior e introduzirá um ciclo de prosperidade de dois anos em 2014.

A vida sexual se tornara mais refinada e espiritualizada. Essa tendência começou em 2012 e se manterá por muitos anos.

Suas áreas de interesse mais importantes este ano serão lar e família; saúde e trabalho; sexo, reinvenção pessoal, estudos de ocultismo, morte e renascimento, vidas passadas; religião, filosofia, educação superior e viagens internacionais; amigos, grupos e atividades coletivas (até 27 de junho); espiritualidade (a partir de 27 de junho).

Seus caminhos para a maior realização serão lar e família; amigos, grupos, atividades coletivas (até 27 de junho); espiritualidade (após 27 de junho).

SAÚDE

(Trata-se de uma perspectiva astrológica sobre a saúde, não de uma visão médica. Antigamente, não existiam diferenças, ambas as perspectivas eram idênticas. Porém, hoje, podem ocorrer diferenças. Para obter uma opinião com base em diagnósticos da medicina convencional, consulte seu médico ou um profissional da saúde.)

Como mencionamos, a saúde estará basicamente boa, embora um pouco mais delicada que no ano passado. De todos os planetas de curso lento, apenas Saturno estará formando um alinhamento tenso com você, o que não basta, por si só, para causar problemas significativos. Ainda assim, será um fator positivo que sua sexta Casa vá estar forte e que você esteja prestando atenção a essa área. O perigo seria ignorar os problemas de saúde, achando que o bem-estar é garantido.

Há muito que se pode fazer para melhorar a saúde e impedir o desenvolvimento de problemas. Dê mais atenção a:

Coração. Sempre é importante para você, mas sobretudo este ano. Evite preocupações e ansiedade, as principais causas de problemas cardíacos.

Coluna, joelhos, dentes, ossos, pele e postura. Essas também são áreas importantes para você – Saturno é seu planeta da Saúde. Massagens frequentes nas costas são sempre benéficas, especialmente se forem feitas ao longo da coluna (não diretamente sobre ela), pois fortalecem os músculos que sustentam seu alinhamento. Visitas regulares a um quiroprático, um osteopata ou um cinesiologista também são indicadas. Ioga e pilates – e especialmente as posturas que trabalham a coluna – terão um bom efeito, assim como a técnica de Alexander e o método Feldenkrais. Dê mais suporte aos joelhos quando estiver se exercitando. Caso vá à praia, use um bom protetor solar.

Cólon, bexiga e órgãos sexuais. Sexo seguro e moderação sexual são importantes – especialmente desde que Plutão entrou em sua sexta Casa em 2009. Além disso, seu planeta da Saúde ficará em Escorpião pelos próximos dois anos, o que apenas reforça essa necessidade. Lavagens intestinais podem ser benéficas, pois toxinas tendem a se acumular no cólon e podem causar prisão de ventre e outros problemas.

Como essas serão as áreas mais vulneráveis este ano, mantê-las saudáveis é uma ótima maneira de praticar a medicina preventiva sob uma perspectiva astrológica.

Como já foi dito, Saturno é o planeta da Saúde, daí a importância de coluna, joelhos, dentes, ossos, pele e postura. Essa é a regência desse planeta.

Saturno rege a saúde do signo de Escorpião, que governa cólon, bexiga e órgãos sexuais – daí a importância desses órgãos.

Saturno regerá a saúde da quarta Casa, o que é muito significativo. A situação do lar e da família precisa estar em ordem e harmoniosa, pois é possível que os aborrecimentos causem um impacto sobre a saúde física. Se isso acontecer, equilibre essa área o mais rápido que puder. A quarta Casa rege a vida emocional – os ânimos e o estado de espírito de cada dia. Portanto, eles devem ser sempre positivos e construtivos. Depressão, irritação e pessimismo devem ser evitados a todo custo. (Aliás, Saturno na quarta Casa cria uma tendência à depressão – de forma que é preciso ficar atento.)

A quarta Casa (como a Lua, sua regente natural) é associada à memória corporal. O corpo guarda registros de todas as experiências anteriores, não só desta vida. Caso elas sejam "reativadas", podem se manifestar como doenças. Embora a regressão a vidas passadas não seja sempre indicada, ela pode ser uma boa ideia este ano caso a saúde seja afetada.

A vida emocional será tumultuada em 2013, de forma que se manter otimista será um grande desafio.

LAR E FAMÍLIA

Sua quarta Casa – do Lar e da Família – tornou-se uma casa de poder em outubro de 2012. E continuará sendo importante por mais dois anos.

Normalmente, esse é um trânsito que traz dificuldades para o lar e as questões familiares. O cosmos reorganiza e reestrutura toda essa área – a família, as relações familiares, sua vida emocional e a própria casa física. O resultado final será um lar mais saudável e organizado. Mas o processo é muito parecido com uma reforma na cozinha – por algum tempo, fica tudo uma bagunça, essa máquina não pode ser usada, aquela está só com metade da capacidade, os armários estão vazios, há panelas, frigideiras e pratos em todo canto... Isso acontece para que os operários possam fazer seu trabalho. Quando a bagunça e as dificuldades terminam, a cozinha ficará perfeita – melhor que antes.

De vez em quando, uma parte da vida tem de ser reorganizada. Neste ano – e no próximo – será o lar.

Isso também se manifesta de outras maneiras. Haverá dois eclipses em sua quarta Casa em 2013. Um eclipse lunar em 25 de abril e um solar em 3 de novembro. Isso também cria uma tendência a reviravoltas, abalos, reparos repentinos na casa, dramas com os membros da família e em suas vidas.

Saturno na quarta Casa indica que você assumirá mais responsabilidades em casa e com a família. Estas responsabilidades serão inevitáveis. Não será sensato negligenciá-las. Portanto, a vida doméstica será mais pesada da perspectiva terrena.

Às vezes, o lar é reorganizado por causa de acontecimentos felizes – o nascimento de uma ou mais crianças. Um evento afortunado (que pode acontecer facilmente para as leoninas em idade fértil), que mesmo assim traz alguns inconvenientes.

A saúde de um dos pais ou figuras paternas ou materna será uma grande preocupação. Essa pessoa passará por um período complicado e vai se sentir melhor depois do dia 27 de junho, mas antes dessa data ele ou ela enfrentará momentos difíceis.

Você vai instalar vários tipos de aparelhos de saúde em casa. Essa é uma tendência que já existe há algum tempo, mas se intensificará ainda mais em 2013. A casa será também sua academia e spa particular. Em geral, você vai se esforçar para tornar a casa um ambiente mais saudável – às vezes as pessoas removem toxinas perigosas provenientes de tintas ou amianto (ou de outras substâncias parecidas) das paredes. Em outros casos, acúmulos tóxicos são descobertos sob a casa – no subsolo – e precisam ser eliminados.

Se você estiver redecorando a casa, o período entre 11 de setembro e 22 de novembro será propício. Mudanças não são aconselháveis este ano, por mais que você se sinta tentando, pois serão cheias de atrasos e complicações.

DINHEIRO E CARREIRA

Sua segunda Casa – das Finanças – não será uma casa de poder este ano. Assim, você não se concentrará muito nela. Você terá livre-arbítrio nas questões financeiras, o cosmos não vai empurrá-lo em nenhuma direção. Geralmente, a situação se mantém estável. Em seu caso, isso será positivo, pois você acaba de sair de um ano muito forte profissionalmente e estará satisfeito com a carreira e a vida financeira.

Quem estiver procurando emprego terá sorte este ano. Saturno (seu planeta do Trabalho) e Plutão (seu planeta da Família) estão em estado de "recepção mútua" – ou seja, hospedados nas Casas um do outro. Isto denota grande cooperação entre a família e a profissão. Portanto, as conexões familiares conduzirão ao trabalho. Talvez haja trabalho no negócio da família ou com os membros familiares. Além disso, será muito provável que você encontre empregos nos quais poderá trabalhar em casa. Dê uma olhada nisso antes de começar a procurar um emprego.

Como já foi dito, Júpiter entrará em sua 12ª Casa em 27 de junho e vai ficar ali até meados de 2014. Assim, você estará se preparando para um novo ciclo de prosperidade que vai começar no ano que vem, muito provavelmente na segunda metade. Este será um momento para esclarecer seus objetivos financeiros, para rezar e meditar pedindo orientação interna nessa área. Os planos financeiros feitos apenas pelo intelecto – que está sempre julgando pelo passado – geralmente não são realistas. Será preciso usar, além do intelecto, a intuição, pois ela enxerga o futuro.

Mercúrio é seu planeta das Finanças. É um planeta rápido que a cada ano passa por todos os signos e casas de seu zodíaco. Assim, há diversas tendências de curto prazo nas finanças, dependendo de onde Mercúrio estiver e dos aspectos que receber. Essas tendências serão tratadas com mais detalhes nas "Previsões Mensais".

Mercúrio entra em movimento retrógrado três vezes por ano, época em que é preciso ter mais cautela nos assuntos financeiros. O ideal é não assinar contratos, fazer compras e investimentos grandes ou tomar outras decisões financeiras importantes nesses períodos. Essas são épocas para refletir e buscar clareza. Este ano, Mercúrio entrará em movimento retrógrado nos períodos de 23 de fevereiro a 16 de março; de 26 de junho a 19 de julho e de 21 de outubro a 9 de novembro.

Como Mercúrio é seu planeta das Finanças, os ganhos provêm de comunicação, transporte, atividades midiáticas, vendas, marketing, relações públicas, publicidade, ensino e escrita. O comércio e o varejo também são campos naturalmente propícios para você.

A carreira, conforme foi mencionado, teve muito sucesso no ano passado, e você ainda está sob seus efeitos. Este ano a situação se manterá estável. Um eclipse solar em 10 de maio agitará um pouco as coisas, mas seu efeito será temporário.

Um dos pais ou figuras paterna ou materna estará tenso tanto pessoal quanto financeiramente, mas o outro estará prosperando e dando apoio. Os filhos em idade adequada terão prosperidade, mas precisam tomar cuidado para não contrair dívidas em excesso. A intuição financeira deles vai estar excelente – talvez contradiga a lógica –, mas sera boa e deve ser seguida. Assim como a do cônjuge ou amor atual, que se aprofundará nas dimensões espirituais da riqueza nos próximos anos.

AMOR E VIDA SOCIAL

Vivemos em um universo em movimento, que nunca para, nem por um segundo. Portanto, somos seres em constante mudança e evolução. Isso vale para todos os nossos assuntos, sobretudo o amor. Essas necessidades e desejos volúveis são a causa de muitos problemas nos relacionamentos. Nós nos apaixonamos por uma pessoa quando éramos assim e ela era assado. Mas, com o passar do tempo, essa pessoa mudou e nós também – e, consequentemente, talvez não estejamos tão interessados quanto antes. Adaptar-se às constantes mudanças em nós mesmos e naqueles que nos cercam não é muito fácil, mas a astrologia ajuda bastante.

Por cerca de oito anos – até o dia 12 de março de 2011 – seu planeta do Amor esteve em Peixes e em sua oitava Casa. O charme e o magnetismo sexuais, o glamour e a fantasia eram os atrativos do amor. O sexo é sempre importante para os leoninos – talvez mais que para qualquer outro signo (com exceção de Escorpião). Mas mesmo assim, o sexo não é o suficiente para manter um relacionamento ao longo do tempo. Mesmo as melhores químicas sexuais enfraquecem após cerca de um ano. Para ter um bom relacionamento, é preciso mais que isso. Agora que seu planeta do Amor estará em Áries e em sua nona Casa, você compreenderá esse fato com mais clareza.

Sexo é bom, mas você também precisa de compatibilidade filosófica com a pessoa amada. É necessário estar em sintonia filosófica, compartilhar uma visão de mundo semelhante e uma perspectiva parecida sobre o significado da vida. Diferenças filosóficas nesta fase de sua vida destruirão até a melhor química sexual ao longo do tempo.

Evidentemente, você deseja desfrutar seu relacionamento e se divertir – essa é a filosofia básica de Leão. Mas também quer alguém com quem possa aprender, alguém que possa desenvolver e ampliar seus horizontes mentais. Neste momento, você tem os aspectos (desde março de 2011 e pelos próximos anos) de alguém que se apaixona por um professor universitário, mentor, guru ou sacerdote.

O horóscopo não nos revela apenas as necessidades amorosas, mas também mostra maneiras de lidar com relações problemáticas. Se houver problemas em seu relacionamento, uma viagem a um lugar exótico – talvez até uma segunda (ou terceira) lua de mel – pode ser necessária. Também será positivo cultuar e rezar juntos e, talvez, fazer cursos. Os laços mentais precisam ser fortalecidos.

Para os solteiros, as oportunidades estarão no exterior ou com estrangeiros em seu país. Você se sentirá fascinado por pessoas exóticas – quanto mais exóticas, melhor. Oportunidades amorosas e sociais acontecerão em ambientes educacionais e religiosos – em seu local de culto ou com membros desse local, na universidade ou em eventos universitários.

O amor será feliz este ano – especialmente na primeira metade. Se você estiver em um relacionamento, muito provavelmente continuará nele. Se estiver solteiro, estará satisfeito. Essas tendências se aplicam àqueles que estão buscando o primeiro ou o segundo casamento.

Quem estiver buscando o terceiro casamento teve oportunidades românticas maravilhosas no ano passado, e também terá neste. Um casamento, seja no papel ou não, é provável.

AUTOAPRIMORAMENTO

Saturno permanecerá em sua quarta Casa pelos próximos dois anos. A vida doméstica e a situação da família não serão muito felizes. Tudo vai se resolver, mas é preciso tempo. Saturno na quarta Casa, como foi dito, causa uma tendência à depressão. As pessoas sentem que não é "seguro" expressar os verdadeiros sentimentos. Portanto, a tendência é reprimi-los – varrê-los para baixo do tapete. Quando finalmente os expressamos – pois é impossível reprimir sentimentos por muito tempo –, isso é feito de maneira totalmente desproporcional ao evento que desencadeou o desabafo. Consequentemente, uma situação ruim se torna ainda pior.

Reprimir sentimentos negativos também prejudica a saúde. É a raiz de muitas doenças. Esses sentimentos se alojam no corpo e precisam ser expelidos de alguma forma (por uma febre, uma gripe ou alguma outra enfermidade). O corpo joga fora a negatividade, e não é um processo agradável. Então, será preciso expressar os sentimentos, mas de forma não destrutiva e segura.

Caso você tenha a possibilidade de conversar com um terapeuta, será algo válido. Se não, procure escrever seus sentimentos, principalmente os negativos, e "extirpá-los" de dentro de si. Faça isso regularmente pelos próximos dois anos. Reserve algum tempo – cerca de meia hora – sobretudo quando se sentir emocionalmente perturbado ou "obstruído", e simplesmente escreva tudo o que estiver sentindo. Quando terminar, pegue os papéis (não releia o que escreveu) e os jogue fora. Algumas pessoas gostam de queimar os papéis. Seja como for, você deve sentir que essas energias foram para "lata de lixo cósmica" e nunca mais o incomodarão. Algumas pessoas gostam de "botar para fora" seus sentimentos por meio da fala, de uma fita ou gravador digital. Diga o que estiver em sua mente e não se contenha. Quando terminar – e você sentirá um alívio verdadeiro quando o fizer – apague a gravação. Não ouça o que disse. Simplesmente apague. Aquilo não está mais dentro de você. Nunca mais o incomodará. A saúde física e emocional começará a melhorar. Em meu livro *A Technique for Meditation*, esse processo é explicado com mais detalhes, e forneço também outras técnicas.

Com Júpiter em sua 12ª Casa, muitos leoninos se aprofundarão mais na espiritualidade. Você se interessará em explorar os grandes reinos sobrenaturais interiores – os reinos do Divino. Vai perceber que quando eliminar as emoções negativas, suas meditações serão muito melhores e as orações serão atendidas com mais rapidez.

Dizem os sábios que a razão fundamental para a demora na resposta à oração é a discórdia no corpo sensível. O poder superior precisa de harmonia para fluir bem. Quando você restaurar a harmonia pelos métodos citados, ele fluirá melhor.

Em 2013, prepare-se para sonhar com frequência. Você também passará por experiências sobrenaturais, como sincronicidade e "palpites" inexplicáveis que acabam mostrando-se corretos. Algumas pessoas sentem medo dessas coisas, mas não há nada a temer. Em alguns momentos da vida, isso é tão natural quanto o nascer do Sol e o vento. Em vez de ter medo, o ideal é registrar seus sonhos e experiências em um diário. Não julgue, apenas registre. Informações muito importantes chegarão até você por esses canais.

PREVISÕES MENSAIS

JANEIRO

Melhores dias: 8, 9, 17, 18, 26, 27, 28
Dias mais tensos: 6, 7, 12, 13, 19, 20
Melhores dias para o amor: 8, 9, 12, 13, 17, 18, 19, 26, 27, 29, 30
Melhores dias para o dinheiro: 2, 3, 4, 10, 11, 12, 21, 22, 29, 30, 31
Melhores dias para a carreira: 8, 9, 18, 19, 20, 29, 30

Você começará o ano com 80 por cento e, às vezes, 90 por cento dos planetas no setor social, ocidental de seu mapa. Na verdade, eles estarão no ponto mais ocidental, e você passará por um período intensamente social. Seu destino estará nas mãos das outras pessoas, o que é uma posição difícil para um rei ou uma rainha. Seus atributos pessoais terão pouca importância. A simpatia será o principal em quase todas as áreas da vida. Os leoninos gostam de fazer as coisas a sua maneira e estão acostumados a conseguir o que querem, mas sua forma de agir habitual pode não ser a melhor nesse período. Você não estará muito independente. Este será um momento para cultivar as habilidades sociais, alcançar os fins por meio do consenso e se adaptar às situações da melhor forma que puder. O rei estará longe do trono – exilado, por assim dizer. Não conseguirá transmitir toda a força de sua vontade e de sua personalidade. Esta será uma situação temporária que se modificará em alguns meses. Neste momento, adapte-se às coisas da melhor forma possível. Tome nota dos aspectos que não o agradarem e, quando seu período de independência pessoal chegar, você poderá fazer as mudanças que quiser.

No dia 19, você entra em um pico anual amoroso e social. A vida amorosa ficará ativa e feliz. O principal problema no amor será conseguir que a família aceite a pessoa amada e vice-versa. Haverá bastante tensão nessa área, durante todo o ano.

Além disso, acontecerão outras coisas no dia 19. O poder planetário se deslocará da metade inferior do zodíaco para a metade superior. Portanto, será o amanhecer de seu ano. Hora de começar a se concentrar em seus objetivos no mundo exterior e de tentar alcançá-los por meios físicos e tangíveis. Seu planeta da Carreira passará o mês na sétima Casa, de forma que as outras pessoas desempenharão papéis importantes nos assuntos profissionais. Os progressos vão depender delas. Isto também indica que você vai progredir na carreira através dos meios sociais – frequentando e promovendo o tipo certo de festas, fazendo contatos.

A saúde ficará mais delicada após o dia 19. Como sempre, a principal forma de prevenção será descansar e relaxar mais, buscar conservar as energias. Siga as dicas mencionadas em "Tendências Gerais" para melhorar a saúde.

Embora você tenha a tendência a especular, o dinheiro será ganho da forma convencional – pelo trabalho – até o dia 19. Este não é o mapa de um ganhador de loteria. A Fortuna estará novamente a seu lado dos dias 22 a 24. Você vai receber uma boa recompensa financeira ou encontrará uma oportunidade de ganhar dinheiro. Os dias 25 a 27 também serão propícios nesse departamento.

O impulso planetário será intensamente acelerado este mês. Noventa por cento dos planetas estarão em movimento direto até o dia 30. Depois, todos os planetas se moverão para a frente. Portanto, será um excelente momento para lançar novos produtos ou empreendimentos. O período entre os dias 11 e 27 será especialmente propício.

FEVEREIRO

Melhores dias: 5, 13, 14, 23, 24
Dias mais tensos: 2, 3, 9, 10, 15, 16, 17
Melhores dias para o amor: 4, 5, 9, 10, 13, 18, 19, 23

Melhores dias para o dinheiro: 1º, 9, 11, 12, 18, 21, 22, 25, 26, 27
Melhores dias para a carreira: 9, 10, 15, 16, 17, 18, 19

O impulso planetário ainda estará extremamente direto. Até o dia 18, todos os planetas vão estar se movendo para a frente. Suas metas serão alcançadas mais rapidamente. Este é um ótimo mês para lançar novos produtos ou projetos. O período entre os dias 10 e 18 será o mais indicado para esses novos projetos, mas o dos dias 18 a 25 também será bastante razoável – uma segunda opção segura.

Você ainda estará vivendo um pico social anual até o dia 18. O amor vai estar no ar. Ainda que um casamento não seja provável, haverá oportunidades de casamento. Você conhecerá pessoas com quem poderá vir a se casar. Solteiros conhecerão pessoas de todos os tipos – atléticos e militares, intelectuais, ricos e poderosos. Cada um possui seu fascínio particular. Sua popularidade estará muito forte. Você estará muito devotado às outras pessoas, colocando-as em primeiro lugar (o que é exatamente o que deve fazer neste momento) e elas responderão a isso.

O setor ocidental, social, continuará forte durante todo o mês. Estar no poder é bom, mas não estar também tem suas vantagens. É um momento de se deixar levar pela vida, de permitir que um poder superior assuma o controle. Muitos problemas acontecem exatamente porque uma mente humana muito limitada está no controle e interfere no plano perfeito que deseja se manifestar. Agora que a limitada natureza humana terá menos controle, o plano superior poderá se mostrar.

A saúde continuará precisando de cuidados até o dia 18. Reveja as previsões do mês passado. Depois do dia 18, a saúde e a energia melhoram drasticamente. Se você teve problemas de saúde, ouvirá boas notícias a esse respeito. Dietas de desintoxicação serão benéficas durante todo o ano, mas especialmente depois do dia 19, quando sua oitava Casa se tornará poderosa. A desintoxicação não deve se aplicar apenas ao corpo físico, mas também à mente, às emoções e à vida financeira. A mente, assim como as emoções, fica abarrotada de material inútil (erros e informações falsas) e eventualmente precisa de uma boa limpeza. Em muitos casos, certos padrões de comportamento, que talvez um dia tenham sido adequados e úteis, tornaram-se obsoletos. Temos a tendência a guardar coisas das quais não precisamos ou que não usamos – porque talvez um dia sejam necessárias... mas raramente o são. Essas coisas obstruem o organismo e impedem seu funcionamento adequado. Este será um bom mês para eliminá-las.

O amor continuará bem durante todo o mês. A vida social ficará menos ativa após o dia 18, mas a amorosa ainda será feliz. Este mês será sexualmente ativo, o que para Leão é um prato cheio.

Vênus formará ótimos aspectos com o Sol nos dias 6 e 7, o que proporciona sucesso e oportunidades profissionais. Evite especulações dos dias 8 a 10 e 24 a 26.

Você terá muitos sonhos nos dias 6 e 7. Informações espirituais importantes chegarão até você dessa maneira. Um encontro com um guru também pode acontecer.

MARÇO

Melhores dias: 4, 5, 12, 13, 14, 22, 23, 31
Dias mais tensos: 2, 3, 8, 9, 15, 16, 29, 30
Melhores dias para o amor: 2, 3, 4, 8, 9, 10, 11, 12, 13, 21, 22, 31
Melhores dias para o dinheiro: 1º, 2, 3, 8, 9, 10, 11, 17, 18, 20, 21, 24, 25, 26, 27, 28, 29, 30
Melhores dias para a carreira: 2, 3, 10, 11, 15, 16, 21, 22, 31

O elemento Água ficou muito forte no dia 18 do mês passado, e continuará assim até o dia 20. As pessoas estarão mais sensíveis, portanto, seja cuidadoso. Evite até "aparentar" insensibilidade. Os outros reagirão (talvez exageradamente) a pequenas coisas – tons de voz, linguagem corporal e expressões faciais. Não as julgue, isso é causado pelo clima astrológico.

Seu planeta das Finanças está na oitava Casa desde 5 de fevereiro, e lá ficará por todo o mês de março. Isso mostra a necessidade de se estar atento aos interesses financeiros das outras pessoas. Os interesses delas devem ser levados em consideração em todas as negociações. Na verdade, devem vir antes de seu próprio interesse. Quando você conseguir proporcionar prosperidade aos outros, a sua chegará de forma muito natural. Seu planeta das Finanças entrou em movimento retrógrado no dia 23 do mês passado, e continuará retrocedendo até 17 de março. Será o momento para refletir sobre a vida financeira, não fazer mudanças importantes. O objetivo é alcançar clareza mental em relação às finanças e, quando isso acontecer, após o dia 17, você estará em uma posição melhor para fazer mudanças necessárias. A intuição financeira estará basicamente boa, mas até o dia 17 ela não deve ser seguida cegamente. O problema não será a intuição, mas a interpretação que você lhe dará. O cônjuge ou amor atual entrou em um pico financeiro anual no dia 19 do mês passado, e continuará até o dia 20. Ele ou ela será mais generoso com você nesse período. Este será um bom mês para a desintoxicação em todos os níveis – reveja as considerações sobre o assunto feitas no mês passado.

A saúde será boa durante o mês todo. Você terá muita disposição e entusiasmo para alcançar todos os seus objetivos. No dia 20, os níveis de energias aumentarão ainda mais. Será um período muito bem-sucedido.

O impulso planetário continuará extremamente direto. O Sol vai entrar em Áries no dia 20, gerando uma excelente energia "inicial". Portanto, se você tem novos produtos ou projetos, este será um bom mês para lançá-los. O período entre os dias 20 e 27 será o melhor.

Sua nona Casa ficará muito forte depois do dia 20. Assim, o foco recairá sobre religião, filosofia e ensinamentos superiores. As terras estrangeiras o estarão chamando, e uma viagem internacional será muito provável. Os estudantes terão sucesso acadêmico. Quando a nona Casa se torna poderosa, muitas vezes as pessoas preferem uma discussão teológica ou a palestra de um guru a sair à noite. Os prazeres mentais e espirituais se tornam mais importantes que os físicos.

Você teve um pico social anual de 20 de janeiro a 18 fevereiro. Mas no dia 20, quando diversos planetas entrarão em conjunção com

Urano, haverá outro. A vida amorosa ficará muito ativa e feliz. Os solteiros terão um encontro romântico significativo dos dias 26 a 30.

ABRIL

Melhores dias: 1º, 9, 10, 19, 20, 27, 28
Dias mais tensos: 4, 5, 11, 12, 25, 26
Melhores dias para o amor: 1º, 4, 5, 9, 10, 19, 20, 21, 22, 27, 28, 29, 30
Melhores dias para o dinheiro: 4, 5, 7, 8, 14, 15, 19, 21, 22, 23, 24, 27, 28
Melhores dias para a carreira: 1º, 9, 10, 11, 12, 21, 22, 29, 30

Haverá mais um bom período para iniciar novos projetos ou lançar novos produtos – a Lua nova do dia 10 será o melhor momento, e o dia 11, uma segunda opção segura. Você terá todos os aspectos que gostaria nesse momento – muitos planetas em Áries, Lua crescente e um forte impulso direto dos planetas (90 por cento estarão se movendo para a frente até o dia 12). O período entre 12 e 19 de abril será relativamente bom para novos projetos, mas não tanto quanto os dias 10 e 11.

A maioria dos planetas ainda está sobre a linha do horizonte de seu mapa – na metade superior do zodíaco – e sua décima Casa fica bastante poderosa depois do dia 19. Você começará um pico profissional anual e haverá muito sucesso e progresso. Mantenha o foco na carreira e deixe de lado as questões da família e do lar por algum tempo. Não é possível ignorar completamente o lar e a família, mas você não deve desviar o foco da carreira. Quando o Sol, seu planeta regente, cruzar seu Meio do Céu no dia 19, você estará por cima – no controle. Essa situação não vai durar muito – cerca de um mês apenas – portanto, aproveite enquanto puder. Este mês, você será como uma celebridade em seu mundo: admirado, honrado e apreciado.

Seu foco na carreira – e o fato de estar por cima dando as cartas – criará um pouco de tensão com a família. Seja mais paciente com eles. Evite ser autoritário.

Sua nona Casa continuará muito poderosa até o dia 19, então reveja as previsões de março sobre esse assunto.

Seu planeta das Finanças estará em movimento direto em sua oitava Casa até o dia 14. Será um bom momento para saldar ou pegar empréstimo – de acordo com suas necessidades. Nos últimos meses, muito desperdício financeiro foi eliminado. Então, quando Mercúrio entrar em Áries no dia 14, sua prosperidade estará mais sólida. Você sempre será um especulador – alguém que assume riscos –, mas essa característica se intensificará depois do dia 14, quando você terá sorte nessa área. O planeta das Finanças em Áries favorece novos empreendimentos, proporciona confiança financeira. Os objetivos financeiros serão alcançados rapidamente, e as decisões, tomadas depressa (talvez depressa demais). Haverá oportunidades financeiras no exterior, com empresas estrangeiras ou estrangeiros em geral. As pessoas de seu local de culto estarão envolvidas de maneira positiva em suas finanças.

O amor continuará bem. Os solteiros terão excelentes oportunidades. Aqueles que já estiverem em um relacionamento se tornarão mais íntimos da pessoa amada. Uma segunda lua de mel ou uma viagem romântica para um lugar exótico serão bem-vindas. As oportunidades românticas serão muito semelhantes às descritas em "Tendências Gerais".

Um eclipse lunar no dia 25 terá um forte efeito sobre você (especialmente sobre aqueles que nasceram no início do signo – os leoninos de julho), portanto, programe uma agenda tranquila e relaxada. Seja mais paciente com os parentes, pois eles estarão mais temperamentais. Faça o que puder para manter o equilíbrio emocional. Este eclipse anuncia importantes mudanças em sua vida espiritual – em suas práticas e atitudes.

MAIO

Melhores dias: 6, 7, 16, 17, 25, 26
Dias mais tensos: 2, 3, 8, 9, 10, 23, 24, 29, 30
Melhores dias para o amor: 2, 3, 6, 7, 10, 11, 16, 17, 21, 22, 25, 26, 29, 30

Melhores dias para o dinheiro: 2, 3, 8, 9, 10, 11, 12, 18, 19, 21, 22, 29, 30
Melhores dias para a carreira: 8, 9, 10, 11, 21, 22, 29, 30

Dois eclipses e um deslocamento planetário contribuirão para um mês tumultuado e frenético, tanto em sua vida quanto na de outras pessoas.

A saúde está mais delicada desde o dia 19 do mês passado. Não há dúvida de que você precisará descansar e relaxar mais – controlar melhor seu ritmo. Você estará muito ocupado nesse período, de forma que encontrar tempo para descansar será um desafio. Marcar pequenas pausas durante o dia pode ser boa ideia. O coração vai precisar de atenção especial até o dia 20. Além disso, siga as dicas mencionadas em "Tendências Gerais" para melhorar a saúde.

O eclipse solar do dia 10 ocorrerá em sua décima Casa – da Carreira – e pressagia mudanças profissionais. Haverá abalos nos níveis superiores de sua empresa ou indústria, talvez até escândalos. Informações desconhecidas (e provavelmente desagradáveis) virão à tona. Eventos dramáticos que poderão mudar a vida dos pais, de figuras paterna e materna ou de autoridade ocorrerão. Será necessário alterar a estratégia que você usa para atingir seus objetivos profissionais. Em muitos casos, esses acontecimentos mudam as regras do jogo. Você precisa descansar e relaxar mais até o dia 20, especialmente durante o período do eclipse. Se não foi cuidadoso com a alimentação, pode ser que aconteça uma desintoxicação física. Duas vezes por ano – sempre que acontece um eclipse solar – você tem a chance de redefinir a si mesmo, criar um "novo eu", uma nova aparência, uma nova apresentação para o mundo. E isso também vai acontecer agora. Lembre-se de que os efeitos do eclipse vigoram por seis meses. Pode ser que esses eventos não aconteçam imediatamente – mas ao longo desse período.

O eclipse lunar do dia 25 proporcionará mudanças na vida espiritual. Pode ser que você escolha novos professores, ensinamentos, práticas e atitudes. Muitas vezes, proporciona abalos em organizações espirituais ou de caridade com as quais você esteja envolvido. Haverá acontecimentos dramáticos que podem mudar a vida de seus gurus ou de figuras orientadoras. Esse eclipse ocorre em sua quinta Casa e, assim, acarreta mudanças drásticas na vida de filhos ou enteados. Normalmente, essas mudanças são positivas – o filho vai para a faculdade, casa-se ou arranja um emprego –, mas elas alteram o relacionamento. Filhos ou enteados devem evitar atividades arriscadas nesse período. As especulações também não são aconselháveis. Muitos leoninos atuam na área das artes criativas – o campo do entretenimento – e esse eclipse vai proporcionar mudanças importantes – progressos – em sua criatividade.

No dia 19 do mês passado, o poder planetário deslocou-se do ocidente para o oriente. Foi apenas o começo. No dia 1º, quando Mercúrio for do ocidente para o oriente, a mudança estará completa. Embora a metade ocidental vá estar forte durante todo o ano, você começará seu período de independência pessoal.

JUNHO

Melhores dias: 2, 3, 12, 13, 21, 22, 30, 31
Dias mais tensos: 5, 6, 19, 20, 25, 26
Melhores dias para o amor: 2, 3, 10, 12, 13, 19, 20, 21, 22, 25, 26, 27, 28, 30, 31
Melhores dias para o dinheiro: 1º, 8, 9, 10, 11, 15, 16, 17, 18, 19, 20, 26, 27, 28
Melhores dias para a carreira: 5, 6, 10, 19, 20, 27, 28

A atividade retrógrada vai aumentar em junho. No começo do mês, apenas 20 por cento dos planetas estarão retrocedendo. Já no final, o percentual dobra. Procure fazer o que for importante no início do mês – se possível, antes do dia 7.

Sua 11ª Casa – dos Amigos – tornou-se muito poderosa no dia 20 do mês passado, e continuará assim até o dia 21 deste mês, que será social. Você estará envolvido com amigos, grupos, atividades coletivas e organizações, que não apenas são interessantes, como também oferecem ótimos benefícios financeiros. Você terá a companhia de pessoas ricas que o apoiarão financeiramente e vão oferecer conselhos e oportunidades. Os amigos forneceram ajuda financeira durante o ano inteiro, mas neste momento, estarão ainda mais generosos. A presença de seu planeta das Finanças em sua 11ª Casa indica que a tecnologia vai influenciar o plano financeiro – independentemente de seu tipo de negócio. Seu conhecimento tecnológico será importante. Você vai gastar mais e estar em dia com as tecnologias mais recentes, mas isso aumentará seus ganhos. As finanças estarão bem até o dia 21, mas depois ficam mais complicadas. Os gastos familiares serão um problema. Você não estará em sintonia com o cônjuge ou amor atual, assim como com uma figura paterna ou materna. Mas essas dificuldades são de curto prazo e acabarão no mês que vem. Há uma herança no mapa este mês que pode assumir diversas formas. Talvez você herde dinheiro ou objetos – às vezes de estranhos. Ninguém próximo a você tem de morrer. Um amigo cujo cônjuge ou membro da família morreu pode presenteá-lo com roupas ou joias – coisas dessa natureza. Se você precisar de um financiamento ou for se encontrar com investidores, o período entre os dias 19 e 22 será excelente, pois haverá uma boa recompensa financeira. Fazer empréstimos também ficará mais fácil a partir do dia 21. Os empreendedores de Leão podem lucrar com financiamentos não convencionais.

No dia 21, sua 12ª Casa – da Espiritualidade – será fortalecida. Este ano será muito espiritual. Júpiter entrará em sua 12ª Casa no dia 27, e permanecerá ali até o fim de 2013. Os leoninos são pessoas que gostam de se divertir, mas a partir do dia 21 será benéfico passar mais tempo sozinhos e fazer um autoexame. Este vai ser o momento de se conectar ao Poder Superior interior e perceber o desejo e o plano que ele tem para sua vida. Será o momento para refletir sobre o ano que passou, para avaliar suas realizações, para identificar erros, corrigir o que for preciso (se redimir) e definir os objetivos para o novo ano, que começa em seu aniversário.

Haverá crescimento e progresso neste momento, mas serão interiores – nos bastidores. Pode ser que você os sinta, mas serão invisíveis para os outros. Entretanto, no mês (e no ano) que vem, o crescimento será visível e tangível.

O cônjuge ou amor atual terá uma boa recompensa financeira dos dias 26 a 28.

Os filhos mais velhos tiveram ótimos aspectos amorosos no mês passado, que se manterão neste mês. O ano todo foi positivo no quesito amor.

Seu planeta das Finanças entrará em movimento retrógrado no dia 22, então evite tomar decisões financeiras importantes após essa data. Procure resolver as pendências antes desse dia.

JULHO

Melhores dias: 1º, 9, 10, 11, 19, 20, 27, 28
Dias mais tensos: 2, 3, 17, 23, 24, 29, 30
Melhores dias para o amor: 1º, 10, 11, 12, 13, 19, 20, 21, 22, 23, 24, 27, 28, 29, 30
Melhores dias para o dinheiro: 7, 8, 12, 13, 16, 17, 25, 26
Melhores dias para a carreira: 1º, 2, 3, 10, 11, 19, 20, 29, 30

O elemento Água tornou-se forte no dia 21 de junho e continuará assim durante todo o mês de julho. Você passou por essa experiência em fevereiro e março. As pessoas ficam mais sensíveis e se magoam facilmente, mesmo por coisas que parecem insignificantes. É preciso ser mais cuidadoso. Evite comentários sarcásticos, pois terá de enfrentar as consequências.

Você ainda estará em um período muito espiritual, idealista e altruísta. Será assim o ano todo, mas especialmente até o dia 22. Um ótimo momento para alcançar seus objetivos e se envolver em práticas espirituais, que estarão muito mais poderosas que de costume. Também será um bom momento para estar envolvido em caridade ou em outras causas altruísticas. No dia 18, Marte ingressará em sua 12ª Casa, o que favorece as peregrinações – viagens de natureza religiosa. Este será um mês – e um ano – para descobertas espirituais e experiências sobrenaturais.

O cônjuge ou amor atual não aceitará bem seu altruísmo e sua orientação espiritual, mas este será um problema de curta duração.

No dia 22, haverá harmonia no amor. O cônjuge ou amor atual terá ótimas recompensas financeiras nesse período. Haverá bastante prosperidade durante todo o ano, mas especialmente agora. Ele ou ela comprará um carro novo e equipamentos de comunicação este mês.

Seu planeta das Finanças entrou em movimento retrógrado em 26 de junho, e continuará assim até o dia 21. Além disso, formará uma quadratura com Urano. Isso indica que mudanças financeiras importantes e dramáticas acontecerão dos dias 17 a 24. Se possível, tente fazê-las depois do dia 21. Quem estiver procurando emprego terá um começo de mês bem-sucedido, mas o ano todo será positivo. A intuição financeira estará muito aguçada, mas não deve ser seguida cegamente até o dia 21.

Os planetas vão estar em sua posição mais oriental, de forma que você viverá o período de máxima independência pessoal. É o momento de pegar o touro pelos chifres e realizar as mudanças que desejava fazer em sua vida. Você poderá agir de maneira unilateral, se for necessário (mas não se esqueça da sensibilidade dos outros). Haverá muito menos necessidade de se adaptar às situações. Você pode e deve moldar as condições e a vida de acordo com seus termos.

Quando o Sol cruzar seu ascendente e entrar em seu signo no dia 22, você começará um de seus picos anuais de prazer pessoal. Ninguém precisa ensinar essas coisas aos leoninos. Aproveite.

Como mencionamos, o amor ficará mais harmonioso após o dia 22, mas ainda passará por algumas complicações. Urano, seu planeta do Amor, começa a retroceder nessa época. O cônjuge ou amor atual estará sem rumo. Talvez, o relacionamento atual, embora harmonioso, precise de direção. Não é aconselhável tomar decisões amorosas importantes depois do dia 17.

AGOSTO

Melhores dias: 6, 7, 15, 16, 23, 24
Dias mais tensos: 13, 14, 19, 20, 25, 26, 27
Melhores dias para o amor: 6, 7, 8, 9, 15, 16, 19, 20, 23, 24, 25, 26

Melhores dias para o dinheiro: 3, 4, 8, 9, 13, 14, 15, 16, 21, 22, 24, 25, 30, 31
Melhores dias para a carreira: 8, 9, 19, 25, 26, 27

Você ainda vai estar em meio a um pico anual de prazer pessoal, e agosto será um mês divertido. O paraíso dos nativos de Leão. A saúde estará excelente, você terá energia de sobra. Até mesmo os leoninos mais velhos estarão mais bem-dispostos que de costume. Você ostentará uma bela aparência, e a autoconfiança e a autoestima estarão em seu auge anual. Continue a criar sua vida – e as condições de vida – como deseja que sejam. O mundo vai se adaptar a você nesse período.

A situação no trabalho vai ser tensa e, talvez, instável este mês, mas haverá muitas oportunidades de emprego para você.

Seu planeta das Finanças passará por seu ascendente no dia 8, e entrará em seu signo, o que traz prosperidade e sorte financeira. Você vai gastar mais consigo mesmo, pois sua aparência será importante para as finanças. No dia 22, começa um pico financeiro anual, e haverá prosperidade. Dos dias 8 a 24, você vai ter sorte nas especulações, mas esta diminuirá após o dia 24. O cônjuge ou amor atual também vai estar prosperando. Será necessário se esforçar mais para criar harmonia financeira entre vocês dois depois do dia 24. Este será um bom mês para investir dinheiro e fazer planos financeiros para o futuro.

No dia 22 do mês passado, o poder planetário começou a se deslocar da metade superior para a inferior de seu mapa. Este mês, o deslocamento se completa. No final de agosto, 60 por cento dos planetas estarão na metade inferior do mapa. Portanto, será o momento de começar a se concentrar mais na família, no lar e na vida emocional – e menos na carreira. Será a hora de trabalhar na carreira através dos métodos interiores – por meio de visualizações e palavras. Ou seja, será o momento de criar as condições interiores do futuro sucesso profissional.

O cônjuge ou amor atual precisará dirigir com mais cuidado nos dias 1º e 2. Ele ou ela pode ficar mais temperamental nesse período, então seja mais paciente.

Filhos ou enteados precisam evitar atividades arriscadas dos dias 4 a 13 e dos dias 18 a 25. Faça o máximo que puder para mantê-los longe de problemas. Façanhas arriscadas devem ser evitadas. Também não será o momento para especulações.

Uma boa oportunidade educacional ou de viagem chegará após o dia 28.

SETEMBRO

Melhores dias: 2, 3, 11, 12, 20, 21, 29, 30
Dias mais tensos: 9, 10, 15, 16, 22, 23
Melhores dias para o amor: 2, 3, 8, 11, 12, 15, 16, 17, 18, 20, 21, 27, 28, 29, 30
Melhores dias para o dinheiro: 1º, 4, 5, 6, 9, 10, 15, 16, 18, 19, 25, 26, 27, 28
Melhores dias para a carreira: 8, 17, 18, 22, 23, 27, 28

Marte passará o mês todo em seu signo. Isso o tornará mais enérgico, independente e impetuoso. Você se afirmará e cuidará para que seus direitos sejam respeitados. Isso indica que vai estar mais atlético do que de hábito e envolvido com a prática de exercícios. Você vai conseguir as coisas com muita rapidez, mas um aspecto negativo deve ser observado: este trânsito pode torná-lo impaciente, apressado e insensato, o que pode acarretar acidentes ou ferimentos. Seja mais cuidadoso no plano físico. Esse trânsito também pode piorar seu temperamento, fazendo com que se irrite muito facilmente por causa de atrasos ou de problemas com os outros. Isso pode causar conflitos, brigas e, às vezes, até violência física. Portanto, tenha mais cuidado.

Assim como em agosto, ainda haverá boas oportunidades educacionais e de viagens. Os estudantes universitários vão se sair bem em seus estudos, e os que estiverem tentando ingressar no ensino superior serão procurados pelas faculdades.

Você ainda estará em meio a um pico financeiro anual, e os objetivos financeiros estão sendo atingidos. Este período não será propício apenas para "ganhar" dinheiro, mas para planejar o futuro financeiro, diversificar a carteira de investimentos, definir planos de poupança – para todas as questões que envolverem dinheiro.

Vendas, marketing, relações públicas, propaganda e o uso da mídia ao máximo sempre são atividades de grande impacto em sua vida financeira, mas serão ainda mais depois do dia 9. As especulações não são aconselháveis dos dias 15 a 17, pois mudanças financeiras importantes estarão acontecendo. Talvez suas metas ou planejamento precisem ser revistos.

A vida amorosa estará conturbada após o dia 22. Você e a pessoa amada verão as coisas sob perspectivas opostas, e ambas serão válidas. Nenhuma das duas estará certa ou errada. Às vezes, o outro está certo, às vezes, você está certo. O desafio será superar as diferenças – deixá-las para trás. É possível ter uma diferença de opinião e ainda assim amar o outro. Na verdade, as diferenças podem levar a soluções melhores e mais efetivas caso sejam exploradas corretamente. Existe uma solução que satisfaz às duas posições, e é pelo conflito que vocês chegarão ao consenso. Parte do problema é que a pessoa amada vai estar passando por um período difícil – estará muito tensa – e isso terá um impacto sobre a relação sem que nenhum dos dois seja culpado.

O impulso planetário começará a se deslocar para o ocidente no final de setembro. Esse deslocamento ficará mais pronunciado em outubro. Assim, seu período de independência pessoal está terminando. Se ainda houver aspectos de sua vida com os quais não estiver satisfeito, procure mudá-los no começo do mês. Nos próximos meses, será mais difícil.

OUTUBRO

Melhores dias: 1º, 8, 9, 17, 18, 27, 28
Dias mais tensos: 6, 7, 13, 14, 19, 20
Melhores dias para o amor: 1º, 7, 8, 9, 13, 14, 17, 18, 27, 28

Melhores dias para o dinheiro: 2, 3, 6, 7, 15, 16, 24, 25, 29, 30
Melhores dias para a carreira: 7, 8, 17, 18, 19, 20, 27, 28

O deslocamento do poder planetário para o setor ocidental de seu mapa estará completo no dia 23. Setenta por cento e, às vezes, 80 por cento dos planetas estarão na metade ocidental do mapa – o máximo até o fim do ano. É bom que tenha feito as modificações que desejava em sua vida. Agora, você colherá o que plantou. Se agiu bem, as coisas serão confortáveis. Se não, vai sofrer as consequências de seus erros, o que servirá como estímulo para fazer mudanças mais efetivas quando chegar seu próximo período de independência. O sofrimento não é bom em si, mas pode ter efeitos positivos. É uma mensagem dizendo que algo está errado e precisa de correção.

Os planetas vão estar no "nadir"* de seu mapa. Você está na meia-noite de seu ano. A mágica meia-noite. Isso acontece quando o eu exterior – o corpo – está imóvel, mas os processos interiores fervilham. A imobilidade é apenas outra forma de atividade. Esta é a hora de criar as "condições internas" para o sucesso futuro e de se preparar emocionalmente para alcançar seus objetivos. Quando atingimos nossas metas sem a preparação emocional, o sucesso é temporário. Logo retrocedemos.

A carreira será menos importante neste momento. Na verdade, com o planeta da Carreira na quarta Casa desde 29 de setembro, o lar e a família são sua carreira agora. É hora de colocar em ordem essa área da vida. Uma vida doméstica estável é imprescindível para o sucesso profissional. Este será um mês para progressos e insights psicológicos e para botar em ordem a vida emocional.

Saturno, seu planeta do Trabalho, receberá muito estímulo este mês. Portanto, este será um excelente período para os que estiverem procurando emprego. O trabalho será perto de casa, e muitos leoninos trabalharão em casa. Oportunidades de emprego virão da família ou de conexões familiares. Os trabalhos que vão surgir serão "emocionalmente confortáveis".

---

*Nadir é o ponto mais baixo do zodíaco. (*N. do A.*)

Seu planeta das Finanças passara o mês todo em sua quarta Casa. Assim, a família e as conexões familiares também serão importantes no nível financeiro. Mercúrio entra em movimento retrógrado no dia 21, então procure fazer compras ou investimentos importantes antes dessa data.

No dia 18, haverá um eclipse lunar que será basicamente benigno para você. Ele vai acontecer em sua nona Casa e indica mudanças nos planos educacionais de estudantes, que talvez busquem outra instituição de ensino ou escolham trocar de curso. Como todo eclipse lunar, este proporcionará alterações na vida espiritual – na prática e nas atitudes. Normalmente, isso significa que haverá abalos em uma organização de caridade ou espiritual com a qual você está envolvido. Gurus passam por dramas.

O amor ainda estará complicado, mas vai melhorar após o dia 23.

NOVEMBRO

Melhores dias: 5, 6, 13, 14, 23, 24
Dias mais tensos: 3, 4, 9, 10, 16, 17, 30
Melhores dias para o amor: 5, 6, 7, 9, 10, 13, 14, 16, 17, 23, 24, 26, 27
Melhores dias para o dinheiro: 3, 4, 11, 12, 21, 22, 23, 25, 26, 27, 30
Melhores dias para a carreira: 7, 16, 17, 26, 27

O destaque desde mês será o eclipse solar do dia 3. Todos os eclipses solares o afetam mais do que à maioria das pessoas, pois o Sol é o regente de seu zodíaco. Você é muito sensível a essas coisas. O fenômeno ocorrerá no signo de Escorpião, em um alinhamento tenso com você. Portanto, programe uma agenda tranquila nesse período. Isso é aconselhável até o dia 22, mas sobretudo nos dias do eclipse, que vai ocorrer em sua quarta Casa – do Lar e da Família. Isso significa que haverá distúrbios em casa – talvez a necessidade de realizar consertos inesperados ou outros problemas. Haverá dramas na vida dos pais ou de figuras paterna ou materna. Os membros da família estarão mais temperamentais durante esse período, então procure não piorar as coisas. Como todo eclipse do Sol, este afetará o corpo e a imagem, causando uma redefinição do autoconceito – a maneira como você se apresenta. Você terá a chance de melhorar sua imagem e sua personalidade, uma oportunidade que lhe é dada duas vezes ao ano. Como este eclipse vai acontecer muito perto de Saturno, mudanças no emprego também são prováveis. Haverá alterações em sua rotina e em suas práticas de saúde.

Seu planeta das Finanças continuará em movimento retrógrado até o dia 10. Assim, evite fazer compras grandes ou tomar decisões financeiras importantes até depois dessa data. Nesse momento, você precisará obter clareza mental em relação às finanças. Não se apresse. Quando isso acontecer, será fácil tomar as decisões financeiras. Assim como no mês passado, Mercúrio vai estar em sua quarta Casa, de forma que a família e as conexões familiares serão uma fonte de apoio e oportunidade. Provavelmente, seus gastos com o lar e a família nesse período vão aumentar, mas você também obterá lucro: como aconteceu durante todo o ano, muitos leoninos vão trabalhar em casa – ganhar dinheiro em casa. Os investidores se sairão bem com imóveis e indústrias voltadas para o lar. Os títulos e o mercado de títulos também serão promissores.

A saúde está mais delicada desde 23 de outubro. Se você estabelecer prioridades em sua vida – o que requer escolhas difíceis –, perceberá que possui toda a energia necessária para alcançar seus objetivos. Siga as dicas mencionadas em "Tendências Gerais" para melhorar a saúde.

As leoninas em idade de engravidar estarão mais férteis que de costume nesse período. Na verdade, você vai estar no período mais fértil do ano (que começou em 23 de outubro).

A saúde e energia vão melhorar dramaticamente após o dia 22.

No dia 22, quando o Sol ingressar em sua quinta Casa, começa um de seus picos anuais de prazer pessoal. O Reino dos Céus dos leoninos. Um período de férias cósmicas. Evidentemente, você vai estar trabalhando, mas também conseguirá se divertir muito. A vida amorosa estará muito melhor. Os solteiros terão boas oportunidades românticas, e os casados, mais harmonia no relacionamento. Ainda assim, com seu planeta do Amor em movimento retrógrado, o ideal é não tomar decisões amorosas importantes. Deixe que o amor siga o próprio curso. Não tente forçar as coisas.

DEZEMBRO

Melhores dias: 2, 3, 10, 11, 12, 20, 21, 22, 30, 31
Dias mais tensos: 1º, 6, 7, 13, 14, 28, 29
Melhores dias para o amor: 2, 3, 4, 5, 6, 7, 10, 11, 13, 14, 20, 21, 23, 24, 30, 31
Melhores dias para o dinheiro: 1º, 8, 9, 10, 11, 18, 19, 21, 22, 23, 24, 28, 29
Melhores dias para a carreira: 4, 5, 13, 14, 23, 24

Esta é uma época do ano para festas, e você ainda está em seu período de férias cósmicas – assim, tudo estará alinhado para que este seja um mês divertido. Você sempre é a alma da festa, mas o será ainda mais neste período. A fertilidade ainda estará muito forte até o dia 21 (para aquelas em idade de engravidar), então, para bom entendedor, meia palavra basta.

Depois do dia 21, você entrará em um período mais sério e voltado para o trabalho. Vai estar cansado de festas. Haverá objetivos profissionais e detalhes da vida precisando de atenção agora. Este será outro excelente período para empregadores e para quem estiver procurando emprego. É provável que você pegue trabalhos extras.

Embora sua saúde esteja basicamente boa, você estará mais focado nessa área depois do dia 21. É mais provável que você esteja cuidando da saúde de algum membro da família, não da sua.

As finanças estarão excelentes este mês, e haverá melhoras nessa área. Mercúrio vai estar no sortudo Sagitário até o dia 24. O único problema será gastar em excesso – o que é provável. O otimismo financeiro será tão intenso que você vai sentir que pode comprar tudo. As expectativas financeiras podem ficar irreais ou exageradas neste período. É bom ser generoso – e poucos são tão generosos quanto os leoninos –, mas procure manter a generosidade sob controle. Depois do dia 24, quando Mercúrio entrar no conservador Capricórnio, a intuição financeira se tornará confiável e sensata (talvez as contas dos gastos comecem a chegar e isso o deixe mais realista). Na verdade, as especulações serão favoráveis até o dia 24. Depois, não são aconselháveis.

A metade inferior do zodíaco continuará sendo o setor dominante, o que vai mudar no mês que vem. Assim, ainda será importante focar no lar e na família e em seu bem-estar e estabilidade emocionais, e criar as condições internas para o sucesso. Seu planeta da Carreira começará um raro (acontece uma vez em cada dois anos) movimento retrógrado no dia 21, de forma que a carreira entrará em um período de revisão. Será o momento de refletir e obter clareza mental nessa área. Leve o tempo que for preciso. Não há pressa. Quando você tiver clareza mental, será fácil tomar as decisões profissionais certas.

Haverá alinhamentos planetários muito poderosos no final do mês – dos dias 23 a 31. Você, a pessoa amada e os membros da família vão precisar dirigir com mais cautela, evitar atividades arriscadas e conflitos. Caso leia os jornais nesse período, entenderá o motivo.

♍

VIRGEM

A VIRGEM
Nascidos entre 22 de agosto e 22 de setembro

PERFIL PESSOAL

VIRGEM NUM RELANCE

Elemento: Terra
Planeta Regente: Mercúrio
  Planeta da Carreira: Mercúrio
  Planeta da Saúde: Urano
  Planeta do Amor: Netuno
  Planeta das Finanças: Vênus
  Planeta do Lar e da Vida Familiar: Júpiter
Cores: tons terrosos, ocre, amarelo, laranja
Cor que promove o amor, o romance e a harmonia social: azul-turquesa
Cor que propicia ganhos: verde-jade
Pedras: ágata, jacinto
Metal: mercúrio
Perfumes: alfazema, lilás, lírio-do-vale, estoraque (benjoim)
Qualidade: mutável (= flexibilidade)
Qualidade essencial ao equilíbrio: amplitude de visão
Maiores virtudes: agilidade mental, capacidade de análise, meticulosidade, poder curativo
Necessidade mais profunda: ser útil e produtivo
Característica a evitar: mania de criticar destrutivamente
Signos de maior compatibilidade: Touro, Capricórnio

Signos de maior incompatibilidade: Gêmeos, Sagitário, Peixes
Signo mais útil à carreira: Gêmeos
Signo que fornece maior suporte emocional: Sagitário
Signo mais prestativo em questões financeiras: Libra
Melhor signo para casamento e associações: Peixes
Signo mais útil em projetos criativos: Capricórnio
Melhor signo para sair e se divertir: Capricórnio
Signos mais úteis em assuntos espirituais: Touro, Leão
Melhor dia da semana: quarta-feira

COMPREENDENDO A PERSONALIDADE VIRGINIANA

A virgem é uma representação simbólica bastante adequada ao signo. Meditar sobre sua imagem facilita muito a compreensão da personalidade virginiana. Ela é um símbolo natural da pureza e da inocência. Um objeto virgem é aquele que nunca foi utilizado. Terras virgens preservam suas características originais. E as matas virgens também conservam sua pureza prístina inalterada.

Se aplicarmos o conceito de pureza aos processos mentais, à vida emocional, ao corpo físico e às atividades e aos projetos do mundo cotidiano, chegaremos perto da forma como os virginianos encaram o universo. Eles procuram manifestar a pureza de ideal em suas mentes, seus corpos e negócios e, se encontram impurezas, tentam expurgá-las.

Impurezas são princípios geradores de desordem, tristeza e intranquilidade. O trabalho dos virginianos consiste em extirpar as impurezas, conservando apenas o que pode ser assimilado e utilizado pelo corpo e pela mente.

Aí reside o segredo da boa saúde: 90 por cento da arte de permanecer sadio decorre da manutenção da pureza física, mental e emocional. Quando o limite de impurezas ultrapassa a capacidade de tolerância do corpo e da mente, surge o que conhecemos como moléstia ou mal-estar. Não é de surpreender que muitos virginianos se revelem excelentes médicos, enfermeiros, curandeiros e nutricionistas. Eles detêm uma compreensão inata do que vem a ser uma boa saúde e sabem que ela transcende o plano meramente físico. Em todos os aspectos da vida, os que desejam ter êxito num projeto devem salvaguardar sua pureza. Ela precisa ser protegida de elementos adversos que possam miná-la. É esse o grande segredo por trás da espantosa competência técnica dos virginianos.

A formidável capacidade virginiana de análise, seu perfeccionismo e detalhismo sobre-humanos derivam todos do anseio que o nativo deste signo sente pela pureza e pela perfeição. Um mundo sem virginianos estaria arruinado há muito tempo.

Um vício ou defeito pode, em muitos casos, não ser outra coisa senão uma virtude às avessas, mal utilizada ou mal aplicada dentro de um contexto específico. Os aparentes vícios ou máculas dos virginianos derivam muitas vezes de virtudes inerentes. Seu forte poder de análise, que deveria ser empregado para curar, auxiliar ou aperfeiçoar projetos no mundo, pode, quando mal empregado, voltar-se contra as pessoas. Sua faculdade crítica, que deveria ser utilizada construtivamente para aprimorar uma estratégia ou proposta, pode ser usada de forma destrutiva como arma para magoar ou ferir. Seu anseio de perfeição pode converter-se em preocupação excessiva que mina a confiança; e sua humildade natural, de tão grande, pode induzir os virginianos à autonegação e a um complexo de inferioridade. Quando eles se tornam negativos, podem até voltar seu ferino senso crítico contra si próprios, lançando a semente da autodestruição.

FINANÇAS

Os virginianos possuem todos os predicados que facilitam o acúmulo de riquezas. São trabalhadores engenhosos, eficientes, organizados, frugais, produtivos e prestativos. Um virginiano bem equilibrado é o sonho de todo empregador. Mas, enquanto não aprenderem a exercitar um pouco da graça social libriana, os nativos de Virgem continuarão longe da realização de seu potencial financeiro. É que sua pureza e seu perfeccionismo, quando não são manejados de forma correta, incomodam os demais. Esses atritos de relacionamento podem causar estragos devastadores tanto em seus projetos mais diletos quanto em sua conta bancária.

Os virginianos apreciam a segurança financeira. Por serem trabalhadores, conhecem o real valor do dinheiro e não gostam de arriscá-lo desnecessariamente. Preferem poupar para quando se aposentarem ou para os dias mais parcos de inverno. Só investem de maneira prudente e calculada, procurando minimizar os riscos. A estratégia funciona bem, ajudando os virginianos a alcançar a estabilidade financeira que almejam. Os abastados, e mesmo os não tão abastados, apreciam ajudar amigos em dificuldade.

CARREIRA E IMAGEM PÚBLICA

Os virginianos se realizam quando conseguem comunicar seus conhecimentos de forma que os outros os compreendam. Para transmitir melhor suas ideias, precisam aprimorar sua habilidade verbal e aprender a exprimir-se de modo mais natural, que não tenha qualquer tom de julgamento. Respeitam muito os professores e comunicadores. Apreciam que seus chefes e superiores sejam bons comunicadores, mas dificilmente irão respeitá-los se o quilate intelectual deles não se equiparar ao seu, independentemente de quanto dinheiro e poder esses superiores detenham. Os virginianos gostam de ser vistos como pessoas intelectuais e educadas.

A humildade nata dos virginianos muitas vezes dificulta a realização de suas ambições e os impede de adquirir renome e prestígio. Precisam valorizar-se um pouquinho mais para conquistar seus objetivos profissionais, bem como auxiliar o próprio progresso com a mesma veemência com que encorajam o dos colegas.

No trabalho, apreciam a atividade. Mostram-se dispostos a aprender qualquer tipo de serviço que possa contribuir para sua segurança material. Podem mudar de ocupação diversas vezes em sua vida profissional, antes de descobrirem o que realmente gostam de fazer. Os virginianos não têm medo de trabalho, sabem trabalhar bem em grupo e sempre cumprem suas responsabilidades.

AMOR E RELACIONAMENTOS

Para você, virginiano, analisar melhor ou criticar algo, é necessário limitar a esfera de abrangência. Focalizar as partes, não o todo. Isso pode transmitir uma impressão de limitação mental. E os virginianos detestam pessoas que exibem essa mente limitada. Gostam de parceiros com mente aberta e visão ampla. Possivelmente como forma de compensar a carência que eles próprios têm dessas virtudes.

Os nativos de Virgem são tão perfeccionistas no amor quanto nas demais áreas de suas vidas. Precisam de companheiros tolerantes, abertos e bonachões. Se você se apaixonou por um virginiano, nem perca tempo com gestos românticos sem praticidade. Terá mais chances de conquistá-lo fazendo por ele coisas úteis e práticas. É exatamente isso que ele aprecia e fará por você.

Os virginianos exprimem seu amor de forma pragmática e utilitária. Você, nativo de outro signo, não se deixe abater pelo fato de eles não o chamarem de "meu amor" todo dia. Não faz parte da natureza deles. Se o amam, demonstrarão de forma prática. Estarão sempre por perto quando você necessitar; mostrarão interesse por sua saúde e finanças; consertarão as torneiras de sua casa e o aparelho de DVD que enguiçou. Para eles, essas ações dizem muito mais do que buquês de flores ou caixas de bombom.

Nos relacionamentos amorosos, não são particularmente passionais ou espontâneos. Não tome isso como falha pessoal sua. Não significa que você não seja atraente aos olhos de seu parceiro virginiano ou que ele não goste de você. É o jeito dele. O que lhe falta em ardor é compensado em dedicação e lealdade.

VIDA DOMÉSTICA E FAMILIAR

Não é preciso dizer que a casa de um virginiano é sempre imaculada. Tudo é bem limpinho e organizado em seu próprio cantinho – não se atreva a tirar nada do lugar! Para encontrarem a felicidade no lar, entretanto, os nativos de Virgem precisam relaxar um pouquinho mais e conceder mais liberdade ao cônjuge e aos filhos, e ser mais generosos e abertos. Os membros da família não são meras criaturas biológicas passíveis de análise microscópica – são seres humanos que possuem suas próprias virtudes a expressar.

Malgrado essas pequenas dificuldades, os virginianos são bons anfitriões. Gostam de ficar em casa e de receber amigos para pequenas reuniões e se empenham em manter seus convidados felizes. Adoram crianças, mas tendem a ser severos com elas, pois querem assegurar-se de que sejam educadas no seio dos bons valores pessoais e familiares.

VIRGEM
HORÓSCOPO 2013

TENDÊNCIAS GERAIS

Para os nativos de Virgem, os últimos dez anos se resumiram a lidar com mudanças súbitas, dramáticas e arrasadoras, e a aprender a suportar o medo e a insegurança que elas causam. Quando algo acontece uma vez, pode ser uma coincidência. Mas quando acontece sempre, existe algo por trás. Você estava na posição de um grande jogador de beisebol que teve dificuldade em rebater uma bola curva. Então, naturalmente, quando os jogadores adversários perceberam isso, esse jogador passou a receber bola curva após bola curva. Ele não teve opção a não ser aprender a rebater uma bola curva. Quando dominou a jogada, deixou de recebê-la com tanta frequência. Suas bolas curvas foram a mudança e a insegurança, que não deram trégua até que você as "dominou" e passou a se sentir confortável com elas. Agora, a atividade diminui. Você não terá de lidar com esse tipo de fenômeno por cerca de vinte anos.

A situação começou a melhorar em 2011, quando Urano saiu do aspecto tenso para você. O período entre os anos de 2008 e 2010 pode ser considerado uma "provação" em sua vida. Ele agiu como uma fogueira, e suas chamas consumiram muitas impurezas psicológicas. O ano de 2011 foi mais fácil que 2010. E 2012 foi mais fácil que 2011. Este ano ainda será um pouco complicado, mas extremamente tranquilo quando comparado ao período entre 2008 e 2010. Tudo é relativo.

Em junho de 2012, Júpiter cruzou seu Meio do Céu e entrou em sua décima Casa – da Carreira. Foi o início de um período de muito sucesso e realizações. Os horizontes profissionais foram ampliados, você teve ótimas oportunidades. E essa tendência vai continuar na primeira metade de 2013.

Urano passou muito tempo – mais de sete anos – em sua sétima Casa – do Amor, tornando a vida amorosa extremamente instável. Muitos passaram por divórcios e separações de 2003 a 2010. Agora a situação está mais calma. Os relacionamentos terão maiores chances de durar neste e nos próximos anos. Em março de 2011, Netuno fez um movimento importante, ingressando em sua sétima Casa, e toda a vida amorosa ficou mais refinada, elevada e espiritualizada.

O ano começará com dois planetas de curso lento – Júpiter e Netuno – formando um aspecto tenso com você. Em 27 de junho, Júpiter deixará esse aspecto tenso e começará a formar aspectos harmoniosos para você. Portanto, a saúde estará melhor depois dessa data.

Como Saturno deixou sua Casa do Dinheiro em outubro de 2012, seu poder aquisitivo deve ter começado a aumentar. Em 2013, a vida financeira será muito mais fácil.

Suas áreas de maior interesse este ano serão comunicação e intelectualidade; filhos, criatividade e atividades de lazer; amor e romance; sexo, estudos de ocultismo, reinvenção e transformação pessoal, vidas passadas e reencarnação; carreira (até 27 de junho); amigos, grupos e atividades coletivas (a partir de 27 de junho).

Seus caminhos para a maior realização em 2013 serão comunicação e intelectualidade; carreira (até 27 de junho); amigos, grupos e atividades coletivas (a partir de 27 de junho).

SAÚDE

(Trata-se de uma perspectiva astrológica sobre a saúde, não de uma visão médica. No passado, essas perspectivas eram idênticas, porém, hoje, podem ocorrer diferenças. Para obter uma opinião com base em diagnósticos da medicina convencional, consulte seu médico ou um profissional da saúde.)

A saúde é sempre importante para os nativos de Virgem, mas com sua sexta Casa vazia, neste ano ela será menos importante que de costume.

De modo geral, a saúde estará boa. Como foi mencionado, há dois planetas de curso lento pressionando você – Júpiter e Netuno –, mas não é preciso se preocupar. Sozinhos, não são capazes de causar problemas sérios. Você terminará o ano com apenas um planeta de curso lento a pressioná-lo, de forma que a saúde e o bem-estar vão melhorar de maneira constante.

Mesmo que a saúde vá bem, você pode torná-la ainda melhor. As áreas mais vulneráveis este ano são:

Intestino delgado. Sempre importante para você, assim como a alimentação. As refeições devem ser feitas de forma mais vagarosa, agradecida e calma. Isso ajudará na digestão.

Coração (até 27 de junho). Evite ao máximo a preocupação e a ansiedade. Evidentemente, se houver algo construtivo a ser feito em relação a um problema, faça. Mas caso não exista nada a fazer, liberte-se da preocupação. Ela é uma das maiores causas de problemas cardíacos.

Tornozelos e panturrilhas. São sempre importantes para você. É bom massageá-los regularmente. Dê mais suporte aos tornozelos quando estiver fazendo exercícios.

Cabeça, rosto e couro cabeludo. Massagens no couro cabeludo e no rosto serão terapias poderosas neste e nos próximos anos. A cabeça e o rosto têm reflexos no corpo inteiro, de forma que você energiza todo o corpo quando realiza massagens nessas áreas do corpo.

Glândulas suprarrenais. Evite a raiva e o medo – emoções que tendem a prejudicar as suprarrenais.

Seu planeta da Saúde passara o ano todo em sua oitava Casa. Portanto, regimes de desintoxicação vão ser muito benéficos para você. Ter uma boa saúde não se trata apenas de dar ao corpo o que ele precisa, mas também de livrá-lo do que não deveria estar nele. Com o planeta da saúde nessa posição, as pessoas ficam propensas a fazer cirurgias – talvez se precipitem em tomar essa decisão. Sempre peça uma segunda opinião.

A presença do planeta da Saúde na oitava Casa indica que a boa saúde também significa uma vida sexual saudável. A atividade sexual deve ser mantida em equilíbrio – nem muita nem pouca. Se ouvir seu corpo, você saberá quando basta.

Com seu planeta da Saúde no signo de Áries, a musculatura passa a ser muito importante. A fraqueza de um músculo cria fraqueza em um órgão, como demonstraram os cinesiologistas. Exercícios físicos vigorosos serão importantes. Em muitos casos, passar um dia na academia fará tão bem quanto visitar um profissional de saúde.

LAR E FAMÍLIA

Embora sua quarta Casa – do Lar e da Família – não seja uma casa de poder este ano, o senhor da quarta Casa, Júpiter, estará em uma posição muito proeminente no zodíaco, quase no Meio do Céu – na décima Casa. Assim, sua atenção estará voltada para essa área, ao menos na primeira metade do ano.

No caso de muitos virginianos, isso indica que o lar e a família vão se tornar a própria carreira, a coisa mais importante de sua vida. Também pode significar que você passará a trabalhar em casa. Muitos já montaram escritórios em casa, mas talvez este ano eles sejam expandidos.

O lar vai ganhar mais prestígio, ficará mais sofisticado. Normalmente, as pessoas vão querer que a casa reflita seu atual status, mas às vezes também o status que gostariam de ter. Isso pode ser muito caro, e muitos passam dos limites. Felizmente, esta tendência vai durar pouco, e até o final de junho a casa vai ter mais cara de lar – um local de conforto e amparo, não uma exposição para impressionar os outros.

Este ano, as distinções entre a casa e o escritório perdem o significado, passam a restringir-se apenas à nomenclatura. Um funde-se com o outro. A casa ganha forma de escritório, e o escritório, de casa.

É pouco provável que você se mude, mas é bem possível que você modernize sua residência.

Um dos pais ou figura paterna ou materna estará pessoalmente envolvido – de uma maneira física e tangível – em sua carreira. Essa pessoa terá um ano muito social, será muito popular e terá uma vida social movimentada. Se os pais ainda forem casados (uma raridade nos dias de hoje), o casamento ficará mais harmonioso. A grande devoção de um dos dois fará as coisas funcionarem. Um dos pais ou figura paterna ou materna vai prosperar muito e deve dirigir de forma mais cuidadosa na segunda metade do ano.

Os irmãos ou as figuras fraternas – aqueles que desempenham esse papel em sua vida – terão um ano difícil e sério. Precisarão carregar fardos extras, coisas das quais não conseguirão escapar. Estarão um pouco frios, reservados, distantes. Se você compreender a influência da astrologia por trás disso, poderá ser mais tolerante e incentivá-los a se esforçar para ser mais calorosos e afetuosos com os outros. Mudanças não são prováveis. Este será um ano bom para eles colocarem em forma o corpo e a imagem e perderem peso, caso seja necessário.

Filhos ou enteados vão se mudar – provavelmente também o fizeram no ano passado. Eles trocarão de endereço muitas vezes nos próximos anos, pois se sentirão inquietos e terão dificuldades de criar raízes. Praticar meditação irá ajudá-los a controlar a instabilidade emocional e as alterações de humor.

Um eclipse lunar no dia 25 de maio testará a situação de sua casa. Se houver problemas ocultos que necessitem de reparo, você os descobrirá. Essas mudanças serão de curto prazo.

Se estiver com vontade de redecorar a casa, os períodos entre 1º e 9 de janeiro, 7 de outubro e 5 de novembro e 22 de novembro e 21 de dezembro serão mais propícios.

DINHEIRO E CARREIRA

Como foi mencionado, Saturno permaneceu em sua casa do dinheiro nos últimos dois anos – um trânsito difícil para as finanças. Você se sentiu apertado, sob pressão e provavelmente teve de lidar com despesas extras. Foi um período de consolidação financeira. Você precisou cortar gastos e os bens tiveram de ser reposicionados – melhor administrados. Quando essas alterações foram feitas, os recursos necessários apareceram.

Grande parte do efeito desse trânsito dependeu de você. Se vinha sendo responsável nos assuntos financeiros, o trânsito, embora não fosse confortável, deixou-o mais rico. Você aprendeu novos princípios de gestão financeira, macetes e técnicas sobre os quais nunca ouvira falar. Você se tornou mestre do dinheiro (como sempre foi o objetivo) em vez de seu escravo.

Para os que foram irresponsáveis nos assuntos financeiros, os últimos dois anos se mostraram bastante traumáticos. Não houve golpes de sorte, dívidas foram cobradas, pecados financeiros tiveram consequências desastrosas. Muitas vezes as pessoas vão à falência sob esse trânsito. Mas, eventualmente, ele também conduz à saúde financeira. É educativo. E quando o carma é pago, e os erros, corrigidos, você fica em posição de construir uma vida financeira mais estável e saudável.

A maioria de nós é uma mistura de responsabilidade e irresponsabilidade financeira. A maioria de nós tem áreas que poderiam ser corrigidas, e foi o que aconteceu nos últimos dois anos.

Felizmente, esse período terminou. Agora, você verá uma melhora na vida financeira. Eu não chamaria este de um período de "alta", mas será muito menos tenso do que os anteriores.

Como foi mencionado, em junho do ano passado Júpiter cruzou seu Meio do Céu e entrou em sua décima Casa – da Carreira. Sua carreira, seu status, sua posição na empresa ou indústria se elevaram. Geralmente, isso significa mais dinheiro, mas nem sempre. Às vezes, as pessoas recebem honras ou reconhecimento sem benefícios financeiros tangíveis, mas que valorizam o currículo. Isso pode ter acontecido no ano passado, e também será provável este ano.

Ainda haverá ótimas oportunidades de carreira em 2013. Seu trabalho terá bastante apoio da família – não haverá conflitos entre as obrigações familiares e a carreira. As oportunidades profissionais virão da família ou de suas conexões. Muitos virginianos vão se envolver nos negócios familiares este ano.

Quem estiver procurando emprego terá sorte na primeira metade do ano, embora a segunda metade vá ser mais difícil. Surgirão oportunidades, mas você terá de ser esforçar mais – será muito mais complicado.

Vênus, um planeta muito rápido, é o planeta das Finanças e percorre o zodíaco inteiro todos os anos. Portanto, haverá muitas tendências de curto prazo nas finanças, dependendo de onde o planeta estiver e dos aspectos que receber. Essas tendências serão detalhadas nas "Previsões Mensais".

AMOR E VIDA SOCIAL

Sua sétima Casa – do Amor e do Casamento (e Atividades Sociais) – esteve forte por muitos anos. Mas em 2013 as coisas serão menos complicadas, menos tensas, e muito mais estáveis. Por muitos anos, a vida amorosa foi extremamente instável e insegura. O amor chegava como um raio, e frequentemente desaparecia com a mesma rapidez – um breve flash que iluminava seu coração por algum tempo e depois, novamente, a escuridão. E isso sempre se repetia. Felizmente, essa situação vai se estabilizar. Você já teve emoção suficiente no amor, e agora é provável que um pouco de segurança – e talvez até "tédio" – seja bem-vinda. Pode ser previsível, mas é agradável saber que a pessoa amada vai estar em casa quando você chegar; que quando você fizer planos de longo prazo, ela estará disponível.

Netuno é seu planeta do Amor e, no ano passado, fez um movimento importante, ingressando em seu próprio signo – Peixes – e em sua própria casa – sua sétima Casa. Você sempre foi idealista em relação ao amor, sempre teve padrões muito elevados, mas agora essa característica ficara ainda mais intensa. O planeta do Amor vai estar em seu próprio signo e casa e, portanto, agirá com muito mais força por você. Boas notícias na vida amorosa.

Você está vivendo um período – que vai durar pelos próximos 13 anos mais ou menos – no qual o amor "ideal" será provável. E esse processo será muito educativo. A maioria das pessoas pensa que o propósito da vida é a felicidade do corpo físico – o eu carnal. Portanto, quando encontram uma "alma gêmea", esperam a felicidade eterna. Mas como a vida tem propósitos muito mais profundos que o bem-estar carnal (que é meramente um efeito colateral), o encontro com o amor ideal – a alma gêmea – pode gerar muitos choques psicológicos. A alma gêmea revelará áreas de inconsciência e de escuridão na alma que o estavam retendo. Pode ser uma experiência muito turbulenta, como Judith Hall assinala em *The Soul Mate Myth* (O mito da alma gêmea). Para ter o amor ideal, você precisa ser seu eu ideal, e o cosmos trabalha para que isso aconteça.

Quando você encontrar essa pessoa especial, a sensação não vai acontecer nos lugares habituais – coração ou órgãos genitais –, a conexão será sentida de algum lugar "sobre sua cabeça". Ah, ela acontecerá naqueles outros lugares também, mas a energia primária estará "sobre a cabeça" – às vezes, bem acima da cabeça. A conexão estará acima da natureza "psicológica".

A compatibilidade espiritual no amor sempre foi importante, mas o será ainda mais agora. Se o relacionamento for apenas carnal e não contiver uma dimensão espiritual, é provável que você não se sinta interessado.

Normalmente, amigos com características espirituais entram em cena nesse momento. Você se sentirá atraído por médiuns, sacerdotes, canalizadores espirituais, gurus e iogues. Também lhe agradarão o poeta, o místico, o artista criativo, o músico inspirado.

Os solteiros encontrarão o amor em ambientes espirituais – não perca nem um segundo em bares e boates. O amor estará no seminário de meditação, na palestra ou no workshop espiritual, no encontro de oração ou no evento de caridade. Envolva-se mais nas causas altruístas em que acredita e o amor o encontrará.

Em 27 de junho, Júpiter ingressará em sua 11ª Casa – da Amizade. Assim, novos e importantes amigos entrarão em cena este ano (e no próximo). A vida social ficará muito mais ativa.

Depois de 27 de junho, Júpiter começará a formar ótimos aspectos com seu planeta do Amor – durante alguns meses – e será nesse período que um romance sério poderá acontecer. Um encontro que vai ter potencial para se tornar um casamento.

AUTOAPRIMORAMENTO

A presença de Netuno em sua sétima Casa tem alguns aspectos negativos que não devem ser esquecidos. Com frequência, Netuno é associado a fraudes e escândalos. Mas a verdade é que Netuno nunca engana ninguém, apenas é o que é, projetando uma energia muito elevada e refinada que a mente humana não consegue entender. Está muito acima de nossa mente. Assim, muitas vezes a mente humana é enganada por essa energia – e interpreta mal um sonho ou uma profecia, mas o sonho e a profecia eram verdadeiros. Então, as pessoas em sua vida amorosa e social podem não ser o que aparentam, e você terá de prestar mais atenção, obter mais informações sobre elas. Quem vê cara não vê coração.

Netuno é o planeta da revelação. Ele revela o que estava oculto, por isso é frequentemente associado a escândalos. Assim, é provável que em 2013 muitas revelações desagradáveis sobre amigos ou amantes venham à tona, mas você também terá boas surpresas. Essas revelações tendem a testar o amor e o compromisso, o que é positivo. Se você continuar amando a pessoa apesar de tudo, provavelmente o amor é real.

Em 2013 e nos próximos anos, as parcerias de negócios também precisarão ser estudadas com atenção. Nem tudo é o que parece ser. As aparências enganam.

É muito provável que os virginianos que estiverem trilhando um caminho espiritual atraiam pessoas espirituais para sua vida, mas se não, também é possível que atraiam dependentes de álcool e de tóxicos.

Vai ser bom ter o amor ideal este ano. O amor ideal humano é maravilhoso e traz lições valiosas, mas também tem suas limitações.

O amor ideal verdadeiro é uma condição espiritual, é o amor que experimentamos quando estamos em contato com o Poder Superior – incondicional e absoluto. Se confiarmos nesse poder, ele satisfará todas as necessidades amorosas perfeitamente – em geral por meio de pessoas, mas nem sempre. É esse amor que Netuno lhe ensinará nos próximos 13 anos. Todas as necessidades amorosas significam exatamente isso: tudo. Tudo é o bastante para você?

Saturno ficará em sua terceira Casa – da Comunicação – pelos próximos dois anos. Sua mente – ainda que esteja bem – será aprimorada. O processo de pensamento será reorganizado. Você vai se tornar um pensador mais disciplinado. Talvez sua aprendizagem se torne mais lenta, mas você vai se aprofundar em qualquer assunto que estude. Os estudantes terão de se esforçar mais na instituição de ensino. O sistema educacional não recompensa a profundidade de pensamento, mas a memorização de fatos e conhecimentos superficiais. Se você tiver problemas nos estudos, desacelere o ritmo, não tenha pressa. Compreenda frase por frase, parágrafo por parágrafo. Além disso, tente tornar o aprendizado mais divertido – ouça músicas bonitas e harmoniosas enquanto estiver estudando. Utilize mais audiolivros e filmes ou documentários sobre os assuntos que precisar aprender. Você entenderá mais sobre uma matéria vendo um filme sobre o tema do que lendo um livro.

PREVISÕES MENSAIS

JANEIRO

Melhores dias: 2, 3, 10, 11, 19, 20, 29, 30
Dias mais tensos: 8, 9, 14, 15, 21, 22, 23
Melhores dias para o amor: 6, 8, 9, 14, 15, 18, 19, 24, 29, 30
Melhores dias para o dinheiro: 4, 5, 8, 9, 12, 18, 19, 22, 29, 20, 31
Melhores dias para a carreira: 2, 3, 10, 11, 21, 22, 23, 31

Você viverá um ano extremamente poderoso para a carreira, e terá muito sucesso, mas agora, com a maioria dos planetas sob a linha do horizonte no mapa, o ideal será se preparar emocional e mentalmente para o sucesso que deseja. Essa preparação emocional – que envolve entrar no estado de consciência, na disposição e na sensação que você quer – vai garantir que, quando o sucesso exterior acontecer (e vai acontecer), você será capaz de lidar com ele. A boa notícia é que não haverá conflito entre a vida familiar e a carreira. Os membros da família – especialmente um dos pais ou figura paterna ou materna – darão muito apoio às suas ambições profissionais, e podem até alimentá-las. Essa pessoa terá mais ambição que você.

No começo do ano, a maioria dos planetas vai estar no setor social, ocidental, de seu mapa. Não é um período de grande independência pessoal, de forma que vai ser mais difícil fazer as coisas do seu jeito. O poder planetário estará fluindo em direção aos outros, não a você. Desde que não seja algo destrutivo, deixe que façam o que quiserem. O lado positivo de ter muitos planetas no ocidente é a ampliação dos horizontes e das perspectivas. A vida não gira ao seu redor. O cosmos estará preocupado com o bem do "todo", concedendo-nos uma visão mais "holística" da vida. Neste momento, o ideal é se adaptar às situações da melhor forma que puder. Se certos aspectos de sua vida forem desagradáveis, tome nota, e quando chegar seu período de independência pessoal, você poderá mudá-los facilmente. De vez em quando é bom tirar "férias" de nós mesmos e de nossos interesses pessoais. Este será um desses períodos.

Você começará o ano em meio a um pico anual de prazer pessoal. As celebrações do ano-novo serão mais longas que de costume. A festa não vai terminar no réveillon – continuará até o dia 19. As virginianas que estiverem em idade de engravidar estarão mais férteis que o habitual.

A vida financeira estará bem em janeiro. Haverá algumas dificuldades pelo caminho, alguns desafios, mas mesmo assim as finanças serão boas. Seu planeta das Finanças ficará em Sagitário até o dia 10, o que pode deixá-lo excessivamente propenso à especulação e ao otimismo irracional nos assuntos financeiros. É melhor evitar as especulações. Mesmo assim, você vai ganhar e gastar mais. Exagerar nas despesas será o maior perigo até o dia 10. Depois dessa data, o planeta das Finanças ingressa em Capricórnio, sua quinta Casa, e você volta a ter o bom-senso financeiro. Talvez você especule, mas será com mais moderação e planejamento. A boa notícia é que você aproveitará seu dinheiro após o dia 10 e o utilizará para se divertir. Nesse período, sua criatividade será lucrativa.

A saúde será boa durante todo o mês. Como sua sexta Casa ficará forte após o dia 19, você vai estar no paraíso de Virgem – concentrado no trabalho e na saúde. Os virginianos ficam atentos à saúde mesmo quando não estão com problema algum. Hábitos saudáveis são sempre benéficos. Você poderá melhorar ainda mais a saúde dando mais atenção ao coração (após o dia 19), à cabeça, ao rosto e ao couro cabeludo (durante o mês todo), aos pulmões, intestino delgado, braços, ombros e sistema respiratório (após o dia 19). Provavelmente, você se preocupará mais com a saúde de um dos pais ou figura paterna ou materna que com a sua.

FEVEREIRO

Melhores dias: 7, 8, 15, 16, 17, 25, 26
Dias mais tensos: 2, 3, 9, 10, 23, 24
Melhores dias para o amor: 2, 9, 10, 11, 12, 18, 19, 20
Melhores dias para o dinheiro: 1º, 9, 10, 18, 19, 27, 28
Melhores dias para a carreira: 1º, 11, 12, 18, 19, 21, 22

Neste mês, os planetas estarão em sua posição mais ocidental – o auge. O poder cósmico se afasta de você (opõe-se a seu ascendente) e vai em direção aos outros. O poder pessoal diminui ainda mais e, talvez, também a autoestima e a autoconfiança, mas o amor e a vida social estarão muito fortalecidos. Você terá a oportunidade de cultivar e aperfeiçoar suas habilidades sociais. Reveja as previsões do mês passado sobre esse assunto.

Este mês, os planetas farão um trânsito importante. O poder vai se deslocar da metade inferior para a metade superior de seu zodíaco. Essa mudança acontecerá no dia 18, mas certamente você a sentirá antes. Está amanhecendo em seu ano. É hora de acordar e se preparar para desempenhar as atividades diurnas – suas metas aspirações no mundo exterior. É bom que nos últimos seis meses você tenha encontrado seu ponto de harmonia emocional. Caso tenha se preparado emocionalmente para obter o que deseja, agora poderá começar a agir – por meios físicos e tangíveis – para alcançar seus objetivos.

No dia 18, você entrará em um pico social anual. Sua sétima Casa certamente será a mais poderosa do zodíaco. Cinquenta por cento e, às vezes, 60 por cento dos planetas ingressarão nessa casa ou transitarão por ela neste mês. Você também vai estar mais popular que de costume. Mercúrio, o senhor de seu horóscopo, estará na sétima Casa a partir do dia 5, tornando-o dedicado aos outros – especialmente à pessoa amada. Você vai colocar os outros à frente de si mesmo (é o que deve fazer), e as pessoas responderão a isso. Para os solteiros, haverá possibilidade de romance o mês todo, mas os períodos entre os dias 6 e 7, 19 e 21 e 26 e 28 serão especialmente propícios. Os problemas amorosos serão bons problemas: haverá muitas oportunidades, muitas opções, muitos eventos – o que normalmente é confuso. Os relacionamentos iniciados nesse período terão mais chances de durar. O cosmos lhe proporcionará uma variedade de amantes de todos os tipos e formas. Você se sentirá atraído por todos eles. Os melhores serão aqueles cuja compatibilidade espiritual for tão alta quanto as demais compatibilidades.

A saúde fica mais delicada após o dia 18, então descanse e relaxe mais. Siga as dicas mencionadas em "Tendências Gerais" para melhorar a saúde.

Embora a carreira não vá ser um destaque no início de fevereiro, ainda estará muito bem, e haverá sucesso este mês. Sua ética de trabalho atrairá a atenção dos superiores e será aprovada por eles. Você terá sorte na carreira este ano, mas sua ética de trabalho vai ser o mais importante este mês. Após o dia 5, suas conexões sociais desempenharão um papel crucial. Não deixe de ir aos eventos e às reuniões certas e também é aconselhável dar festas com as pessoas certas.

MARÇO

Melhores dias: 6, 7, 15, 16, 24, 25, 26
Dias mais tensos: 4, 5, 10, 11, 17, 18, 19, 31
Melhores dias para o amor: 1º, 2, 3, 10, 11, 20, 21, 22, 29, 31
Melhores dias para o dinheiro: 1º, 2, 3, 8, 9, 10, 11, 17, 18, 21, 22, 27, 28, 31
Melhores dias para a carreira: 2, 3, 10, 11, 17, 18, 19, 20, 21, 29, 30

Agora que a maioria dos planetas está na metade superior do zodíaco, a carreira se torna importante. Entretanto, Mercúrio (seu planeta tanto da carreira quanto pessoal) entrou em movimento retrógrado em 23 de fevereiro e continuará assim até o dia 17. Então, até essa data, você deve se concentrar em obter clareza mental sobre as questões e os objetivos profissionais. Com Mercúrio retrocedendo, a situação no trabalho pode não ser o que parece, de forma que a clareza será muito importante. Seu planeta da Carreira passará março na sétima Casa, no signo de Peixes. Como no mês passado, isso indica que você alcançará seus objetivos profissionais – avançará na carreira – por meios sociais, pelo comparecimento às festas e, talvez, por receber as pessoas certas. O fator "simpatia" será mais importante para a carreira que suas habilidades pessoais. Com os planetas em sua posição mais ocidental durante a maior parte do mês, a simpatia será importante de forma geral, mas sobretudo nos assuntos profissionais. No entanto, não se engane: ter amigos influentes (o que parece ser o caso neste momento) abre portas, mas no final o que importa é seu desempenho. O fator social é muito importante, mas não é tudo.

A saúde ainda vai precisar de atenção até o dia 20. Procure descansar e relaxar mais e conservar as energias. Siga as dicas mencionadas em "Tendências Gerais" para melhorar a saúde. Você se sentirá melhor depois do dia 20.

Durante o mês de março, você ainda estará em meio a um pico social anual. Como no mês passado, o problema será o excesso – oportunidades românticas e sociais em demasia – e não a escassez.

A situação familiar ficou tensa no mês passado. Um dos pais ou figura paterna ou materna ficou bastante estressado, o que causou uma situação tensa no lar. Você não estava em sintonia com eles. Eles não aprovavam seus amigos, um amor atual ou seu foco social em geral. Talvez achassem que você deveria se concentrar em outros aspectos de sua vida. A tensão ainda existirá, mas ficará mais amena conforme o mês avançar.

Os ganhos serão muito bons em março. Vênus, seu planeta das Finanças, estará forte tanto no plano celestial quanto no terrestre. Ele vai estar em seu signo de exaltação e em uma casa poderosa – a sétima (até o dia 23). Suas conexões sociais não apenas auxiliarão a carreira, mas também as finanças. Você vai socializar com as pessoas com quem realiza negócios e vice-versa. Seus amigos estarão com dinheiro. Sua oitava Casa se fortalecerá depois do dia 20, e seu planeta das Finanças ingressa nessa Casa no dia 23. Isso indica uma necessidade de se concentrar na prosperidade dos outros – de tornar as outras pessoas ricas – e de colocar o interesse financeiro delas à frente do seu. Embora este seja um contrassenso, a prática lhe proporcionará prosperidade através da lei cármica.

ABRIL

Melhores dias: 2, 3, 11, 12, 21, 22, 29, 30
Dias mais tensos: 1º, 6, 7, 8, 14, 15, 27, 28
Melhores dias para o amor: 1º, 6, 7, 8, 9, 10, 16, 21, 22, 25, 29, 30
Melhores dias para o dinheiro: 1º, 4, 5, 9, 10, 14, 15, 21, 22, 23, 24, 29, 30
Melhores dias para a carreira: 7, 8, 14, 15, 19, 27, 28

Sua oitava Casa se tornou poderosa no dia 20 do mês passado e se manterá forte até o dia 19 de abril. A oitava Casa tem muitas camadas de significado, e cada uma delas é válida. No nível puramente mundano, indica mais interesse por sexo. A libido estará mais intensa que de costume, independentemente da sua idade ou estágio de vida. Essa vida sexual ativa indica que haverá muita atividade social.

Sexo e amor são duas coisas diferentes, mas suas necessidades serão satisfeitas. O cônjuge ou amor atual estará vivendo um pico financeiro anual. Haverá prosperidade. Os altos e baixos financeiros dessa pessoa serão extremos este ano, mas este será um momento positivo. Muitas vezes, o poder na oitava Casa proporciona encontros com a morte – não necessariamente uma morte pessoal –, mas mais envolvimento com esses assuntos. É provável que você vá a mais enterros ou funerais. Talvez haja experiências de quase morte, ou uma morte sobre a qual você leu nos jornais o afete profundamente. Será preciso adquirir uma compreensão melhor sobre esse assunto, e o cosmos tem muitas maneiras de proporcionar isso. Regimes de desintoxicação têm sido importantes em termos de saúde desde 2011, mas neste mês serão ainda mais. As desintoxicações que forem feitas em abril serão mais poderosas do que em outros meses, com resultados mais efetivos e duradouros.

A oitava Casa também lida com a transformação pessoal. Todos nós temos um eu ideal que gostaríamos de manifestar. Para fazê-lo, a velha identidade tem de ser desintoxicada e, eventualmente, morrer. Para que o indigente se torne príncipe, sua identidade tem de morrer (em um nível psicológico), de forma que o príncipe possa nascer. As pessoas se referem a esse processo como ressurreição, metamorfose ou transformação. Seja qual for o rótulo utilizado, o significado é essencialmente o mesmo. Todos esses projetos serão propícios este mês. A velha identidade não morre com facilidade – luta ferozmente. Portanto, quando a oitava Casa se fortalece, a vida tende a ficar mais tumultuada. A desintoxicação raramente é um processo agradável, pois o que vem à tona é chocante e feio. No entanto, o resultado é maravilhoso. Um corpo limpo, uma mente limpa, o nascimento de um novo eu. As tensões e pressões que você vai sentir este mês serão as dores de parto de uma nova identidade.

Muitas áreas da vida serão desintoxicadas este mês. O corpo (a partir do dia 14), a vida financeira (até o dia 15, mas o processo já vem acontecendo desde 22 de março), a carreira e a vida espiritual. Os virginianos que estiverem na trilha espiritual vão perceber que uma boa desintoxicação mental, emocional e física muda completamente a qualidade de sua prática espiritual. A meditação ficará muito melhor. Este será um mês excelente para perder peso, caso você precise.

As tendências financeiras serão praticamente as mesmas do mês passado até o dia 15. Depois dessa data, Vênus ingressará em Touro, sua nona Casa. Como Vênus vai estar em um aspecto tenso com Saturno, devem-se evitar especulações. Você pode passar por algumas complicações financeiras, como atrasos nos pagamentos e maior dificuldade para conseguir clientes, mas tenha paciência, tudo vai dar certo. Esses problemas são passageiros, não tendências para o ano ou nem sequer para o mês.

A saúde será boa durante o mês inteiro, mas especialmente após o dia 19.

MAIO

Melhores dias: 8, 9, 10, 18, 19, 27, 28
Dias mais tensos: 4, 5, 11, 12, 25, 26, 31
Melhores dias para o amor: 4, 5, 10, 11, 13, 21, 22, 23, 29, 30, 31
Melhores dias para o dinheiro: 2, 3, 10, 11, 12, 21, 22, 29, 30
Melhores dias para a carreira: 8, 9, 10, 11, 12, 21, 22, 29, 30

Este será um mês emocionante, movimentado e turbulento. Mantenha os cintos de segurança apertados! Teremos dois eclipses, o que garante grandes mudanças, tanto pessoais como para o mundo como um todo (e elas acontecerão nas vésperas de um eclipse lunar em 25 de abril). Além disso, o poder planetário fará um importante deslocamento do ocidente, onde esteve durante o ano todo, para o oriente, de forma que haverá mudanças psicológicas. Você ingressará em um período de independência pessoal. O poder planetário começa a fluir em sua direção, proporcionando o aumento da autoconfiança e da autoestima. Caso tenha problemas amorosos, será por uma boa causa, pois o conscientizarão de seu poder pessoal e sua independência. Como se tudo isso não bastasse, no dia 20 você começa um pico profissional anual.

O eclipse solar do dia 10 vai acontecer em sua nona Casa. É melhor evitar viagens internacionais nesse período. Os estudantes farão mudanças drásticas nos planos educacionais. Às vezes, o eclipse proporciona transtornos na hierarquia de sua instituição de ensino, alterações no currículo ou mudanças administrativas importantes. Sua filosofia de vida e suas crenças mais profundas passarão por um bom teste. Você terá de fazer algumas mudanças. Essa é a hora de separar o joio do trigo. O Sol é seu planeta espiritual, de forma que acontecerão importantes mudanças espirituais (que estarão por trás da renovação de suas crenças). Para muitos, isso significa a escolha de novos professores e ensinamentos, mudanças de hábitos, de atitudes e ideais espirituais. Haverá dramas na vida das figuras de orientação e reviravoltas em uma organização espiritual ou de caridade com a qual você estiver envolvido. Marte será abalado por esse eclipse, então evite atividades arriscadas e cirurgias eletivas.

O amor será posto à prova a partir do dia 20. A causa é o trânsito dos planetas. Mas o efeito do eclipse lunar do dia 25 também será uma influência a mais. Bons relacionamentos sobrevivem a esses eventos. Na verdade, ficam melhores e mais fortes, mas os que possuem problemas básicos tendem a se dissolver. Mesmo em um bom relacionamento, haverá mais tensão. A pessoa amada estará mais temperamental. Durante o período do eclipse, é comum que a roupa suja do casal precise ser lavada, o que é uma mudança positiva no relacionamento. Não só o amor será testado, mas também as amizades. Esse eclipse lunar terá um impacto mais intenso sobre você do que o eclipse solar anterior, então tenha uma programação tranquila. De qualquer forma, como a saúde vai estar mais delicada depois do dia 20, uma agenda reduzida é aconselhável a partir dessa data, mas especialmente durante o período do eclipse.

Você terá muito sucesso este mês. Estará por cima, dando as cartas. Portanto, será um alvo natural – um para-raios para os críticos e para os que gostam de atirar pedras. Valiosas lições serão aprendidas com essas experiências.

JUNHO

Melhores dias: 5, 6, 15, 16, 23, 24
Dias mais tensos: 1º, 7, 8, 21, 22, 27, 28
Melhores dias para o amor: 1º, 10, 19, 20, 27, 28
Melhores dias para o dinheiro: 8, 9, 10, 17, 18, 19, 20, 26, 27, 28
Melhores dias para a carreira: 1º, 7, 8, 10, 11, 19, 20, 27, 28

Você ainda vai estar em meio a um pico profissional anual (talvez o mais importante de sua vida) até o dia 21. Será bem-sucedido, subirá na carreira, obterá renome e reconhecimento por suas realizações. Você será promovido na empresa e, talvez, em sua indústria. A presença de Marte em sua décima Casa indica que você estará se aplicando muito na carreira – afastando concorrentes pessoais e profissionais. Estar no topo pode ser estressante, pois há sempre crises ou problemas para resolver. Mas, durante esse processo, acontecerá uma desintoxicação. As impurezas chegarão à tona e serão removidas.

No dia 27, os objetivos profissionais (pelo menos neste momento) terão sido alcançados. Júpiter deixará sua décima Casa no dia 11. Você vai colher os frutos do seu trabalho, fará novos e importantes amigos, e a vida social vai ficar mais ativa. Muitas vezes, a carreira é o meio para alcançar um objetivo. Temos esperanças e desejos que só podem se manifestar por intermédio dela. A carreira nunca foi o objetivo principal, mas sim essas esperanças e esses desejos, que começarão a se realizar este mês e este ano.

A saúde e vitalidade também vão começar a melhorar depois do dia 21. Você vai sentir claramente a diferença. Se tiver havido algum problema de saúde no mês passado, você ouvirá boas notícias.

Um dos pais ou figuras paterna ou materna vai precisar ir com calma nesse período. Talvez essa pessoa tenha passado por uma cirurgia ou uma experiência de quase morte. Ele ou ela terá energia, mas talvez fique mais impaciente, irritado ou apressado, o que pode levar a acidentes.

A vida amorosa começará a melhorar drasticamente depois do dia 1, sobretudo após o dia 27. Se durante o eclipse você terminou um relacionamento, conhecerá alguém melhor. Caso seu relacionamento tenha sobrevivido ao eclipse, haverá mais amor e romance. As virginianas que estiverem em idade de engravidar ficarão muito mais férteis após o dia 27.

Não será preciso apressar o amor. O planeta do Amor entrará em movimento retrógrado no dia 7 e continuará a retroceder até 15 de novembro. Isso não vai interromper as incríveis experiências amorosas que estarão acontecendo, apenas desacelerar um pouco as coisas – o que provavelmente será bom. O cônjuge ou amor atual estará sem rumo, indeciso, então permita que o amor siga o próprio curso. Aproveite o momento sem pensar em um futuro muito distante.

JULHO

Melhores dias: 2, 3, 12, 13, 21, 22, 29, 30
Dias mais tensos: 4, 5, 6, 19, 20, 25, 26
Melhores dias para o amor: 1º, 7, 10, 11, 16, 17, 19, 20, 25, 26, 29, 30
Melhores dias para o dinheiro: 1º, 7, 8, 10, 11, 14, 15, 16, 17, 19, 20, 25, 29, 30
Melhores dias para a carreira: 4, 5, 6, 7, 8, 17, 25, 26

Sua 11ª Casa continuará poderosa em julho. Ela se fortalecerá a partir de agora, mas ficará especialmente forte neste momento. Portanto, você viverá um período de muita atividade social, tanto para o amor quanto para amizades, grupos e organizações. O poder na 11ª Casa indica um interesse em ciência e tecnologia. Seu conhecimento vai aumentar em ambas as áreas. Novos computadores, aparelhos e softwares chegarão a suas mãos, e você ficará mais tempo na internet do que de costume. Um dos pais ou figura paterna ou materna está em um pico financeiro anual desde o dia 21 do mês passado. Haverá prosperidade pelo resto do ano, sobretudo em julho. Ele ou ela precisará ser mais cuidadoso até o dia 18. Reveja os comentários de junho sobre esse tema.

Os virginianos são pessoas racionais e intelectuais. O elemento Água vai estar forte este mês. Sessenta por cento e, às vezes, setenta por cento dos planetas estarão em signos de Água ou passarão por eles. Você passou por isso em fevereiro e março. As pessoas e o mundo em geral vão estar se guiando pelos sentimentos nesse período. A lógica e a racionalidade não terão importância alguma. Se alguém achar que a terra é plana, então assim será para essa pessoa! É um pouco difícil lidar com isso, mas, em momentos como esse, o mundo precisa mais da racionalidade dos virginianos. Você será muito importante nesse período. Por outro lado, será uma boa hora para entrar mais em contato com seus sentimentos. Os nativos de Virgem, mais do que a maioria das pessoas, vivem muito no plano intelectual e, assim, podem perder uma dimensão importante de si mesmos. Será um ótimo momento para fazer progressos emocionais.

O amor será muito feliz este mês. Os solteiros vão ter a opção de escolher entre relacionamentos sérios ou simples casos amorosos. Ambos se apresentarão a você. A fertilidade ainda estará muito forte (para aquelas em idade de engravidar). Haverá oportunidades românticas na internet, em sites de redes sociais, serviços de namoro on-line e por intermédio de amigos que gostam de bancar o cupido. As chances de romance também acontecerão se você se envolver em grupos, atividades coletivas e em organizações profissionais ou sociais.

As finanças serão boas este mês. Haverá prosperidade. Até o dia 23, seu planeta das Finanças ficará em sua 12ª Casa, valorizando as dimensões espirituais da riqueza. A intuição e a orientação interior serão importantes. No dia 23, Vênus entrará em seu signo, o que proporciona sorte e oportunidades financeiras. Você não terá de se esforçar muito para encontrá-las. Com a maioria dos planetas no independente oriente, e o planeta das Finanças em seu signo, a prosperidade estará em suas mãos. Você saberá o que deve ser feito. Molde a vida financeira (e as outras circunstâncias da vida) de acordo com os seus desejos. Com a presença de Vênus em seu signo, você ficará propenso a gastar consigo mesmo – em seu corpo e sua imagem. De fato, é uma boa hora para comprar roupas ou acessórios, pois a noção de estética estará aguçada.

Se precisar pegar dinheiro emprestado ou negociar uma hipoteca, o período entre os dias 19 e 24 será mais indicado.

AGOSTO

Melhores dias: 8, 9, 17, 18, 25, 26, 27
Dias mais tensos: 1º, 2, 15, 16, 21, 22, 28, 29
Melhores dias para o amor: 3, 8, 9, 13, 19, 21, 22, 25, 26
Melhores dias para o dinheiro: 3, 8, 9, 10, 11, 12, 13, 14, 19, 21, 22, 25, 26, 30, 31
Melhores dias para a carreira: 1º, 2, 3, 4, 15, 16, 24, 25, 28, 29

Marte estará em quadratura com Urano nos dias 1º e 2 – um aspecto extremamente dinâmico. Passe esses dias com calma e tranquilidade. Evite discussões, pessoas ou lugares perigosos. Não é hora de correr riscos. Esse aspecto pode proporcionar algum tipo de problema na saúde, mas como esta vai estar basicamente boa em agosto, provavelmente não será nada sério. Controle seu temperamento no trabalho e com seus colegas. Se for empregador, é provável que aconteçam dramas na vida dos funcionários.

Sua 12ª Casa se tornou muito poderosa em 22 de julho e continuará assim até o dia 22 deste mês. Agosto será um mês espiritual, um período para alcançar metas espirituais e se aproximar do Poder Superior que existe dentro de você. No nível terreno, será um bom momento para dedicar-se a causas altruísticas ou de caridade. O cosmos o incitará a resolver os problemas do ano passado e começar do zero seu ano-novo (que começa, astrologicamente falando, em seu aniversário). Qualquer prática que o ajudar a fazer isso será positiva. Preste atenção aos sonhos que terá este mês, que provavelmente serão proféticos e reveladores. Todos os virginianos, estejam ou não trilhando o caminho espiritual, terão experiências sobrenaturais neste período. A única diferença é que aqueles que estiverem no caminho as reconhecerão pelo que são, e os que não estiverem vão considerá-las "coincidência".

No dia 22, você entrará em um de seus picos anuais de prazer pessoal. Os nativos de Virgem trabalham como escravos, de forma que períodos de prazer pessoal são mais benéficos para eles do que para a maioria das outras pessoas.

No dia 22, os planetas passam para a posição mais oriental. Então você entrará em um período de independência pessoal e poder máximos. Beneficie-se canalizando essa energia extra para criar o que deseja em sua vida. Você pode e deve ter o que quer neste momento. A felicidade e a realização pessoal estão em suas mãos. Não há desculpas, e você terá muito apoio planetário.

O amor ficará mais complicado depois do dia 22. Você e a pessoa amada estarão distantes um do outro. Essa distância poderá ser física ou psicológica, o efeito é mais ou menos o mesmo. Vocês verão as coisas de maneiras opostas e terão perspectivas e opiniões contrárias. Nenhum dos dois vai estar certo ou errado. Às vezes, um estará com a razão, às vezes, o outro, vai depender da situação. Em algumas ocasiões, você terá que ceder aos desejos do parceiro ou parceira, em outras, ele ou ela cederá aos seus. Se vocês conseguirem superar essas diferenças – transcendê-las –, o relacionamento pode se tornar mais forte do que antes. Na astrologia, os opostos são os parceiros naturais para o casamento. Um poder verdadeiro resulta da união dos opostos. Os antigos entendiam que os opostos eram apenas dois lados da mesma moeda, mas embora superficialmente pareçam estar em conflito, eles se complementam. Parte do problema é que o amor atual vai estar focado nos próprios interesses, e você, nos seus – e ambos serão divergentes. A solução é buscar o diálogo e chegar a um acordo.

SETEMBRO

Melhores dias: 4, 5, 6, 13, 14, 22, 23
Dias mais tensos: 11, 12, 18, 19, 24, 25, 26
Melhores dias para o amor: 1º, 8, 9, 17, 18, 19, 27, 28
Melhores dias para o dinheiro: 1º, 7, 8, 9, 10, 17, 18, 19, 27, 28
Melhores dias para a carreira: 5, 6, 15, 16, 24, 25, 26

A tendência do amor continua sendo a mencionada no mês passado. Seu desafio será superar as diferenças e aceitar o ponto de vista da pessoa amada, que deve fazer o mesmo. Suas dificuldades não serão permanentes. O amor vai ficar mais fácil depois do dia 22.

Você ainda vai estar em um de seus picos anuais de prazer pessoal. Será um momento para desfrutar todos os prazeres sensuais e para deixar o corpo e a imagem da maneira que deseja.

O planeta espiritual (o Sol), que está na primeira Casa desde o dia 22 do mês passado, proporciona beleza e glamour à imagem. Muitos atores, atrizes e modelos têm esta posição quando nascem. Ela concede um tipo de beleza "sublime", celestial. Essa característica pode ser observada até mesmo em pessoas idosas. O corpo fica envelhecido, mas a pessoa é envolvida em uma bela aura e, quando se olha para o efeito do todo, a pessoa é linda.

Essa posição também sensibiliza o corpo. Então, embora você vá desfrutar os prazeres carnais, é melhor evitar álcool e drogas. Seu corpo pode ter uma reação exacerbada a essas substâncias.

No dia 22, você entrará em um pico financeiro anual. As finanças também estiveram bem no mês passado, mas ficarão ainda melhores. No entanto, haverá muito trabalho e muitos desafios. Será um mês frenético, em que você terá de lidar com diversos interesses bastante distintos. É como ter um bando de adolescentes desobedientes em casa, cada um querendo fazer algo diferente. Sua função é fazer com que todos colaborem e sigam apenas uma direção. É mais fácil falar do que fazer. Apesar disso, provavelmente você estará mais rico no final do mês do que no começo. Os dias 27 e 28 serão bons para as finanças. Haverá também sorte nas especulações.

Felizmente, a saúde vai estar boa e você terá a energia para lidar com todos esses desafios. Entretanto, não faz mal melhorá-la seguindo as dicas mencionadas em "Tendências Gerais".

Mercúrio vai formar um aspecto dinâmico com Urano e Plutão dos dias 15 a 17. Vá com calma nesse período. Dirija com mais cuidado. Evite situações e pessoas perigosas. Controle seu temperamento para evitar conflitos o máximo que puder. Isso também vale para os pais ou figuras paterna ou materna.

Um filho ou enteado deverá ser mantido longe do perigo – receber proteção extra – dos dias 7 a 11.

OUTUBRO

Melhores dias: 2, 3, 11, 12, 19, 20, 29, 30
Dias mais tensos: 8, 9, 15, 16, 22, 23
Melhores dias para o amor: 6, 7, 8, 15, 16, 17, 18, 24, 27, 28
Melhores dias para o dinheiro: 4, 5, 6, 7, 8, 15, 16, 17, 18, 24, 25, 27, 28, 31
Melhores dias para a carreira: 6, 7, 15, 16, 22, 23, 24, 25

Você ainda estará em um pico financeiro anual até o dia 23. Seu planeta espiritual, o Sol, ficará na casa do dinheiro até o dia 23, então siga a sua intuição. Este será um período para acionar as leis espirituais de riqueza – para acessar as fontes sobrenaturais de auxílio, e não as terrenas. Quanto melhor você se sair, mais liberdade financeira terá. Caso tenha uma sensação de falta ou de vazio, aumente suas doações. Doe dinheiro para a caridade ou para alguma causa altruística e observe as portas financeiras se abrirem magicamente para você. No nível espiritual, as portas se abrem de maneira instantânea, mas pode ser que o efeito tangível não fique logo claro. Não tenha medo, vai acontecer.

Seja mais paciente com a pessoa amada depois do dia 15. Evite conflitos desnecessários. Ele ou ela estará mais temperamental nesse período, talvez por causa de dificuldades financeiras ou conflitos com os amigos. Ele ou ela deve dirigir com mais cuidado dos dias 15 a 22, além de evitar pessoas e situações perigosas. Você e seu amor estarão em harmonia – os problemas provêm de outras fontes.

Haverá um eclipse lunar no dia 18 em sua oitava Casa. Assim, passe esse período com tranquilidade. O eclipse pode proporcionar encontros com a morte (geralmente psicológicos), cirurgias ou experiências de quase morte. Não há necessidade de correr riscos a mais. Caso uma atividade seja estressante ou perigosa, remarque-a para outro momento. Como em todos os eclipses lunares, as amizades serão testadas. Nem sempre o problema é o relacionamento (às vezes, é), muitas vezes a causa é algum drama na vida dos amigos. Computadores, softwares e equipamentos de alta tecnologia serão postos à prova, ficarão mais problemáticos nesse período e em muitos casos vão precisar ser trocados. Os amigos também devem evitar atividades arriscadas neste período. Como esse eclipse terá um impacto sobre Júpiter, haverá também dramas familiares. Seja mais paciente com os membros da família.

Sua terceira Casa vai se tornar poderosa após o dia 23 e você sentirá os efeitos antes, pois Mercúrio passará o mês todo ali. Outubro será propício para buscar seus interesses intelectuais – fazer cursos sobre assuntos que o interessem, obter conhecimento ou difundi-lo para outras pessoas. Uma boa comunicação não é apenas divertida e positiva, mas também importante para as finanças – especialmente até o dia 7. Depois dessa data, a família e as conexões familiares se tornarão cruciais financeiramente. Você passará mais tempo em casa com a família, mas essa área também pode se mostrar lucrativa. Os investidores profissionais podem encontrar oportunidades de lucro em imóveis, restaurantes, empresas de alimentos e hotéis.

NOVEMBRO

Melhores dias: 7, 8, 16, 17, 25, 26, 27
Dias mais tensos: 5, 6, 11, 12, 18, 19
Melhores dias para o amor: 3, 7, 11, 12, 16, 17, 20, 26, 27, 30

Melhores dias para o dinheiro: 1º, 3, 4, 7, 11, 12, 16, 17, 21, 22, 26, 27, 28, 29, 30
Melhores dias para a carreira: 3, 4, 11, 12, 18, 19, 20, 21, 22, 30

Marte entrou em seu signo no dia 15 de outubro, e vai passar este mês todo lá. Isso tem alguns pontos positivos e alguns não tão positivos. No lado positivo, será um ótimo momento para perder peso (caso você esteja precisando) e para regimes de desintoxicação. Marte é o senhor de sua oitava Casa, proporcionando energia e coragem, um espírito de luta. Você vai estar pronto para vencer todos os desafios e obstáculos em seu caminho, fará as coisas rapidamente, estará mais magnético e carismático. O apelo sexual será muito mais forte que de costume, algo que o sexo oposto percebe (e que às vezes pode se tornar um problema). Você vai se destacar no atletismo e na prática de exercícios. Seja qual for seu nível de habilidade, você progredirá nesse período. O lado negativo é que a coragem e o espírito de luta podem levar à beligerância, a procurar brigas. E, se procurar, certamente vai achar. Isso pode aumentar a predisposição à raiva, pressa e impaciência, o que talvez acarrete ferimentos no plano físico. Quando Marte está próximo do ascendente, podemos dar a impressão de rispidez, irritação e beligerância, mesmo que não tenhamos essa intenção. É como se emanassem de nós. Assim, será necessário um esforço consciente para suavizar sua atitude em relação aos outros. Você vai estar fisicamente mais ativo, mas mais atento em suas ações. Evite pessoas e situações violentas.

Haverá um eclipse solar no dia 3 em sua terceira Casa. Este eclipse terá um impacto bastante suave em relação a outros eclipses, e você já passou por outros muito mais fortes. Como todo eclipse do Sol, este proporcionará mudanças espirituais – na prática, nos professores e ensinamentos. Geralmente, isso acontece como resultado de iluminação interior – uma nova visão sobre as coisas. Às vezes, ocorrem escândalos e abalos em uma organização espiritual ou de caridade com a qual você esteja envolvido. Às vezes, um drama na vida de seu professor ou guru gera a mudança.

Os equipamentos de comunicação serão testados por esse eclipse e talvez precisem ser substituídos por outros mais atuais. Haverá dramas na vida de irmãos ou figuras fraternas – e talvez tumultos em seu bairro. Estudantes (em níveis anteriores ao universitário) mudarão a instituição de ensino e os planos educacionais. Provavelmente haverá dramas – eventos chocantes – na instituição de ensino. Esse eclipse terá impacto sobre Saturno, seu planeta dos filhos, portanto filhos ou enteados devem programar uma agenda tranquila nesse período. Faça o que puder para mantê-los longe de problemas e de situações perigosas. Eles não devem correr riscos desnecessários nesse momento.

Sua terceira Casa – da Comunicação – continuará poderosa até o dia 22, então reveja os comentários do mês passado sobre esse assunto.

A vida profissional passará este mês em suspenso. Mercúrio, seu planeta da Carreira, ficará em movimento retrógrado até o dia 10. A maioria dos planetas ainda vai estar na metade inferior do mapa. Sua quarta Casa – do Lar e da Família – foi poderosa no mês passado, e ficará ainda mais forte no dia 22. Assim, uma pausa profissional está escrita nas estrelas, e será agradável. O foco deve se voltar para o lar, a família e o bem-estar emocional. Quando estes estiverem bem, a carreira se beneficiará naturalmente e no devido momento.

A saúde ficará delicada depois do dia 22. Não se esqueça de descansar e relaxar mais e prestar atenção para conservar as energias. Siga as dicas mencionadas em "Tendências Gerais" para melhorar a saúde.

DEZEMBRO

Melhores dias: 4, 5, 13, 14, 23, 24
Dias mais tensos: 2, 3, 8, 9, 15, 16, 17, 30, 31
Melhores dias para o amor: 1º, 4, 5, 8, 9, 13, 14, 18, 23, 24, 28
Melhores dias para o dinheiro: 1º, 4, 5, 8, 9, 13, 14, 18, 19, 23, 24, 25, 26, 28, 29
Melhores dias para a carreira: 1º, 10, 11, 15, 16, 17, 21, 22

No dia 22 do mês passado, o poder planetário se deslocou do oriente para o ocidente, seu setor social. Este mês, quando Mercúrio entrar em Sagitário, o poder ocidental crescerá, o que significa o fim do seu período de independência pessoal em 2013. É bom que nos últimos seis meses você tenha feito as modificações necessárias em sua vida, pois está na hora de vivê-las. Agora será mais difícil (ainda que não impossível) realizar mudanças. O ideal é se adaptar às coisas da melhor forma possível. Tome nota do que o irrita, e quando o próximo período de independência pessoal chegar, você poderá realizar as mudanças necessárias. O poder planetário se afastará de você e vai se encaminhar para os outros. Será o momento de aprimorar suas habilidades sociais. A competência e o mérito pessoal não importarão tanto quanto sua capacidade de se dar bem com os outros e conseguir a cooperação e o apoio deles.

Sua quarta Casa continuará poderosa até o dia 24. O foco vai estar no lar e na família. Seu bem-estar e estabilidade emocional serão importantes, e devem ser cultivados caso você pretenda alcançar seus objetivos profissionais mais tarde. Este será um período de progressos psicológicos. Os virginianos que fazem terapia irão bem. Com o planeta espiritual em sua quarta Casa, a simples psicologia de caráter secular não será suficiente, a dimensão espiritual terá de ser considerada. Talvez seja necessária uma regressão a vidas passadas. Muitos problemas familiares têm origem em outras vidas. Geralmente, temos uma longa história cármica com nossas famílias e encarnamos com elas para ajustar as coisas. Enxergar essa perspectiva será uma grande ajuda. O zodíaco também diz que sua compreensão espiritual vai ajudar sua família com os problemas neste momento.

Embora esta seja uma época festiva do ano, você começará seu período mais ativo um pouco mais tarde – no dia 21. O trabalho pode ter uma folga. Renove-se através do lazer e da criatividade. As virginianas que estiverem em idade de engravidar começarão mais um período de grande fertilidade em dezembro.

A vida amorosa vai estar muito melhor do que nos meses anteriores. Seu planeta do Amor está em movimento direto e recebe aspectos positivos. Haverá também mais clareza nessa área. Um relacionamento atual vai estar muito mais feliz. Os solteiros vão sair mais e atrair experiências românticas positivas. Haverá uma tensão passageira com a pessoa amada dos dias 5 a 8.

Seu planeta das Finanças está bem posicionado, no signo de Capricórnio, de forma que a intuição financeira estará aguçada. Você aplicará e gerenciará bem seu dinheiro. O ideal será fazer todas as compras de fim de ano antes do dia 21. Não espere até o último minuto, pois no dia 21 seu planeta das Finanças entrará em movimento retrógrado.

Tenha cuidado ao dirigir dos dias 29 a 31. Evite pessoas e situações perigosas. Na verdade, passar mais tempo em casa, com tranquilidade, seria o ideal. Mercúrio, seu planeta regente, formará aspectos dinâmicos com Urano e Plutão nesse período.

♎︎

LIBRA

A BALANÇA
Nascidos entre 23 de setembro e 22 de outubro

PERFIL PESSOAL

LIBRA NUM RELANCE

Elemento: Ar
Planeta Regente: Vênus
   Planeta da Carreira: Lua
   Planeta da Saúde: Netuno
   Planeta do Amor: Marte
   Planeta das Finanças: Plutão
   Planeta do Lar e da Vida Familiar: Saturno
Cores: azul, verde-jade
Cores que promovem o amor, o romance e a harmonia social: carme sim, vermelho, escarlate
Cores que propiciam ganhos: vinho, púrpura, violeta
Pedras: cornalina, crisólito, coral, esmeralda, jade, opala, quartzo, mármore branco
Metal: cobre
Perfumes: amêndoa, rosa, baunilha, violeta
Qualidade: cardeal (= atividade)
Qualidades essenciais ao equilíbrio: noção do eu, autossuficiência, independência
Maiores virtudes: encanto social, charme, tato, diplomacia
Necessidades mais profundas: amor, romance, harmonia social
Característica a evitar: violação de princípios (para ser socialmente aceito)

Signos de maior compatibilidade: Gêmeos, Aquário
Signos de maior incompatibilidade: Áries, Câncer, Capricórnio
Signo mais útil à carreira: Câncer
Signo que fornece maior suporte emocional: Capricórnio
Signo mais prestativo em questões financeiras: Escorpião
Melhor signo para casamento e associações: Áries
Signo mais útil em projetos criativos: Aquário
Melhor signo para sair e se divertir: Aquário
Signos mais úteis em assuntos espirituais: Gêmeos, Virgem
Melhor dia da semana: sexta-feira

COMPREENDENDO A PERSONALIDADE LIBRIANA

No signo de Libra, a psique universal manifesta sua capacidade de relacionamento, isto é, o talento de harmonizar elementos distintos de forma orgânica e unificada. Libra representa o poder da alma de expressar a beleza em todas as suas formas. Mas a beleza não pode existir no isolamento. Ela nasce da comparação, da relação proporcional entre as partes. Sem essa justa harmonia nas relações, não haverá beleza, seja nas artes, nos costumes, nas ideias, no foro sociopolítico.

Duas faculdades humanas elevam a espécie acima do reino animal. A primeira é a capacidade de raciocínio, conforme expressada nos signos de Gêmeos e Aquário. A segunda é o senso estético que Libra personifica, sem o qual não passaríamos de bárbaros inteligentes. Libra corresponde ao ímpeto civilizador da alma.

A beleza é a essência da natureza dos librianos. Eles vieram a este mundo para embelezá-lo. Poderíamos falar de seu charme social, de seu senso de equilíbrio e justiça, de sua capacidade de enxergar e acatar o ponto de vista alheio, mas todos derivam de uma única qualidade central: o anseio pela beleza dos nativos de Libra.

Ninguém, por mais só que pareça, vive no isolamento. A vida no universo apenas se mantém mediante ampla colaboração entre os seres. Os librianos compreendem bem isso e conhecem as leis espirituais que tornam as relações amenas e agradáveis.

Os librianos são, consciente ou inconscientemente, os grandes civilizadores, harmonizadores e artistas do planeta, traduzindo sua necessidade mais profunda e maior talento. Adoram reunir pessoas e são perfeitamente qualificados para isso. Conseguem detectar os pontos de união entre as pessoas, os elos que as atraem, em vez de separá-las.

FINANÇAS

Os librianos podem parecer frívolos ou ilógicos em assuntos financeiros. Talvez porque estejam mais preocupados em ganhar dinheiro para os outros do que para si mesmos. Porém, existe uma lógica por trás dessa atitude. Eles sabem que tudo se acha interligado e que é, portanto, impossível ajudar os demais a progredir sem prosperar junto. E como aumentar a renda dos parceiros tende a fortalecer o relacionamento, os librianos optam por esse caminho. Para eles, não há nada mais divertido do que um bom relacionamento. E você raramente encontrará um libriano enriquecendo-se à custa de alguém.

Escorpião, regente da segunda Casa Solar de Libra – do Dinheiro – confere aos librianos uma inusitada capacidade de visão em questões financeiras, que muitas vezes surge disfarçada de aparente indiferença. Muitos nativos de outros signos voltam-se para os librianos em busca de aconselhamento e orientação financeira.

Sua graça social faz com que gastem grandes somas de dinheiro na organização de festas, recepções e eventos sociais. Também gostam de ajudar os que necessitam. Os librianos são capazes de deixar suas prioridades de lado para auxiliar um amigo, mesmo que tenham que tomar dinheiro emprestado para fazê-lo. Contudo, sempre pagam suas dívidas sem que tenham de ser lembrados de fazê-lo.

CARREIRA E IMAGEM PÚBLICA

Os librianos apreciam aparecer em público como mecenas de boas causas. Os amigos e conhecidos são sua família, e os librianos apreciam exercer influência paternalista sobre eles. Também gostam de chefes com essa característica.

A cúspide da décima Casa de Libra – da Carreira – está no signo de Câncer. A Lua, regente da carreira dos librianos, é o corpo celeste mais ágil e mutável nos céus do horóscopo. É o único a percorrer todo o zodíaco e as 12 Casas a cada mês. Aí temos uma chave fundamental para entender a forma como os librianos abordam a carreira e o que precisam fazer a fim de melhorar seu potencial profissional. A Lua é o corpo sideral dos humores e sentimentos; assim, os librianos precisam de uma carreira em que suas emoções possam ser livremente expressas. É por isso que tantos librianos se dedicam às belas-artes. As ambições librianas crescem e minguam com a Lua. Sua capacidade varia segundo o humor lunar.

A Lua governa as massas, fazendo com que o ideal mais elevado de Libra seja conquistar a aclamação popular e o prestígio público. Os librianos que alcançam a fama tratam o público como um amigo íntimo ou amante. São muito flexíveis, por vezes inconstantes, em sua carreira e suas ambições. Por outro lado, conseguem atingir seus objetivos de diversas maneiras. Não se prendem a um único tipo de postura ou jeito de fazer as coisas.

AMOR E RELACIONAMENTOS

Os librianos expressam sua verdadeira natureza no amor. Não há companheiros mais românticos, sedutores e justos. Se existe algo capaz de destruir uma relação e bloquear o amor que flui de um coração libriano é a desigualdade ou o desequilíbrio nas trocas entre amante e amado. Se um lado estiver dando ou recebendo demais, o ressentimento aflorará mais cedo ou mais tarde. Os librianos cuidam muito para que isso não ocorra. Erram sempre por dar demais – nunca por deixar faltar.

Se você estiver apaixonado por alguém de Libra, certifique-se de manter vicejante a aura de romance. Atente para os detalhes: jantares à luz de velas, viagens a locais exóticos, flores e presentinhos. Presenteie com objetos belos, não necessariamente caros. Envie cartões. Telefone regularmente, mesmo que não tenha nada específico para dizer. Essas delicadezas são essenciais para os librianos, os quais encaram o relacionamento como uma obra de arte – torne-o belo, e seu parceiro libriano ficará encantado. Se você for criativo nisso, eles o apreciarão ainda mais – e é assim que se comportarão em relação a você.

Os librianos gostam que seus parceiros sejam determinados e até um pouquinho agressivos. Sabem que carecem dessas qualidades, de forma que apreciam que seus companheiros as exibam. Nos relacionamentos, entretanto, os próprios librianos podem ser um tanto agressivos, mas sempre de forma sutil e encantadora. É que eles agem deliberadamente no sentido de encantar e seduzir o objeto de seu desejo. E essa determinação é sempre deliciosa para quem está sendo cortejado.

VIDA DOMÉSTICA E FAMILIAR

Por serem criaturas intensamente sociais, os librianos não morrem de amores pelas tarefas domésticas. Gostam de uma casa bem organizada, limpa e bela, e com tudo de que necessitam, mas as tarefas domésticas são para eles um fardo: uma carga de trabalho não aprazível, que tentam executar com a maior rapidez possível. Quando têm dinheiro – e muitas vezes mesmo quando não têm – preferem pagar a alguém para cuidar das tarefas domésticas. Apreciam, no entanto, a jardinagem e adoram ter flores e plantas em casa.

O lar do libriano é moderno e decorado com muito bom gosto. Haverá sempre um bom número de pinturas e de esculturas na residência do nativo deste signo. Por apreciar estar com os amigos e a família, o libriano adora receber convivas e é um ótimo anfitrião.

Capricórnio ocupa a cúspide da quarta Casa de Libra – do Lar e da Família. Saturno, o planeta da lei, da ordem, dos limites e da disciplina, governa os assuntos domésticos de Libra. Se desejarem que sua vida doméstica seja boa e alegre, terão que desenvolver mais algumas das virtudes saturninas – da ordem, da organização e da disciplina. É que os librianos, por serem tão criativos e necessitarem de harmonia, tendem a ser demasiado permissivos com os filhos, o que nem sempre é bom. Devem compreender que as crianças precisam de liberdade, mas também de limites.

LIBRA
HORÓSCOPO 2013

TENDÊNCIAS GERAIS

O minério bruto provavelmente não gosta muito do processo de fundição. O calor é insuportável, mas o produto final é muito bom: um metal puro. Todas as pessoas que têm aspirações elevadas passam por anos que trazem muitas provações. Quanto mais alta a aspiração, maior a prova. Os anos de 2011 e 2012 foram assim. Talvez você tenha pensado que essas provações eram mais do que você podia suportar, mas não era o caso. O Poder Superior e seus agentes, as forças planetárias, são inteligentes. Cada teste é cuidadosamente ajustado. Apenas a pressão exata é aplicada para fazer efeito, nada mais. Essas provações não foram castigos, como talvez você tenha imaginado. Nem má sorte. Na verdade, foram uma resposta a suas preces. Você desejava algo elevado, e esses testes foram necessários para que você obtivesse o que queria da maneira correta. Algumas impurezas psicológicas tiveram de ser eliminadas, o que só acontece por meio das dificuldades. Agora, você consegue ver isso, mas, enquanto estava acontecendo, não era tão evidente.

Felizmente, o pior já passou. O ano de 2011 foi a parte mais difícil, e 2012 nem tanto. Você ainda enfrentará desafios em 2013, mas eles não serão tão complicados quanto os que você já superou.

Em março de 2011, Urano entrou em sua sétima Casa – do Amor. Os relacionamentos existentes foram postos à prova. Muitos não resistiram. Urano continuará nessa casa em 2013 e por mais cerca de cinco anos. O amor ficará extremamente instável. Toda a esfera social será drasticamente alterada.

Netuno, o mais espiritual dos planetas, ingressou em sua sexta Casa – da Saúde – em 2012. (Ele passou rapidamente por essa Casa em 2011, mas a mudança de 2012 será de longo prazo.) É um avanço positivo, pois você vai precisar se concentrar mais na saúde nesse período. Isso também indica que você vai explorar os inúmeros aspectos espirituais da saúde e da energia, e este conhecimento vai ajudá-lo a resolver muitos problemas.

Júpiter vai começar o ano em sua nona Casa, o que mostra muitas viagens internacionais. Esse também será um bom trânsito para os estudantes universitários e de pós-graduação, pois indica sucesso. Em 27 de junho, Júpiter vai cruzar o Meio do Céu e entrar em sua décima Casa – da Carreira. Portanto, essa área vai florescer em 2013, de acordo com a fase de vida em que você estiver.

Suas mais importantes áreas de interesse este ano serão finanças; lar e família; saúde e trabalho; amor e romance; religião, metafísica, ensinamentos superiores e viagens internacionais (até 27 de junho); carreira (a partir de 27 de junho).

Seus caminhos para a maior realização este ano serão finanças; religiões, metafísica, ensinamentos superiores e viagens internacionais (até 27 de junho); carreira (a partir de 27 de junho).

SAÚDE

(Trata-se de uma perspectiva astrológica sobre a saúde, não de uma visão médica. No passado, essas perspectivas eram idênticas. Porém, hoje, podem ocorrer diferenças. Para obter uma opinião com base em diagnósticos da medicina convencional, consulte seu médico ou um profissional da saúde.)

A saúde melhorou muito nos últimos dois anos, mas ainda precisará de cuidados. Você começa o ano com dois poderosos planetas de curso lento em alinhamento tenso. Em 27 de junho, Júpiter também entrará em um alinhamento tenso, de forma que a saúde continuará delicada. Felizmente, sua sexta Casa – da Saúde

- estara forte, pois, como foi mencionado, Netuno passara o ano lá. Então você estará cuidadoso e alerta – que é exatamente o que deve ser feito.

Aspectos tensos na saúde não significam necessariamente doença, isso apenas indica que é preciso prestar mais atenção nessa área. Você não pode simplesmente achar que a saúde está garantida nesse período. Se tomar cuidado e não se desgastar sem necessidade, passará por esse período sem grandes problemas ou inconvenientes.

Há muito a ser feito para melhorar a saúde e prevenir os problemas. Dê mais atenção às áreas vulneráveis deste ano, que são:

Coração. Evite preocupação ou ansiedade. Não leve a vida muito a sério. Se houver algo positivo a ser feito, faça. Tome providências. Mas caso não haja nada a fazer, não se preocupe. Aproveite sua vida. Quando chegar a hora de agir, você saberá o que fazer.

Pés. Reflexologia e massagem nos pés são sempre terapias benéficas para você – Netuno, o planeta que rege os pés, é seu planeta da Saúde. Nos próximos 13 ou 14 anos, esse planeta ficará ainda mais potente, pois ingressou em sua sexta Casa – da Saúde. Os sapatos devem ser macios e exatamente do seu número. Mantenha os pés aquecidos no inverno. Escalda-pés e hidromassagem nos pés também serão uma boa ideia – e existem muitos aparelhos por aí para ajudar. Visitas regulares a um podólogo também podem fazer bem.

Rins e quadris. Essas também são áreas sempre importantes para você, pois são regidas pelo signo de Libra. Faça massagens regulares na área dos quadris.

Por mais importantes que sejam essas áreas, é também crucial conservar as energias. Evite se exaurir. Aprenda a organizar bem suas atividades (você já é muito bom nisso). Descanse quando estiver cansado. Tenha um ritmo de trabalho e alterne atividades. Tarefas diferentes utilizam faculdades mentais e músculos diferentes. Quando você alterna, deixa que algumas faculdades descansem. Delegue o máximo possível. Planeje seu dia para realizar mais tarefas com menos esforço.

Como foi mencionado, o acontecimento mais importante na saúde será a entrada de Netuno em sua sexta Casa, o que indica as dimensões espirituais da cura, um tema importantíssimo. Leia o máximo que puder sobre o assunto. A cura espiritual é um pouco diferente da cura "corpo-mente". Na verdade, relaciona-se com o acesso a um poder que está acima da mente – o poder que "capacita" a mente, que lhe permite pensar e funcionar. Existem regras para essa cura, não bastam apenas "pensamento positivo" e afirmações positivas. O acesso é feito por meio de oração e meditação. Quando você entendê-la, sua vida passará por uma revolução.

LAR E FAMÍLIA

Sua quarta Casa – do Lar e da Família – está poderosa há alguns anos, sendo de grande interesse e foco. Não é uma área que você simplesmente possa ignorar. Plutão está nessa casa desde 2008, e continuará ali por muitos anos.

Toda a situação familiar vem passando por uma desintoxicação cósmica, que acontece nos níveis mais profundos. Antigos padrões estão sendo eliminados, relacionamentos doentios, codependência, sujeição – o que houver de errado dentro da família será jogado fora. Enquanto estão acontecendo, esses processos de purificação costumam não ser agradáveis. Pergunte a qualquer um que já passou por uma lavagem intestinal ou colonoscopia como é quando o cólon está sendo limpo. Normalmente, o que se elimina é muito chocante. Toda aquela "lama" estava dentro de mim! Não acredito! Sim, há muita coisa reprimida na situação familiar e, para que a cura aconteça – para que um padrão familiar positivo se manifeste –, essas coisas precisam ser descartadas, mas antes devem ser percebidas e reconhecidas.

Por causa da condição humana – do estado decaído da humanidade – o desequilíbrio familiar parece ser mais ou menos a regra. É raro ver uma família realmente equilibrada – aqueles que as têm devem agradecer a suas estrelas. Mas todos merecem uma família assim, portanto, às vezes o cosmos entra em cena e começa a fazer uma limpeza.

Existem muitos cenários para a ocorrência da desintoxicação – as particularidades variam de pessoa para pessoa. No caso de alguns nativos de Libra, acontece uma morte na família, que modifica todo o padrão. Para outros, pode ser que a unidade familiar se desfaça e depois se reorganize em condições melhores. Também ocorre de membros da família passarem por experiências de quase morte – o que muda os padrões. É provável que, durante o trânsito de Plutão (que vai durar cerca de 15 anos) tudo isso aconteça.

Uma pessoa não sabe que precisa da cura até ser confrontada com a patologia – uma patologia não reconhecida é difícil de tratar. Então, Plutão primeiro a traz à tona, à consciência, depois a elimina.

A situação familiar será ressuscitada, mas há morte antes da ressurreição.

As previsões sobre a situação familiar também se aplicam à vida emocional. Uma importante desintoxicação acontecerá, e o melhor é cooperar em vez de resistir ao processo. Será muito mais fácil. Ao trazer à tona o material emocional reprimido, Plutão lhe mostra os motivos de você se encontrar em sua situação atual. Muitas vezes, as pessoas pensam "Nossa, eu não mereço isso, não fiz nada errado. Por que essas coisas estão acontecendo comigo?" Mas quando enxergam o que estava reprimido, as respostas se tornam óbvias. Inconscientemente, estávamos contribuindo para a dor e as experiências negativas. É maravilhoso quando essas causas ocultas, essas criações emocionais, são reconhecidas e eliminadas, ainda que este nem sempre seja um processo agradável.

Você gastará mais com o lar este ano – investirá mais na casa –, provavelmente em reformas, mas também poderá ganhar dinheiro sem sair de casa.

DINHEIRO E CARREIRA

Este será um campo importante da vida nos próximos dois anos. Como mencionamos, Saturno ingressou na Casa do Dinheiro em outubro de 2012, o que indica um período de consolidação financeira. Não será um momento de aumentar os lucros, mas de gerir o que você já possui. Um bom gerenciamento será mais útil para suas finanças do que a simples expansão delas. Pessoas que têm experiência nos negócios sabem que a expansão desenfreada não é saudável, pois, apesar de parecer positiva, na prática acarreta todos os tipos de excessos e desperdícios. Como em todas as áreas da vida, finanças saudáveis são algo vivo. Em certos momentos, estamos "inspirando" – ampliando lucros e mercados – e, em outros, expirando – consolidando, nos livrando de impurezas na vida financeira, reorganizando as coisas de forma mais saudável. Considero os períodos de consolidação tão importantes quanto os de expansão. Não tão glamourosos, talvez, nem tão divertidos, mas igualmente importantes. Quando consolidamos corretamente, a expansão seguinte (e ela virá) é muito mais saudável e maior que a anterior.

Este será um momento para obter controle e domínio sobre a vida financeira. Você deve ser o mestre do dinheiro, não o escravo, como são algumas pessoas. Saturno irá ajudá-lo com isso.

É provável que as finanças estejam apertadas no momento. Como já foi dito, são grandes as chances de haver mais encargos financeiros e responsabilidades sobre seus ombros. O valor dos bens que você possui pode estar caindo (ou simplesmente não aumentando). Entretanto, se você reorganizar, eliminar o desperdício e estabelecer prioridades, descobrirá que possui todos os recursos de que precisa.

Saturno vai impor uma ordem cósmica sobre sua vida financeira. Uma ordem correta. Sua intenção é educar, não punir. Mas, às vezes, as pessoas só aprendem com os dramas – se for esse o caso, haverá dramas.

A intenção de Saturno é conceder riqueza duradoura, de forma que ele vai lhe ensinar princípios financeiros importantes, como obter a riqueza de longo prazo, sistemática e metodicamente – passo a passo. Da maneira mais tranquila possível.

Embora você possa ter sorte nas especulações durante a primeira metade do ano, este não é um aspecto que favoreça ganhar na loteria, que é um lucro de curto prazo. Saturno está interessado no longo prazo.

Este será um período para começar a poupar e a fazer planos de investimento de forma sistemática, ordenada e regular. Uma porcentagem determinada do dinheiro ganho deve ser destinada à poupança ou a pequenos investimentos. Se houver redundâncias em sua vida financeira – várias contas no banco ou contas comerciais – é hora de se livrar dos excessos. Economize mais. Talvez você tenha contas separadas para TV a cabo, celular e telefone fixo, mas existem planos que juntam todas em uma e são mais baratos.

Aprender a criar um bom orçamento – que permita arcar com o necessário, e até mesmo com a diversão – é importante neste momento. Ter um orçamento lhe proporciona controle sobre os gastos.

Se você cooperar com Saturno, haverá prosperidade este ano. As conexões familiares serão importantes financeiramente. A família – e, especialmente, uma figura paterna ou materna – lhe dará apoio. Você vai gastar mais com a família, mas também obterá lucro por intermédio dela.

Haverá boa sorte na compra ou venda de uma casa. Imóveis, alimentação, hotéis e indústrias voltadas para o lar serão bons investimentos este ano.

Urano ficará em uma quadratura muito exata com seu planeta das Finanças por alguns meses, de forma que haverá alterações financeiras importantes e drásticas. No final, elas serão positivas.

A carreira vai caminhar lentamente na primeira metade do ano. Você vai estar em uma fase de preparação. Em 27 de junho, Júpiter cruzará o Meio do Céu e ingressará em sua décima Casa – da Carreira –, um sinal clássico de sucesso profissional. Geralmente, isso indica promoções e aumentos. Muitas vezes, proporciona status e reconhecimento, e sempre traz oportunidades profissionais positivas e lucrativas. Entretanto, pode ser que os resultados financeiros não apareçam imediatamente. Você terá a honra e o prestígio, mas o dinheiro chegará mais tarde.

AMOR E VIDA SOCIAL

Como foi mencionado, desde que Urano entrou em sua sétima Casa em 2011, a vida amorosa e social está instável. Os relacionamentos existentes foram – e estão sendo – postos à prova. Muitos não resistiram. Muito provavelmente, os solteiros encontraram o amor em 2011 – quando Júpiter passou por esse casa –, mas ele não será estável ou duradouro.

Todo o círculo social passará por uma mudança radical e revolucionária – este ano e nos próximos – uma tendência de longo prazo.

Bons relacionamentos, nos quais o amor é verdadeiro e que são fundamentalmente bons, provavelmente sobreviverão a isso – sempre sobrevivem. Mesmo assim, não será fácil, e você e seu parceiro serão levados ao limite.

Para os solteiros, a vida amorosa tem sido muito empolgante. Com Urano, o inesperado é a norma. O amor pode acontecer em qualquer lugar e a qualquer hora. Você pode estar levando o lixo para fora inocentemente e encontrar sua alma gêmea no caminho (o ideal é manter uma boa aparência o tempo todo – nunca se sabe quando o amor vai aparecer).

Embora você vá ter encontros e se divertir, um casamento não é aconselhável neste momento. Seus aspectos serão favoráveis para breves casos amorosos, não para relacionamentos sérios e duradouros.

Se Urano estiver na sétima Casa em um mapa astral, a tendência será ter diversos casamentos ou não se casar – e as razões para ambas as atitudes serão as mesmas: a pessoa precisa de mudança, variedade. Precisa experimentar no amor. Normalmente, um parceiro não basta para isso. Então, acontecem vários casos amorosos ou casamentos.

Se você conversar com um nativo de Libra (ou alguém com a sétima Casa muito forte), ele dirá que "os relacionamentos são a coisa mais importante na vida. Só se pode aprender sobre si mesmo dentro de um relacionamento. Eles são o caminho para o autoconhecimento". Há alguma verdade nisso – de fato, aprendemos sobre nós mesmos nos relacionamentos, mas eles não são o único caminho –, converse com um nativo de Peixes ou de Escorpião, e ouvirá uma perspectiva diferente. Esta experimentação no amor será uma viagem de autoconhecimento. Você vai jogar fora todos os livros de regras sobre o amor e aprender o que funciona melhor para você. Novos conhecimentos serão obtidos dessa forma, mas espere também algumas explosões.

Seu gosto amoroso estará pouco convencional neste período. Pessoas mais velhas podem se sentir atraídas pelas muito jovens e vice-versa. Você vai desejar algo "diferente" – o convencional é muito sem graça, muito chato. Geralmente, sob este aspecto, acontecem romances com pessoas de religiões, nacionalidades ou raças diferentes.

Você também será atraído para pessoas não convencionais – figuras geniais – o inventor, o matemático, o profissional de mídia, o gênio da informática, o astrônomo ou astrólogo – pessoas excêntricas.

Se quiser ganhar o coração de um nativo de Libra nesse período, tenha atitudes pouco convencionais.

AUTOAPRIMORAMENTO

A presença de Júpiter em sua nona Casa até 27 de junho é um aspecto maravilhoso para os estudantes. Haverá sucesso e sorte em seus estudos. Os que estiverem inscritos em universidades ou pós-graduações terão sorte. Esse aspecto também beneficia aqueles que desejam levar à frente sua educação, e indica aumento do conhecimento e ampliação dos horizontes mentais. Boas oportunidades educacionais surgirão e devem ser aproveitadas.

Quando Júpiter entrar em sua décima Casa em 27 de junho, a carreira vai progredir praticamente por conta própria. Evidentemente, você deve continuar realizando suas tarefas habituais – relaxar não é uma opção –, mas se fizer seu trabalho, o sucesso acontecerá. Suas habilidades serão reconhecidas pelos superiores.

Na verdade, as dificuldades e a luta acontecerão na esfera financeira. Você terá de trabalhar mais e fazer um esforço extra para alcançar seus objetivos financeiros. Por si só, o trabalho meramente físico não dará conta do recado. Será preciso trabalhar nos níveis mental e espiritual também.

Este será um bom ano para traçar um plano financeiro. Coloque-o no papel. Liste seus objetivos financeiros. Quanto quer ganhar nos próximos anos? Seja qual for sua idade, com Saturno na casa do dinheiro, é bom pensar sobre os anos vindouros em termos financeiros: Quanto você quer? Como planeja conseguir? Quanto precisa ser poupado ou investido por mês para alcançar suas metas? Depois, programe-se para concretizar esse plano. Se parecer impossível realizar alguma coisa – às vezes é o caso temporariamente – olhe sua lista e imagine que já conseguiu. Essa é uma forma de meditação. A visualização coloca a lei espiritual em movimento. Depois que tiver praticado a visualização por algum tempo (e nunca negar o que estiver visualizando), os recursos aparecerão. Você terá ideias, palpites, intuições. Embora seja difícil prever exatamente quando, tudo acontecerá no devido momento. É preciso ter paciência, persistência e disciplina.

Se as dívidas o atormentarem, visualize-as pagas. Não tente evitá-las – especialmente se forem legítimas e Saturno estiver em sua Casa do Dinheiro –, apenas as visualize pagas em sua mente. Eventualmente, elas serão – muitas vezes de formas milagrosas.

PREVISÕES MENSAIS

JANEIRO

Melhores dias: 4, 5, 12, 13, 21, 22, 23, 31
Dias mais tensos: 10, 11, 17, 18, 24, 25
Melhores dias para o amor: 4, 5, 8, 9, 12, 13, 17, 18, 19, 22, 23, 29, 30, 31
Melhores dias para o dinheiro: 2, 3, 4, 6, 7, 10, 11, 12, 19, 20, 22, 29, 30, 31
Melhores dias para a carreira: 2, 3, 10, 11, 21, 24, 25, 31

Você começará seu ano com 70 a 80 por cento dos planetas abaixo da linha do horizonte. Sua quarta Casa – do Lar e da Família – vai estar repleta de planetas, enquanto a décima – da Carreira – estará vazia (apenas a Lua passará por ela nos dias 24 e 25). É uma mensagem muito clara: os assuntos profissionais podem ser deixados de lado, receber uma manutenção mínima. Mantenha o foco no lar, na família e na vida emocional. Este será o momento de construir a infraestrutura interior para o sucesso futuro. A carreira ficará muito poderosa em seis meses, então, esta é a hora de se preparar emocionalmente para esse sucesso. Caso contrário, ele será passageiro.

Com a quarta Casa forte, você terá mais energia "psíquica". Fisicamente, não será seu melhor período, e haverá a necessidade de descansar e relaxar mais até o dia 19. Mas mental e emocionalmente você se sentirá muito forte. Os ânimos estarão mais intensos que de costume e será muito importante mantê-los positivos e construtivos. Você pode tirar vantagem do aumento de energia psíquica este mês. Em um clima tranquilo, imagine a si mesmo no auge do sucesso. Absorva essa sensação (o que será mais fácil de fazer neste período) e viva com ela pelo maior tempo possível. Mais tarde, isso criará um sucesso tangível. Pode ser que você não o veja no plano físico imediatamente, mas, se persistir, acabará vendo.

Você estará no auge de um ciclo solar este mês. Além disso, em um nível universal, desde 21 de dezembro do ano passado o Sol está em sua fase crescente anual. Portanto, você passará por um período excelente para iniciar projetos ou lançar novos produtos. O impulso planetário também vai estar muito acelerado – favorecendo ainda mais este momento. O período entre os dias 11 e 27 (quando a Lua também estará crescente) será o mais indicado para esses lançamentos.

No dia 21 do mês passado, os planetas se deslocaram do setor oriental para o ocidental de seu mapa. Na verdade, seu melhor setor, relativo às outras pessoas e aos relacionamentos – seu ponto forte. Os librianos, mais do que os nativos de qualquer outro signo, compreendem a importância da "simpatia" na vida. Assim, você terá a oportunidade de exercer e desenvolver ainda mais seu caráter social.

Siga as dicas mencionadas em "Tendências Gerais" para melhorar a saúde.

Este não será seu melhor ano no campo das finanças. Como foi mencionado, será um ano de reorganização. Mas neste mês, você vai viver um de seus melhores períodos financeiros. O planeta das Finanças receberá muitos estímulos positivos, e os ganhos devem aumentar. Haverá apoio da família, das conexões familiares e oportunidades para ganhar dinheiro em casa. Você terá um bom resultado financeiro dos dias 15 a 18.

As librianas que estiverem em idade de engravidar ficarão mais férteis neste e no próximo mês.

FEVEREIRO

Melhores dias: 1º, 9, 10, 18, 19, 27, 28
Dias mais tensos: 7, 8, 13, 14, 20, 21, 22
Melhores dias para o amor: 1º, 9, 10, 11, 12, 13, 14, 18, 19, 20, 21, 22
Melhores dias para o dinheiro: 2, 3, 7, 8, 9, 15, 16, 18, 25, 26, 27
Melhores dias para a carreira: 1º, 9, 10, 20, 21, 22

Os aspectos para começar novos empreendimentos ou para lançar novos produtos serão ainda melhores neste mês do que no anterior. Os ciclos solares, tanto o pessoal quanto o universal, estarão crescentes. O impulso planetário vai estar ainda mais acelerado que no mês passado, pois todos os planetas estarão se movendo para a frente. Portanto, se você quiser dar início a seus projetos, este será o momento. O período entre os dias 10 e 18 será o melhor deste mês.

No dia 19 de janeiro, sua quinta Casa – da Criatividade – se tornou poderosa, iniciando um momento para experimentar o lado extático da vida e para recriar e acumular forças para depois. É um período em que sua energia estará em alta, um dos maiores do ano.

Este não será um ano para especulações. Alguns anos são assim. Mas até o dia 18 deste mês será um dos melhores períodos de 2013 para isso. Haverá sorte. Você estará mais envolvido com crianças neste período – as suas ou as dos outros; vai se dar melhor com elas e elas o procurarão. Aqueles que estiverem envolvidos com as artes criativas – e muitos librianos estão – terão mais criatividade. Você vai ter mais energia do que de costume.

O mês passado não foi promissor para relacionamentos sérios, e fevereiro também não será. Entretanto, você não vai se importar e sua vida amorosa estará ativa. No dia 2, seu planeta do Amor ingressará em sua sexta Casa. Isso indica oportunidades para um romance no ambiente de trabalho. Não necessariamente com um superior, mas com algum colega. Também haverá oportunidades românticas com profissionais de saúde em geral ou com aqueles que estiverem envolvidos com sua saúde. Os dias 3 a 5 serão especialmente propícios para isso. Os solteiros provavelmente conhecerão alguém que vão considerar seu "par ideal" nesse período, mas, evidentemente, é preciso ter cuidado, pois isso pode não passar de uma grande ilusão. Em fevereiro, o amor vai estar espiritual, idealista e muito carinhoso. Haverá um grande desejo de realizar tarefas práticas para a pessoa amada. Ele ou ela certamente agradecerá. Ambientes espirituais também servirão de cenário para romances e encontros amorosos.

No dia 18, sua sexta Casa – da Saúde – ficará poderosa, de forma que você se concentrará mais nessa área, o que é maravilhoso. A saúde está muito melhor do que em 2011 e 2012, mas ainda necessita de cuidados. A cura espiritual se tornou muito importante desde que Netuno entrou em sua sexta Casa no ano passado, mas neste mês o será ainda mais. Mercúrio, seu planeta espiritual, entrará em sua sexta Casa no dia 5 e permanecerá ali pelo restante do mês. Aplique agora as técnicas espirituais que aprendeu – você obterá resultados muito mais eficazes.

A vida financeira vai ficar mais fácil depois do dia 18. Nesse período, haverá oportunidades de emprego fantásticas para os que estiverem em busca de trabalho. Os empregadores também atrairão bons funcionários.

MARÇO

Melhores dias: 1º, 8, 9, 17, 18, 19, 27, 28
Dias mais tensos: 6, 7, 12, 13, 14, 20, 21
Melhores dias para o amor: 2, 3, 10, 11, 12, 13, 14, 21, 22, 31
Melhores dias para o dinheiro: 1º, 2, 3, 6, 7, 8, 9, 15, 16, 17, 18, 24, 25, 27, 28, 29, 30
Melhores dias para a carreira: 2, 3, 10, 11, 20, 21, 22, 31

Saturno, seu planeta da Família, entrou em movimento retrógrado no dia 18 do mês passado e continuará assim por muitos meses. Agora será o momento de rever sua situação doméstica e familiar com o intuito de fazer melhorias. O ideal é postergar decisões importantes nessa área. Espere até que haja clareza mental – e haverá. As coisas não são o que parecem. Não tenha pressa.

De certa forma, é positivo que seu planeta da Família esteja retrógrado neste momento, pois no dia 20, os planetas se deslocarão da metade inferior para a superior de seu zodíaco. Essa mudança se completará no mês que vem, mas você começará a senti-la logo. É hora de deixar de lado questões familiares e concentrar-se nos objetivos profissionais. Está amanhecendo em seu ano. Hora de se preparar e fazer com que seus sonhos se tornem realidade por seu próprio esforço – das maneiras terrenas.

Você ainda terá aspectos excelentes para iniciar novos projetos. Depois deste mês, os aspectos ficarão menos favoráveis. Assim, caso ainda não tenha começado seu novo projeto, agora será a hora – o período entre os dias 11 e 27 será o mais indicado.

No dia 20, você entrará em um pico anual amoroso e social. Você estará nos Campos Elísios de Libra, um lugar de absoluta alegria. Este será um mês de muita atividade social. Você estará atrás de alguém, e talvez ainda não o tenha encontrado – mas encontrará. O único problema será a contínua instabilidade na vida amorosa. Mesmo quando você conquista a pessoa que deseja, quanto tempo vai durar? Isso não parece lhe importar muito. Você aprecia a adrenalina da conquista.

As librianas que estiverem em idade de engravidar entrarão no período mais fértil do ano após o dia 20.

A saúde vai precisar de mais atenção depois do dia 20. Cinquenta por cento e, às vezes, 60 por cento dos planetas estarão em um alinhamento tenso. Não deixe de descansar e relaxar mais, além de conservar as energias. Passe mais tempo em spas e faça massagens e outros tratamentos oferecidos. E, claro, siga as dicas mencionadas em "Tendências Gerais" para melhorar a saúde. Tente relaxar mais, especialmente nos dias 20 e 21.

As finanças ficarão mais difíceis depois do dia 20. Você terá de se esforçar mais para alcançar seus objetivos financeiros. Meditar sobre a afluência divina será benéfico e vai aliviar muito o estresse.

Marte estará em conjunção com Urano dos dias 18 a 21. Você e o cônjuge ou amor atual devem evitar atividades arriscadas ou acessos de raiva e confrontos. Também será preciso dirigir com mais cuidado.

ABRIL

Melhores dias: 4, 5, 14, 15, 23, 24
Dias mais tensos: 2, 3, 9, 10, 16, 17, 29, 30
Melhores dias para o amor: 1º, 9, 10, 21, 22, 29, 30
Melhores dias para o dinheiro: 2, 3, 4, 5, 11, 12, 14, 15, 21, 22, 23, 24, 25, 26, 29, 30
Melhores dias para a carreira: 1º, 9, 10, 16, 17, 21, 29, 30

As finanças ainda estarão difíceis, mas e daí? Desde que o amor esteja indo bem, os librianos se sentem felizes. A vida se resume a isso. Contanto que o nativo de Libra esteja no "clima" do amor, tudo se resolve. Você continuará em um pico anual amoroso e social até o dia 19. O romance acontecerá para os solteiros – o período entre os dias 14 e 20 será especialmente forte. Até mesmo os filhos que já estiverem na idade estarão romanticamente envolvidos neste momento. Há alguns anos o amor é empolgante, mas este mês será ainda mais. O romance pode acontecer em qualquer lugar a qualquer momento – nos locais e situações mais inesperados. O único problema no amor será a estabilidade. Os relâmpagos iluminam um céu escuro, mas somem com muita rapidez. Entretanto, você terá muitos relâmpagos nesse período e, quando um se extinguir, ficará satisfeito em esperar pelo próximo. Os librianos vão estar muito mais populares que de costume. Você se esforçará para ajudar os outros (especialmente a pessoa amada) e isso será apreciado – se não de maneira externa, intimamente.

As librianas em idade de engravidar continuarão férteis até o dia 19.

A situação financeira vai melhorar depois do dia 19. Na verdade, este período será um dos mais prósperos do ano para você (seu pico financeiro anual ocorrerá em outubro e novembro, mas este será quase tão bom quanto). Você fará mudanças financeiras drásticas neste momento. Isso causa uma sensação de insegurança, que será agravada por um eclipse lunar no dia 25 em sua Casa do dinheiro. Mas apesar das dificuldades financeiras, o resultado final será a prosperidade. O eclipse lunar também indica mudanças profissionais.

A saúde precisará de cuidados até o dia 19. Como no mês passado, muitos planetas rápidos ainda estarão em um alinhamento tenso com você. Você terá menos energia do que de costume, de modo que estará mais vulnerável a problemas. Reveja os comentários de março sobre esse assunto.

A saúde e a vitalidade melhorarão drasticamente depois do dia 19. Se você teve problemas nessa área, ouvirá boas notícias.

Seu planeta da Família ainda está retrocedendo, e a maioria dos planetas continua sobre a linha do horizonte. Portanto, mantenha o foco na carreira e nos objetivos exteriores. A Lua nova do dia 10 proporcionará oportunidades profissionais por meio de amigos e do amor atual. Será um bom dia para tentar atingir seus objetivos profissionais pelos meios sociais. Você terá um conflito passageiro com um membro da família dos dias 20 a 23. Não forme uma opinião negativa a respeito dele baseado nesse incidente.

Sua oitava Casa se tornará poderosa depois do dia 19. Será um período sexualmente ativo (seja qual for sua idade e fase da vida, haverá mais libido e foco sexual que de costume). O cônjuge ou amor atual ingressará em um pico financeiro e estará mais generoso com você. Será mais fácil pedir dinheiro emprestado caso seja necessário.

MAIO

Melhores dias: 2, 3, 11, 12, 21, 22, 29, 30
Dias mais tensos: 6, 7, 13, 14, 15, 27, 28
Melhores dias para o amor: 6, 7, 8, 9, 10, 11, 18, 19, 21, 22, 27, 28, 29, 30
Melhores dias para o dinheiro: 2, 3, 8, 9, 11, 12, 18, 19, 21, 22, 23, 24, 27, 28, 29, 30
Melhores dias para a carreira: 8, 9, 10, 13, 14, 15, 19, 20, 29

Os dois eclipses deste mês vão destruir muitos empecilhos e obstruções de seu caminho profissional. Enquanto estiverem acontecendo, os eventos normalmente não são muito agradáveis, mas o resultado final será positivo. Alguns obstáculos (internos e externos) precisam de tratamentos dramáticos, que são fornecidos pelos eclipses. Este mês, o palco está sendo armado para o sucesso profissional, e todos estão ocupados arrumando o cenário. O próximo ato da peça começará no mês que vem.

O eclipse solar de 10 de maio acontecerá em sua oitava Casa. Portanto, planeje uma agenda tranquila e evite riscos desnecessários ou estresse. Esse tipo de eclipse proporciona encontros – geralmente psicológicos – com a morte. Às vezes, acarreta experiências de quase morte ou cirurgias. É preciso compreender a morte de maneira mais profunda, superar o medo que se sente dela. Quando isso acontecer, vive-se melhor e mais plenamente. Este eclipse trará eventos dramáticos que poderão mudar a vida de amigos. Eles também podem ter encontros com a morte e devem buscar uma programação tranquila. Os filhos ou enteados adultos terão o relacionamento ou o casamento testados. Computadores ou equipamentos de alta tecnologia estarão mais problemáticos, e em alguns casos precisarão ser substituídos. Será bom investir em antivírus e anti hacker.

O eclipse lunar do dia 25 será basicamente benigno para você, mas não custa nada programar uma agenda mais calma. Esse eclipse terá um forte impacto sobre Netuno, seu planeta da Saúde e do Trabalho. Portanto, haverá mudanças de emprego, alterações profissionais, abalos em sua empresa ou indústria e dramas na vida de chefes, pessoas mais velhas ou figuras paterna ou materna. Mantenha a calma durante esses eventos, sua carreira ficará bem. Esse eclipse ocorrerá em sua terceira Casa, então dirija com mais cuidado – de forma mais defensiva. Carros e equipamentos de comunicação serão testados. Se houver defeitos, este será o momento para descobri-los, de forma que possam ser consertados. Mudanças importantes acontecerão nas práticas de saúde e na dieta.

As finanças continuarão boas (em termos relativos) neste período. Ainda haverá muitas mudanças, desafios e reorganização – o sentimento de insegurança não desaparecerá. De uma perspectiva metafísica, seu maior desafio será desenvolver mais fé, cultivar a sensação de segurança. A meditação vai ser muito útil.

A saúde será razoável este mês. Mas tenha em mente que dois poderosos planetas de curso lento ainda estão em alinhamento tenso. Felizmente, os planetas rápidos o deixarão em paz no começo do mês e formarão bons aspectos depois do dia 20.

Vênus estará em conjunção com Saturno dos dias 27 a 29 – um ótimo aspecto. Talvez você adquira um carro novo ou equipamentos de comunicação de boa qualidade. Haverá viagens nesse período – internacionais ou domésticas –, o que também será bom. Essa conjunção também vai proporcionar uma boa recompensa financeira e sorte nas especulações.

JUNHO

Melhores dias: 7, 8, 17, 18, 25, 26
Dias mais tensos: 2, 3, 10, 11, 23, 24, 30, 31
Melhores dias para o amor: 2, 3, 7, 8, 10, 17, 18, 19, 20, 25, 26, 27, 28, 30, 31
Melhores dias para o dinheiro: 5, 6, 8, 9, 15, 16, 17, 18, 19, 20, 23, 24, 26, 27
Melhores dias para a carreira: 7, 8, 10, 11, 17, 18, 27

Sua nona Casa se tornou poderosa no dia 20 do mês passado e continuará assim até o dia 21 deste mês. A nona é considerada a mais afortunada das casas pelos astrólogos hindus. Aqui no Ocidente a consideramos favorável, mas não necessariamente a mais afortunada. O poder na nona Casa proporciona viagens e oportunidades de viagem – além de circunstância oportuna para a educação superior. Um ótimo aspecto para estudantes de nível universitário ou que estejam inscritos em faculdades. É uma boa notícia nessa área, e também favorece assuntos legais. Quando a nona Casa está poderosa, nossa mente "Superior" é ativada. Ficamos mais ligados a ela consciente e subscientemente. Assim, é o momento de fazer descobertas religiosas e filosóficas. Muitos insights acontecerão este mês. Os horizontes mentais vão se expandir, e quando isso acontece, todas as questões da vida se expandem.

Quando a nona Casa fica poderosa, passamos a buscar mais "sentido" na vida. As pessoas ficam mais interessadas em uma boa discussão teológica do que em sair à noite. A visita de um guru ou sacerdote normalmente se torna mais interessante do que a de um astro do rock. Em um trânsito poderoso da nona Casa, descobrimos os grandes prazeres da mente. Você passou o ano inteiro tendo esse tipo de experiência, mas sobretudo neste mês (e no passado).

No dia 21, muitas coisas importantes acontecerão. Em primeiro lugar, você começará um pico profissional anual. Os planetas vão estar em sua posição mais "alta", mais elevada em seu zodíaco. Haverá muito progresso profissional, muitas boas oportunidades.

Novos empregos ou ofertas de emprego estão chegando. No dia 27 Júpiter atravessa o Meio do Céu e ingressa em sua décima Casa – da Carreira –, o que aumenta o sucesso, proporcionando maiores salários, promoções, status e reconhecimento. Inicia-se um ciclo de sucesso e ascensão profissional que vai durar um ano. Então, concentre-se na carreira neste momento.

Em curto prazo, todo esse sucesso não parecerá estar ajudando nas finanças – talvez as deixe ainda mais complicadas. Às vezes, a ascensão profissional requer despesas – com roupas, novos equipamentos, ingresso nas organizações adequadas. O lar pode precisar de atualização também. Faça todos os investimentos necessários, por mais estressante que isso seja. Se você reorganizar um pouco as coisas, perceberá que possui os recursos de que precisa. Pode ser que haja uma mudança neste momento ou nos meses seguintes.

A saúde precisará de maior atenção depois do dia 21. Faça o que puder para conservar as energias e siga as dicas mencionadas em "Tendências Gerais" para melhorar a saúde.

JULHO

Melhores dias: 4, 5, 6, 14, 15, 23, 24
Dias mais tensos: 1º, 7, 8, 21, 22, 27, 28
Melhores dias para o amor: 1º, 5, 6, 10, 11, 16, 17, 19, 20, 25, 26, 27, 28, 29, 30
Melhores dias para o dinheiro: 2, 3, 7, 8, 12, 13, 16, 17, 21, 22, 25, 29, 30
Melhores dias para a carreira: 7, 8, 17, 18, 27

Como no mês passado, a carreira será o principal destaque. Sua décima Casa será a mais forte do zodíaco em julho. Busque seus objetivos com coragem. Jogue alto. A Senhora Fortuna estará com você, lhe proporcionará sorte. Os estudantes se sairão bem este mês, alcançarão seus objetivos.

No dia 21 do mês passado, o elemento Água se tornou muito forte. Você também passou por essa situação em fevereiro e março. Ainda que isso crie um confortável momento de sensações agradáveis – teremos um Grande Trígono nos signos de Água –, também deixa todos mais sensíveis e fáceis de magoar, então seja cuidadoso. Outro problema, um pouco mais complicado, é que a racionalidade e a lógica se desligam. Apenas o ânimo do momento importa. Todos se guiam pelos sentimentos, algo que não é muito fácil de lidar para alguém de um signo de Ar, como você. Mas não se abale muito com tudo isso – este será o momento em que a racionalidade será mais necessária.

Um dos pais ou figura paterna ou materna vai prosperar neste período. Ele ou ela passou vários meses sem rumo, mas isso mudará agora, quando seu planeta da Família começará um movimento direto no dia 8. Ele ou ela fará progressos espirituais, o que ajuda. Você estará em conflito com essa pessoa, mas será de curto prazo e passará depois do dia 23.

O cônjuge ou amor atual terá sucesso – especialmente depois do dia 18. No mês passado, você deu as cartas no amor, mas agora será a vez dele ou dela de ficar por cima. O amor estará mais delicado este mês. Haverá mais instabilidade que de costume depois do dia 18. A boa notícia é que o amor vai ser uma grande prioridade para você – tanto quanto sua carreira –, o que pode ajudar. O cônjuge ou amor atual terá uma participação ativa na carreira, ajudando e apoiando Os solteiros encontrarão oportunidades amorosas em ambientes religiosos ou educacionais até o dia 18. Talvez também em outros países ou com estrangeiros. Após o dia 18, os solteiros encontrarão o romance conforme buscarem seus objetivos profissionais e com pessoas envolvidas em sua carreira. Você terá oportunidades românticas com chefes e superiores. De maneira geral, haverá muita socialização com pessoas importantes. A carreira – uma reunião ou festa da empresa ou indústria – será o centro da vida social. Você vai se esforçar para integrar vida social e profissional.

Seu planeta do Amor estará em conjunção com Júpiter a partir do dia 18 – mas ela será mais exata dos dias 19 a 24. Será um período especialmente romântico. Os solteiros conhecerão alguém especial, e os comprometidos terão mais romance no relacionamento. O cônjuge ou amor atual terá prosperidade nesse período – um bom resultado financeiro.

Ainda podem acontecer uma mudança ou reformas na casa. Talvez sejam necessárias por causa de sua nova posição profissional.

Assim como no mês passado, a saúde ficará delicada até o dia 22. O problema é que você estará tão ocupado que vai achar difícil desacelerar, mesmo que precise. Entretanto, acabará descobrindo que se continuar trabalhando quando estiver cansado, não produzirá mais. Na verdade, pode acabar aumentando sua carga de trabalho por causa de erros mentais. Descanse quando estiver cansado e depois volte ao trabalho.

AGOSTO

Melhores dias: 1º, 2, 10, 11, 12, 19, 20, 28, 29
Dias mais tensos: 3, 4, 17, 18, 23, 24, 30, 31
Melhores dias para o amor: 3, 4, 8, 9, 13, 14, 19, 22, 23, 24, 25, 26
Melhores dias para o dinheiro: 3, 8, 13, 14, 17, 21, 22, 25, 26, 30, 31
Melhores dias para a carreira: 3, 4, 6, 7, 15, 16, 25, 30, 31

Como nos últimos dois meses, o elemento Água ainda está forte. Sentir-se bem é maravilhoso, mas ainda é preciso ter racionalidade. Os nativos de Libra e dos outros signos de Ar a fornecerão nesse período.

Apesar de seu sucesso, as finanças ainda estarão complicadas. Entretanto, ficarão mais fáceis a partir do dia 22. Não necessariamente ótimas, mas melhores. Ainda será benéfico concentrar-se na carreira e impulsionar seu status profissional. A melhora financeira acontecerá mais tarde, não imediatamente. Seu planeta das Finanças está em movimento retrógrado desde abril, e continuará a retroceder pelo restante do mês. Nas finanças, o fator mais importante é a clareza mental. E para obtê-la, você deve se esforçar. Analise e reúna fatos.

A clareza chegará eventualmente, e então será mais seguro fazer jogadas importantes. Nesse meio-tempo, o ideal é gerenciar melhor o que você já possui.

Em 21 de junho, o poder planetário fez um importante deslocamento – mudou-se do setor social, ocidental, para o setor oriental do *self*. Você fica confortável quando os planetas estão no ocidente – a vida social e as boas graças alheias são seu ponto forte. Você lida com essas coisas melhor do que a maioria das outras pessoas. Mas agora terá uma lição mais difícil. O poder planetário fluirá em sua direção. Sua felicidade e seu sucesso estarão em suas mãos. Seu mérito pessoal, suas habilidades pessoais – e não as pessoas que você conhece – serão o mais importante. É hora de desenvolver um pouco de independência e agir de acordo com o que acha certo. Hora de buscar o que deseja em sua vida.

Você está vivendo um período espiritual desde 23 de julho, quando Vênus entrou em sua 12ª Casa. Este mês, a espiritualidade ficará ainda mais forte quando o Sol e Mercúrio se juntarem a Vênus. Será o momento de alcançar objetivos espirituais, de se concentrar mais em suas práticas espirituais e se envolver mais com causas de caridade e altruísticas, de eliminar os bloqueios internos para que o Poder Superior possa fluir. Librianos são pessoas animadas, mas agora você sentirá a necessidade de ficar sozinho. Não, não há nada errado com você, isso acontece naturalmente quando a 12ª Casa fica forte. As atividades espirituais são sempre experiências solitárias. Ah, pode-se estar em um grupo, ir a uma missa ou seminário de meditação, mas a experiência interna sempre será algo pessoal, ninguém passará pela mesma experiência que você. O crescimento que acontecer agora será interior – mas, mesmo assim, muito poderoso.

Você saiu muito nos últimos meses. Esteve muito concentrado em sua vida exterior – o que foi bom. Agora é hora de se recolher, de sentir sua própria aura e de receber orientação e inspiração de cima.

A saúde melhora muito este mês, mas ainda precisa de cuidados. Reveja os comentários do mês passado. Siga as dicas mencionadas em "Tendências Gerais" para melhorar a saúde.

SETEMBRO

Melhores dias: 7, 8, 15, 16, 24, 25, 26
Dias mais tensos: 1º, 13, 14, 20, 21, 27, 28
Melhores dias para o amor: 2, 3, 8, 11, 12, 17, 18, 20, 21, 27, 28, 29, 30
Melhores dias para o dinheiro: 1º, 4, 5, 9, 10, 13, 14, 18, 19, 22, 23, 27, 28
Melhores dias para a carreira: 1º, 4, 5, 13, 14, 24, 27, 28

No dia 16 do mês passado, quando Vênus entrou em seu signo, uma Grande Cruz se formou nos céus – um aspecto raro. Essa Grande Cruz se tornará ainda mais forte em setembro, quando mais planetas rápidos entrarem em cena. Você tem um mês frenético e cheio de acontecimentos pela frente. As coisas serão complicadas. Muitos interesses distintos terão de ser conciliados. Mesmo uma pequena perturbação poderá derrubar a edificação que você está tentando construir. Você estará envolvido em um projeto muito importante. Felizmente, a saúde estará muito melhor do que nos últimos meses, de forma que você terá energia suficiente para lidar com toda essa atividade. Entretanto, não se iluda achando que se forçar a barra quando estiver cansado vai produzir mais. O contrário é mais provável. Você simplesmente terá de refazer o trabalho. Quando estiver cansado, repouse. Faça uma pausa. Quando se sentir descansado, volte ao que estava fazendo.

Os planetas vão estar na posição mais oriental este mês. Isso significa que sua independência pessoal estará no auge do ano (no mês que vem também será forte). Tire partido disso. Se houver condições desfavoráveis e que lhe desagradem, pegue o touro pelos chifres e realize as mudanças.

No dia 22, quando o Sol transitar por seu ascendente, você entrará em um pico anual de prazer pessoal. Mime-se um pouco. Os librianos não precisam ser ensinados sobre mimos, eles sabem fazer isso muito bem. Este será o momento de deixar o corpo e a imagem da maneira que quer que sejam, de comprar as roupas e os acessórios de que precisa, de fazer massagens e ir a manicures, de aparentar o sucesso que você conquistou.

O amor será complicado este mês. Você e a pessoa amada não vão se entender nem concordar depois do dia 11. Mas os nativos de Libra sabem superar esses conflitos. Não há ninguém que possa fazê-lo melhor que você. Oportunidades amorosas chegarão por meio de amigos, grupos e atividades coletivas. O mundo virtual, as redes sociais e os sites de relacionamento também serão positivos para essa área. Mesmo que você esteja em um relacionamento, grande parte dele acontecerá on-line.

A vida financeira ainda estará complicada, mas o lado bom é que você vai se concentrar mais nela depois do dia 11. Você dará às finanças a atenção e o foco necessários, o que tende a proporcionar sucesso. No dia 22, o poder planetário se deslocará da metade superior para a inferior do zodíaco. Neste momento, você já alcançou importantes metas profissionais. Certamente há mais para obter, mas agora será positivo concentrar-se no lar, na família e no bem-estar emocional. Será o momento de criar a infraestrutura psicológica para o sucesso profissional. A carreira continuará excelente este mês, e também haverá oportunidades de emprego. Mas agora você pode ser mais seletivo. É preciso que a carreira permita que haja harmonia emocional e que não estresse demais a família.

Vênus formará aspectos fantásticos com Júpiter nos dias 27 e 28. Isso proporciona bons resultados financeiros e sorte nas especulações.

OUTUBRO

Melhores dias: 4, 5, 13, 14, 22, 23, 31
Dias mais tensos: 11, 12, 17, 18, 24, 25
Melhores dias para o amor: 1º, 7, 8, 9, 17, 18, 19, 27, 28, 30
Melhores dias para o dinheiro: 2, 3, 6, 7, 11, 12, 15, 16, 19, 20, 24, 25, 29, 30
Melhores dias para a carreira: 4, 5, 13, 14, 23, 24, 25

Urano passou o ano todo em quadratura com Plutão, seu planeta das Finanças, mas agora o aspecto estará muito exato. Assim, mudanças financeiras importantes – até mais do que nos meses anteriores –

acontecerão. Felizmente, seu planeta das Finanças está em movimento direto (que começou no dia 20 do mês passado). Portanto, haverá mais clareza financeira e as mudanças serão positivas. No curto prazo, provavelmente não será agradável, você se sentirá compelido pelas circunstâncias, mas no longo prazo vai ser benéfico. Não é aconselhável fazer especulações neste momento nem no próximo mês. Gastos relacionados aos filhos (ou enteados) poderão causar estresse e mudanças.

O eclipse lunar do dia 18 terá forte impacto sobre você, então planeje um calendário tranquilo nesse período. Evite atividades arriscadas. Como todo eclipse lunar, este proporcionará mudanças e dramas na carreira, e abalos em sua empresa ou indústria e nos altos escalões. Os pais ou figuras paterna ou materna também serão afetados e devem programar atividades calmas e relaxantes. Esse eclipse terá impacto sobre Júpiter, o senhor de sua terceira Casa. Então é possível que aconteçam problemas e defeitos na nesse período. Carros e equipamentos serão postos à prova. Haverá dramas em seu bairro, com vizinhos e irmãos. Como Júpiter ainda estará fortalecendo sua carreira, esse eclipse provavelmente a impulsionará mais tarde. O eclipse acontecerá em sua sétima Casa – do Amor –, de forma que seu relacionamento amoroso atual será testado. Seja mais paciente com a pessoa amada neste período, pois ela estará mais temperamental. Parceiras profissionais ou *joint ventures* também serão testadas.

Desde 27 de junho, aqueles que estão procurando trabalho recebem aspectos excelentes. O emprego não será um problema. Entretanto, se você ainda está procurando, analise melhor antes de aceitar qualquer posição. Como seu planeta do Trabalho está em movimento retrógrado há alguns meses, as coisas não são o que parecem ou da maneira que são apresentadas. Isso se aplica aos empregadores também. Faça uma pesquisa mais completa que a habitual antes de contratar alguém.

O amor terá altos e baixos este mês. Primeiro, você vai estar em um período de independência pessoal e desejará fazer as coisas do seu jeito – o que tende a deixar o relacionamento tenso. Até o dia 7, haverá conflitos no amor. Do dia 7 ao dia 15, a vida amorosa se acalmará um pouco, mas os conflitos retornam a partir do dia 15. O eclipse lunar também causará complicações nessa área. Sua habilidade social será útil, mas você terá de se esforçar mais.

Seu pico de prazer pessoal continua até o dia 23. Depois dessa data, você ingressa em um pico financeiro anual. As mudanças financeiras acontecerão, como mencionamos, mas você estará mais focado nessa área, e terá a ajuda de amigos e família, de forma que os ganhos serão maiores que de costume.

Filhos ou enteados (que tiverem idade suficiente) precisam ter mais paciência no relacionamento dos dias 2 a 4. O amor será muito tempestuoso nesse período.

NOVEMBRO

Melhores dias: 1º, 9, 10, 18, 19, 28, 29
Dias mais tensos: 7, 8, 13, 14, 20, 21, 22
Melhores dias para o amor: 7, 8, 13, 14, 16, 17, 26, 27
Melhores dias para o dinheiro: 3, 4, 7, 8, 11, 12, 16, 17, 21, 22, 25, 26, 30
Melhores dias para a carreira: 3, 4, 11, 12, 20, 21, 22, 23

Com todas as mudanças financeiras que estão acontecendo e seu grande foco nessa área, valiosas lições financeiras serão aprendidas. Urano derruba muitas falsas suposições e expectativas, e também lhe revela uma série de estratagemas financeiros ocultos – todos legais, evidentemente – aos quais você pode recorrer. A pressão e as dificuldades o forçam para um nível financeiro mais elevado. Mais tarde, mas não ainda, você se sentirá muito grato por esses desafios. Com a casa do Dinheiro tão poderosa, você vai ser bem-sucedido, apesar de todas as dificuldades.

No dia 3, um eclipse solar ocorrerá em sua Casa do Dinheiro, reforçando esses aspectos. As mudanças financeiras serão realmente drásticas. Você vai continuar recebendo a ajuda da família e dos amigos, e a lei também estará a seu lado. Como todo eclipse solar, as amizades serão testadas, e as prejudiciais ou falhas ficarão pelo caminho. Haverá dramas na vida de amigos. Computadores e aparelhos de alta tecnologia serão postos à prova. Normalmente, sob esses aspectos, eles começam a funcionar de maneira irregular. Às vezes, você faz uma atualização que, na verdade, o atrasa. Seja paciente com essas coisas e faça o melhor que puder. Esse eclipse terá impacto sobre Saturno, seu planeta da Família, de forma que haverá dramas com os membros da família ou com uma figura paterna ou materna. Se houver problemas ocultos em seu lar, você os descobrirá agora. Este eclipse será tão benigno para você quando um eclipse pode ser, atingindo com mais intensidade a família e os amigos.

O poder planetário ainda está basicamente sob a linha do horizonte, então continue a concentrar-se mais no lar, na família e em seu bem-estar emocional e psicológico. Sem estabilidade emocional, o sucesso profissional será passageiro.

A vida amorosa começará a melhorar depois do dia 5. Você e a pessoa amada conseguirão chegar a uma espécie de equilíbrio. Seu planeta do Amor entrou em sua 12ª Casa em 15 de outubro e ali ficará pelo restante do mês. Assim, o amor será muito idealista nesse período. Os padrões e expectativas ficarão muito elevados – não são muitos os humanos que podem corresponder a eles. Tenha cuidado com as críticas e o perfeccionismo. As oportunidades amorosas estarão em ambientes espirituais para os solteiros – o encontro de oração, o seminário de meditação, o retiro de ioga, o evento de caridade – coisas desse tipo.

A saúde vai estar bem. O ritmo da vida estará menos intenso que no mês passado. A maioria dos planetas será gentil com você. Continue a seguir as dicas mencionadas em "Tendências Gerais" para melhorar a saúde.

As finanças estarão complicadas, como foi dito, mas você terá uma boa recompensa financeira dos dias 14 a 16. As pessoas relacionadas com dinheiro serão bondosas com você. Evite especulações. Os amigos darão apoio durante o mês inteiro, mas especialmente dos dias 12 a 14. Eles terão um bom resultado financeiro nesses dias.

DEZEMBRO

Melhores dias: 6, 7, 15, 16, 17, 25, 26
Dias mais tensos: 4, 5, 10, 11, 12, 18, 19
Melhores dias para o amor: 4, 5, 10, 11, 12, 13, 14, 15, 16, 23, 24, 25, 26
Melhores dias para o dinheiro: 1º, 4, 5, 8, 9, 13, 14, 18, 19, 23, 24, 28, 29
Melhores dias para a carreira: 2, 3, 11, 12, 18, 19, 22, 23

Este será outro mês agitado (ou frenético?). No dia 8, quando Marte ingressa em seu signo, o padrão da Grande Cruz nos céus se refaz. Novamente, há a necessidade de manifestar algo importante para o mundo – como um projeto grande e complicado. Muitos interesses distintos e conflitantes terão de ser conciliados. Um movimento em falso, e toda a edificação pode desmoronar. Não exatamente o corpo, mas o estresse mental poderá ser um problema. A saúde precisará de mais cuidados nesse momento – especialmente depois do dia 21. Ficar ocupado não é um problema – muito provavelmente você não conseguirá evitar –, mas tente programar pausas frequentes, tenha um ritmo de trabalho equilibrado. Siga as dicas mencionadas em "Tendências Gerais" para melhorar a saúde.

A entrada de Marte em seu signo será excelente para a vida amorosa. O cônjuge ou amor atual fará de tudo para agradá-lo. Estará muito devotado a você, tentando fazer o melhor que pode, mas você não ficará satisfeito. Você estará em conflito com a pessoa amada a despeito de todos os esforços dela, que o deixarão um pouco desconfortável. Os solteiros descobrirão que o amor os procurará, mas não se sentirão satisfeitos nem empolgados. Não há muito mais que você precise fazer no departamento amoroso – não serão necessários estratagemas –, o amor o encontrará. O desafio será amenizar os conflitos com a pessoa amada e aproveitar o que vier. O amor será especialmente turbulento no final do mês – dos dias 23 a 31. Seja mais paciente. Tente não piorar a situação.

No dia 21 deste mês, o poder planetário se deslocará do independente oriente para o social ocidente, seu setor preferido. A independência pessoal não é um grande problema para os librianos –

embora precisem desenvolvê-la melhor. Os nativos de Libra preferem agir através do consenso e da cooperação dos outros.

As finanças vão melhorar este mês, especialmente depois do dia 21. Mas você ainda não estará fora de perigo. Sua lição será desenvolver fé e confiança financeira. Haverá muita insegurança nesse período.

Vênus entra em um de seus raros movimentos retrógrados no dia 21. Será o momento para rever objetivos e desejos. Algumas metas devem ser eliminadas. Outras, alteradas. Algumas têm de ser atualizadas e melhoradas. Evite tomar decisões pessoais importantes até obter clareza mental. Evite especialmente as grandes decisões amorosas.

Sua quarta Casa – do Lar e da Família – será a mais poderosa do zodíaco este mês, daí o foco na família e no bem-estar emocional. A carreira – que ainda vai estar a toda – pode ser deixada um pouco de lado por ora.

A pessoa amada e seus amigos devem dirigir de forma mais defensiva dos dias 23 a 31, além de evitar atividades arriscadas. Este não é o momento para façanhas ou para testar os limites do corpo.

♏

ESCORPIÃO

O ESCORPIÃO
Nascidos entre 23 de outubro e 22 de novembro

PERFIL PESSOAL

ESCORPIÃO NUM RELANCE

Elemento: Água
Planeta Regente: Plutão
   Planeta Corregente: Marte
   Planeta da Carreira: Sol
   Planeta da Saúde: Mercúrio
   Planeta do Amor: Vênus
   Planeta das Finanças: Júpiter
   Planeta do Lar e da Vida Familiar: Urano
Cor: púrpura
Cor que promove o amor, o romance e a harmonia social: verde
Cor que propicia ganhos: azul
Pedras: hematita, malaquita, topázio
Metais: ferro, rádio, aço
Perfumes: flor de cerejeira, coco, sândalo, melancia
Qualidade: fixa (= estabilidade)
Qualidade essencial ao equilíbrio: amplitude de visão
Maiores virtudes: lealdade, concentração, determinação, coragem, profundidade
Necessidades mais profundas: recolhimento íntimo e transformação
Características a evitar: ciúme, desejo de vingança, fanatismo
Signos de maior compatibilidade: Câncer, Peixes
Signos de maior incompatibilidade: Touro, Leão, Aquário

Signo mais útil à carreira: Leão
Signo que fornece maior suporte emocional: Aquário
Signo mais prestativo em questões financeiras: Sagitário
Melhor signo para casamento e associações: Touro
Signo mais útil em projetos criativos: Peixes
Melhor signo para sair e se divertir: Peixes
Signos mais úteis em assuntos espirituais: Câncer, Libra
Melhor dia da semana: terça-feira

COMPREENDENDO A PERSONALIDADE ESCORPIANA

A fênix é um dos símbolos do signo de Escorpião. Meditar sobre essa lenda facilita a compreensão do temperamento escorpiano, bem como de seus interesses e de suas capacidades e necessidades mais profundos.

A fênix mitológica era uma ave capaz de recriar-se e de se reproduzir sozinha. E o fazia de forma curiosa. Voava à procura de um fogo ardente, geralmente em algum templo religioso, e se lançava nele, deixando-se consumir em meio às chamas, para depois emergir das cinzas como um novo pássaro. Não poderia haver melhor símbolo para representar a transmutação mais profunda do ser.

Transformação – seja ela na mente, no corpo, nos negócios, seja nos relacionamentos – é a palavra-chave para compreender o temperamento dos escorpianos. Eles são os transformadores da sociedade. Para que uma transformação se processe de forma natural, sem artificialidade, ela deve provir do íntimo. Esse tipo de mudança é mais radical do que uma simples maquiagem na superfície. Muitos acreditam que, ao mudar a aparência, estão se transformando, mas não é esse tipo de mudança que interessa aos escorpianos. Eles buscam alterações profundas e fundamentais. Uma vez que as transformações genuínas provêm do interior, os escorpianos demonstram grande interesse pelo cerne das coisas e, por conseguinte, pelo âmago filosófico da existência.

O intelecto dos nativos de Escorpião é profundo e penetrante. Se você, que é de outro signo, tenciona prender o interesse de um escorpiano, terá que lhe apresentar algo mais do que uma simples imagem superficial. Você e seus projetos ou propostas terão que ser substanciais para despertar o interesse de um escorpiano. Se não o forem, ele logo irá desmascará-lo e lhe dará adeus.

Ao observar a vida, com seus processos de crescimento e degeneração, torna-se evidente a atuação da força transformadora do signo de Escorpião. A lagarta se transforma em borboleta; o bebê se faz criança e, então, se torna um adulto. Para os escorpianos, esse perpétuo processo de transformação não causa medo. Encaram-no como parte natural da existência. Essa aceitação das transformações é a chave que lhes abre a compreensão do verdadeiro sentido da vida.

A compreensão escorpiana da vida, incluindo suas fraquezas, faz dos nativos do signo guerreiros valorosos, no sentido mais amplo da palavra. Acrescente a essas virtudes a profundidade, a paciência, a capacidade de resistir e suportar de Escorpião, e você terá diante de si alguém com uma personalidade poderosíssima. Os escorpianos possuem memória boa e de longo alcance. Podem ser muito vingativos – esperam anos para descontar. Entre os amigos, contudo, não há nenhum mais leal e verdadeiro do que o escorpiano. Poucos nativos de outros signos se mostram dispostos a fazer os sacrifícios de que um escorpiano é capaz por um amigo de verdade.

Os resultados de uma transformação são evidentes, muito embora o processo possa ser invisível e secreto. É por isso que os escorpianos possuem natureza oculta ou reservada. Uma semente não germinará adequadamente se a ficarmos cutucando o tempo inteiro e expondo-a à luz solar. Ela deve permanecer enterrada, longe da visão, até brotar. Da mesma forma, os escorpianos temem revelar muito de si e de suas aspirações aos demais. Contudo, ficarão felizes em mostrar-lhes o produto acabado, mas só depois que estiver devidamente embrulhado. Por outro lado, os escorpianos apreciam conhecer os segredos alheios tanto quanto detestam revelar os seus.

FINANÇAS

Amor, nascimento, vida e morte são as transformações mais poderosas que se operam na natureza. Os escorpianos interessam-se por todas elas. Em nossa sociedade, o dinheiro é também uma força transformadora; e é por essa razão que os escorpianos se interessam por ele. Para um escorpiano, dinheiro representa poder de controlar e gerar mudanças, sua força o fascina. Mas se não se mantiver atento, o nativo de Escorpião poderá tornar-se excessivamente materialista e maravilhar-se com o dinheiro, a ponto de acreditar que é ele que governa o mundo.

Até mesmo a palavra "plutocracia" provém de Plutão, o regente do signo de Escorpião, cujos nativos, de uma forma ou de outra, acabam atingindo o status financeiro a que aspiram. Lutam para fazê-lo e, quando o conseguem, zelam cuidadosamente por seu patrimônio. Parte desse zelo financeiro deriva da honestidade, pois os escorpianos frequentemente lidam com o dinheiro de terceiros na condição de contadores, advogados, corretores e gerentes. E lidar com o dinheiro alheio requer ainda mais cautela do que fazê-lo com as próprias finanças.

Para realizar plenamente suas metas financeiras, precisam aprender importantes lições. Deverão desenvolver qualidades que não lhes são intrínsecas, como a amplitude de visão, o otimismo, a fé, a confiança e, acima de tudo, a generosidade. Terão de aprender a enxergar que a opulência se faz presente em toda parte: tanto na natureza e na vida, quanto em suas manifestações bem mais óbvias, como o poder e o dinheiro. Se eles aprenderem a desenvolver a generosidade, seu potencial financeiro se elevará a grandes alturas, pois Júpiter, o senhor da abundância e da boa sorte, é também o regente financeiro de Escorpião.

CARREIRA E IMAGEM PÚBLICA

A aspiração mais profunda dos nativos de Escorpião é serem considerados pela sociedade fontes de vida e de luz. Desejam ser líderes ou estrelas. Mas seguem uma trilha diferente da dos leoninos, as outras grandes estrelas do zodíaco. O escorpiano chega a suas metas em segredo, sem ostentação; o leonino as persegue ostensivamente. O escorpiano busca as alegrias e o glamour dos ricos e famosos de forma mais discreta e reservada.

Os escorpianos possuem natureza introvertida e tendem a evitar as luzes da ribalta. Mas, se desejam verdadeiramente consolidar suas metas profissionais mais elevadas, terão de se abrir um pouco mais e expressar-se com menos circunspecção; parar de ocultar sua luz debaixo de um barril e deixar que ela brilhe livremente. Acima de tudo, terão de abrir mão dos desejos de vingança e de certa mesquinharia. Os seus dons e a visão das profundezas lhes foram dados com um propósito importantíssimo: servir à vida, expandindo a alegria pessoal de viver em função dos outros.

AMOR E RELACIONAMENTOS

Escorpião é outro dos signos zodiacais que apreciam relacionamentos claramente definidos, sérios e bem estruturados. São cautelosos na hora de contrair matrimônio, mas, tendo assumido um compromisso, permanecem fiéis a ele. E Deus proteja o cônjuge que for flagrado, ou mesmo que seja suspeito de infidelidade! O ciúme escorpiano já se tornou lendário. É tão intenso que consegue detectar o menor pensamento ou intenção de infidelidade, o qual desencadeará tanta tempestade quanto a prática do ato em si.

O escorpiano costuma desposar alguém mais abastado do que ele. A intensidade do seu temperamento faz com que ele valha por dois, de modo que tende a buscar parceiros pacatos, amistosos, estáveis e trabalhadores. Ele quer alguém com quem possa contar, leal, para acompanhá-lo nas batalhas da vida. Para um escorpiano, um parceiro – seja ele amante ou amigo – é um companheiro, não um adversário. Os escorpianos buscam aliados, não competidores.

Se estiver apaixonado por um escorpiano, você precisará de muita paciência. Demanda muito tempo conhecê-lo, pois ele não se revela facilmente. Mas se você perseverar e se seus motivos forem louváveis, gradualmente ele permitirá que você penetre nas câmaras secretas de sua mente e de seu coração.

VIDA DOMÉSTICA E FAMILIAR

Urano é o regente da quarta Casa Solar de Escorpião – a Casa do Lar e da Vida Familiar. Urano é também o planeta da ciência, da tecnologia, das mudanças e da democracia. Isso fornece indícios interessantes da conduta escorpiana no lar e de como necessitam agir para garantir uma vida doméstica feliz e harmoniosa.

Muitos escorpianos tendem a transportar seu arrebatamento passional e sua vontade férrea para o ambiente doméstico e familiar, cenário totalmente inadequado para tal tipo de manifestação. Esses traços de caráter caem bem num soldado ou num pioneiro desbravador, mas não num provedor de família. Em virtude disso, e também de sua necessidade de mudanças e de transformação, os nativos de Escorpião têm propensão a mudanças súbitas de residência. Se não forem contidos com cuidado, os escorpianos – geralmente inflexíveis – podem causar muita turbulência e sublevações no seio familiar.

Os nativos de Escorpião precisam desenvolver mais algumas virtudes aquarianas para poderem lidar melhor com os problemas domésticos. Devem aprender a cultivar o espírito de equipe e a tratar as atividades familiares como verdadeiras atividades grupais, em que todos os membros possam opinar quanto ao que funciona e ao que não dá certo. Pois, com frequência, os escorpianos se convertem em ditadores, e quando isso acontece, eles ficam mil vezes piores do que um leonino ou um capricorniano (os outros dois signos de poder do zodíaco). A ditadura escorpiana é mais intensa, passional, meditada, firme e centrada. Obviamente, isso é intolerável para os demais familiares, sobretudo para os mais sensíveis.

Para beneficiar-se do apoio emocional que a família oferece, os escorpianos precisam aprender a abrir mão do conservadorismo e a ser um pouco mais experimentais. Devem explorar novas formas de criar os filhos, procurar ser democráticos no lar e tentar administrar as situações por meio do consenso, não de editos autocráticos.

ESCORPIÃO
HORÓSCOPO 2013

TENDÊNCIAS GERAIS

O ano de 2012 foi intenso para o amor e a vida social. Muitos nativos de Escorpião se casaram, conheceram alguém especial ou tiveram um relacionamento sério. Os objetivos amorosos e sociais foram mais ou menos alcançados e, agora, seu foco vai se desviar.

Desde que Plutão, regente de seu zodíaco, ingressou em sua terceira Casa em 2008, a comunicação e os interesses intelectuais se tornaram importantes. Você deseja aprender e ensinar – expandir a base de conhecimento e compartilhá-lo com os outros. Agora, com o senhor da terceira Casa em seu signo, esses interesses se fortalecem ainda mais e terão muito sucesso. Será um ótimo período para escritores, jornalistas ou professores. Os estudantes em idade escolar terão sorte nos estudos. A mente vai estar aguçada e o aprendizado irá bem.

Em 2012, Netuno fez um importante movimento – que acontece uma vez a cada 14 anos –, entrando em sua quinta Casa. Ele ficará lá por um longo período. A criatividade será excepcionalmente boa. Fique alerta para a inspiração, que você terá em abundância e com frequência. Isso também torna as escorpianas em idade de engravidar muito mais férteis que de costume, especialmente depois de 27 de junho.

Em outubro do ano passado, Saturno entrou em seu signo, e ficará lá pelos próximos dois anos. Isso indica que você assumirá mais responsabilidades – mais deveres. Você sentirá uma necessidade de ser mais sério em relação à vida. A saúde continuará boa, mas mais delicada que no ano passado.

No dia 27 de junho, Júpiter ingressará em sua nona Casa e formará ótimos aspectos com seu Sol. Isso será muito positivo para os estudantes – mas neste caso afetará os universitários e pós-graduandos. Esse trânsito indica sucesso nos estudos e no ingresso nas instituições de ensino certas. Haverá viagens internacionais depois de 27 de junho. As oportunidades estão a caminho.

Seus principais interesses este ano serão corpo, imagem e prazeres pessoais; comunicação e interesses intelectuais; filhos, criatividade e atividades de lazer; sexo, transformação e reinvenção pessoal, estudos de ocultismo, reencarnação e vida após a morte (até 27 de junho); religião, metafísica; ensinamentos superiores e viagens internacionais (de 27 de junho em diante); saúde e trabalho.

Seus caminhos para a maior realização este ano serão corpo, imagem e prazer pessoal; sexo, transformação e reinvenção pessoal, estudos de ocultismo, reencarnação, vida após a morte (até 27 de junho); religião, metafísica, ensinamentos superiores e viagens ao exterior (a partir de 27 de junho).

SAÚDE

(Trata-se de uma perspectiva astrológica sobre a saúde, não de uma visão médica. No passado, essas perspectivas eram idênticas, porém, hoje, podem ocorrer diferenças. Para obter uma opinião com base em diagnósticos da medicina convencional, consulte seu médico ou um profissional da saúde.)

Sua sexta Casa – da Saúde – tem sido importante desde 2011, uma tendência que se manterá este ano (e por muitos outros). Assim, haverá grande foco na saúde, que em geral estará boa. Mas a presença de Saturno em seu signo a tornará mais delicada que no ano passado, de forma que é bom que você esteja concentrado nessa área.

Você vai se sentir muito mais conservador no âmbito social do que de costume, mas vai estar muito experimental em relação aos assuntos de saúde – talvez até um pouco rebelde em relação à medicina ortodoxa. Você se sentirá atraído por terapias novas e experimentais, que serão muito benéficas para você. Terapias que ainda não haviam sido inventadas quando este livro foi escrito podem se tornar importantes para você. Geralmente, isso indica uma preferência por terapias e medicina alternativas, e às vezes indica tecnologias de ponta dentro da medicina convencional.

Sua função neste período será aprender como você funciona. Todos somos diferentes, únicos. Não existem regras universais que definam algo que funciona para todos. Aprendemos sobre nós mesmos por tentativa, erro e experimentação – e ainda que aconteçam alguns fracassos, acabamos obtendo conhecimentos válidos e úteis.

Há muito que pode ser feito para aprimorar sua saúde, que já estará bem. Dê mais atenção aos órgãos mais vulneráveis este ano. São eles:

Coração. Evite preocupação e ansiedade. Deixe que a vida siga o próprio curso. Após tomar as providências construtivas em relação a um problema, deixe-o de lado e aproveite a vida. Desenvolva mais fé e confiança.

Cólon, bexiga e órgãos sexuais. Sempre são importantes para você, assim como sexo seguro e moderação sexual. Lavagens intestinais regulares também serão benéficas – o cólon deve ser mantido limpo.

Cabeça, rosto e couro cabeludo. Também são importantes para você. Marte, regente dessas áreas, é seu planeta da Saúde. Você se beneficiará com massagens frequentes na cabeça e no rosto, que não fortalecem apenas a cabeça e o cérebro, pois a cabeça e o couro cabeludo têm reflexos no corpo todo.

Glândulas suprarrenais. Evite a raiva e o medo, emoções que prejudicam as suprarrenais.

Tornozelos e panturrilhas. Essas áreas se tornaram importantes desde que Urano entrou em sua sexta Casa – da Saúde – em 2011. Os tornozelos e as panturrilhas devem ser massageados com frequência. Dê mais suporte aos tornozelos quando estiver se exercitando.

Urano também é seu planeta da Família. Seu envolvimento na saúde indica uma necessidade de harmonia familiar e doméstica. Se surgirem problemas de saúde, a harmonia dessa área deverá ser restaurada o mais rápido possível. Além disso, mostra uma necessidade de "harmonia emocional". Os ânimos precisam ser construtivos e tranquilos. Evite a depressão ao máximo.

Haverá muitas tendências de curto prazo na saúde, dependendo de onde Marte estiver e de que aspectos receber. Elas serão melhor analisadas nas "Previsões Mensais".

A presença de Saturno em seu signo, ainda que constitua alguns desafios, traz alguns impactos positivos. É ótimo para regimes de saúde disciplinados, para perder peso – caso você precise – e para colocar o corpo e a imagem em forma.

Urano fará uma quadratura com o senhor de seu zodíaco por alguns meses neste ano. Na verdade, eles ficarão em quadratura o ano inteiro, mas esta se tornará mais exata em outubro e novembro. É um aspecto muito dinâmico. Evite façanhas e atividades arriscadas. Dirija de maneira mais cuidadosa. Se tiver de fazer experiências com o corpo, faça de maneira segura, controlada e cautelosa.

LAR E FAMÍLIA

Embora tenha sido poderosa por muitos anos, sua quarta Casa – do Lar e da Família – não será mais uma casa de poder em 2013. Você se dedicou muito e obteve quase todos os resultados desejados, por isso não sentirá a necessidade de fazer mudanças dramáticas nessa área.

O relacionamento com os membros da família – especialmente com um dos pais ou figuras paterna ou materna – será bastante tenso este ano, sobretudo em outubro e novembro. Isso pode causar um rompimento, mas mesmo que o relacionamento sobreviva, precisará de muito esforço e trabalho para continuar seguindo em frente. Será um confronto de egos. Alguém terá de engolir o orgulho para manter a harmonia.

Urano, seu planeta da Família, ficará em sua sexta Casa – da Saúde e do Trabalho – por alguns anos. Isso indica que você se esforçará para tornar o lar um lugar mais saudável. Existem substâncias perigosas na tinta ou nos materiais de construção em sua casa? Ácaros ou insetos prejudiciais nas camas ou lençóis? Agora será o momento de lidar com esses problemas.

Você também instalará todo tipo de aparelhagem de saúde em casa, que se tornará mais um spa que uma casa. Você terá interesse por esse tipo de coisa no momento.

Um dos pais ou figuras paterna ou materna pode ter se mudado ou reformado a casa no ano passado. Este ano, mudanças não são aconselháveis. Os filhos e enteados vão fazer uma mudança positiva.

Eles também se beneficiariam de um caminho espiritual neste período. Do contrário, podem ficar propensos a abuso de álcool ou drogas – para muitos, os substitutos da verdadeira espiritualidade. Eles vão estar sob intensas energias espirituais, agora e nos anos vindouros. Estarão "sonhadores" e "distraídos", o que não é um problema em si, mas, quando lidarem com o mundo real, precisam se esforçar para estar atentos ao aqui e agora em vez de perdidos no espaço.

Irmãos ou figuras fraternas se mudarão e reformarão a casa – talvez várias vezes. Eles se sentirão nômades nesse período. Pode ser que vivam em diversos lugares por longos períodos, mas será como se tivessem se mudado várias vezes. Haverá romance para eles em 2013 – possivelmente um casamento, caso sejam solteiros. Você e seus irmãos vão conviver muito bem – com muita devoção e muito apoio mútuos.

Os netos – caso os tenha – terão um bom ano. Serão prósperos. Aquelas que estiverem em idade de engravidar serão muito férteis.

Seu bairro se modificará drasticamente.

Caso esteja planejando grandes reformas ou construções na casa, o período entre 1º de janeiro e 1º de fevereiro será favorável. Se estiver embelezando a casa – repintando, redecorando ou comprando belos objetos –, o período entre os dias 19 de janeiro e 28 de fevereiro vai ser mais indicado.

DINHEIRO E CARREIRA

A Casa do Dinheiro não estará forte em 2013. Às vezes, isso é positivo, indica que você está satisfeito com a situação atual e não precisa fazer nenhum esforço a mais nessa área. Mas em outros casos isso pode significar uma fraqueza financeira. Talvez você não esteja dando a essa área a atenção que ela merece, de forma que os lucros podem sair prejudicados. É provável que ambas as situações acabem se tornando verdade em diferentes momentos.

Haverá um eclipse lunar em 25 de maio em sua Casa do Dinheiro, o que produzirá mudanças há muito necessárias, obrigando-o a se concentrar mais nessa área. Ele vai confrontá-lo com situações que você não poderá ignorar.

Seu planeta das Finanças passará a primeira metade do ano – ate 27 de junho – em sua oitava Casa, sua favorita. Isso será positivo para os ganhos, pois indica que, mesmo que você possa não estar muito concentrado nas finanças, o cônjuge ou parceiro estará – e ele ou ela prosperará e será generoso.

A presença do planeta das Finanças na oitava Casa não beneficia muito o poder aquisitivo, pois ele está no "exílio", no ponto mais distante de sua verdadeira casa. Entretanto, isso favorece o recebimento de seguros, royalties, heranças, apoio conjugal ou empréstimos, e indica bom acesso ao dinheiro dos outros. Seja qual for a situação do crédito em sua economia, você não será afetado, e terá acesso ao crédito. A atração de investidores externos para seus projetos também será favorecida.

A presença do planeta das Finanças na oitava Casa diz respeito a ganhar dinheiro para os outros com o dinheiro dos outros. Resume-se a tornar as outras pessoas ricas, ajudá-las a alcançar seus objetivos financeiros, colocar os interesses delas acima dos seus. Pode parecer um sacrifício e um contrassenso, mas se você tiver sucesso, sua própria prosperidade se manifestará de modo natural através da lei cármica. Essa é a posição do alto executivo corporativo, do banqueiro de investimentos, do planejador financeiro e do gerenciador de fundos de hedge. Eles usam os bens de outras pessoas para o enriquecimento dos outros. Conforme obtêm sucesso, prosperam.

Júpiter entrará em sua nona Casa em 27 de junho, o que é um bom trânsito financeiro. A nona Casa é considerada extremamente afortunada. Entretanto, Júpiter receberá aspectos tensos e isso pode trazer algumas complicações. Sim, os ganhos devem aumentar, mas haverá muito trabalho e dificuldades envolvidos. A partir de julho, você fará mudanças financeiras dramáticas e repentinas. Os ganhos estarão mais instáveis – às vezes muito altos, outras, baixíssimos. Talvez uma figura paterna ou materna ou membro da família cause essas mudanças. Você não concordará muito com essa pessoa – nem no que se refere às finanças, nem no que diz respeito a outros assuntos.

Você terá muita sorte nas especulações nesse período (a partir de 27 de junho) e pode ser aconselhável investir pequenas quantias na loteria e em apostas. Não jogue com o dinheiro das compras ou do aluguel, apenas com o que estiver sobrando, e sempre por intuição.

Haverá boas oportunidades financeiras em empresas e investimentos estrangeiros e com estrangeiros em geral. As pessoas de seu local de culto o apoiarão financeiramente e lhe darão oportunidades.

Quando Júpiter começar a formar ótimos aspectos com Netuno depois de 27 de junho, a intuição financeira ficará muito aguçada.

Este não será um ano particularmente forte para a carreira, será mais um ano de preparação. Esteja pronto: o sucesso profissional chegará no ano que vem.

AMOR E VIDA SOCIAL

Como foi mencionado, você está saindo de um ano intenso no amor e na vida social. Júpiter transitou por sua sétima casa em 2011 e 2012. Ninguém aguenta tanta intensidade por tanto tempo, de forma que será preciso diminuir o ritmo da atividade social. Em muitos casos, essa diminuição do ritmo não é o que parece. Muitos nativos de Escorpião se envolverão em relacionamentos românticos sérios que diminuem o foco social. Muitos se casam sob este trânsito. Seja você casado ou solteiro, este ano será sexualmente ativo. Haverá poder em sua oitava Casa.

A maioria dos escorpianos estará satisfeita e não sentirá necessidade de fazer grandes mudanças na vida amorosa. Os solteiros provavelmente continuarão solteiros. Os casados provavelmente continuarão casados. Uma situação estável. Se você já tem um relacionamento, é uma boa notícia.

Seu planeta do Amor, Vênus, é um planeta rápido. Assim, haverá muitas tendências de curto prazo que serão analisadas com mais detalhes nas "Previsões Mensais". Muito depende de onde Vênus estará em determinado momento e do tipo de aspectos que vai receber.

Um dos desafios amorosos neste momento será a presença de Saturno em seu signo, um trânsito que tende a deixar a pessoa mais reservada e retraída. Os outros começam a achar que você não quer se aproximar muito. Às vezes, lhes parece "frio" e distante. Você não agirá de forma consciente, e com certeza não é esse tipo de pessoa. Entretanto, pode projetar essa imagem sem perceber por causa da influência de Saturno. Você terá de se esforçar mais para mostrar simpatia e amor para os outros. Essa projeção de amor é algo que se desenvolve, como um músculo, e que fica mais forte com a prática.

Às vezes, a influência de Saturno deixa as pessoas sérias demais. É compreensível. Muitos vão pensar na velhice e assumir encargos e responsabilidades extras. Muitos escorpianos estão seguindo em frente por uma sensação de dever, não por prazer. E os outros podem se sentir desestimulados por toda essa seriedade. Quando você estiver com a pessoa amada ou em uma comemoração, deixe os problemas de lado e se divirta um pouco. Não leve aborrecimentos para o quarto ou para uma festa.

Embora a vida amorosa tenda a se manter estável em 2013, um eclipse solar no dia 10 de maio testará o relacionamento atual. Por si só, ele não será o bastante para causar um término, mas indica uma "lavagem de roupa suja" – um bom desabafo emocional acontecerá tanto para você quanto para a pessoa amada.

Aqueles que estiverem buscando o segundo casamento terão oportunidades românticas maravilhosas depois de 27 de junho. Você conhecerá pessoas com quem poderá se casar um dia. Aqueles que estiverem buscando o terceiro casamento terão um ano sem mudanças. Os que procuram o quarto casamento provavelmente não se casarão. Até mesmo um relacionamento atual ficará tenso e será posto à prova.

Pais ou figuras paterna ou materna terão um ano sem alterações no amor, assim como os filhos (ou enteados) em idade de se casar. Os relacionamentos românticos ou casamento dos netos em idade apropriada (caso você os tenha) serão testados este ano.

AUTOAPRIMORAMENTO

Netuno, o mais espiritual dos planetas, entrou em sua quinta Casa no ano passado e ficará lá por cerca de 13 anos. Um trânsito de longo prazo que terá um efeito profundo sobre seus filhos ou enteados. Eles passarão por intensas influências espirituais. Muitos terão experiências paranormais. Nós as chamamos de paranormais, mas, na verdade, são normais sob este tipo de trânsito. Quando chove, é normal se molhar. Eles terão sonhos proféticos – às vezes perturbadores, como pesadelos, e precisam saber como lidar com isso. Eles não estão loucos, apenas estarão enxergando outras dimensões – muito reais, por sinal – que as pessoas não veem. Em vez de simplesmente descartar essas coisas ou de repreender seu filho, ajude-o a lidar com elas. Seja um bom ouvinte. Não julgue. Se não puder ajudá-lo a entender o que está acontecendo, leve-o a um conselheiro – de preferência um conselheiro espiritual – que compreenda esse tipo de fenômeno. Um bom médium com orientação espiritual ajudará mais do que um terapeuta convencional.

Os filhos ficarão propensos a ser mais sonhadores e distraídos nesse período. Pode parecer que estão vivendo no "mundo da lua". Isso não é um problema em si, mas ensine a eles que, quando estiverem no mundo, na vida cotidiana, devem estar atentos e alertas. Dê-lhes exercícios espirituais para a consciência. Além disso, eles estarão mais sensíveis que de costume. Tons de voz e linguagem corporal terão um impacto maior do que as palavras. Tenha mais cuidado.

A presença de Netuno na quinta Casa indica uma criatividade inspirada. Uma criatividade rara e nobre – cósmica. Os escorpianos envolvidos no campo das artes produzirão seus melhores trabalhos. A questão é saber se as outras pessoas vão reconhecer isso. A criatividade não será deste mundo. Entretanto, lembre-se: pessoas "aceitas" raramente mudam o mundo.

A presença de Saturno em seu signo indica uma área importante para o autoaprimoramento nos próximos dois anos. O ego receberá uma "terapia de choque" e será ajustado nos próximos dois anos.

Caso a autoestima esteja alta demais e fora da realidade, será tornada "humilde", se for o contrário, será elevada. Saturno cuidará de tudo.

Pode ser uma boa ideia ter uma atitude mais discreta nesse período. Sim, o certo é "deixar sua luz brilhar", como dizem as Escrituras, mas não "fazê-la brilhar" através de um comportamento bombástico ou arrogante. O Sol brilha muito, mas é silencioso. Deixe sua luz brilhar, mas quieta e discretamente.

PREVISÕES MENSAIS

JANEIRO

Melhores dias: 6, 7, 14, 15, 24, 25
Dias mais tensos: 12, 13, 19, 20, 26, 27, 28
Melhores dias para o amor: 8, 9, 18, 19, 20, 29, 30
Melhores dias para o dinheiro: 4, 8, 9, 12, 22, 31
Melhores dias para a carreira: 2, 3, 10, 11, 21, 26, 27, 28, 31

Este será um ano muito voltado para a comunicação. Um ano de aprendizado, estudo e ensino. Um ano para expandir suas bases de conhecimento. E janeiro será ainda mais poderoso para essas atividades. Sua terceira Casa – da Comunicação – será a mais forte do zodíaco até o dia 19. A mente vai estar aguçada e clara. Ela absorverá e comunicará informações com facilidade. Será um ótimo mês para os estudantes.

Se esses aspectos acontecessem para outro signo – como Gêmeos, Libra ou Aquário – suas contas de telefone estariam no céu. Mas, por natureza, os escorpianos não são muito de falar, de forma que provavelmente as contas serão razoáveis. Entretanto, você vai falar muito mais que de costume. O principal problema de saúde este mês será uma mente hiperativa, que recusa se aquietar. Não para nunca, como uma máquina. Isso pode vampirizar a energia de que o corpo precisa para outras funções vitais, então é algo que você precisa manter sob controle. Desligue a mente quando não a estiver usando. A meditação é uma grande ajuda.

A saúde ficará basicamente boa ate o dia 19, mas depois você vai precisar descansar e relaxar mais, pois não se sentirá tão bem-disposto. Busque praticar a meditação e dê mais atenção ao estômago e aos seios (no caso das mulheres) para melhorar a saúde. É possível que a dieta se torne um problema este mês. O estômago estará mais sensível que de hábito. Você vai estar muito envolvido com a saúde dos membros da família – talvez mais que com a sua. A harmonia familiar será muito importante, pois os problemas familiares podem ter um impacto sobre sua saúde. Se isso acontecer, restaure a harmonia o mais rápido que puder. Terapias alternativas e experimentais serão benéficas para você este mês.

Você começará seu ano com a maioria dos planetas abaixo da linha do horizonte – na metade inferior do zodíaco. Diminua o foco na carreira nesse momento. Dê atenção ao lar, à família e ao bem-estar emocional. Trabalhe em sua carreira através dos métodos internos – visualização, afirmações e obtenção da sensação de ter alcançado seus objetivos. Sinta-os como se fossem uma realidade. Isso é um devaneio – mas controlado, consciente, intencional –, um devaneio direcionado conscientemente. Neste momento, sua verdadeira carreira será a família e a vida emocional, especialmente depois do dia 19. Até essa data, ela envolveu educação, escrita, vendas, marketing e comunicação. Buscar objetivos profissionais em casa também será provável este mês. Atualmente, com toda a tecnologia disponível, as pessoas podem ser tão eficientes em casa quanto no escritório.

Você vai estar em um ótimo período para lançar novos projetos e produtos. Seus ciclos solares, tanto o pessoal quanto o universal, estarão em fase crescente. O impulso planetário estará acelerado este mês, e a Lua ficará crescente dos dias 10 a 27. Será o momento ideal para lançar novos projetos.

FEVEREIRO

Melhores dias: 2, 3, 11, 12, 20, 21, 22
Dias mais tensos: 9, 10, 15, 16, 17, 23, 24
Melhores dias para o amor: 9, 10, 15, 16, 17, 18, 19

Melhores dias para o dinheiro: 5, 9, 18, 27
Melhores dias para a carreira: 1º, 9, 10, 20, 23, 24

No dia 19 do mês passado, o poder planetário se deslocou do independente oriente para o social ocidente. Este mês, quando Vênus se mover para o ocidente, a mudança será ainda mais forte. Este será o momento para cultivar as habilidades sociais, alcançar suas metas por meio da cooperação e do consenso em vez de tentar agir independentemente. Agora você terá de colher o que plantou nos últimos seis meses. Será muito mais difícil realizar mudanças em sua vida, e o ideal é se adaptar às situações o melhor que puder.

Este será outro mês propício para lançar novos produtos ou iniciar empreitadas – talvez até melhor que o mês passado. Todos os planetas estarão em movimento direto até o dia 18. Portanto, o período entre os dias 10 e 18 (quando a Lua estiver crescente) será o melhor.

O amor foi agridoce no mês passado. Por um lado, houve boas oportunidades de 15 a 18 de janeiro, mas esse também foi um período de muita instabilidade, com muitas mudanças de humor. Essa área se tornará mais estável este mês. Você passará mais tempo em casa. Um jantar tranquilo em casa será mais romântico do que sair à noite. Os escorpianos são pessoas muito sexuais, mas este mês você também desejará intimidade emocional. O sexo emocional – sexo no nível dos sentimentos – provavelmente será mais importante do que o sexo físico. Muitas vezes, quando o planeta do Amor está na quarta Casa, as pessoas reencontram paixões do passado. Às vezes, é a própria pessoa, em outras, alguém que lhe recorda essa pessoa. O intuito é resolver assuntos antigos que ficaram pendentes.

A saúde continuará precisando de cuidados, especialmente até o dia 18. Seu planeta da Saúde entrará em Peixes no dia 2. Assim, você poderá se sentir melhor com terapias espirituais – meditação, oração, impostação das mãos, reiki e manipulação de energias sutis, que terão ótimos resultados durante todo o mês, mas especialmente dos dias 3 a 5. Terapias aquáticas – nado, imersão em uma banheira ou em uma fonte de água natural – também serão poderosas. A saúde ficará excelente depois do dia 18. Você terá toda a energia de que precisar para atingir seus objetivos.

Embora você não esteja vivendo um pico financeiro anual, as finanças estão bem – os ganhos aumentaram – desde o dia 19 do mês passado. Essa prosperidade continuará até o dia 18, mas depois a situação ficará um pouco mais complicada. Os objetivos serão alcançados, mas haverá obstáculos a transpor. As tendências financeiras continuam praticamente da maneira como foram descritas em "Tendências Gerais".

O lar e a família permanecerão como o foco principal até o dia 18. No mês passado, as escorpianas em idade de engravidar entraram em um ciclo de fertilidade que se manterá por alguns meses.

MARÇO

Melhores dias: 2, 3, 10, 11, 20, 21, 29, 30
Dias mais tensos: 8, 9, 15, 16, 22, 23
Melhores dias para o amor: 2, 3, 10, 11, 15, 16, 21, 22, 31
Melhores dias para o dinheiro: 1º, 4, 5, 8, 9, 17, 18, 27, 28, 31
Melhores dias para a carreira: 2, 3, 10, 11, 22, 23, 31

No dia 18 do mês passado, você entrou em um de seus picos anuais de prazer pessoal – um momento de desfrutar a vida em todos os níveis, um período de lazer e recreação. São as suas férias cósmicas, que vão durar até o dia 20, quando você vai se sentir "cansado de diversão" e pronto para o trabalho. Quando a quinta Casa se fortalece, as pessoas se tornam mais especulativas, sentem-se atraídas para cassinos, salões de jogos, loteria. Mas neste momento as especulações não são aconselháveis. Elas se tornarão mais favoráveis depois do dia 20.

Se você tiver novos produtos ou empreendimentos, o período entre os dias 11 e 27 será excelente para lançá-los. Haverá muito poder cósmico auxiliando seus esforços.

O amor ficará feliz, romântico e "meloso" até o dia 22. Seu planeta do Amor estará celestialmente poderoso – no próprio signo de exaltação, Peixes. Assim, você e a pessoa amada conseguirão experimentar nuances no amor que poucos mortais já conheceram.

Se estiver em um relacionamento, vai se divertir mais com o parceiro, aproveitando a convivência, fazendo coisas divertidas. Se estiver solteiro, as oportunidades amorosas acontecerão nos lugares habituais – resorts, festas, boates e locais de entretenimento. Muito provavelmente, os solteiros atrairão pessoas pouco sérias, mas não vão se incomodar com isso.

Você ainda vai precisar trabalhar mais para alcançar os objetivos financeiros até o dia 20. Talvez esteja gastando demais em atividades de lazer. Os filhos ou enteados podem se mostrar mais dispendiosos que de costume. Mas a situação vai ficar mais fácil depois do dia 20. Os candidatos a emprego tiveram bons aspectos no começo do mês passado, e os aspectos voltarão a ser positivos depois do dia 20. Pode ser que o trabalho não seja tão agradável quanto você gostaria, talvez pareça que está abaixo de seu nível, que é indigno e incompatível com sua "imagem". Mas você o realizará e terá sucesso. A autoestima e a autoconfiança poderiam estar melhores, mas de certa forma será bom que o ego esteja mais fraco. A maioria dos planetas estará no ocidente, e sua forma de fazer as coisas provavelmente não será a melhor neste período. Adapte-se aos outros desde que não ajam de maneira destrutiva.

Marte e Urano estarão em conjunção dos dias 18 a 21. Faça tudo o que puder para deixar a casa mais segura. Mantenha objetos perigosos longe das crianças. Certifique-se de que seus detectores de fumaça estejam funcionando bem. Os membros da família – especialmente um dos pais ou figuras paterna ou materna – devem evitar acessos de raiva, confrontos e atividades arriscadas.

Vênus estará em conjunção com Urano dos dias 26 a 29, o que vai colocar à prova um relacionamento atual. Se for apenas um relacionamento casual, correrá perigo. Os relacionamentos sérios sobreviverão, mas a pessoa amada estará mais temperamental. Os solteiros vão ter encontros amorosos inesperados.

Mudanças ou abalos na carreira acontecerão dos dias 27 a 30.

ABRIL

Melhores dias: 6, 7, 8, 16, 17, 25, 26
Dias mais tensos: 4, 5, 11, 12, 19, 20
Melhores dias para o amor: 1º, 9, 10, 11, 12, 21, 22, 29, 30
Melhores dias para o dinheiro: 1º, 4, 5, 14, 15, 23, 24, 27, 28
Melhores dias para a carreira: 1º, 9, 10, 19, 20, 21, 29, 30

Um eclipse lunar acontecerá em seu signo no dia 25, então programe atividades tranquilas e relaxantes para este período, pois ele terá um forte impacto sobre você. Faça tudo o que puder para manter os filhos e enteados fora de perigo. Pelos próximos seis meses, você redefinirá sua imagem e sua personalidade – toda a sua aparência e comportamento –, o que será bom. Isso precisa ser feito periodicamente, mas muitas vezes precisamos de um eclipse ou outro tipo de choque para nos obrigar a fazer as mudanças necessárias.

A autoestima e a autoconfiança estarão bastante enfraquecidas nesse período – até mais que no mês passado. O senhor de seu mapa, Plutão, entrará em movimento retrógrado no dia 12. Saturno estará em seu signo. A maioria dos planetas vai estar chegando a sua posição mais ocidental. Sim, será necessário assumir uma atitude discreta, autoafirmação em excesso não é recomendável – nem fácil. O poder planetário se afastará de você e irá em direção aos outros. Portanto, deixe que as pessoas façam as coisas a sua maneira, desde que não sejam destrutivas. De vez em quando, é bom tirar umas férias de si mesmo – do ego e de seus desejos, da perspectiva pessoal sobre a vida. Este será o tipo de mês no qual sua perspectiva será ampliada. O cosmos o adora e favorece – não há dúvida –, mas você é parte de um todo maior, e a preocupação do cosmos com o bem-estar do todo diminuirá sua importância pessoal temporariamente. A chuva cai onde é necessária, e não quando e onde desejamos. Adapte-se às situações da melhor maneira que puder. Se forem desagradáveis, tome nota do que precisa ser modificado e, quando seu período de independência pessoal chegar – e chegará –, você vai ter mais facilidade em realizá-las.

No dia 19, você entrará em um pico anual social e amoroso. O amor estará muito bem – seja você casado ou solteiro. Os solteiros sairão mais e conhecerão parceiros românticos. Um casamento não é provável este mês, mas você conhecerá pessoas com quem consideraria se casar. Os casados – e muitos de vocês se casaram nos últimos dois anos – terão mais harmonia e romance dentro do relacionamento. Geralmente, quando a sétima Casa está forte, as pessoas vão a mais casamentos que de costume. Os sinos nupciais vão tocar, mas não devem ser os seus. Vênus formará ótimos aspectos com Plutão dos dias 23 a 26, o que pode indicar um encontro importante ou uma experiência romântica, embora não vão ser muito simples. Saturno está envolvido. Haverá incerteza no relacionamento. Além disso, talvez você sinta mais dificuldade para demonstrar seu afeto e seu amor. Você (ou o parceiro) estará mais inibido. Será muito importante fazer um esforço extra para demonstrar amor e afeto para os outros nesse período, algo que não acontecerá naturalmente.

A vida social estará variada e interessante. Você vai entrar em contato com figuras de status e poder, que podem ser celebridades em seu mundo. Essas conexões auxiliarão a carreira. Haverá tipos atléticos, "gente bonita", médicos e profissionais de saúde. Todos o atrairão e haverá oportunidades românticas e sociais com todos eles.

As finanças estarão bem este mês. Estarão melhores antes do dia 19 que depois, mas ainda assim bem. Não acontecerá nenhum desastre.

A saúde fica mais delicada depois do dia 19. Felizmente, sua sexta Casa estará forte durante o mês inteiro, de forma que você vai estar mais dedicado a essa área. O mais importante é conservar as energias. Siga as dicas mencionadas em "Tendências Gerais" para melhorar a saúde. Até o dia 15, dê mais atenção aos rins e quadris. Do dia 14 em diante, concentre-se em pulmões, intestino delgado, braços e ombros. O pescoço e a garganta serão importantes o mês todo.

MAIO

Melhores dias: 4, 5, 13, 14, 15, 23, 24, 31
Dias mais tensos: 2, 3, 8, 9, 10, 16, 17, 29, 30
Melhores dias para o amor: 8, 9, 10, 11, 21, 22, 29, 30
Melhores dias para o dinheiro: 2, 3, 11, 12, 21, 22, 25, 26, 29, 30
Melhores dias para a carreira: 8, 9, 10, 16, 17, 19, 20, 29

A saúde continuará delicada em maio, e provavelmente será benéfico ter uma programação mais tranquila, pois você vai passar por dois eclipses este mês. Siga as dicas mencionadas em "Tendências Gerais" para melhorar a saúde. Dê mais atenção ao pescoço, à garganta e às vértebras cervicais. A terapia sacrocranial seria uma boa ideia, assim como massagens no pescoço. Os problemas amorosos também podem ter impacto sobre a saúde. Caso ocorram, restaure a harmonia no amor o mais rápido possível. A saúde vai melhorar depois do dia 20, mas, até lá, vá com calma.

O eclipse solar do dia 10 terá um forte impacto em sua vida, então evite atividades arriscadas. Mantenha seus compromissos – ninguém deve ser demitido ou se divorciar por causa de um eclipse –, mas adie o que puder ser remarcado. Esse eclipse vai acontecer em sua sétima Casa – do Amor e do Casamento. Assim, um relacionamento atual será posto à prova. Seja paciente com a pessoa amada e procure não piorar a situação. Como foi dito, será muito importante para a saúde manter a harmonia amorosa. Em alguns casos, não há nada de errado com o relacionamento em si, mas problemas na vida pessoal do parceiro geram a tensão. As parcerias profissionais também serão testadas, e haverá alterações na carreira, abalos em sua empresa ou indústria, na gerência e nas normas. Às vezes, acontece uma experiência de quase morte na carreira – algo que parece um desastre, mas se for encarado da maneira certa, melhora o currículo. Os pais ou figuras paterna ou materna também devem programar uma agenda tranquila. É possível que ocorram eventos dramáticos em suas vidas neste período. Marte, seu planeta do Trabalho, será afetado pelo eclipse, de forma que haverá mudanças no emprego, nas condições de trabalho e, talvez, demissões de colegas. Às vezes, esses aspectos acarretam um susto na saúde. Os cuidados com a saúde passarão por mudanças drásticas nos próximos seis meses.

O eclipse lunar do dia 25 será mais benigno para você. Também terá um impacto na carreira, reforçando as mudanças profissionais ocasionadas pelo eclipse do dia 20. Esse segundo eclipse ocorrerá em sua Casa do Dinheiro, de forma que alterações financeiras importantes ocorrerão: algum abalo ou surpresa o obrigará a mudar de estratégia e pensamento. Essas mudanças precisavam ser feitas havia muito tempo, mas agora você será obrigado a realizá-las. Os estudantes farão alterações importantes em seus planos educacionais. Às vezes, mudam de instituição de ensino, curso ou professores. Em outros casos, são mudanças administrativas que causam essas ações. Como a Lua rege sua nona Casa – da Religião, Filosofa, Teologia, Educação Superior e das Viagens ao Exterior – mudanças importantes também acontecerão nessa área. Sua filosofia de vida e suas crenças serão testadas – haverá uma "crise de fé". Crenças vão ser descartadas ou modificadas sob a luz de novos conhecimentos. Filhos e enteados serão afetados por esse eclipse, e devem ser mantidos longe de problemas e evitar aventuras e atividades arriscadas nesse período. O ideal seria passarem mais tempo em casa ou perto de casa. Provavelmente, estarão mais temperamentais, então seja paciente.

JUNHO

Melhores dias: 1º, 10, 11, 19, 20, 27, 28
Dias mais tensos: 5, 6, 12, 13, 25, 26
Melhores dias para o amor: 5, 6, 10, 19, 20, 27, 28
Melhores dias para o dinheiro: 8, 9, 17, 18, 21, 22, 26, 27
Melhores dias para a carreira: 7, 8, 12, 13, 17, 18, 27

Sua oitava Casa se tornou muito poderosa no dia 20 de maio e continuará assim até o dia 21. Os nativos de Escorpião têm uma "personalidade da oitava Casa", de forma que você se sentirá confortável. Você se sentirá em casa. Muitas pessoas consideram os assuntos da oitava Casa "repulsivos" ou "baixos", mas você, não. A morte é sempre algo sobre o que você quer saber mais. Você já se encontrou com ela muitas vezes na vida. Embora não vá admitir para os outros, você gosta de lidar com esse assunto.

O poder na oitava Casa indica um período mais ativo sexualmente, embora não necessariamente romântico. Os desejos serão intensificados.

Este mês será propício para todas as atividades dos escorpianos – desintoxicação da mente e do corpo, trabalhar na transformação e na reinvenção pessoais. Aqueles que trilharem o caminho espiritual terão profundos insights sobre a natureza da "ressurreição" – e, sem dúvida, muitos vão ressuscitar vários aspectos da vida.

Os sábios dizem que a morte não existe em lugar algum do universo. É uma ilusão humana. Quando acontece uma morte, também há uma ressurreição imediata – a sequência natural da morte. O ano velho morre e um novo começa imediatamente. Um dia velho morre e um novo dia começa – no exato momento da morte. A morte de um relacionamento significa – por definição – o nascimento de outro. Quando a oitava Casa se fortalece, temos insights mais profundos sobre essas coisas.

O cônjuge ou amor atual tem tido um ótimo ano para as finanças, e agora – desde o dia 20 do mês passado – entrou em um pico financeiro anual. Ele ou ela será mais generoso com você. As finanças em geral estarão muito bem. Embora você ainda não tenha entrado em seu pico financeiro anual (o que vai acontecer em novembro e dezembro), este será um de seus melhores períodos nessa área. Algo bom acontecerá em sua vida financeira dos dias 19 a 22. Talvez você receba um aumento ou seja promovido. Será um período de sucesso e oportunidades profissionais.

No dia 27, seu planeta das Finanças ingressará no signo de Câncer, sua nona Casa, um ótimo trânsito. A nona Casa é considerada muito ditosa, de forma que haverá sorte e melhorias financeiras pelo restante do ano. Talvez você não aprecie a prosperidade tanto quanto gostaria. Pode ser que não goste da forma como vai acontecer, mas vai acontecer assim mesmo (o ato de ganhar dinheiro vai distraí-lo de seus estudos ou da busca por seus interesses intelectuais – será preciso equilibrar essas áreas, conceder a cada uma o que é devido).

Em 20 de maio, os planetas se deslocaram da metade inferior para a metade superior de seu zodíaco. A mudança será ainda mais forte este mês. Você pode deixar de lado as questões domésticas e familiares e se concentrar na carreira.

A saúde estará boa durante todo o mês, mas especialmente após o dia 21. Você poderá melhorá-la ainda mais dando atenção a pulmões, intestino delgado, braços e ombros – massagens nos braços e nos ombros serão especialmente poderosas. Desintoxicações são sempre benéficas, mas especialmente neste mês.

JULHO

Melhores dias: 7, 8, 17, 25, 26
Dias mais tensos: 2, 3, 9, 10, 11, 23, 24, 29, 30
Melhores dias para o amor: 1º, 2, 3, 10, 11, 19, 20, 29, 30
Melhores dias para o dinheiro: 7, 8, 16, 17, 19, 20, 25
Melhores dias para a carreira: 7, 8, 9, 10, 11, 17, 18, 27

No dia 27 de junho, Júpiter começou a formar ótimos aspectos com Netuno e Saturno. Esses aspectos terão efeito durante todo o mês (e basicamente pelo restante do ano). O aspecto com Netuno indica sorte nas especulações e golpes de sorte financeiros. É aconselhável fazer pequenos investimentos, especialmente neste mês. Os filhos e enteados vão prosperar. Sua criatividade vai se tornar mais lucrativa. Caso seja escritor ou professor, ganhará mais do que de costume. Um carro novo e novos equipamentos de comunicação serão adquiridos. Irmãos e figuras fraternas terão bons resultados financeiros este mês e vão desfrutar uma melhora financeira pelo restante do ano. Quem estiver procurando emprego terá boas oportunidades entre os dias 19 e 24. As finanças estarão bem, mas haverá alguns desafios. Responsabilidades familiares prejudicarão o lucro. Talvez haja discordâncias financeiras com membros da família.

A situação familiar estará tensa – talvez os pais ou figuras paterna ou materna não estejam se dando bem. Mas será um problema temporário e passará no dia 22.

No dia 22, o Sol cruzará seu Meio do Céu e entrará em sua décima Casa – da Carreira. Será um pico profissional anual, um momento para grande progresso e sucesso. No ano que vem, seu sucesso será ainda maior, mas este momento também vai ser bom. Não se preocupe muito com a família por algum tempo. Cumpra suas obrigações, mas concentre-se principalmente na carreira.

Seu planeta do Amor passará a maior parte do mês na décima Casa, o que traz muitas implicações. A carreira será importante, mas a vida amorosa – seu casamento ou relacionamento – também. Isso significa sucesso no amor, que estará entre suas maiores prioridades, e indica uma necessidade de integrar a carreira com a vida social, mesclar uma à outra. Você vai socializar mais com as pessoas de sua empresa ou indústria, vai progredir na carreira pelos próprios méritos, mas também pelas conexões sociais, e se sentirá atraído por pessoas com poder e prestígio, pessoas que estão acima de você. Muitas vezes, há oportunidades românticas com chefes ou superiores ou com gente envolvida em sua carreira, o amor estará em seu caminho profissional. Isso indica que o cônjuge ou amor atual também vai estar mais ambicioso nesse período, e muito bem-sucedido. Ele ou ela apoiará seus objetivos profissionais.

A saúde ficará bem até o dia 22, mas depois se torna mais delicada. Então, como de costume, descanse e relaxe mais, diminua o ritmo, faça o melhor que puder para conservar as energias. Não permita que a ambição o faça passar dos limites. Até o dia 18, siga as dicas do mês passado para a saúde. Depois, dê mais atenção ao estômago. As mulheres devem ter cuidado com os seios, e a dieta será um problema neste momento. Mas, sobretudo, busque equilíbrio emocional – paz e harmonia no corpo sensível.

AGOSTO

Melhores dias: 3, 4, 13, 14, 21, 22, 30, 31
Dias mais tensos: 6, 7, 19, 20, 25, 26, 27
Melhores dias para o amor: 8, 9, 19, 25, 26, 27
Melhores dias para o dinheiro: 3, 13, 14, 15, 16, 21, 22, 30, 31
Melhores dias para a carreira: 6, 7, 15, 16, 25

No dia 22 do mês passado, o poder planetário se deslocou do ocidente para o oriente. Este mês, a mudança ficará mais forte quando Marte e Mercúrio também forem para o oriente. Assim, você estará em um período de independência pessoal que ficará cada vez mais forte nos próximos meses. Agora será muito mais fácil realizar as mudanças que você deseja em sua vida. Como Plutão ainda vai estar em movimento retrógrado, o desafio não se relaciona ao poder, mas à clareza mental – ter certeza do que você quer criar para si mesmo. A luz sempre precede a criação. Nas Escrituras, antes que a criação tivesse início, soou a ordem: "Faça-se a luz". Foi o ato criativo primordial. E assim deve ser para você. Obtenha luz. Obtenha clareza. Depois comece a criar a partir delas.

Você continua em um pico profissional anual. Sucesso, avanços e oportunidades estarão acontecendo. Marte cruzará o Meio do Céu no dia 28, o que indica que você obterá sucesso por meio do trabalho árduo. Sua ética profissional chamará a atenção dos superiores. Mercúrio cruza o Meio do Céu no dia 8, o que mostra que os amigos obterão êxito e vão apoiar seus objetivos profissionais. Suas habilidades com tecnologia serão muito importantes para a carreira.

As finanças continuarão excelentes. Seu planeta das Finanças fará parte de um raro Grande Trígono nos signos de Água. Você terá sorte nas especulações. Os filhos vão prosperar. Vendedores fecharão negócios importantes neste período. Você vai estar com tudo. Como no mês passado, ainda haverá compromissos financeiros com membros da família.

A saúde continuará precisando de atenção até o dia 22. Melhore-a cuidando mais do estômago, que estará mais sensível. As mulheres também devem se preocupar com os seios. Existem pontos de pressão nos pés que energizam os seios, e massagens corporais também os fortalecerão. Além disso, dê mais atenção à dieta. Como no mês passado, a tranquilidade emocional será importante. Uma perturbação de curto prazo provavelmente não fará muita diferença, mas se for prolongada, a saúde pode sofrer um impacto. Faça o máximo que puder para manter os ânimos positivos e construtivos.

O amor estará feliz até o dia 16. Haverá harmonia com a pessoa amada e ótimos encontros sociais. O único problema – ao qual você deve dar atenção especial – será um comportamento demasiadamente perfeccionista, crítico, analítico. Essa atitude tende a destruir o clima de romance. Até o dia 15, as oportunidades amorosas chegarão por intermédio de amigos, grupos e atividades coletivas. Alguns vão querer ser mais que amigos, outros vão bancar o cupido. Atividades virtuais – redes sociais e sites de namoro – também serão uma boa via para o romance. No dia 16, Vênus entrará em Libra – uma posição muito melhor para o amor que Vênus em Virgem –, mas formará um aspecto adverso com Plutão, seu planeta regente. Assim, haverá conflitos e desentendimentos com a pessoa amada. Embora você possa considerar mais fácil expressar sentimentos de amor sob esse aspecto, os desentendimentos vão atrapalhar o relacionamento. Vai ser mais trabalhoso e exigir mais esforço (de ambos os lados) transcender as diferenças. Mas é possível.

SETEMBRO

Melhores dias: 1º, 9, 10, 18, 19, 27, 28
Dias mais tensos: 2, 3, 15, 16, 22, 23, 29, 30
Melhores dias para o amor: 8, 17, 18, 22, 23, 27, 28
Melhores dias para o dinheiro: 1º, 9, 10, 11, 12, 18, 19, 27, 28
Melhores dias para a carreira: 2, 3, 4, 5, 13, 14, 24, 29, 30

A Grande Cruz que começou em agosto se tornará mais forte em setembro, que será um mês ativo e complicado. Haverá grandes realizações, mas também muitos desafios. Tudo deve ser resolvido com cuidado – o mínimo erro pode fazer desmoronar a magnífica edificação que você vem trabalhando para construir. Equilíbrio, equilíbrio, equilíbrio. Cada área da vida o estará puxando em uma direção. Cada uma deve receber a atenção devida, mas você não pode ir longe demais em sentido algum.

Sua vida vai ser boa neste período, mas os eventos do mundo serão extremamente turbulentos este mês, e talvez o afetem indiretamente.

Você está em um período de independência pessoal desde 21 de julho, mas o movimento retrógrado de Plutão complicou as coisas. Mesmo que tenhamos o poder para criar, é preciso ter clareza sobre *o que* criar. Adquirir essa clareza tem sido seu principal desafio desde então. Neste momento – no dia 12, quando Plutão começar a se mover para a frente – a clareza surgirá. Você poderá criar com segurança as condições que deseja em sua vida. Haverá muito poder cósmico para apoiá-lo. Você vai poder fazer as coisas a sua maneira nesse período. A autoestima e a autoconfiança estarão muito melhores no final do mês. Você saberá quem é e o que quer, e agirá de acordo.

As finanças ficarão basicamente boas o mês inteiro, mas se tornam mais complicadas – mais desafiadoras – a partir do dia 22. Tem havido discordâncias financeiras com membros da família desde julho, e neste mês talvez ocorram controvérsias com chefes, figuras de autoridade e amigos. Mas todas serão de curto prazo e terminarão no mês que vem.

Marte passará setembro em sua décima Casa – da Carreira. Isso indica que você vai estar trabalhando arduamente, rechaçando concorrentes em sua indústria e, talvez, também em sua vida pessoal. Você conquistará o sucesso da maneira mais difícil: simplesmente trabalhando e produzindo mais que a concorrência.

Marte estará em quadratura com Saturno dos dias 7 a 11, então dirija de forma mais cuidadosa nesse período. Procure evitar discussões. Caso discorde de alguém, respire fundo e expresse sua opinião de maneira calma e racional.

O amor estará tenso e difícil até o dia 11. Mas, depois dessa data, mudará dramaticamente. Vênus entra em seu signo e começa a formar ótimos aspectos com Júpiter e Netuno. O amor vai estar no ar e você não conseguirá escapar dele. Ele o encontrará. Alguém estará avidamente interessado em você. Nos dias 27 e 28, Vênus fará um trígono com Júpiter. Os solteiros conhecerão alguém especial, e os casados terão mais romance no relacionamento. Haverá oportunidades para parcerias profissionais ou *joint ventures*, além de um bom resultado financeiro tanto para você quanto para o amor atual.

OUTUBRO

Melhores dias: 6, 7, 15, 16, 24, 25
Dias mais tensos: 1º, 13, 14, 19, 20, 27, 28
Melhores dias para o amor: 7, 8, 17, 18, 19, 20, 27, 28
Melhores dias para o dinheiro: 6, 7, 8, 9, 15, 16, 24, 25
Melhores dias para a carreira: 1º, 4, 5, 13, 14, 23, 24, 27, 28

No mês passado, o poder planetário começou a se deslocar da metade superior para a inferior de seu zodíaco. Tecnicamente, essa mudança começou em 29 de setembro e se tornará mais intensa no dia 23 deste mês, quando o Sol passar da metade superior para a inferior. Será o poente de seu ano, o fim do dia. Hora de se preparar para as atividades da noite. Hora de deslocar a atenção da carreira para o lar, a família e o bem-estar emocional. No dia 15, o período mais ativo na carreira estará encerrado – Marte deixará a décima Casa e entrará na 11ª. A décima Casa ficará praticamente vazia depois disso (apenas a Lua transitará por ela nos dias 27 e 28). Será seguro se voltar para outros assuntos.

No dia 23, os planetas estarão em sua posição mais oriental do ano. Será o auge do poder de independência pessoal. Sua missão neste momento é gerar condições confortáveis e agradáveis para você. O cosmos deseja sua felicidade. Tome a iniciativa de criar seu nirvana pessoal. Você terá muito apoio.

Haverá um eclipse lunar no dia 18 em sua sexta Casa, indicando mudanças no emprego, no ambiente e nas condições de trabalho. Se você é empregador, pode haver uma maior rotatividade de empregados Esse eclipse também anuncia mudanças importantes em seu regime de saúde e na dieta ao longo dos próximos seis meses. Como a Lua é a senhora de sua nona Casa, todo eclipse lunar (e normalmente temos dois por ano) afeta estudantes (em nível universitário e de pós-graduação). Haverá importantes alterações em seus planos educacionais. Ocorrerão abalos em seu local de culto e na vida das pessoas que o frequentam. Evite viagens internacionais nesse período (alguns dias antes e outros depois do eclipse). A situação familiar foi tensa o ano inteiro, e é muito provável que esse eclipse exacerbe ainda mais a situação. Faça tudo o que puder para não piorar a situação. Júpiter, o planeta das Finanças, será afetado, de forma que ocorrerão importantes alterações financeiras. Elas vão acabar sendo positivas, mas no curto prazo podem ser desconfortáveis. De qualquer maneira, as finanças estarão complicadas até o dia 23, e o eclipse apenas provoca um clímax, coloca as coisas em evidência. A vida financeira vai melhorar drasticamente depois do dia 23.

Apesar dos problemas passageiros, saiba que você está em um ano de grande prosperidade. Esses são apenas percalços. Caso os use corretamente, podem até aumentar sua prosperidade.

A saúde ficará bem o mês todo. A autoestima e a autoconfiança, também. Você ainda está em seu período de máxima independência pessoal, em uma posição de conseguir o que quer. Use esse poder de maneira sábia. Dê mais atenção ao coração até o dia 15, e ao intestino delgado depois.

NOVEMBRO

Melhores dias: 3, 4, 11, 12, 20, 21, 22, 30
Dias mais tensos: 9, 10, 16, 17, 23, 24
Melhores dias para o amor: 7, 16, 17, 26, 27
Melhores dias para o dinheiro: 3, 4, 5, 6, 11, 12, 21, 22, 30
Melhores dias para a carreira: 3, 4, 11, 12, 23, 24

O principal destaque deste mês será o eclipse solar do dia 3, que acontecerá em seu signo. Todos os escorpianos o sentirão, mas para aqueles que nasceram entre 1º e 5 de novembro, será mais intenso. Uma programação tranquila e relaxante lhe favoreceria. Cumpra suas obrigações, mas adie o que não for urgente, especialmente se for uma atividade estressante. Passe mais tempo em casa, com tranquilidade. Leia um livro, assista a um bom filme, medite e reze. Esse eclipse indica que você redefinirá sua personalidade e sua imagem, o que é bom. Você mudará a forma como pensa sobre si mesmo (seu autoconceito) e como quer que os outros pensem sobre você. Você apresentará um "novo eu" nos próximos meses. Geralmente, isso envolve importantes mudanças no guarda-roupa, no cabelo etc. Caso não tenha sido cuidadoso com a alimentação, esse eclipse pode produzir uma desintoxicação do corpo. O material inútil que estava no organismo havia algum tempo é forçado a sair. Normalmente, esse processo é diagnosticado como doença – os sintomas parecem ser os mesmos –, mas é apenas uma desintoxicação. Como em todo eclipse solar, acontecerão mudanças profissionais. Às vezes, a própria carreira muda e você começa a trilhar um novo caminho. Em outros casos, acontecem abalos na hierarquia de sua empresa ou indústria, de forma que as regras do jogo são alteradas e você precisa rever suas táticas e estratégias. Pais ou figuras paterna ou materna devem programar um período tranquilo e evitar atividades arriscadas.

No dia 23 do mês passado, você entrou em um de seus picos anuais de prazer pessoal, que continuará até o dia 22 deste mês. Será um período para desfrutar todas as delícias carnais – para deixar a imagem e o corpo em forma, da maneira que deseja. Continuará sendo um ótimo momento para criar as condições que deseja na vida. Você terá máximo poder pessoal.

A passagem do Sol por seu signo indica que as oportunidades profissionais chegarão até você, mas neste momento é preciso ser mais exigente nessa área. Os caminhos e as chances profissionais que desrespeitarem sua paz e sua harmonia emocional devem ser evitados ou reformulados.

As finanças estarão excelentes durante o mês todo. Até o dia 22, Júpiter receberá aspectos fantásticos do Sol, de Mercúrio, Saturno e Netuno. Você terá muito poder de fogo financeiro nesse período, o que mostra aumentos, cooperação financeira dos chefes, pessoas mais velhas e superiores – até mesmo do governo. Caso tenha pendências com o governo, procure resolvê-las até o dia 22, pois será um período favorável e "a melhor das hipóteses" terá mais chances de acontecer. No dia 22, quando o Sol entrar na Casa do Dinheiro, começará um pico financeiro anual. Um período próspero em um ano próspero.

Haverá apenas uma complicação financeira real: Júpiter começa um movimento retrógrado no dia 7. Isso não vai interromper a prosperidade, apenas desacelerar um pouco as coisas, criar algumas complicações. Evite atalhos financeiros e lide com todos os detalhes cuidadosamente. Será importante obter clareza mental nas finanças. A situação econômica provavelmente não estará como você imaginou. Novos fatos lhe proporcionarão novas opiniões.

A saúde será boa durante o mês todo – embora o período do eclipse possa deixá-lo indisposto. Será possível melhorar a saúde dando mais atenção ao intestino delgado. Há pontos de reflexologia que podem ajudar.

DEZEMBRO

Melhores dias: 1º, 8, 9, 18, 19, 28, 29
Dias mais tensos: 6, 7, 13, 14, 20, 21, 22
Melhores dias para o amor: 4, 5, 13, 14, 23, 24
Melhores dias para o dinheiro: 1º, 2, 3, 8, 9, 18, 19, 28, 29, 30, 31
Melhores dias para a carreira: 2, 3, 11, 12, 20, 21, 22, 23

Este será outro mês agitado, ativo e frenético. Haverá turbulências no mundo como um todo – especialmente depois do dia 8. Sua vida vai estar tranquila, mas pode ser que esses acontecimentos o afetem indiretamente.

A saúde estará bem, mas haverá mais mudanças drásticas em seu estilo de vida este mês. O eclipse lunar de 18 de outubro indicou isso, e agora seu planeta da Saúde em oposição a Urano e em quadratura com Plutão também indicará. Mudanças profissionais também podem acontecer – mudanças de emprego, no ambiente ou nas condições de trabalho. Essa área estará muito insegura no momento. Empregadores também vão experimentar instabilidade com os funcionários.

As tendências financeiras são praticamente as mesmas descritas no mês passado. Você ainda estará em um ciclo de prosperidade e em um pico financeiro anual. Júpiter, seu planeta das Finanças, continua em movimento retrógrado. Portanto, reveja nossa conversa sobre esse assunto. As finanças ficarão mais difíceis depois do dia 21. Mas esses desafios e complicações serão provenientes da prosperidade, não de sua ausência. A prosperidade pode ser tão tensa quanto a escassez, mas dos dois problemas, o primeiro é o melhor. As finanças serão um foco muito importante até o dia 21. A Lua nova do dia 3 acontecerá em sua Casa do Dinheiro, o que deve esclarecer a situação financeira. Clareza é do que você mais vai precisar neste momento. A verdadeira clareza não surgirá até que Júpiter volte ao movimento direto, em alguns meses. Suas finanças estão sob revisão. Será o momento de ver se é possível fazer melhorias em seu produto, serviço ou em sua maneira de lidar com o dinheiro. Quando Júpiter começar a se mover para a frente, você estará em uma boa posição para implementar seus planos.

No dia 21, quando o Sol entrar em sua terceira Casa, seu foco mudará para a comunicação e os interesses intelectuais. Ambos foram importantes durante o ano inteiro, mas agora o serão ainda mais. Para os estudantes (sobretudo os que ainda não estão na universidade), isso indica sucesso acadêmico. As notas ficarão melhores que de costume. A mente vai estar mais aguçada e clara e reterá melhor as informações. Será um bom período para escritores, jornalistas, professores e também para pessoal de vendas. Suas habilidades estarão mais aguçadas.

O amor esteve bem nos últimos meses. Em setembro e outubro o amor o procurou. A partir do dia 5 do mês passado, os solteiros encontraram o amor durante a busca de seus objetivos financeiros. A riqueza material foi transformada em amor. Este mês será a compatibilidade intelectual o que vai gerar atração, que vai se basear em boa comunicação, compartilhamento de pensamentos e ideias. É preciso amar a mente e os processos mentais tanto quanto o corpo. O amor estará na vizinhança, perto de casa. Não será preciso ir longe para encontrá-lo. Vênus em Capricórnio indica mais cuidado nessa área. Não é preciso apressar as coisas. O raro movimento retrógrado de Vênus no dia 21 reforça essa necessidade de cautela. Saia, divirta-se, mas evite assumir compromissos.

SAGITÁRIO

O ARQUEIRO
Nascidos entre 23 de novembro e 20 de dezembro

PERFIL PESSOAL

SAGITÁRIO NUM RELANCE

Elemento: Fogo
Planeta Regente: Júpiter
  Planeta da Carreira: Mercúrio
  Planeta do Amor: Mercúrio
  Planeta das Finanças: Saturno
  Planeta da Saúde e do Trabalho: Vênus
  Planeta do Lar e da Vida Familiar: Netuno
  Planeta da Fortuna e da Abundância: Júpiter
Cores: azul, azul-marinho
Cores que promovem amor, romance e harmonia social: amarelo, amarelo-ouro
Cores que propiciam ganhos: preto, índigo
Pedras: carbúnculo, turquesa
Metal: estanho
Perfumes: cravo, jasmim, mirra
Qualidade: mutável (= flexibilidade)
Qualidades essenciais ao equilíbrio: atenção aos detalhes, organização, senso administrativo
Maiores virtudes: generosidade, honestidade, mente aberta, poder de visão
Necessidade mais profunda: expansão mental

Características a evitar: excesso de otimismo, exagero, muita generosidade com o dinheiro alheio
Signos de maior compatibilidade: Áries, Leão
Signos de maior incompatibilidade: Gêmeos, Virgem, Peixes
Signo mais útil à carreira: Virgem
Signo que fornece maior suporte emocional: Peixes
Signo mais prestativo em questões financeiras: Capricórnio
Melhor signo para casamento e associações: Gêmeos
Signo mais útil em projetos criativos: Áries
Melhor signo para sair e se divertir: Áries
Signos mais úteis em assuntos espirituais: Leão, Escorpião
Melhor dia da semana: quinta-feira

COMPREENDENDO A PERSONALIDADE SAGITARIANA

A contemplação do símbolo do arqueiro nos possibilita desenvolver uma compreensão intuitiva dos nativos de Sagitário. O manejo do arco e flecha corresponde ao primeiro degrau de refinamento na arte de caçar e guerrear. A capacidade de lançar setas além do alcance habitual das lanças expandiu os horizontes humanos, bem como sua riqueza e seu poder, garantindo a hegemonia de sua vontade.

Atualmente, em vez de utilizar arcos e flechas, fazemos uso de explosivos e engenhocas bem mais complexas para projetar nosso poder pessoal, mas os motivos essenciais que se ocultam por trás do seu emprego permanecem inalterados. Esses poderes representam nossa própria capacidade de expandir a esfera de influência pessoal. E é com essa expansão que Sagitário se preocupa. Por isso, os sagitarianos estão sempre buscando expandir seus horizontes e suas perspectivas e ocupar um território mais vasto. Isso se aplica a todos os âmbitos de suas vidas, desde o econômico até o intelectual e o social.

Os sagitarianos são famosos pelo intenso desenvolvimento do seu intelecto superior, o qual lhes confere aprimorada capacidade de compreender conceitos metafísicos, filosóficos e espirituais. A mente superior representa a faceta mais elevada da natureza psíquica, sendo movida não por considerações pessoais de natureza egoísta, mas pela graça e luminosidade de um poder superior. A maioria dos sagitarianos aprecia a educação superior, e embora eles possam, por vezes, entediar-se com o ensino formal, adoram estudar por conta própria assuntos de seu interesse. A paixão pelas viagens e por lugares longínquos também é característica premente nos sagitarianos.

Se analisarmos em profundidade esses atributos dos nativos do signo, constataremos que eles brotam de seu íntimo desejo por desenvolvimento. Viajar muito significa conhecer mais, e conhecer é ser mais; já cultivar o intelecto superior equivale a crescer e expandir-se. Todas essas atividades tendem a alargar os horizontes mentais dos sagitarianos e, por via indireta, suas perspectivas de êxito material e econômico.

A generosidade sagitariana já se tornou proverbial e justifica-se por muitas razões. Uma delas é a consciência inata de abundância que os nativos do signo parecem possuir. Eles se sentem ricos, sortudos e capazes de atingir todas as suas metas financeiras e, por se sentirem assim, dão-se ao luxo de arcar com a generosidade. Os sagitarianos não admitem em suas vidas os fardos da limitação e da carência, que impedem os nativos de outros signos de doar prodigamente. Outra razão para essa generosidade é seu idealismo religioso e filosófico, que tem origem na mente superior, de natureza generosa, por não estar subordinada a circunstâncias materiais. E também graças à sua exaltada natureza emocional. A doação é por si só um ato enriquecedor, e essa recompensa basta aos sagitarianos.

FINANÇAS

Os sagitarianos parecem atrair e gerar riquezas. Possuem ideias, energia e talento para tornar realidade sua visão de paraíso na Terra. Contudo, a riqueza pura e simples não é suficiente para eles. É pela opulência que se interessam; viver confortavelmente, apenas, não é satisfatório para os nativos do signo.

Para concretizar seu verdadeiro potencial de ganho, precisam desenvolver mais sua capacidade de gerenciamento e organização. Têm de aprender a traçar limites e a estabelecer metas intermediárias.

Raramente se chega à riqueza da noite para o dia. Mas os sagitarianos sentem dificuldade em lidar com processos longos e bem delineados. Da mesma forma que os leoninos, eles anseiam por obter sucesso e riqueza de forma rápida e ostensiva. Devem conscientizar-se, entretanto, de que o excesso de otimismo pode desembocar em aventuras financeiras tresloucadas e perdas desalentadoras. Naturalmente, poucos signos zodiacais exibem a mesma capacidade para dar um passo atrás tão habilmente quanto Sagitário, porém esse retrocesso pode ser fonte de mágoas desnecessárias. Os sagitarianos precisam aprender a preservar seus pontos de vista sem abrir mão deles, mas também a trabalhar de forma prática e eficiente para torná-los realidade.

CARREIRA E IMAGEM PÚBLICA

Os sagitarianos pensam grande. Anseiam por dinheiro, fama, prestígio, carisma, aclamação pública e um lugar nas páginas da história. Amiúde se empenham em realizar essas metas. O êxito ou não depende do seu horóscopo pessoal. Mas todo sagitariano desejoso de reconhecimento público ou profissional precisa compreender que estes não são conferidos para enaltecer o ego; são mera decorrência de serviços prestados à humanidade. Quanto mais cedo descobrirem formas efetivas de servir, maior será sua oportunidade de ascender ao topo.

O ego dos sagitarianos é gigantesco, talvez acertadamente, pois têm muito do que se orgulhar. Todavia, se desejam reconhecimento público, precisarão abrandar um pouquinho esse ego e fazer-se mais humildes e menos arrogantes, sem, no entanto, resvalar para a autonegação. Têm ainda de aprender a lidar com detalhes da vida que muitas vezes os iludem e ludibriam.

No emprego, são trabalhadores assíduos, que gostam de agradar aos chefes e colegas; são confiáveis, solícitos e apreciam os desafios. Costumam ser amigáveis e prestimosos no trabalho. Geralmente, contribuem com ideias inteligentes e métodos novos, que melhoram o ambiente profissional para todos. Os sagitarianos sentem-se fortemente atraídos por posições desafiadoras e carreiras que os forcem a desenvolver seu intelecto, mesmo que precisem trabalhar duramente para obter sucesso. Atuam bem sob supervisão; contudo, sua própria natureza os incita a buscar posições nas quais possam exercer eles mesmos a supervisão e ampliar, assim, sua esfera de influência. Os sagitarianos saem-se bem em profissões que lhes facultem o contato com grande variedade de pessoas e viagens a locais novos e excitantes.

AMOR E RELACIONAMENTOS

Os sagitarianos amam ser livres e concedem de bom grado a liberdade aos cônjuges. Gostam de relacionamentos em constante mutação. Tendem a ser volúveis no amor e a mudar de opinião em relação aos parceiros com frequência.

Os nativos deste signo sentem os relacionamentos claramente definidos e estruturados como uma ameaça à sua liberdade. Geralmente, casam-se mais de uma vez.

No amor, são passionais, generosos, abertos, benevolentes e muito ativos. Demonstram sua afeição abertamente. Contudo, à semelhança dos arianos, tendem a comportar-se de forma egoísta em relação aos parceiros. Precisam aprender a enxergar os pontos de vista alheios, não apenas o seu, e também a desenvolver maior objetividade, frieza e clareza intelectual, a fim de estabelecer comunicação bilateral com os parceiros. É comum idealizarem excessivamente o cônjuge e o próprio amor. Uma atitude mais fria e racional os ajudará a perceber a realidade mais claramente e, assim, evitar desapontamentos.

VIDA DOMÉSTICA E FAMILIAR

Os sagitarianos procuram conceder ampla liberdade à família. Gostam de casas grandes e com muitas crianças. Aliás, este é um dos signos mais férteis do zodíaco. Entretanto, ao lidar com os próprios filhos, tendem a errar por excesso de permissividade. Suas crianças muitas vezes adquirem a ideia equivocada de que não existem limites. Contudo, preservar a liberdade no lar não deixa de ser uma atitude fundamentalmente positiva, pois, quando contrabalançada com alguma medida de equilíbrio, faculta a livre expressão e o desenvolvimento pleno dos membros da família.

SAGITÁRIO
HORÓSCOPO 2013

TENDÊNCIAS GERAIS

Depois de cerca de oito anos de muito estresse – dificuldades, rompimentos, abalos psicológicos e insegurança –, os anos de 2011 e 2012 pareceram um piquenique no parque. Foi como se você tivesse cumprido suas obrigações com a vida e agora estivesse livre desses desafios.

Muitos dos outros signos – Câncer, Libra e Capricórnio – viveram o fenômeno oposto. Agora, eles estão passando pelo que você já passou. Antes, estavam em um mar de tranquilidade enquanto você lutava. Agora, será o oposto. Como você enfrentou diversas provações, vai estar em posição de ajudar os outros a superá-las.

O cosmos não o estava punindo. Na verdade, estava preparando você para o amor verdadeiro (que acontecerá este ano) e para o papel que você deve desempenhar na vida. O atleta olímpico provavelmente não gosta da exaustiva – e, muitas vezes, dolorosa – rotina de treinos. Só reconhece seu valor na hora de competir.

Muitos sagitarianos foram levados ao limite, mas, felizmente, não além.

O amor será o principal destaque deste ano. Tem sido assim desde que Júpiter, seu planeta regente, entrou em sua sétima Casa em junho de 2012. Isso não apenas proporciona romance – e possivelmente casamento –, mas contribui para expandir a vida social.

A saúde está muito melhor desde 2011. Você voltou a ter sua energia, vigor e vitalidade habituais. Agora que tem mais disposição, novas possibilidades se abrem. Coisas que antes eram impossíveis, não são mais, o que significa sucesso neste ano.

Plutão – o desintoxicador cósmico – está em sua Casa do Dinheiro há alguns anos, e permanecerá lá em 2013. Assim, será necessário purificar a vida financeira, eliminar desperdícios e, sobretudo, atitudes financeiras negativas.

Você terá diversas áreas de interesse este ano – o Paraíso de Sagitário. Por um lado, isso é positivo, pois você fica entediado com facilidade e precisa ter "muitos projetos" em progresso, de forma que quando se cansar de um, passe ao outro. Entretanto, o perigo – como sempre – é dispersar a energia em demasiadas direções. O sucesso requer foco.

Suas principais áreas de interesse este ano serão finanças; lar e família; filhos, criatividade e atividades de lazer; amor e romance (até 27 de junho); sexo, transformação e reinvenção pessoal, estudos de ocultismo, morte e renascimento, vida após a morte (a partir de 27 de junho); espiritualidade.

Seus caminhos para a maior realização este ano serão amor e romance (até 27 de junho); sexo, transformação e reinvenção pessoal, estudos de ocultismo, morte e renascimento, vida após a morte (a partir de 27 de junho); espiritualidade.

SAÚDE

(Trata-te de uma perspectiva astrológica sobre a saúde, não de uma visão médica. No passado, essas perspectivas eram idênticas, porém, hoje, podem ocorrer diferenças. Para obter uma opinião com base em diagnósticos da medicina convencional, consulte seu médico ou um profissional da saúde.)

Como foi dito, a saúde melhorou muito nos últimos anos. O ano começará com dois planetas de curso lento em alinhamento tenso com você – mas esses planetas, Netuno e Júpiter, são pesos-leves em comparação àqueles que o pressionaram nos anos anteriores, Saturno, Plutão e Urano. Portanto, é uma grande melhora. Além disso, em 27 de junho, Júpiter deixará o aspecto tenso. Assim, a saúde vai melhorar ainda mais no decorrer do ano.

O fato de que sua sexta Casa – da Saúde – estará vazia também é positivo. Não haverá necessidade de prestar muita atenção a essa área, pois a saúde será basicamente boa.

Por melhor que você esteja se sentindo, não custa ter alguns cuidados. Dê mais atenção às áreas vulneráveis este ano. São elas:

Coração. Preocupação e ansiedade não são úteis em situação alguma. Na verdade, elas apenas o desviam das ações positivas. Não só isso: elas vampirizam uma energia preciosa que é necessária para outras coisas, e são a raiz espiritual dos problemas cardíacos. Evite-as ao máximo.

Fígado e coxas. São sempre importantes para você. As coxas devem ser massageadas com frequência.

Pescoço, garganta, rins e quadris. O pescoço e os quadris devem ser massageados regularmente. A tensão tende a se acumular no pescoço – um centro de energia vital – e precisa ser liberada com regularidade. Terapia sacrocranial e quiropraxia serão excelentes práticas este ano.

Vênus é seu planeta da Saúde. Normalmente, ele rege o amor e as atividades sociais. Assim, problemas amorosos – desarmonia no casamento ou com os amigos – podem realmente perturbar sua saúde. Portanto, caso surja algum distúrbio, restaure a harmonia dessa área o mais rápido que puder.

Vênus terá duas funções em seu horóscopo. Ele é o planeta da saúde, e também é senhor da nona Casa, o que indica uma forte conexão entre saúde e religião, filosofia e metafísica. A interpretação mais óbvia é que você, mais do que a maioria das pessoas, se beneficiará de terapias metafísicas – oração e afirmações. Há muita literatura sobre o assunto, mas é bom começar com os trabalhos de Emmet Fox e Ernest Holmes. Eles fornecem uma base, e mais tarde você pode buscar outros escritores.

A interpretação mais profunda dessa conexão entre religião e saúde é que as falsas ideologias – erros nas crenças religiosas – podem ser uma causa de problemas físicos. Essas ideologias não só podem causar danos a nossas vidas exteriores, mas, caso sejam mantidas por muito tempo, manifestar-se como patologias físicas. Assim, se o problema surgir, essa questão terá de ser explorada para que você tome providências.

Vênus é um planeta rápido. Ele transita por cada signo e casa de seu zodíaco todos os anos. Portanto, haverá muitas tendências de curto prazo na saúde que serão analisadas em detalhes nas "Previsões Mensais".

LAR E FAMÍLIA

Por muitos anos – de 2002 a 2010 –, Urano transitou por sua quarta Casa. Foi uma época turbulenta no lar e com a família. Houve muitas mudanças, muitas brigas, abalos e rompimentos familiares. Pais, figuras paterna ou materna e parentes passaram por inúmeras experiências dramáticas que mudaram suas vidas. Em março de 2011, Urano saiu da quarta Casa. Em 2012, Netuno ingressou nela. As coisas se tornaram muito mais tranquilas e serenas. Você vai continuar muito focado nessa área, mas haverá menos drama, será um período mais fácil.

Netuno é o mais espiritual dos planetas. Ele refina e espiritualiza – idealiza – qualquer área que tocar, embutindo nela uma perspectiva espiritual. Portanto – e essa será uma tendência de longo prazo –, acontecerá uma revolução espiritual na família, com os pais e figuras paterna ou materna. Eles estarão sob intensas energias espirituais nesse momento.

Por natureza, o efeito de Netuno (como o de todos os planetas, mas sobretudo o de Netuno) é interno. Grandes mudanças internas acontecerão com os membros da família. Pode ser que você ainda não as veja no exterior, mas já estarão acontecendo nos níveis interiores. No devido tempo, quando for a hora certa, você as verá. Seus familiares se tornarão mais gentis, compassivos e idealistas em relação à vida.

A casa se tornará tanto um centro espiritual quanto um lar. Há aspectos favoráveis a alguém que realiza em sua residência seminários de meditação, palestras espirituais, aulas de ioga ou encontros de oração. Você receberá figuras espirituais – iogues, sacerdotes ou padres – em casa. Talvez eles se hospedem com você por algum tempo. Muitos sagitarianos montarão altares ou salas especiais para meditação, oração e atividades espirituais dentro do lar.

Em 27 de junho, Júpiter entrará no signo de Câncer e formará um ótimo aspecto com Netuno. Esse aspecto valerá pelo restante do ano, mas vai ser mais forte em julho, e indica muitas coisas. Uma mudança ou oportunidade de mudança acontecerá, mas nem sempre é uma mudança "literal". Em alguns casos, esse aspecto mostra a compra de uma casa adicional ou uma reforma no lar. Tudo isso será positivo. Haverá grande harmonia entre você e sua família. Se aconteceram rompimentos (o que é quase certo), vocês terão uma reconciliação. Se não completa, ao menos uma suavização dos antagonismos.

As sagitarianas em idade de engravidar estarão muito mais férteis neste período, e a vinda de um bebê não seria surpresa. Outros membros da família em idade de ter filhos também estarão mais férteis. O círculo familiar vai se expandir, seja por meio de nascimentos e casamentos ou da inclusão de pessoas que serão como se fossem da família.

Com Netuno em sua quarta Casa, haverá muitas coisas acontecendo nos bastidores da vida dos membros da família. Como quem vê cara não vê coração, antes de tomar decisões importantes, analise cuidadosamente a situação. Isso se aplica à compra de uma casa ou de itens caros para o lar.

Caso esteja planejando reparos ou reformas grandes, o período entre 1º de fevereiro e 12 de março será bom, assim como o mês de julho. Se estiver redecorando ou comprando objetos de arte, os períodos de 28 de fevereiro a 22 de março e de 3 a 28 de junho serão favoráveis.

DINHEIRO E CARREIRA

Desde que Plutão entrou em sua Casa do Dinheiro em 2008, essa área se tornou um grande foco. Nos últimos dois anos, seu planeta das Finanças, Saturno, vem recebendo aspectos muito tensos. Claro, você teve lucro, e muito provavelmente prosperou, mas foi um caminho tortuoso, com muitos desafios e mudanças dramáticas. Você nadou contra a correnteza o tempo todo, algo difícil para os nativos de Sagitário, que gostam de tudo rápido. Felizmente, as finanças vão melhorar muito este ano. Saturno entrou em Escorpião em outubro de 2012, e agora está em sua 12ª Casa – da Espiritualidade. Em 2013, ele receberá aspectos extremamente harmoniosos. Assim, a prosperidade será maior que nos últimos anos – e também virá com mais facilidade. Muitos dos obstáculos que você enfrentou não existem mais.

Em 27 de junho, Júpiter ingressará em Câncer e formará um alinhamento harmonioso com Saturno. Será um período muito próspero. A primeira metade do ano será boa, mas a segunda, muito melhor. Você terminará 2013 mais rico e com uma situação financeira melhor do que quando começou.

O mais interessante este ano (e especialmente nos próximos dois anos) é que haverá uma conexão espiritual e financeira. Plutão é seu planeta espiritual e está em sua Casa do Dinheiro desde 2008 (e permanecerá por lá por muitos anos). Saturno, o planeta das Finanças, está em sua 12ª Casa – da Espiritualidade. Os dois estão em "recepção mútua", ou seja, um está hospedado na Casa e no signo no outro. É como se dois dignitários visitassem um a casa do outro ao mesmo tempo. Haverá grande cooperação mútua entre esses dois planetas. Um demonstrará "hospitalidade" ao outro. Portanto, você viverá um período para se aprofundar nas dimensões espirituais da riqueza. Leia o máximo que puder sobre o assunto. Existem muitos livros disponíveis, mas seria bom começar com os trabalhos de Emmet Fox e Ernest Holmes. Napoleon Hill também produziu obras interessantes sobre o tema. Além disso, o recente best-seller *O segredo* aborda o assunto.

Seu desafio neste período será acessar as fontes sobrenaturais de recursos – não tanto as naturais. Este vai ser um período mais propício para o dinheiro "milagroso" do que para o dinheiro normal. O dinheiro normal – que é obtido com o "suor da camisa" – é maravilhoso e devemos ser gratos por ele. Mas o dinheiro milagroso é muito mais satisfatório e interessante.

Existem leis e práticas específicas envolvidas nessa questão, que estão fora de nossa alçada neste livro, mas que devem ser estudadas e aplicadas. Este ano, a base será a confiança na Divina Providência que, quando invocada, nunca falha.

A intuição financeira esteve imprecisa nos últimos anos. Mas agora ficará muito mais aguçada e confiável. A intuição faz em um instante o que anos de trabalho duro não conseguem fazer.

Em um nível mais terreno, você terá afinidade por imóveis comerciais, mercado de títulos, e empresas tradicionais de grande porte (especialmente os títulos dessas empresas). Você terá os aspectos para uma herança nos próximos anos (no ano passado também). Esperamos que ninguém precise morrer, mas você pode ser citado em um testamento, receber um fundo fiduciário, um grande pagamento de seguro ou ser nomeado como inventariante. Há muitos cenários possíveis para esses acontecimentos.

Você também sentirá uma atração por propriedades e empresas problemáticas, enxergando valor onde os outros só veem morte e decadência, e poderá obter lucro reerguendo-as.

Caso tenha boas ideias, este será um ótimo ano (especialmente depois de 27 de junho) para atrair investidores e financiamentos para seus projetos.

A conexão de Plutão e Escorpião com a riqueza indica uma necessidade de cortar o desperdício e os supérfluos. Você vai prosperar reduzindo o que for excessivo e desnecessário (não corte o essencial). Será bom se livrar de coisas velhas das quais não precisa mais. Abra espaço para a nova riqueza que quer chegar.

AMOR E VIDA SOCIAL

Foi mencionado anteriormente que você vive um período amoroso e social muito intenso desde junho do ano passado. Para os solteiros, é sinal de romance sério. Não serão apenas diversão, jogos e entretenimento – embora você certamente vá desfrutá-los –, mas trata-se de algo com verdadeiro potencial para se tornar um casamento.

A presença de Júpiter em sua sétima Casa nem sempre significa um casamento "literal". Muitas vezes, indica relacionamentos que são como se fossem um casamento, ou o encontro com pessoas que são "para casar".

Desde junho passado, você se tornou proativo no amor, criando sua vida social ideal pelo próprio esforço. Não está sentado esperando o telefone tocar ou a mensagem de texto chegar. Você vai atrás do que quer e tende a conseguir.

Em geral, você estará mais popular este ano, mais interessado nas outras pessoas e colocando os interesses delas à frente dos seus. Vai ser uma figura presente para a pessoa amada e para seus amigos. Os outros respondem a esse comportamento.

O único problema é que você se sentirá "exilado" de si mesmo. Muitos perguntarão: "E eu? E minhas necessidades?" Mas não se preocupe demais com isso. Suas necessidades serão satisfeitas pela lei cármica.

De vez em quando, é positivo tirar umas férias de si mesmo e dos próprios desejos e interesses. Muitos dos problemas da vida provêm exatamente do foco exagerado no "eu". Deixar o "eu" de lado por algum tempo é uma experiência libertadora.

Em 27 de junho, Júpiter deixará a Casa do Amor e do Casamento e entrará em sua oitava Casa. Para a maioria dos sagitarianos, isso significa que os objetivos amorosos foram conquistados e que se sentirão interessados em outros assuntos. A segunda metade do ano será um período mais ativo sexualmente. Seja qual for sua idade ou fase da vida, a libido estará mais forte que de costume.

Com Mercúrio como seu planeta do Amor, haverá muitas tendências de curto prazo nessa área. Mercúrio percorre todo o zodíaco no decorrer de um ano. Essas tendências serão analisadas de forma mais detalhada nas "Previsões Mensais".

Mercúrio entra em movimento retrógrado três vezes por ano, o que tende a complicar as questões amorosas. Durante esses períodos não é sábio tomar nenhum tipo de decisão amorosa, mas reavaliar o relacionamento atual ou a vida amorosa em geral e observar se alguma melhoria pode ser feita. Essa compreensão é benéfica na medida em que explica o comportamento estranho de um ente querido ou problemas na vida social. Neste ano, esses períodos serão de 23 de fevereiro a 16 de março; 26 de junho a 19 de julho; 21 de outubro a 9 de novembro

AUTOAPRIMORAMENTO

Já foi dito que a espiritualização da família será uma tendência de longo prazo. Mas há mais a dizer. Todos temos duas famílias: a biológica e a espiritual. Geralmente, são distintas. A família biológica tende a possuir uma natureza cármica. Somos reunidos às pessoas de nossa família para ajustar e equilibrar carmas passados – forças negativas do passado. O processo pode ser bastante doloroso. Os budistas dizem que grandes inimigos de reencarnações passadas são colocados na mesma família – a maneira mais rápida de equilibrar o carma. E quem nunca se sentiu assim em relação a algum membro da família? É por isso que a grande maioria das famílias é considerada "desequilibrada". Não pense que está sozinho nessa situação desagradável. É a condição humana. Qualquer um que esteja em um corpo humano ainda não é perfeito, e tem de lidar com o carma. Os perfeitos não têm necessidade de nascer em um corpo terrestre.

Por mais dolorosa que possa ser a vida familiar, podemos nos consolar com o fato de que temos uma família espiritual. É a família perfeita. Essas pessoas nos amam e apoiam incondicionalmente. Comportam-se como se comportaria uma família perfeita. Geralmente, elas não têm laços de sangue conosco. Às vezes estão encarnadas, outras vezes, não. Mas estão conosco o tempo todo, amando, apoiando e cuidando. Com a presença de longo prazo de Netuno na quarta Casa, você começará a encontrar essas pessoas. Na maioria dos casos, será um encontro físico. Você conhece alguém que parece e se comporta como o pai, a mãe, o irmão perfeitos. Às vezes não é um encontro físico real, mas uma conscientização de que você possui uma família espiritual e que ela está com você. Muitas vezes acontecem contatos telepáticos durante a meditação e a oração.

Eventualmente, as pessoas encontram a família espiritual em ashrams, conventos, monastérios ou grupos espirituais. Vários deles são concebidos para funcionar como famílias. E muitos sagitarianos se sentirão confortáveis nesses ambientes.

Você vai procurar a família "ideal" neste período. Muito provavelmente, ao longo dos próximos 12 anos, a encontrará.

PREVISÕES MENSAIS

JANEIRO

Melhores dias: 8, 9, 17, 18, 26, 27, 28
Dias mais tensos: 2, 3, 14, 15, 21, 22, 23, 29, 30
Melhores dias para o amor: 2, 3, 8, 9, 10, 11, 18, 19, 21, 22, 23, 29, 30, 31
Melhores dias para o dinheiro: 4, 6, 7, 10, 11, 12, 14, 15, 22, 24, 25, 31
Melhores dias para a carreira: 2, 3, 10, 11, 21, 29, 30, 31

Você começará seu ano com a maioria dos planetas no setor oriental do mapa – o setor do *self* e da independência pessoal. O poder planetário ainda estará fluindo em sua direção, de forma que mais poder pessoal estará disponível para você. Em um ou dois meses, essa situação vai se modificar. Portanto, se houver condições em sua vida que lhe desagradem, mude-as e as deixe da maneira que deseja. Sempre respeitamos as outras pessoas, mas não é preciso sacrificar seus interesses pessoais por elas. Sem dúvida você vem se comportando assim nos últimos seis meses, mas neste mês comece a se colocar mais em primeiro lugar. O único problema é que Júpiter, o senhor de seu zodíaco, ficará em movimento retrógrado até o dia 30. De que serve o poder criativo se não temos certeza sobre o que criar? Assim, a prioridade deste momento será a clareza mental. Quando Júpiter começar a se deslocar para a frente no dia 30, você a obterá.

No mês passado, o poder planetário se deslocou da metade superior para a inferior de seu zodíaco. É a noite de seu ano. Pouco depois do poente. O dia terminou. Os objetivos exteriores foram alcançados até certo ponto. Agora começam as atividades noturnas.

É hora de deixar de lado o mundo exterior por um tempo e se concentrar no lar, na família e em seu bem-estar emocional. Hora de focar nas condições interiores que tornarão possível o sucesso exterior.

Seu ciclo solar pessoal começou a fase crescente em seu aniversário. O ciclo solar universal começou a fase crescente no dia 21 do mês passado. Esses dois importantes ciclos estarão crescentes ao mesmo tempo, de forma que janeiro será um ótimo período para lançar novos produtos ou empreendimentos que você tiver em mente. Noventa por cento dos planetas estarão em movimento direto este mês, o que torna as coisas ainda mais favoráveis. E quando a Lua ficar crescente, dos dias 11 a 27, o bom momento se tornará ainda melhor. Novos projetos sempre são complicados e demandam muita energia. Portanto, por que não nadar a favor da corrente cósmica, e não contra ela?

Você começa o ano em meio a um pico financeiro anual. Quarenta por cento e, às vezes, 50 por cento dos planetas estarão dentro ou se dirigindo para sua Casa do Dinheiro. Haverá prosperidade. Você obterá a generosidade financeira do cônjuge ou amor atual, de chefes, pais ou figuras paterna ou materna e das pessoas ligadas à religião ou espiritualidade em sua vida. A prosperidade será maior depois de 27 de junho, mas agora terá um de seus pontos altos. As finanças se tornarão mais complicadas – mais desafiadoras – depois do dia 19. Mas isso significa apenas que você vai precisar trabalhar mais para alcançar seus objetivos financeiros.

A vida amorosa esteve excelente nos últimos seis meses, e continuará assim este mês. O período posterior ao dia 19 será o melhor. Os objetivos amorosos e sociais serão obtidos facilmente, sem confusão ou nervosismo. Um casamento pode acontecer neste mês ou no próximo. Haverá romantismo. Para os casados, isso indica harmonia no casamento e mais romance com o parceiro. Até o dia 19, os solteiros encontrarão oportunidades amorosas enquanto estiverem buscando seus objetivos financeiros e com pessoas envolvidas em suas finanças. A riqueza e os presentes serão estimulantes românticos. Depois do dia 19, quando o planeta do

Amor entrar na terceira Casa, o amor ficará próximo de casa, na vizinhança. A riqueza vai deixar de ser um atrativo importante, e habilidade mental e boa comunicação terão mais charme. Você precisa se apaixonar pela mente e pelo processo de pensamento tanto quanto pelo corpo.

A saúde será boa durante todo o mês.

FEVEREIRO

Melhores dias: 5, 13, 14, 23, 24
Dias mais tensos: 11, 12, 18, 19, 25, 26
Melhores dias para o amor: 1º, 9, 10, 11, 12, 18, 19, 21, 22
Melhores dias para o dinheiro: 2, 3, 7, 8, 9, 11, 12, 18, 20, 21, 27
Melhores dias para a carreira: 1º, 11, 12, 21, 22, 25, 26

Seu período de independência pessoal ficará em vigência até o dia 18. Júpiter está em movimento direto, então faça as mudanças que quiser fazer antes do dia 18. Depois dessa data, os planetas se deslocarão para o ocidente e será mais difícil. Novamente, você estará mais à mercê dos outros, de suas decisões e suas ações. Há muitos meses você cultiva suas habilidades sociais, e este será o momento para se aprofundar ainda mais (depois do dia 18). Para muitos, "não estar no controle" é uma situação que produz estresse e ansiedade, mas não deveria. Deixe que o poder superior tome o controle, e confie em suas ações. Neste momento, estar no controle pode até ser prejudicial para você no longo prazo.

As finanças continuarão complicadas até o dia 18, mas será temporário. Depois desse dia, a prosperidade vai retornar ainda mais intensa, e os ganhos e as oportunidades podem acabar se mostrando até melhores (depois do dia 18) que em seu último pico financeiro. Marte formará ótimos aspectos com seu planeta das Finanças dos dias 15 a 17, o que vai proporcionar sorte nas especulações. Alguns de vocês podem desejar investir quantias modestas na loteria ou em algum outro tipo de especulação (por favor, não jogue com o dinheiro do aluguel ou das compras). Esse aspecto indica a chegada do dinheiro por caminhos felizes – quando você estiver se divertindo. Caso tenha objetivos criativos – seja na música, escrita, pintura, cerâmica etc. –, eles se tornarão mais comerciais. Os filhos darão mais apoio aos objetivos financeiros. O Sol fará um trígono com seu planeta das Finanças no dia 28.

A partir do dia 18, os planetas vão estar no ponto mais baixo do mapa, o nadir. Será a mágica meia-noite de seu ano. O momento em que você recarrega suas baterias interiores e se prepara emocionalmente para o sucesso futuro. As atividades interiores terão mais poder que a exteriores. Portanto, se tiver objetivos profissionais ou financeiros, construa agora as condições internas para alcançá-los. Visualize, afirme, fantasie e obtenha a sensação do que deseja. Pode parecer mero devaneio, mas como é consciente e dirigido pela vontade, será muito mais que isso – será mágica.

Seu planeta da Carreira estará em sua quarta Casa a partir do dia 5, o que apenas reforça esses aspectos. Neste momento, sua verdadeira carreira – espiritualmente falando – será a família e a vida emocional. Em um nível mais terreno, isso indica trabalhar mais em casa – exercer a carreira em casa. A família será sua profissão, mas também ajudará a carreira de maneiras sutis. Talvez você não as enxergue por enquanto, mas estará acontecendo.

A saúde precisará de mais atenção do dia 18 em diante (você pode sentir seu nível de energia baixar antes desse dia). Até o dia 2, melhore a saúde dando mais atenção à espinha, aos joelhos, dentes e ossos. Massagens nas costas serão poderosas. Do dia 2 ao dia 26, dê mais atenção aos tornozelos e panturrilhas – que devem ser massageados com frequência. Do dia 26 em diante, preste mais atenção aos pés, para os quais a reflexologia será especialmente benéfica.

MARÇO

Melhores dias: 4, 5, 12, 13, 14, 22, 23, 31
Dias mais tensos: 10, 11, 17, 18, 19, 24, 25, 26
Melhores dias para o amor: 2, 3, 10, 11, 17, 18, 19, 20, 21, 22, 29, 30, 31

Melhores dias para o dinheiro: 1º, 2, 3, 6, 7, 8, 9, 10, 11, 17, 18, 20, 21, 27, 28, 29, 30
Melhores dias para a carreira: 2, 3, 10, 11, 20, 21, 24, 25, 26, 29, 30

Sua quarta Casa – do Lar e da Família – continuará poderosa até o dia 20. Portanto, reveja as previsões de fevereiro sobre o assunto.

No dia 18 do mês passado, o elemento Água se tornou muito forte. E esse continuará sendo o caso pela maior parte deste mês – até o dia 20. Sendo de um signo de Fogo, você não vai se sentir exatamente confortável com toda essa energia de Água – emotividade, nostalgia, exaltação de cada mínima nuance de sentimento. Mas se estiver consciente da situação, lidará melhor com ela. Você tende a ser aberto e honesto, a falar a verdade a despeito das consequências. Entretanto, neste momento essa atitude pode ter resultados explosivos. Fale sempre a verdade, mas tempere-a com sensibilidade – diga-a de uma forma menos prejudicial, pois as pessoas estarão hipersensíveis. Com frequência, declarações simples receberão significados que nunca foram ditos ou nem mesmo cogitados.

Você ainda estará vivendo um período muito propício para lançar novos produtos ou empreendimentos. O mês passado também foi favorável. A maioria dos planetas está em movimento direto (80 a 90 por cento), e tanto seu ciclo solar pessoal quanto o universal estão na fase crescente. Além disso, o Sol entrará em Áries – a melhor energia inicial do zodíaco. Se você puder dar início a esses novos projetos entre os dias 18 e 27 – durante a Lua crescente – estará em um momento ainda mais favorável.

As finanças permanecerão excelentes este mês. Vão estar melhores antes do dia 20. Depois, ficarão razoáveis.

Netuno passou o ano inteiro formando um bom aspecto com você – assim como no ano passado. Isso indica bastante apoio familiar, prosperidade da família como um todo e de um dos pais ou figuras paterna ou materna em sua vida. Imóveis (residenciais), restaurantes, hotéis e negócios do ramo alimentício serão interessantes para os investidores profissionais. Em 18 de fevereiro, seu planeta das Finanças entrou em movimento retrógrado e passará alguns meses retrocedendo. Assim, as finanças entram em revisão. Ainda haverá prosperidade e ganhos, mas ocorrerão mais problemas e complicações. Pelos próximos meses, sua função será obter clareza mental em relação a esses pontos. Seu quadro financeiro – e condições econômicas em geral – não vai ser o que parece. Será o momento de analisar e fazer pesquisas. Decisões financeiras importantes – compras ou investimentos grandes – vão requerer mais estudo. O ideal seria postergá-las até que sua mente esteja clara. A clareza chegará se você for paciente.

A saúde vai precisar de mais cuidado até o dia 20. Como no mês passado, massagens nos pés serão poderosas até o dia 22. Depois desse dia, exercícios físicos vigorosos e massagens no rosto e no couro cabeludo serão benéficos.

ABRIL

Melhores dias: 1º, 9, 10, 19, 20, 27, 28
Dias mais tensos: 6, 7, 8, 14, 15, 21, 22
Melhores dias para o amor: 1º, 7, 8, 9, 10, 14, 15, 19, 21, 22, 27, 28, 29, 30
Melhores dias para o dinheiro: 2, 3, 4, 5, 6, 7, 14, 15, 16, 17, 23, 24, 25, 26, 29, 30
Melhores dias para a carreira: 7, 8, 19, 21, 22, 27, 28

O poder planetário continua basicamente no setor social, ocidental, do mapa. O senhor do zodíaco, Júpiter, está em sua sétima Casa – do Amor – desde o começo do ano. Neste momento, você vai viver um período muito intenso para o amor e a vida social, que serão um foco importante. Você estará ativo nessas áreas e, portanto, é provável que tenha sucesso. Nos últimos dois meses, a vida amorosa ficou complicada por questões emocionais e psicológicas – talvez problemas familiares também tenham interferido. Você e a pessoa amada não estavam em sincronia, e ficou mais difícil que de costume expressar o amor. Além disso, seu planeta do Amor retrocedeu de 23 de fevereiro a 17 de março, complicando ainda mais a situação. No dia 14, o planeta do Amor deixa seus aspectos tensos com Júpiter e começa um movimento direto. A vida amorosa fará progressos e ficará muito mais feliz. O planeta do Amor vai estar na quinta Casa a partir do dia 14. Portanto, você vai aproveitar a vida social, marcar atividades divertidas com a pessoa amada e com os amigos. Neste momento, os casados vão querer sair em uma segunda lua de mel. O romance estará alegre e renovado. Os solteiros encontrarão oportunidades amorosas nos lugares habituais depois do dia 14 – festas, resorts, boates, locais de entretenimento. Academias ou eventos esportivos também serão locais apropriados para o romance. As sagitarianas que estiverem em idade de engravidar estão mais férteis que de costume desde 5 de fevereiro, e continuarão assim este mês.

No dia 20 do mês passado, você começou um pico anual de prazer pessoal. Um período divertido do ano, que vai continuar até o dia 19. Será o momento de explorar sua criatividade, de se envolver mais com seus filhos ou enteados e explorar a alegria de viver. Busque a alegria – a felicidade – e atrairá tudo o que for necessário para sua vida. Até mesmo oportunidades profissionais aparecem quando você está se divertindo. Para aqueles que já têm uma vida profissional, a diversão estará relacionada a ela – talvez ao receber em casa clientes ou superiores. Os que estiverem procurando um caminho profissional devem buscar a felicidade – um guia infalível neste período.

A saúde está muito melhor este mês, com muita vitalidade. Você terá toda a energia necessária para alcançar seus objetivos. E poderá se sentir ainda melhor dando mais atenção à cabeça e ao rosto (até o dia 15) e ao pescoço e à garganta depois. Massagens nessas áreas serão especialmente poderosas este mês.

As finanças ficarão mais delicadas depois do dia 19. Evite especulações nesse período, pois o planeta das Finanças ainda estará retrógrado. Essa tensão temporária não pede providências drásticas, viva um dia de cada vez e procure não pensar em um futuro muito distante. Como foi dito, a vida financeira não vai ser o que parece. Neste momento, ações drásticas, motivadas pelo desespero – com seu planeta das Finanças retrocedendo –, provavelmente vão piorar as coisas.

Quem estiver procurando emprego terá bons aspectos a partir do dia 19. Um eclipse lunar ocorrerá no dia 25 em sua 12ª Casa – da Espiritualidade – causando importantes mudanças nessa área. Evite atividades arriscadas alguns dias antes e depois do eclipse.

MAIO

Melhores dias: 6, 7, 16, 17, 25, 26
Dias mais tensos: 4, 5, 11, 12, 18, 19, 31
Melhores dias para o amor: 8, 9, 10, 11, 12, 21, 22, 29, 30
Melhores dias para o dinheiro: 2, 3, 4, 11, 12, 13, 14, 21, 22, 23, 27, 28, 29, 30, 31
Melhores dias para a carreira: 8, 9, 10, 18, 19, 21, 22, 29, 30

Algumas lições, aprendemos ao confiar em nós mesmos e ser independentes, e outras, aprendemos por meio do sacrifício, colocando os outros em primeiro lugar. Em muitos ensinamentos filosóficos e religiosos, uma ou outra dessas atitudes é exaltada como a ideal. Mas não no horóscopo. As duas posturas são igualmente válidas, mas devem ser adotadas no momento apropriado. Agora você aprenderá as lições do sacrifício pessoal. Seria lógico pensar que tal atitude o privaria de seu conforto e de suas aspirações. Mas não é verdade, como você vai descobrir. Suas boas intenções serão providas pela lei cármica. O poder planetário estará em sua posição mais ocidental (e continuará assim no mês que vem). O ocidente vai estar forte tanto qualitativa quanto quantitativamente, pois os planetas importantes estarão lá (especialmente dos dias 4 a 18). Em momentos como este, você descobre que não precisa pensar em si mesmo, não precisa se preocupar com interesses particulares. Eles já foram resolvidos. Sua tarefa são os outros.

O amor será um dos destaques do mês. No dia 20, você entrará em um pico anual amoroso e social. Casamentos e noivados são prováveis neste e no próximo mês. Os solteiros conhecerão pessoas especiais. Todos os planetas estarão alinhados para o amor.

Outro ponto importante do mês serão os dois eclipses. O solar do dia 10 lhe será tão benigno quanto um eclipse pode ser. Você enfrentou alguns eclipses intensos nos últimos anos. Este vai acontecer em sua sexta Casa, o que indica alterações no emprego, além de mudanças e instabilidade no ambiente de trabalho. Talvez você arrume um emprego, ou perca o emprego atual e consiga outro. O status da situação profissional vai mudar – e em geral por meios dramáticos. Isso geralmente produz importantes alterações na rotina e sustos na saúde, que ocorrerão pelos próximos seis meses. O Sol rege sua nona Casa – da Religião, Filosofia, Teologia, Educação Superior e Viagens ao Exterior. Os estudantes (a partir do nível universitário) serão os mais afetados. Haverá mudanças drásticas nos planos educacionais ou abalos na instituição de ensino que frequentam. O sistema de crenças – a filosofia pessoal – será testado. Muitas crenças ficarão pelo caminho, e muitas serão corrigidas ou aprofundadas.

O eclipse lunar do dia 25 terá um impacto mais forte sobre você, então programe uma agenda calma nesse período. De qualquer forma, você vai precisar reduzir o ritmo a partir do dia 20, mas especialmente nesse período. O eclipse ocorre em seu signo, proporcionando uma redefinição de seu corpo e de sua imagem – de sua personalidade e seu autoconceito. Nos próximos meses, você apresentará ao mundo uma nova aparência e uma nova imagem. A Lua rege sua oitava Casa, de forma que podem acontecer encontros com a morte – geralmente em nível psicológico. Eles acontecerão de qualquer forma, então não tente o destino e evite atividades arriscadas. A família – e especialmente um dos pais ou figuras paterna ou materna – será abalada. Haverá eventos que podem mudar vidas nesse momento, e é provável que os membros da família fiquem mais temperamentais, então seja mais paciente.

JUNHO

Melhores dias: 2, 3, 12, 13, 21, 22, 30, 31
Dias mais tensos: 1º, 7, 8, 15, 16, 27, 28
Melhores dias para o amor: 1º, 7, 8, 10, 11, 19, 20, 27, 28

Melhores dias para o dinheiro: 1º, 8, 9, 10, 17, 18, 19, 23, 24, 26, 27
Melhores dias para a carreira: 1º, 10, 11, 15, 16, 19, 20, 27, 28

A saúde está mais delicada desde o dia 20 do mês passado e continuará assim até o dia 21 de junho. Como sempre, faça tudo o que puder para conservar as energias. Delegue tarefas o máximo possível. Repouse quando estiver cansado. Não pense que vai produzir mais se forçar seus limites, pois o mais provável é que você cometa erros e acabe por aumentar sua carga de trabalho. Dê mais atenção aos pulmões e ao sistema respiratório até o dia 3, e ao estômago depois dessa data. As mulheres devem ser mais cuidadosas com os seios depois do dia 3, quando também a dieta e a tranquilidade emocional se tornarão importantes. A saúde vai melhorar depois do dia 21.

O amor continuará sendo o principal destaque até o dia 21. Muitos casamentos e noivados acontecerão nesse período. Os que já forem casados ou estiverem em um relacionamento terão mais romance e frequentarão mais festas e reuniões. Depois do dia 21, a vida social esfria um pouco. Muito provavelmente os objetivos sociais e amorosos foram alcançados. O Sol deixará sua sétima Casa no dia 21, e Júpiter, senhor de seu zodíaco, a deixará no dia 27 – depois de ter passado ali um ano. Esse será um deslocamento importante, que trará uma grande mudança.

Plutão, o planeta da transformação pessoal, passou anos em seu signo – até 2008. Assim, você esteve envolvido em transformação e reinvenção pessoais por muito tempo. Houve um breve hiato nos últimos quatro anos, mas agora essa questão volta à tona. Você dará à luz um "novo eu" – um eu ideal. Isso pode dar muito trabalho às vezes. É preciso estar disposto a deixar morrer velhos hábitos, ideias e padrões emocionais, o que muitas vezes gera uma crise. Mas será positivo. Uma mãe em trabalho de parto está disposta a suportar a dor porque sua mente está focada no bebê que vai nascer. Embora seja doloroso, o nascimento de uma criança é considerado um evento feliz. E assim será com você.

As finanças ficarão bem até o dia 21 – não acontecerá nenhum desastre, mas também não haverá nada especial. Depois, os ganhos aumentam. Lembre-se de que seu planeta das Finanças ainda vai estar em movimento retrógrado – o que pode causar atrasos e mal-entendidos –, mas isso não interromperá a prosperidade. Você ainda terá que se esforçar para obter clareza mental. As oportunidades financeiras – e haverá muitas – vão precisar ser avaliadas com cuidado. O cônjuge ou amor atual entrará em um pico financeiro anual depois do dia 21. Na verdade, todo este ano será um período de prosperidade. Ele ou ela vai estar mais generoso com você. Será um bom momento para pagar dívidas. Caso precise pedir dinheiro, conseguir uma hipoteca ou outro tipo de empréstimo comercial, também será uma boa hora. Muitos sagitarianos poderão receber uma herança – se não este mês, este ano.

Também podem acontecer mudanças neste momento. O círculo familiar se expande com nascimentos, casamentos ou encontro com pessoas que serão como família para você. As sagitarianas em idade de engravidar estarão incrivelmente férteis depois do dia 21.

JULHO

Melhores dias: 1º, 9, 10, 11, 19, 20, 27, 28
Dias mais tensos: 4, 5, 6, 12, 13, 25, 26
Melhores dias para o amor: 1º, 4, 5, 6, 7, 8, 10, 11, 17, 19, 20, 25, 26, 29, 30
Melhores dias para o dinheiro: 7, 8, 16, 17, 21, 22, 25
Melhores dias para a carreira: 7, 8, 12, 13, 17, 25, 26

Em 20 de maio, o poder planetário fez um importante deslocamento da metade inferior para a superior do zodíaco – o setor das atividades exteriores. O lar e a família continuarão sendo importantes, mas você pode se concentrar na carreira e nos objetivos exteriores. É dia em seu ano, hora de lidar com os assuntos diurnos.

Basicamente, este será um mês alegre e bem-sucedido. As finanças continuarão a melhorar – tanto pessoalmente quanto para o cônjuge ou amor atual. Seu planeta das Finanças, que passou vários meses retrocedendo, começa a se movimentar para a frente no dia 8.

Portanto, haverá clareza nas questões financeiras, e grandes lances, compras e investimentos terão melhores resultados. A família como um todo – e especialmente um dos pais ou figuras paterna ou materna – vai prosperar. Você terá golpes de sorte nas finanças. Bens que já possui vão se valorizar. Algo que julgava inútil – uma sucata – acabará se mostrando valioso. As especulações serão favoráveis depois do dia 8. O período entre os dias 19 e 24 será especialmente bom.

A saúde também vai estar muito melhor neste momento. Depois do dia 22, melhora ainda mais. Se houve algum problema de saúde, chegarão boas notícias depois do dia 22. Dê mais atenção ao coração até o dia 23. Evite preocupação e ansiedade. Tome atitudes positivas para melhorar sua situação e deixe de lado a angústia. Depois do dia 23, preste mais atenção ao intestino delgado. A dieta certa será benéfica.

O amor não será tão importante este mês, que vai ser sexualmente ativo, de forma que você não vai perder tempo nesse departamento. Mas, como no mês passado, os objetivos sociais já foram alcançados, e não há necessidade de ações ou de mudanças dramáticas. O planeta do Amor ficará em movimento retrógrado até o dia 20, portanto, o cônjuge ou amor atual estará um pouco perdido nesses dias. Além disso, o planeta do Amor entrará em quadratura com Urano dos dias 17 a 26, o que testará o relacionamento atual. A pessoa amada estará mais temperamental. Seja paciente e não piore a situação. O amor atual precisa dirigir com mais cuidado e evitar atividades arriscadas. Esse trânsito também vai proporcionar mudanças profissionais – abalos e eventos dramáticos – que acabarão sendo benéficos para você.

Vênus cruza seu Meio do Céu no dia 23, um aspecto basicamente feliz, que lhe proporcionará oportunidades profissionais. Os amigos estarão se saindo bem pessoalmente e apoiarão sua carreira. Sua boa ética profissional será percebida pelos superiores.

No dia 21 do mês passado, o elemento Água se tornou extraordinariamente forte mais uma vez. Você também passou por essa situação em fevereiro e março. As pessoas vão ficar hipersensíveis, de forma que a objetividade e a honestidade provavelmente serão consideradas "insensíveis" – seja mais cuidadoso.

AGOSTO

Melhores dias: 6, 7, 15, 16, 23, 24
Dias mais tensos: 1º, 2, 8, 9, 21, 22, 28, 29
Melhores dias para o amor: 1º, 2, 3, 4, 8, 9, 15, 16, 19, 24, 25, 26, 28, 29
Melhores dias para o dinheiro: 3, 13, 14, 17, 18, 21, 22, 30, 31
Melhores dias para a carreira: 3, 4, 8, 9, 15, 16, 24, 25

Sua nona Casa se tornou poderosa no dia 22 do mês passado e continuará assim até o dia 22 deste mês. Será o paraíso de Sagitário. Sem dúvida você fará viagens nesse período. As portas vão estar totalmente abertas. Os sagitarianos têm um interesse natural por teologia, religião e metafísica. Em muitos casos, não o desenvolvem muito – preferem levar um estilo de vida luxuoso –, mas o interesse inato existe. Assim, este será um mês para se aprofundar em metafísica e filosofia. Haverá progressos filosóficos para aqueles que os buscarem. E será muito mais fácil obtê-los agora do que em outros momentos. Boas oportunidades para ensinamentos superiores também surgirão, e devem ser aproveitadas. Se você estiver envolvido com problemas legais, este será um bom mês para lidar com eles. Os estudantes (de nível universitário ou posterior) terão sucesso acadêmico. Os que estiverem tentando ingressar em uma faculdade também receberão boas notícias.

No dia 22, quando o Sol cruzar seu Meio do Céu e entrar em sua décima Casa, você começará um pico profissional anual. Mercúrio, seu planeta da Carreira (assim como do Amor) entrará em sua décima Casa no dia 24. Vênus está nessa casa desde 23 de julho, e continuará ali até o dia 16 deste mês. Portanto, sua Casa da Carreira estará repleta de planetas benéficos. Você terá muita ajuda para atingir seus objetivos profissionais e contará com o apoio dos amigos, do amor atual, de sacerdotes e de pessoas religiosas que participam de sua vida. Será um mês bem-sucedido no mundo exterior. Até o dia 22, prepare-se: faça cursos sobre assuntos que possam aprimorar sua carreira – vá a seminários e workshops. Disponha-se a ser o mentor dos que estiverem abaixo de você, e discípulo dos que estiverem acima.

Os superiores notarão. O planeta do Amor no Meio do Céu indica muitas coisas. Primeira, que o amor estará entre suas prioridades. Seu casamento ou relacionamento será tão importante quanto os objetivos profissionais, o que é benéfico para a vida amorosa. O foco tende a se transformar em sucesso. Isso também indica que você vai impulsionar a carreira por meios sociais – indo às festas certas ou dando festas, fazendo amigos que podem ajudá-lo. Sua simpatia e sua habilidade de se dar bem com os outros e obter a cooperação deles (você teve muito treinamento nessa área no ano passado) serão um fator muito importante para o sucesso. Sua capacidade pessoal importa, é claro, mas não tanto quanto as habilidades sociais. Muitas vezes, os superiores conversam com duas pessoas com mais ou menos as mesmas qualificações e escolhem aquela de quem mais gostaram. Esse fator desempenhará um papel decisivo nesse período.

A saúde estará mais delicada depois do dia 22, então certifique-se de descansar e relaxar mais. Sim, você vai estar ocupado, a carreira vai exigir muito, mas tente programar pausas e momentos de repouso. Não se permita ficar exausto nem force seu corpo além de seus limites naturais.

Evite especulações nos dias 1º e 2, e também dirija com mais cuidado (isso se aplica especialmente aos filhos que já tiverem carteira). Além disso, dirija com mais cuidado dos dias 18 a 25. Evite atividades arriscadas.

SETEMBRO

Melhores dias: 2, 3, 11, 12, 20, 21, 29, 30
Dias mais tensos: 4, 5, 6, 18, 19, 24, 25, 26
Melhores dias para o amor: 5, 6, 8, 15, 16, 17, 18, 24, 25, 26, 27, 28
Melhores dias para o dinheiro: 1º, 9, 10, 13, 14, 18, 19, 27, 28
Melhores dias para a carreira: 4, 5, 6, 15, 16, 25, 26

Este mês será acelerado e frenético. Exatamente como lhe agrada. A agitação e a mudança tornam a vida interessante. Entretanto, tenha cuidado para não exagerar em toda essa atividade, especialmente ate o dia 22, pois a saúde ainda vai estar delicada. O perigo neste momento será levar o corpo além de seus limites. Os rins e quadris são sempre importantes para você em termos de saúde, mas especialmente até o dia 11. Depois dessa data, dê atenção ao cólon, à bexiga e aos órgãos sexuais. Fazer sexo seguro e ter moderação sexual vão se tornar importantes para a saúde. Uma ou duas lavagens intestinais – e outros tipos de desintoxicação – também serão benéficas depois do dia 11. Você também obterá resultados mais poderosos da cura espiritual – oração, meditação, impostação de mãos, reiki e manipulação de energias sutis. A saúde vai melhorar naturalmente depois do dia 22. Mas não se esqueça de descansar mais.

No dia 22 do mês passado, o poder planetário se deslocou do ocidente para o oriente. Começou para você um período de independência pessoal que ficará mais forte a cada dia e a cada mês. Como Júpiter continua no setor ocidental desde 2010, você ainda estará muito interessado nas pessoas, esforçando-se por elas e as colocando em primeiro lugar. Mas, neste momento, permita-se deslocar um pouco a atenção para seus próprios interesses e desejos. Não é egoísmo, mas uma atitude de apoiar a si mesmo. O cosmos espera que agora você desenvolva mais essa qualidade. Existe uma lógica cósmica por trás disso. Se quer ajudar os outros, tem de se tornar mais – mais eficiente, mais equilibrado, mais feliz. Quanto mais eficiente você for como pessoa, maior o serviço que poderá prestar. Pessoas fracas e dependentes não podem fazer muito pelos outros. As fortes, sim. Mais independência significa mais poder para criar as condições e circunstâncias como deseja que elas sejam. Há menos necessidade de dar satisfação aos outros em relação a isso. Você pode agir sozinho caso seja necessário.

Você continuará em um pico profissional anual até o dia 22. Reveja as considerações do mês passado sobre esse assunto. A Lua nova do dia 5 acontecerá em sua décima Casa, tornando este um dia muito poderoso para a carreira e proporcionando sucesso e oportunidades. Além disso, a Lua nova esclarecerá questões no decorrer do mês. Boas informações chegarão até você e ajudarão na tomada de decisões.

As finanças continuarão excelentes em setembro. Embora geralmente você tenha sorte com dinheiro, as especulações não são aconselháveis este mês e devem ser evitadas especialmente entre os dias 7 e 11. Gastos relacionados a filhos ou enteados também podem causar alguns problemas de curto prazo. Mas nada disso muda a prosperidade geral de 2013.

O amor fica delicado até o dia 29. É preciso evitar críticas, severidade e perfeccionismo, pois provavelmente complicariam a vida amorosa. Lembre-se de que a perfeição nunca nos é oferecida de mão beijada – é um caminho que percorremos e que é transposto gradualmente. Mercúrio formará aspectos dinâmicos com Urano e Plutão dos dias 15 a 17, o que vai testar um relacionamento atual. Tenha mais paciência com a pessoa amada (que estará propensa a ser mais temperamental nesse período) e tente não piorar as coisas. O parceiro e os pais ou figuras paterna ou materna devem evitar atividades arriscadas nesse período e dirigir de maneira mais cuidadosa.

OUTUBRO

Melhores dias: 1º, 8, 9, 17, 18, 27, 28
Dias mais tensos: 2, 3, 15, 16, 22, 23, 29, 30
Melhores dias para o amor: 6, 7, 8, 15, 16, 17, 18, 22, 23, 24, 25, 27, 28
Melhores dias para o dinheiro: 6, 7, 11, 12, 15, 16, 24, 25
Melhores dias para a carreira: 2, 3, 6, 7, 15, 16, 24, 25, 29, 30

O ponto principal deste mês será o eclipse lunar do dia 18. Ele terá uma forte influência sobre você, pois causará um impacto em Júpiter, o senhor de seu zodíaco. Planeje um período calmo e tranquilo. Esse eclipse ocorrerá na quinta Casa e terá impacto sobre os filhos e enteados. Faça o que puder para mantê-los longe do perigo. Estimule-os a evitar atividades arriscadas e passar mais tempo em casa, com tranquilidade. Também é melhor evitar as especulações nesse período. Como Júpiter será afetado, mais uma vez você redefinirá sua personalidade, imagem e autoconceito. Será a hora de lidar com o que não foi resolvido depois do eclipse de 25 de maio. Como todo eclipse lunar, esse proporcionará encontros com a morte – não necessariamente a morte literal, mas encontros psicológicos. Às vezes, isso acontece por meio de experiências pessoais de quase morte ou cirurgias.

Sua 11ª Casa se tornou poderosa no dia 22 do mês passado, e continuará assim até o dia 22 deste mês, que será voltado para a vida social. Não vai ser necessariamente um período romântico – ainda que o romance vá estar muito melhor do que no mês passado –, mas direcionado às amizades e às atividades sociais. A 11ª Casa rege as amizades da mente – amizades platônicas. A sétima Casa rege as amizades do coração – amizades emocionais. Assim, este será um mês propício para se reconectar com seus amigos e se envolver em atividades em grupo. Além disso, novos amigos entrarão em cena, e seu círculo de amizades vai se expandir (pode ser tanto no nível físico quanto no mundo virtual). Será um bom mês para atualizar sua tecnologia, seus softwares, computadores e aparelhos, para fazer cursos ou ler livros sobre ciência e alta tecnologia. A astrologia e a astronomia se tornarão mais interessantes.

No dia 23, você começará um período mais espiritual. Sua 12ª Casa – da Espiritualidade – se tornará a mais forte do zodíaco. Veja bem, mudanças espirituais – mudanças espirituais dramáticas – aconteceram durante o ano todo, mas agora ficarão mais intensas. Suas práticas espirituais, seu caminho e seu comprometimento serão testados. Muitas vezes, temos conceitos errôneos sobre essa área, e estes são derrubados. Você vai enfrentar uma dura oposição da comunidade científica com a qual tem contato, além da oposição de irmãos e vizinhos. Eles não serão receptivos a seus ideais e práticas. Caminhos e ensinamentos verdadeiros podem resistir facilmente a esses desafios e até se fortalecer com os ataques. Mas ensinamentos e caminhos menos verdadeiros (ou parcialmente verdadeiros) terão de ser modificados. Depois do dia 23, você terá grande prosperidade. As finanças e a intuição financeira ficarão excelentes. Haverá bons resultados financeiros.

O amor também vai estar muito mais feliz este mês. Mercúrio entra em conjunção em um ótimo aspecto com Júpiter de 17 a 26 de outubro. Os solteiros conhecerão parceiros românticos importantes. Os que já estiverem em um relacionamento terão mais harmonia e romance. Mercúrio, seu planeta do Amor, começará a retroceder no dia 21, então evite tomar decisões amorosas importantes depois desse dia. Não é preciso apressar o amor (ou os assuntos profissionais), deixe as coisas se desenvolverem no próprio ritmo. Sua função será obter clareza.

NOVEMBRO

Melhores dias: 5, 6, 13, 14, 23, 24
Dias mais tensos: 11, 12, 18, 19, 25, 26, 27
Melhores dias para o amor: 7, 16, 17, 18, 19, 26, 27
Melhores dias para o dinheiro: 3, 4, 7, 8, 11, 12, 20, 21, 22, 30
Melhores dias para a carreira: 3, 4, 11, 12, 20, 21, 22, 25, 26, 27, 30

O eclipse solar do dia 3 vai ocorrer em sua 12ª Casa – da Espiritualidade. Urano (neste e no mês passado) está em uma quadratura exata com seu planeta espiritual, Plutão. Assim, o eclipse vai reforçar as mudanças que vêm acontecendo em sua vida espiritual durante todo o ano, mas especialmente no mês passado. Os gurus, sacerdotes ou padres – seus mentores espirituais – passarão por eventos dramáticos que poderão mudar suas vidas. Esses eventos acontecerão no nível pessoal, mas também haverá reviravoltas e abalos em uma organização espiritual ou de caridade com a qual você esteja envolvido (essas reviravoltas e agitações têm acontecido o ano todo, mas agora atingirão um clímax). As finanças também serão afetadas, com importantes mudanças nessa área. Provavelmente, você tem sido pessimista demais em relação ao dinheiro e à economia. Sua situação verdadeira é muito melhor do que parece. Provavelmente, você precisa rever sua estratégia e seu planejamento. Os estudantes farão importantes mudanças educacionais neste momento (e ao longo dos próximos seis meses). Haverá eventos dramáticos na vida das pessoas de seu local de culto. Problemas legais sofrerão uma reviravolta – para o bem ou para o mal. Eles atingirão um clímax.

Sua 12ª Casa – da Espiritualidade – estava forte no mês passado e se manterá assim até o dia 22 deste mês. Portanto, será um bom período para alcançar seus objetivos espirituais e ideológicos, um momento de fazer descobertas espirituais – você as encontrará se procurar. Você estará muito mais próximo ao mundo espiritual invisível neste momento, e terá um acesso mais fácil a ele. Geralmente, quando a 12ª Casa está fortalecida, a rotina de sonhos é mais ativa e reveladora. Será assim nesse momento, mas não confie nos sonhos perto do período do eclipse. O mundo dos sonhos (o plano astral) fica tumultuado por causa das energias do eclipse.

Uma boa oportunidade educacional ou de viagem acontecerá dos dias 12 a 14, mas analise-a bem. Caso decida viajar, reserve tempo suficiente para chegar e partir de seu destino com calma.

A cura espiritual será muito poderosa dos dias 14 a 16. A situação no emprego vai ficar instável nesse período. Seja mais paciente com colegas e empregados.

Seu planeta do Amor entrará em movimento direto no dia 10, tornando mais clara a situação amorosa, que ainda estará muito bem. Mercúrio fará um trígono com Júpiter dos dias 27 a 29, proporcionando encontros românticos felizes para os solteiros e boas oportunidades profissionais.

Dos dias 25 a 27, Mercúrio fará uma conjunção com Saturno, o que terá alguns pontos positivos e outros mais difíceis. Você vai precisar se esforçar mais para demonstrar amor e afeto; sua disposição alegre pode não estar tão evidente quanto deveria. Mesmo assim, vai ser um bom período financeiro, com chances de parcerias profissionais e *joint ventures*. O amor atual incentiva as finanças. Chefes, pais e figuras de autoridade darão apoio aos objetivos financeiros.

DEZEMBRO

Melhores dias: 2, 3, 10, 11, 12, 20, 21, 22, 30, 31
Dias mais tensos: 8, 9, 15, 16, 17, 23, 24
Melhores dias para o amor: 1º, 4, 5, 10, 11, 13, 14, 15, 16, 17, 21, 22, 23, 24

Melhores dias para o dinheiro: 1º, 4, 5, 8, 9, 18, 19, 28, 29
Melhores dias para a carreira: 1º, 10, 11, 21, 22, 23, 24

No dia 22 do mês passado, quando o Sol passou por seu ascendente e entrou em sua primeira Casa, você começou um pico anual de prazer pessoal. Um momento para mimos, para cuidar de si mesmo e deixar o corpo e a imagem do jeito que deseja. Você também estará no maior período de intensa independência pessoal do ano (nos anos seguintes, haverá períodos mais fortes de independência). Esta será a hora de fazer as coisas a sua maneira e criar as condições que quiser em sua vida. Embora possa parecer o contrário, não é preciso dar satisfações a ninguém além de si mesmo. Você passou o ano se adaptando ao mundo. Agora, deixe que o mundo se adapte a você, para variar.

Outra importante mudança aconteceu no mês passado: o poder planetário se deslocou da metade superior para a inferior de seu zodíaco. É a noite de seu ano. Logo após o poente. O dia terminou, as atividades diurnas foram mais ou menos completadas, e agora você estará pronto para as atividades internas e invisíveis da noite. É o momento de desviar o foco para o bem-estar emocional, de colocar o lar em ordem e de construir as condições interiores para o futuro sucesso profissional. Encontre seu ponto de harmonia emocional e aja de acordo com ele.

Marte passou o mês de novembro em sua décima Casa – da Carreira – e continuará lá até o dia 8. Isso indica muito trabalho, mas também diversão. Os filhos e enteados também avançarão profissionalmente.

A saúde será boa o mês todo – melhor que no mês passado. Você pode melhorá-la ainda mais dando mais atenção a coluna, joelhos, dentes, ossos, pele e ao alinhamento geral do esqueleto. Massagens regulares nas costas e nos joelhos serão poderosas. Dê mais suporte aos joelhos. Não permita que preocupações financeiras afetem sua saúde. A verdade é que este ainda será um período próspero para você, assim como para os membros de sua família. No dia 21, você entrará em um pico financeiro anual, que continua no mês que vem. O dinheiro entrará aos borbotões. A intuição financeira vai estar ótima. Lembre-se de que, espiritualmente falando, não existe limite para a riqueza. A divina providência é ilimitada, e a única limitação está em nós mesmos – os seres humanos –, em nossa capacidade de receber. Se você conseguir se abrir e receber mais, terá mais.

O amor será feliz do dia 5 ao dia 24. A pessoa amada vai se esforçar para agradá-lo, e você obterá o que quiser. Não há muito que seja preciso fazer para atrair o amor – ele o encontrará. Siga apenas sua rotina habitual. Depois do dia 24, Mercúrio entrará em sua Casa do Dinheiro. O cônjuge ou amor atual será muito generoso e lhe dará apoio.

Haverá alguns aspectos muito dinâmicos perto do fim do mês – caso leia os jornais desse período, você vai entender o porquê. Tente manter os filhos, a pessoa amada e os pais ou figuras paterna ou materna longe de perigos dos dias 23 a 31. Eles devem dirigir com mais cuidado e evitar atividades de risco.

CAPRICÓRNIO

A CABRA

Nascidos entre 21 de dezembro e 19 de janeiro

PERFIL PESSOAL

CAPRICÓRNIO NUM RELANCE

Elemento: Terra
Planeta Regente: Saturno
  Planeta da Carreira: Vênus
  Planeta do Amor: Lua
  Planeta das Finanças: Urano
  Planeta da Saúde e do Trabalho: Mercúrio
  Planeta do Lar e da Vida Familiar: Marte
Cores: preto, índigo
Cores que promovem o amor, o romance e a harmonia social: castanho-escuro, prateado
Cor que propicia ganhos: azul-ultramarino
Pedra: ônix negro
Metal: chumbo
Perfumes: magnólia, pinho, ervilha-de-cheiro, gualtéria
Qualidade: cardeal (= atividade)
Qualidades essenciais ao equilíbrio: calor humano, espontaneidade, espírito de diversão
Maiores virtudes: senso de dever, organização, perseverança, paciência, capacidade de enxergar a longo prazo
Necessidades mais profundas: gerir, encarregar-se, administrar
Características a evitar: pessimismo, depressão, materialismo e conservadorismo excessivos

Signos de maior compatibilidade: Touro, Virgem
Signos de maior incompatibilidade: Áries, Câncer, Libra
Signo mais útil à carreira: Libra
Signo que fornece maior suporte emocional: Áries
Signo mais prestativo em questões financeiras: Aquário
Melhor signo para casamento e associações: Câncer
Signo mais útil em projetos criativos: Touro
Melhor signo para sair e se divertir: Touro
Signos mais úteis em assuntos espirituais: Virgem, Sagitário
Melhor dia da semana: sábado

COMPREENDENDO A PERSONALIDADE CAPRICORNIANA

As virtudes capricornianas são de tal natureza que sempre haverá pessoas contra e a favor delas. Muitos as admiram; outros, as abominam. A razão para isso parece ser a sede de poder dos nativos do signo. Um bom capricorniano sempre tem os olhos voltados para o ápice do poder, elevação, prestígio e autoridade. No signo de Capricórnio, a ambição não é um pecado ou defeito, e sim a mais elevada das virtudes.

Os capricornianos não temem o ressentimento que sua autoridade (ou autoritarismo) possa gerar. Sua mente fria, calculista e organizada já computou todos os riscos na equação: impopularidade, animosidade, mal-entendidos e mesmo a calúnia declarada. E eles sempre têm um plano para lidar com esses contratempos de modo eficiente. Para um capricorniano, situações de arrepiar os cabelos de qualquer outro mortal não passam de meros problemas a solucionar, lombadas na estrada que os conduz ao poder, à eficácia e ao prestígio crescentes.

Costuma-se atribuir pessimismo aos nativos do signo, mas essa perspectiva é um tanto ilusória. É verdade que adoram levar em consideração o lado negativo das coisas. Também é verdade que adoram imaginar o pior cenário possível para qualquer empreendimento. Os outros consideram deprimente essa maneira de analisar as situações, mas os capricornianos agem assim com o intuito de detectar uma forma de escapar de possíveis problemas: é o seu roteiro de fuga.

Sempre questionarão o sucesso que você alcançou. Mostrarão a você que não está se saindo tão bem quanto julga. Agem dessa forma tanto em relação a si mesmos quanto em relação aos demais. Sua intenção não é provocar desânimo, e sim erradicar obstáculos a um sucesso ainda maior. Um patrão ou supervisor capricorniano intui que, por melhor que seja o desempenho atual, sempre haverá espaço para progredir. Isso explica por que é tão difícil lidar com chefes capricornianos. É de tirar qualquer empregado do sério. Suas atitudes são, todavia, bastante eficazes; conseguem que seus subalternos cresçam profissionalmente e se aprimorem no desempenho de suas tarefas.

Os capricornianos são gerentes e administradores natos. Os leoninos podem ocupar com eficácia o posto de reis e rainhas, mas são os capricornianos que se encaixam melhor no de primeiros-ministros – que são, na verdade, aqueles que exercem o poder.

Os capricornianos se interessam por virtudes duradouras e tudo o que consiga subsistir ao teste do tempo e à prova das circunstâncias. Modas e modismos não lhes dizem nada, salvo seu aspecto lucrativo e a contribuição que possam fornecer em nome do poder. Os capricornianos empregam esse mesmo tipo de atitude no amor, nos negócios, em sua filosofia de vida e até na religião.

FINANÇAS

Os capricornianos geralmente alcançam a riqueza pelo trabalho. Mostram-se dispostos a trabalhar longa e arduamente pelo que desejam. Conseguem facilmente abrir mão de amenidades em prol de benefícios mais duradouros. Financeiramente, tendem a consolidar sua riqueza em idade mais avançada.

A fim de atingir suas metas financeiras, entretanto, precisam despojar-se de seu forte conservadorismo. Talvez esse seja o traço menos desejável da personalidade capricorniana. São capazes de resistir a qualquer inovação apenas pelo fato de ser uma novidade jamais testada antes. Têm medo de experimentar. Eles precisam aprender a correr pequenos riscos, mostrar-se mais dispostos a comercializar produtos novos e a explorar diferentes técnicas administrativas. Caso contrário, serão atropelados pelo progresso e ficarão para trás. É necessário aceitar a mudança dos tempos e descartar velhos métodos que já se provaram obsoletos.

Amiúde, essa experimentação implica o rompimento com a autoridade estabelecida. Talvez seja premente até abandonar a posição entrincheirada em que se encontram e arriscar-se em novos empreendimentos. Dessa forma, terão que aceitar os riscos e seguir avante com eles. Somente dessa maneira estarão trilhando a estrada dos altos ganhos.

CARREIRA E IMAGEM PÚBLICA

A ambição e o anseio de poder dos capricornianos são conspícuos. É possivelmente o signo mais ambicioso do zodíaco e o que faz mais sucesso, no sentido mundano da palavra. Entretanto, existem algumas lições que os capricornianos precisam aprender, se desejam realizar suas aspirações mais elevadas.

Inteligência, trabalho árduo, eficácia fria e racional e organização os levarão até uma parte do caminho, mas não ao topo. Será necessário cultivar o encanto social, atuar nessa área de forma mais graciosa. Em suma, saber lidar com as pessoas. Os nativos de Capricórnio devem aprender a cultivar a beleza e os contatos sociais convenientes. A brandir o poder airosamente, para que as pessoas consigam gostar deles; e essa é uma arte delicada. E ainda a unir as pessoas em torno de certos objetivos. Em síntese, têm que assimilar alguns dos prodigiosos dons librianos de charme e graça para chegar ao topo.

Tendo aprendido essa lição, vocês, capricornianos, serão extremamente bem-sucedidos em suas carreiras. São trabalhadores diligentes e devotados que não receiam investir tempo e esforço em seus empreendimentos. Os capricornianos não costumam apressar-se na realização de uma tarefa; gostam de executá-la com esmero. Preferem ascender na escala social ou em sua companhia de forma lenta, mas segura. Movidos a sucesso, é natural que geralmente conquistem a simpatia dos chefes, que os apreciam e respeitam.

AMOR E RELACIONAMENTOS

Da mesma forma que ocorre com Escorpião e Peixes, é dificílimo conhecer bem um capricorniano. Eles são profundos, introvertidos e gostam de conservar sua discrição. Não gostam de revelar seus pensamentos íntimos. Se você apaixonou-se por um nativo deste signo, seja paciente e vá com calma. Pouco a pouco, começará a conhecê-lo melhor.

Os capricornianos possuem uma natureza profundamente romântica, mas não a entregam de bandeja. Não são particularmente emotivos; sua impassividade beira a frieza. Em geral, demonstram seu amor de forma prática.

Leva tempo para um capricorniano, homem ou mulher, se apaixonar. Não são do tipo que cai de amor à primeira vista. Os nativos de Áries e Leão que se envolverem com capricornianos podem mistificar erroneamente que seus parceiros de Capricórnio são frios, insensíveis e rígidos. Obviamente, nada disso é verdade. É que eles gostam de fazer as coisas devagar; de conhecer bem o terreno em que pisam, antes de demonstrar seu amor ou comprometer-se.

Mesmo nas relações amorosas, costumam agir com intencionalidade. Necessitam de mais tempo para tomar decisões do que os nativos de qualquer outro signo zodiacal, mas, vencida a barreira, podem mostrar-se tão passionais quanto qualquer outro signo. Os capricornianos apreciam relações claramente estruturadas e definidas, constantes e previsíveis. Quase apreciam a rotina. Buscam companheiros que os apoiem e fazem o mesmo com seus pares. Faz parte de sua psicologia básica essencial. Se tal relação é o melhor para eles ou não, é outra história, já que sua vida é naturalmente marcada pela rotina. Talvez se dessem melhor num relacionamento mais estimulante, mutável e flutuante.

VIDA DOMÉSTICA E FAMILIAR

O lar dos capricornianos, como o dos virginianos, é sempre organizado e arrumadinho. Procuram gerir suas famílias da mesma forma como administram seus negócios. São tão obcecados pela carreira que muitas vezes carecem de tempo para o lar e para a família. Devem procurar envolver-se mais ativamente na vida doméstica e familiar. Contudo, levam os filhos muito a sério e são pais corujas, sobretudo quando os filhos crescem e se tornam membros respeitados da sociedade.

CAPRICÓRNIO
HORÓSCOPO 2013

TENDÊNCIAS GERAIS

Você passou por dois anos muito difíceis. Três planetas poderosos de curso lento estavam em uma posição desfavorável a você e houve períodos em que 60 por cento e até mesmo 70 por cento dos planetas formaram um alinhamento tenso. Seu ânimo foi testado. Você foi empurrado até o limite. Nem todos conseguem suportar, mas se você está lendo isto, conseguiu. Pode se orgulhar, foi uma conquista e tanto.

Muito do estresse era proveniente da instabilidade familiar. Aconteceram muitos eventos dramáticos com os parentes. Eventos que mudaram vidas. A unidade familiar pode ter se rompido – ou chegado perto desse ponto – e mesmo agora estar unida de forma precária, por laços muito tênues e delicados. Falaremos mais sobre isso depois.

Curiosamente, muita tensão foi gerada pelo sucesso. Em muitos casos, os capricornianos estavam no auge das realizações, no topo, no comando. Acima de todos em seu mundo. Você se tornou um alvo: a pessoa que está por cima é sempre um alvo natural, de forma que você teve de lidar com muitos ataques de subordinados e de concorrentes. Estar no topo não é o que parece ser. Ser subordinado tem suas dificuldades, mas estar por cima talvez seja ainda mais difícil. Cada decisão é analisada e criticada.

Em muitos casos, os capricornianos não estavam no topo, mas desejavam subir, o que causou conflitos. Você teve de ser lembrado – às vezes drasticamente – de sua verdadeira posição.

A saúde pode ter sofrido nos últimos dois anos. Felizmente, essa área está muito melhor. Se você teve problemas, ouvirá boas notícias.

Plutão está em seu signo desde 2008, acarretando um processo de reinvenção pessoal – de dar à luz um novo "eu" que você realmente deseja ser –, e essa tendência se manterá neste e por muitos anos.

Seus interesses mais importantes este ano serão corpo, imagem e prazer pessoal; comunicação e interesses intelectuais; lar e família; saúde e trabalho (até 27 de junho); amor e romance (a partir de 27 de junho); amigos, grupos, atividades coletivas e organizações.

Seus caminhos para a maior realização este ano serão saúde e trabalho (até o dia 27 de junho); amor e romance (depois de 27 de junho); amigos, grupos, atividades coletivas e organizações.

SAÚDE

(Trata-se de uma perspectiva astrológica sobre a saúde, não de uma visão médica. No passado, essas perspectivas eram idênticas, porém, hoje, podem ocorrer diferenças. Para obter uma opinião com base em diagnósticos da medicina convencional, consulte seu médico ou um profissional da saúde.)

A saúde, como foi dito, vai estar muito melhor nesse período. Em 2011 e 2012, você passou por problemas de saúde. O ano de 2011 foi pior, mas 2012 também foi difícil. Em 2013, essa área ainda será delicada, mas nada em comparação aos dois anos anteriores. Felizmente, este ano sua Casa da Saúde estará forte, especialmente até 27 de junho, de forma que você vai prestar atenção a seu bem-estar – exatamente o que precisa ser feito. Quando os aspectos da saúde estão tensos, precisamos priorizar essa área. Se simplesmente a ignorarmos – achando que a saúde é garantida – é provável que surjam problemas.

Você começará o ano com dois planetas de curso lento em alinhamento tenso. Em 27 de junho, Júpiter também entrará em um alinhamento tenso. A oposição de Júpiter a seu Sol não será tão grave quanto o que aconteceu nos últimos dois anos, mas mesmo assim deve ser levada em consideração.

Há muitas coisas que podem ser feitas para aprimorar a saúde e a resistência. A primeira, e mais importante, é prestar atenção a sua energia. Não a desperdice. Invista-a – como um homem de negócios – no que for importante para você e deixe para lá o que não for. Repouse e relaxe mais. Se estiver cansado, tire uma soneca. Delegue tarefas sempre que for possível. Planeje seu dia de maneira a produzir mais com menos esforço. A atividade mental e a emocional gastam energia. É preciso energia para pensar, sentir e falar. Mantenha essas ações sob controle. Pessoas poderosas são silenciosas e plácidas, não ficam esbanjando seu poder com discursos ou emoções inúteis – é por isso que são poderosas.

Dê mais atenção aos seguintes órgãos:

Coração. Evite preocupação e ansiedade, duas emoções que são a raiz dos problemas cardíacos.

Coluna, joelhos, dentes, ossos, pele e alinhamento geral do esqueleto. Massagens frequentes nas costas e nos joelhos serão poderosas no nível energético. Terapias como ioga, pilates (especialmente as posturas que trabalharem a coluna), técnica de Alexander ou Feldenkrais vão ser benéficas. Visitas regulares ao quiroprático ou ao osteopata também serão positivas. As vértebras devem ser mantidas alinhadas. Dê mais suporte aos joelhos quando estiver se exercitando. Quando estiver no sol, use um bom filtro solar.

Pulmões, intestino delgado, braços, ombros e sistema respiratório. Também são sempre importantes para você. Braços e ombros devem ser massageados com regularidade. A pureza do ar será importante, e exercícios respiratórios terão efeitos benéficos.

Fígado e coxas. Serão importantes até o dia 27 de junho. Massagens frequentes nas coxas terão efeito benéfico, pois não apenas vão fortalecer o fígado (no nível energético) como a lombar.

Mercúrio é seu planeta da Saúde. É um planeta muito rápido. Somente a Lua se move com maior velocidade. Ao longo do ano, ele passará por todos os signos e casas do zodíaco. Portanto, haverá muitas tendências de curto prazo na saúde, que dependerão de onde Mercúrio vai estar e de que tipo de aspectos receberá. Essas tendências serão analisadas de maneira mais detalhada nas "Previsões Mensais".

Júpiter, seu planeta espiritual, está em sua sexta Casa – da Saúde – desde junho do ano passado. Ele permanecerá ali até 27 de junho de 2013. Assim, você viverá um período no qual se aprofundará nas dimensões espirituais da saúde e da cura. E vai extrair muitos benefícios de terapias espirituais, como meditação, imposição de mãos, oração, visualização, reiki e manipulação de energias sutis.

LAR E FAMÍLIA

Esta será uma área turbulenta e importante da vida este ano e nos anos vindouros. A unidade familiar – a situação familiar – estará extremamente instável e volátil, como foi mencionado. Haverá muita inquietação e revolta. Nos próximos anos, toda a situação familiar será drasticamente alterada.

Urano, o planeta das mudanças repentinas e revolucionárias, está em sua quarta Casa desde março de 2011, de forma que existe um processo de liberação acontecendo. A família é muito importante – um mecanismo de sobrevivência sem o qual não podemos ficar. Entretanto, esta é uma faca de dois gumes, que às vezes pode ser uma forma de escravidão. O feto precisa do útero. Enquanto ele é um feto, o útero é confortável, seguro e protegido, mas quando ele atinge determinado ponto de desenvolvimento, o útero se torna uma prisão, e ele precisa sair. Isso é saudável. Ele ainda terá um relacionamento com o útero – a mãe –, mas um tipo diferente de relacionamento. A semente fica muito confortável na terra, mas em certo ponto do crescimento, tem de emergir ou morrer. Quando deixa o solo e floresce, continua enraizada no chão, mas a relação é outra. É isso o que vai acontecer na família. No final, você ainda terá seu relacionamento familiar, mas será muito diferente. Mais livre, com menos amarras. Todos poderão florescer como devem e ainda estar conectados. Às vezes são necessários eventos dramáticos para desencadear esse tipo de coisa, e Urano sabe como proporcioná-los.

Em geral, será necessária mais liberdade na unidade familiar. Deem uns aos outros o máximo de espaço, desde que não seja algo prejudicial.

Muitos capricornianos vão se esforçar para criar um espírito de equipe na família, o que é positivo. Para Capricórnio, isso é um pouco complicado – você tende a ser mais autoritário –, mas é um bom desafio. Os membros da família têm de entender as regras, mas sobretudo as razões das regras. Explique-as com calma. Se eles entenderem a lógica que existe por trás dessas coisas, será mais provável que cooperem. Se você tomar o caminho do autoritarismo, é possível que acabe com uma rebelião nas mãos.

Urano é o planeta da experimentação e da inovação. Assim, você vai experimentar em família e com a vida doméstica em geral. As regras habituais não se aplicarão mais, e você vai descobrir o que funciona para o seu caso por tentativa e erro.

Esse aspecto também indica que você vai modernizar o lar – redes, banda larga e instalação de todos os tipos de aparelhagem de alta tecnologia. Até mesmo seu gosto para o mobiliário estará moderno e atual.

Urano é seu planeta das Finanças. Isso indica que você gastará mais com o lar e a família – investirá neles –, mas também pode ter ganhos provenientes dessa área. Um negócio ligado ao lar parece provável. E mesmo que você possua um negócio convencional, vai ganhar mais em casa. Muitos de vocês montarão escritórios em sua residência.

A presença de Urano na quarta Casa mostra muitas mudanças. É provável que elas já tenham acontecido nos últimos dois anos, mas possivelmente ocorrerão mais. Também indica uma atualização constante da casa – um processo interminável de aperfeiçoamento. Toda vez que você achar que está tudo "perfeito", terá uma nova ideia. Você vai se mudar ou reformar a casa.

DINHEIRO E CARREIRA

As finanças e a carreira são sempre importantes para os capricornianos, mas este ano serão menos. Nem a décima Casa – da Carreira –, nem a segunda Casa – das Finanças – serão casas de poder.

Isso é um bom sinal. Você está vindo de muitos anos focados nessas áreas. Muito provavelmente, alcançou seus principais objetivos profissionais e financeiros e não precisa fazer mudanças importantes. Não será necessário dar muita atenção a essa área. Outras coisas terão prioridade.

O cosmos não o impelirá em nenhuma direção, e essas tendências se manterão estáveis.

Urano, seu planeta das Finanças, está em Áries desde março de 2011. Ele permanecerá lá por muitos anos, de forma que essa será uma tendência de longo prazo. A presença de Urano em Áries sugere novos empreendimentos. É possível que eles já estejam em andamento, mas se não, ainda podem acontecer – as oportunidades virão. Neste momento, haverá necessidade de independência financeira – de controle sobre seu destino financeiro. Você vai trabalhar para esse fim. Geralmente, não é um bom momento para parcerias profissionais, você vai preferir atuar sozinho, pois assim terá mais controle. Entretanto, parcerias de negócios provavelmente acontecerão este ano, de forma que devem ser levadas em conta na tomada de decisões.

Eis outra tendência interessante: os capricornianos são pessoas estáveis e metódicas. São cautelosos e conservadores por natureza. Gostam de obter a riqueza passo a passo, metodicamente, ao longo do tempo. Para eles, em geral, a riqueza é um "processo", não uma "coisa" ou um "objeto". Mas agora, com seu planeta das Finanças no dinâmico Áries, você estará mais apressado, especulativo e disposto a correr riscos. Talvez precise ser assim neste momento Em geral, suas atitudes são corretas, mas um pouco sem graça. É preciso adicionar "petulância" e empolgação à vida financeira. Na vida, eventualmente são necessárias jogadas destemidas. Muitas vezes, atitudes conservadoras se baseiam no medo. Nem sempre é o caso – mas a linha que separa a cautela saudável do medo é muito fina e tênue. Neste período, você aprenderá sobre si mesmo. Será o momento para superar o medo nas finanças, desenvolver fé e coragem e dar grandes saltos para o desconhecido.

Como foi mencionado, seu mapa favorece um negócio com base doméstica. Também indica os "negócios" familiares – o seu e os dos outros. Imóveis (residenciais), restaurantes, negócios do ramo alimentício, hotéis e motéis, empresas que fornecem para o lar e seus proprietários serão favorecidos neste período.

Urano é o planeta da Tecnologia. Portanto, você gastará mais nessa área, que também vai proporcionar lucro. Aparelhagem para a casa se encaixaria no simbolismo do horóscopo para este momento. Você nunca pode estar desatualizado das últimas tecnologias. Suas habilidades e perícia nessa área sempre são importantes. Este ano não será diferente.

Um conflito com os amigos prejudicará os resultados financeiros. Isso já está acontecendo há algum tempo, mas ficará mais intenso no decorrer do ano. Caso tenha inventado alguma coisa, certifique-se de que você está legalmente amparado.

A intuição financeira é algo maravilhoso – sempre importante –, mas depois de 27 de junho, ela precisará de mais verificação. Reflita bem para ter certeza de que compreendeu a verdadeira intenção da orientação.

AMOR E VIDA SOCIAL

Sua sétima Casa – do Amor e do Casamento – se tornará forte na segunda metade do ano – depois de 27 de junho. Nesse meio-tempo, o amor estará mais ou menos estável. Para os solteiros, esse deve ser um período para a preparação e o autoaprimoramento, propício para decidir o que querem no amor, o tipo de pessoa que desejam ser etc. Também será um bom momento para se tornar mais amável. Todos nós podemos trabalhar mais nisso, e esta será uma boa hora.

Quando Júpiter entrar em sua sétima Casa em 27 de junho, toda a vida amorosa e social se expandirá – de maneira muito positiva. Muitas vezes, isso proporciona um casamento. Às vezes é uma oportunidade de matrimônio, ou um relacionamento que é como se fosse um casamento. Outras vezes, conhecemos pessoas "para casar" ou entramos em relacionamentos com potencial para se tornar um matrimônio. Muitas vezes, esse trânsito traz parcerias profissionais e *joint ventures*. Mas sempre expande a vida e o círculo social. Amigos novos e importantes entrarão em cena neste momento. Você sairá mais e irá a mais encontros, festas e reuniões. Além do mais, normalmente as pessoas vão a mais casamentos sob esse aspecto.

Júpiter é seu planeta espiritual. Portanto, esse ingresso em sua casa do Amor nos passa também outras mensagens: seu círculo social se tornará mais refinado e espiritualizado. Você fará amigos espirituais – pessoas refinadas como místicos, iogues, médiuns, canalizadores espirituais, sacerdotes e gurus. Também se sentirá fascinado por poetas, músicos, dançarinos – pessoas envolvidas com as "belas-artes". Em outras palavras, você atrairá relacionamentos espirituais. A dimensão espiritual se tornará muito importante também para a vida amorosa. A mera atração física não vai lhe bastar. Você e a pessoa amada terão de estar no mesmo caminho espiritual, professar valores e ideais espirituais mais ou menos compatíveis. Se for o caso, o relacionamento terá mais chances de durar.

Este ano, você encontrará o amor tanto nos lugares habituais quando nos incomuns. Os meios normais são festas, reuniões sociais e apresentação pelos amigos. Mas o amor também vai esperá-lo em ambientes religiosos – no retiro espiritual, no grupo de oração, no núcleo de ioga, no seminário de meditação, na palestra espiritual de um guru. O amor também estará aguardando em atividades e eventos de caridade, e no envolvimento com causas nas quais acredita.

O amor estará idealista nesse período. Existirá a necessidade de sentir que seu relacionamento foi "sancionado do alto" e que não se baseia apenas na química.

Muitos de vocês encontrarão o amor "ideal" este ano ou em 2014. Os ideais amorosos mais elevados se manifestarão neste momento. Lembre-se apenas de que é preciso estar pronto para esse tipo de amor, do contrário as impurezas da psique podem causar diversas complicações e arruiná-lo.

Para quem já for casado, o cônjuge ou parceiro se tornará mais espiritualizado – estará sob vibrações espirituais muito intensas. Assim, o relacionamento vai adquirir esse caráter.

Para aqueles que buscam o segundo casamento, este ano não trará alterações. Os solteiros provavelmente permanecerão solteiros e os casados tenderão a continuar casados. Entretanto, a vida social será muito expandida.

Para os que estiverem no terceiro casamento, este será um ano de testes. Quem estiver procurando o terceiro casamento vai estar proativo, mas um matrimônio não é aconselhável este ano.

Haverá muitas tendências de curto prazo no amor, que serão discutidas nas "Previsões Mensais". Seu planeta do Amor, a Lua, é um planeta rápido e percorre cada signo e cada casa de seu zodíaco todos os meses.

AUTOAPRIMORAMENTO

Seu planeta da Espiritualidade, Júpiter, passará a primeira metade do ano em sua sexta Casa – da Saúde. Portanto, este será um ano para se aprofundar na cura espiritual. Você também vai se beneficiar das terapias espirituais, como já foi mencionado. Leia tudo o que puder sobre o assunto. Existe muita literatura disponível, mas os iniciantes deveriam começar com os trabalhos de Emmet Fox e Ernest Holmes e, mais tarde, buscar outros trabalho sobre o tema.

Hoje em dia, a medicina mente-corpo é bastante difundida. Entretanto, a cura espiritual é um pouco diferente da medicina "mente-corpo", que se baseia no pensamento positivo e na visualização de imagens positivas. Isso é maravilhoso e tem muito poder. Mas a cura espiritual envolve algo mais profundo – baseia-se no acesso a uma força curativa que está acima da mente – uma força sobrenatural, se preferir. O pensamento positivo não realiza a cura – esse poder realiza. Na verdade, pensar demais pode interferir no processo.

Acessamos esse poder maravilhoso e impressionante (e muitos capricornianos passarão por essa experiência em 2013) por meio da oração e da meditação. Às vezes, se uma pessoa não consegue acessá-lo diretamente, é encaminhada a outros – terapeutas espirituais – que conseguem. Isso também pode acontecer com você.

Na cura espiritual, reconhecemos que existe UM e APENAS UM curandeiro – o Divino interior – e procuramos por ele, não pelo armário de remédios ou o profissional de saúde. Convidamos esse poder a entrar por intermédio da invocação ou de um sincero desejo do coração, e lhe permitimos agir sem interferência. E ele agirá. Muitas vezes, esse poder atua por meio de profissionais de saúde, terapeutas, pílulas ou ervas, mas não necessariamente. Em geral, age diretamente no corpo sem qualquer intervenção humana. É preciso ficar aberto à intuição do momento.

Em 27 de junho, seu planeta espiritual entrará em sua sétima Casa – do Amor. Esse trânsito traz diversas implicações terrenas, mas também haverá significados espirituais. O amor é sempre um portal para o Divino, mas este ano será ainda mais. Quando você está em um estado amoroso, as portas se abrem. Quando está envolvido em um romance, você se sente próximo ao Divino. O problema com o amor romântico, no entanto, é que ele tende a ser "condicional" – de forma que brigas, irritações ou dificuldades entre amantes podem fechar a porta se você não tiver cuidado. Este será um ano para praticar o amor incondicional. Este ano, a intuição – nossa orientação interna – será muito importante para a saúde, mas também para as questões amorosas e sociais. Seguir a intuição será um atalho para o amor.

Se os problemas amorosos se tornarem opressivos demais, coloque todo o peso da vida amorosa sobre o Divino – e o faça sinceramente. Observe como tudo começará a se endireitar. Mas a sinceridade é muito importante. Caso se entregue apenas da boca para fora, e não com o coração, não haverá mudança.

PREVISÕES MENSAIS

JANEIRO

Melhores dias: 2, 3, 10, 11, 19, 20, 29, 30
Dias mais tensos: 4, 5, 17, 18, 24, 25, 31
Melhores dias para o amor: 2, 3, 8, 9, 10, 11, 18, 19, 21, 24, 25, 29, 30, 31
Melhores dias para o dinheiro: 4, 8, 12, 13, 17, 22, 26, 27, 31
Melhores dias para a carreira: 4, 5, 8, 9, 18, 19, 29, 30, 31

Você começará 2013 com a independência pessoal no auge anual. Não apenas a metade oriental do zodíaco estará forte, mas sua primeira Casa vai ser muito poderosa até o dia 19. Quando o setor oriental fica forte, o cosmos nos incentiva a cultivar a autoafirmação, e moldar nosso destino a nossas especificações pessoais. Como essa atitude parte de nós, humanos e mortais, haverá alguns erros, mas não importa. Esses erros serão experiências de aprendizado, e serão percebidos quando os planetas se deslocarem para o ocidente e você se vir obrigado a conviver com sua criação. Então, quando os planetas voltarem a se deslocar para o oriente, você criará de um jeito novo e melhor. Esse é o ritmo cósmico de crescimento e desenvolvimento. Agora, os capricornianos podem – e devem – ter o que quiserem. Você sabe melhor do que qualquer um o que o fará feliz, e deve seguir seu caminho de felicidade – desde que não prejudique os outros. Além disso, este será um de seus picos anuais de prazer pessoal – até o dia 19 –, o momento para desfrutar todas as delícias sensuais do corpo e de melhorar sua imagem.

No dia 21 do mês passado, os planetas se deslocaram da metade superior para a inferior do zodíaco. O Sol está se pondo em seu ano. Este mês será o momento logo após o poente. As atividades do dia estão encerradas e você está se preparando para as da noite (que, por sinal, são tão importantes quanto as do dia). Hora de se concentrar no lar – na família, na situação doméstica e em seu bem-estar emocional.

Como uma boa noite de sono, esse afastamento temporário lhe permite reunir forças para o futuro sucesso profissional.

Boas chances de carreira chegarão neste mês – depois do dia 10. Neste momento, você poderá ser mais exigente em relação a elas. Essas oportunidades não devem prejudicar sua harmonia emocional ou a situação familiar.

A saúde ficará excelente durante o mês inteiro e você estará concentrado nela. A boa saúde será como um cosmético até o dia 19 – vai melhorar sua aparência. Massagens nas costas e nos joelhos – sempre benéficas para você – serão ainda mais poderosas até o dia 19. Regimes de desintoxicação, que têm sido poderosos há alguns anos, o serão ainda mais até o dia 19. Depois desse dia, aprimore a saúde com massagens nos tornozelos e nas panturrilhas. Dê mais suporte aos tornozelos. Não permita que os altos e baixos financeiros afetem sua saúde. Use seu poder econômico de maneira construtiva – para abençoar e curar a si mesmo e aos outros – não para punir, dominar ou controlar. Pode ser aconselhável investir em aparelhagem de saúde depois do dia 19.

Os candidatos a emprego terão ótimos aspectos durante o mês todo, especialmente até o dia 19. Não haverá muito que você precise fazer – as oportunidades o procurarão. No dia 19, começa um pico financeiro anual: hora de aumentar seu saldo bancário e diversificar a carteira de investimentos.

FEVEREIRO

Melhores dias: 7, 8, 15, 16, 17, 25, 26
Dias mais tensos: 1º, 13, 14, 20, 21, 22, 27, 28
Melhores dias para o amor: 1º, 9, 10, 18, 19, 20, 21, 22
Melhores dias para o dinheiro: 4, 5, 9, 10, 13, 18, 23, 27
Melhores dias para a carreira: 1º, 9, 10, 18, 19, 27, 28

Desde o dia 19 de janeiro, todos os capricornianos estão passando por um ciclo solar crescente. O ciclo solar universal também estará em sua fase crescente neste momento (ficará assim até 21 de junho).

Então, você vai viver um ótimo período para começar novos projetos – negócios e outros tipos de empreendimentos. A maioria dos planetas está em movimento direto, o que favorece ainda mais o momento. Caso esteja pensando em começar algo novo, o período entre os dias 10 e 18 será o melhor. No dia 18, Saturno, seu planeta regente, começará a retroceder e será necessário tomar mais cuidado.

Você ainda estará em meio a um pico financeiro anual, e a prosperidade será intensa. Ótimo momento para pagar dívidas. Mas caso precise de um empréstimo, os aspectos também são favoráveis. Haverá sorte nas especulações. Você terá o favorecimento financeiro de chefes, pessoas mais velhas, pais ou figuras paterna ou materna – e até mesmo do governo. A Lua nova do dia 10 trará todos os tipos de informações e esclarecimentos financeiros – permitindo-lhe, portanto, tomar decisões inteligentes nessa área.

A situação amorosa ficará mais ou menos estável. O mês passado foi melhor para o amor. Vênus passou o mês (a partir de 10 de janeiro) em seu signo – o que sempre é benéfico para o amor. No dia 2, Vênus entrará em Aquário – saindo de seu signo. Em geral, você ficará mais magnético socialmente dos dias 10 a 25, quando a Lua estiver crescente, e terá mais ânimo para o amor. Você está em um momento de preparação para ele. Um amor sério – para os solteiros – começará a acontecer no final de junho. Nesse meio-tempo, aproveite o que estiver acontecendo.

A saúde será boa o mês todo. A energia não vai estar tão alta quanto no mês passado, mas ainda vai ser suficiente. Você pode melhorar a saúde dando mais atenção aos tornozelos e às panturrilhas até o dia 5, e depois aos pés. Massagens nos pés serão excepcionalmente benéficas. Seu planeta da Saúde começa a retroceder no dia 23, então evite fazer mudanças drásticas na dieta ou no regime de saúde depois desse dia. Avalie bem a situação: nem tudo é o que parece. Obtenha mais clareza. As ofertas de emprego ou as oportunidades profissionais precisarão ser analisadas cuidadosamente depois do dia 23. Tire todas as dúvidas antes de aceitar um cargo.

A situação familiar está instável há alguns anos. Você receberá orientação espiritual sobre essas questões dos dias 3 a 5. Talvez um sonho lhe explique a verdadeira situação interna. Você terá boas oportunidades para criar harmonia familiar entre os dias 15 e 17.

Haverá sorte nas especulações entre os dias 6 e 7. O dinheiro vai ser ganho de maneiras divertidas. Além disso, uma boa oportunidade de carreira chegará neste momento. Pais, filhos, figuras paterna ou materna ou enteados terão bons resultados financeiros.

MARÇO

Melhores dias: 6, 7, 15, 16, 24, 25, 26
Dias mais tensos: 1º, 12, 13, 14, 20, 21, 27, 28
Melhores dias para o amor: 2, 3, 10, 11, 20, 21, 22, 31
Melhores dias para o dinheiro: 1º, 4, 8, 9, 12, 13, 17, 18, 22, 27, 28, 31
Melhores dias para a carreira: 1º, 2, 3, 10, 11, 21, 22, 27, 28, 31

Embora Saturno, o senhor de seu zodíaco, ainda vá estar em movimento retrógrado, você continuará vivendo um excelente período para começar novos projetos ou empreendimentos. Evidentemente, precisará fazer uma análise mais cuidadosa, mas caso a tenha feito, pode lançá-los. O período entre os dias 17 e 27 será o melhor. A Lua estará crescente e Mercúrio, em movimento direto. O impulso dos planetas será acelerado, e provavelmente você fará rápidos progressos em direção a seus objetivos.

No dia 18 do mês passado, o elemento Água se tornou muito forte e continuará assim até o dia 20 deste mês. As pessoas tendem a ficar hipersensíveis sob esse aspecto. Pequenas coisas podem deixá-las furiosas. Será preciso estar consciente disso e ter muito cuidado com os sentimentos alheios. Um pouco de prudência pode evitar explosões desnecessárias depois. Além disso, a lógica, a racionalidade e até mesmo as questões práticas terão pouco significado. As pessoas reagirão ao humor do momento – independentemente das consequências. Os profissionais de marketing dizem que se deve vender o sonho, não a realidade – este certamente será o caso neste período.

Sua terceira Casa – da Comunicação – se tornou poderosa no dia 18 do mês passado, e continuará assim até o dia 20 desde mês. Será um bom período para os estudantes. A mente estará mais aguçada e clara. Também será um período propício para escritores, jornalistas, pessoal de vendas e professores, pois as faculdades de comunicação estarão mais fortes. Uma boa hora para pôr em dia cartas, e-mails e textos que você estiver devendo, e para fazer cursos sobre assuntos que o interessem. Neste mês você descobrirá a alegria de aprender – a alegria das satisfações mentais.

A saúde será boa até o dia 20, mas depois se tornará mais delicada. Programe uma agenda tranquila. Estabeleça prioridades. Se fizer isso, descobrirá que tem toda a energia de que precisa para fazer o que é importante em sua vida. Até o dia 22, siga as dicas de saúde mencionadas em "Tendências Gerais", mas também dê mais atenção aos pés. Massagens regulares nos pés serão muito benéficas. Além disso, você reagirá bem a terapias espirituais – oração, meditação, impostação de mãos, entoação, reiki e manipulação de energias sutis. Depois do dia 22, você terá preferência por terapias mais ativas – e também responderá melhor a elas. Exercícios físicos serão benéficos. Os músculos precisam ser tonificados. Massagens no rosto e na cabeça farão muito bem.

As finanças estarão bem até o dia 20, embora não ocorra nada especial. Essa área melhora – mas também se torna mais instável – depois do dia 20, quando seu planeta das Finanças receberá muito estímulo. Marte estará em conjunção com seu planeta das Finanças dos dias 18 a 21. Evite correr riscos ou fazer compras por impulso. Pode haver despesas inesperadas no lar ou com a família. Certifique-se de que a casa esteja segura nesse período. Os detectores de fumaça devem estar em ordem. Mantenha objetos perigosos fora do alcance das crianças. As especulações vão estar melhores dos dias 26 a 29. Você também conseguirá o favorecimento financeiro dos superiores nesse período – chefes, pais, figuras paterna ou materna e governo. Se precisar pedir dinheiro emprestado ou pagar dívidas, os períodos entre os dias 1º e 2, e 27 e 30 serão os mais indicados.

No amor não haverá muitas alterações. Seu magnetismo social será muito mais forte dos dias 11 a 27.

ABRIL

Melhores dias: 2, 3, 11, 12, 21, 22, 29, 30
Dias mais tensos: 9, 10, 16, 17, 23, 24
Melhores dias para o amor: 1º, 9, 10, 16, 17, 21, 22, 29, 30
Melhores dias para o dinheiro: 1º, 4, 5, 9, 10, 14, 15, 19, 20, 23, 24, 27, 28
Melhores dias para a carreira: 1º, 9, 10, 21, 22, 23, 24, 29, 30

Sua quarta Casa – do Lar e da Família – se tornou muito forte no dia 20 do mês passado e continuará assim até o dia 19 deste mês. Em contraste, sua décima Casa – da Carreira – estará praticamente vazia – apenas a Lua transitará por ali nos dias 23 e 24. Oitenta por cento e, às vezes, 90 por cento dos planetas vão estar na metade inferior de seu mapa, o que passa uma mensagem muito clara: deixe a carreira de lado por algum tempo e se concentre no lar e na família. Será a meia-noite de seu ano. O corpo, instrumento das atividades externas, estará quieto, mas as atividades interiores serão muito intensas. A mente subconsciente fará um poderoso serão. Ela vai preparar o palco para o futuro sucesso profissional. Portanto, seu bem-estar emocional e sua estabilidade doméstica ganham prioridade. Este será um mês no qual as pessoas farão progressos psicológicos muito importantes. A memória corporal vai estar muito ativa. As pessoas ficam mais nostálgicas e tem razão para isso. Conforme o passado é revisto – o que acontecerá muito naturalmente –, antigas questões são resolvidas. Olhamos para o passado sob nossa perspectiva atual, de forma que podemos rever e aperfeiçoar muitas de nossas velhas opiniões. Aquele evento que você considerava um fracasso e que talvez tenha lhe causado muita tristeza, quando observado em retrocesso, na verdade foi uma benção e uma fundação para o sucesso.

É ótimo rever o passado e resolver antigas questões. Entretanto, não é tão bom ficar "vivendo no passado" – um dos perigos de uma quarta Casa poderosa. Lembre-se sempre de que você está no "agora", mas revendo seu passado – praticamente como se estivesse assistindo a um filme.

As finanças continuarão boas este mês, mas instáveis, cheias de altos e baixos. As atitudes de sua vida financeira serão extremas. Seus amigos vão passar por experiências dramáticas que podem mudar suas vidas. Isso testará as amizades, mas você ainda estará muito devotado a eles. Desentendimentos financeiros serão um problema, mas as questões familiares também terão influência. Esses dramas estão acontecendo desde o começo do ano, mas serão mais extremos neste momento. Um eclipse lunar no dia 25 reforça essa tendência. Esse eclipse também colocará à prova o amor e o casamento.

A quadratura de Urano com Plutão indica que seus computadores, softwares e aparelhos de alta tecnologia serão testados. Terão um funcionamento irregular. Alguns precisarão ser substituídos. Nesse período, vai ser bom investir em bons antivírus, antispywares e programas que protejam contra roubo de identidade.

A saúde anda mais delicada desde 20 de março; portanto, descanse e relaxe mais. Tenha em mente nossa conversa do mês passado. Essa área pode melhorar se você seguir as dicas mencionadas em "Tendências Gerais". Além disso, até o dia 15 dê mais atenção à cabeça e ao rosto, como no mês passado. Depois do dia 15, dê mais atenção ao pescoço e à garganta. Massagens regulares no pescoço serão poderosas. A saúde e a vitalidade melhoram depois do dia 20.

No dia 20 do mês passado, o poder planetário deslocou-se do independente oriente para o social setor ocidental. Até 20 de março, você desenvolveu a autoafirmação, agora o cosmos o incitará a aprimorar suas habilidades sociais. Ambas são igualmente importantes. O horóscopo almeja um desenvolvimento equilibrado, de forma que às vezes é necessária a independência e, em outras, ele estimula o uso das habilidades sociais.

MAIO

Melhores dias: 8, 9, 10, 18, 19, 27, 28
Dias mais tensos: 6, 7, 13, 14, 15, 21, 22
Melhores dias para o amor: 8, 9, 10, 11, 13, 14, 15, 19, 20, 21, 22, 29, 30

Melhores dias para o dinheiro: 2, 3, 6, 7, 11, 12, 16, 17, 21, 22, 25, 26, 29, 30
Melhores dias para a carreira: 10, 11, 21, 22, 29, 30

No dia 19 de abril, você entrou em outro de seus picos anuais de prazer pessoal, que continuará até o dia 20 deste mês. Um momento feliz. Às vezes, os capricornianos são *workaholics*, o que torna muito importantes os momentos de lazer. Recarrega as baterias. Esta será a hora de buscar a felicidade – fazer as coisas que você ama. As nativas de Capricórnio que estiverem em idade de engravidar estarão mais férteis que de costume neste período.

A saúde será boa este mês. Você pode melhorá-la ainda mais dando atenção ao pescoço e à garganta (massagens no pescoço e terapia sacrocranial serão poderosas) até o dia 15, e aos pulmões, sistema respiratório, braços e ombros depois. Nos dias 5 e 6, preste mais atenção à coluna e aos joelhos.

Ocorrerão dois eclipses nesse período. Será uma época turbulenta para o mundo como um todo, mas para você eles terão um efeito basicamente benigno (seu horóscopo pessoal, feito de acordo com a hora do nascimento, pode trazer previsões mais precisas). Os eclipses tendem a tumultuar as energias psíquicas no planeta, de forma que é sempre bom evitar atividades arriscadas. As pessoas são afetadas nesses períodos, e embora você possa estar bem, outros não estarão. O eclipse solar do dia 10 acontecerá em sua quinta Casa. Assim, haverá dramas e eventos que podem mudar a vida de seus filhos ou enteados. Faça o que puder para mantê-los longe dos riscos nesse período. Um dos pais ou figuras paterna ou materna fará importantes mudanças financeiras – talvez devidas a alguma reviravolta ou surpresa. Evite especulações nesse momento. O cônjuge ou amor atual também fará mudanças drásticas nas finanças. Como o Sol é o senhor de sua oitava Casa, os eclipses solares muitas vezes proporcionam encontros com a morte ou experiências de quase morte. Em alguns casos, são recomendadas cirurgias, em outros (dependendo de seu mapa individual), de fato esses procedimentos irão acontecer. O anjo da morte fará uma visita. Provavelmente, não está atrás de você, mas avisa que está por perto.

O eclipse lunar do dia 25 acontecerá em sua 12ª Casa – da Espiritualidade – e vai causar alterações espirituais radicais em suas práticas, ou talvez a escolha de novas filosofias ou de professores. Haverá dramas com gurus ou sacerdotes, e abalos em organizações espirituais ou de caridade às quais você pertença. Como em todo eclipse da Lua, o amor será testado, assim como as parcerias profissionais. Esses testes podem acontecer de diversas maneiras. Às vezes, a roupa suja do relacionamento aparece – antigos ressentimentos vêm à tona e precisam ser corrigidos. Outras vezes, o relacionamento é posto à prova por causa de dramas que ocorrem na vida da pessoa amada ou do parceiro. Seja mais paciente nesse período, eles estarão mais temperamentais. O eclipse lunar terá impacto sobre Netuno. Portanto, mais mudanças espirituais acontecerão. Mas também serão testados carros e equipamentos de comunicação. Dirija de forma mais cuidadosa.

JUNHO

Melhores dias: 5, 6, 15, 16, 23, 24
Dias mais tensos: 2, 3, 10, 11, 17, 18, 30, 31
Melhores dias para o amor: 7, 8, 10, 11, 17, 18, 19, 20, 27, 28
Melhores dias para o dinheiro: 2, 3, 8, 9, 12, 13, 17, 18, 21, 22, 25, 26, 27, 30, 31
Melhores dias para a carreira: 10, 17, 18, 19, 20, 27, 28

No dia 20 do mês passado, sua sexta Casa se tornou poderosa e continuará assim até o dia 21 deste mês. Será um período excelente para quem estiver procurando emprego (essas pessoas terão bons aspectos durante o ano todo) e para os empregadores. Os funcionários serão mais produtivos, e será fácil consegui-los. Você vai estar mais interessado na saúde, em ter uma alimentação correta e em adotar práticas saudáveis. Os filhos e enteados vão prosperar.

Os testes no amor – que aconteceram no final do mês passado – raramente são agradáveis. Mas às vezes são necessários para que o relacionamento certo chegue até você. Apego demais – pelas razões erradas – bloqueia o que e bom de alcançá-lo naturalmente. Muitos relacionamentos foram desfeitos no mês passado. Os bons sobreviveram e ficaram mais fortes. Caso seu relacionamento tenha acabado, coragem, neste mês você ingressará em um dos melhores períodos amorosos de sua vida. Seu par ideal entrará em cena neste momento. Um casamento ou um relacionamento equivalente a um casamento pode facilmente acontecer agora.

No dia 21, você começa um pico anual amoroso e social. Este será muito mais forte do que os que você geralmente experimenta nesta época do ano – Júpiter entrará na sétima Casa no dia 27.

Além do romance, sua vida social ficará mais movimentada. Você vai sair mais, ir a mais festas, casamentos e reuniões. Amigos novos e importantes também entrarão em cena.

Essa vida social agitada pode distraí-lo das finanças. Fique atento.

Talvez você adquira um carro novo e equipamentos de comunicação, o que também pode acontecer no mês que vem. Irmãos e figuras fraternas terão ótimos resultados financeiros no fim do mês.

A saúde vai precisar de mais cuidados a partir do dia 21. Então, não se esqueça de descansar e relaxar mais, sobretudo nos dias 30 e 31. Setenta por cento dos planetas estarão formando aspectos tensos com você. Dê mais atenção ao estômago. As mulheres devem ser cuidadosas com os seios. O estômago vai estar mais sensível neste período, de forma que uma dieta balanceada será importante. Não se exalte.

Os planetas estarão na posição mais ocidental este mês e no próximo. Não seja teimoso ou obstinado demais. Deixe que os outros ajam como quiserem, desde que não tenham atitudes destrutivas. Deixe de lado seus interesses pessoais e concentre-se nos outros.

JULHO

Melhores dias: 2, 3, 12, 13, 21, 22, 29, 30
Dias mais tensos: 1º, 7, 8, 14, 15, 27, 28
Melhores dias para o amor: 1º, 7, 8, 10, 11, 17, 18, 19, 20, 27, 29, 30

Melhores dias para o dinheiro: 1º, 7, 8, 12, 13, 16, 17, 21, 22, 23, 24, 25, 27, 28
Melhores dias para a carreira: 1º, 10, 11, 14, 15, 19, 20, 29, 30

Muitas das tendências de junho continuam sendo válidas. Você permanecerá em um poderoso pico amoroso e social até o dia 22. O amor também será bom depois, mas mais ativo até lá. Os objetivos românticos e sociais serão alcançados neste momento.

A saúde continua precisando de atenção, especialmente até o dia 22. Reveja os comentários do mês passado sobre o assunto. Seu planeta da Saúde entrou em movimento retrógrado em 26 de junho e continuará assim até o dia 21. Caso esteja fazendo mudanças radicais na dieta, pesquise-as com mais cuidado. O mesmo vale para qualquer mudança importante no regime de saúde. Pode ser que as alterações sejam necessárias, informe-se antes de agir.

Júpiter, seu planeta da Espiritualidade, formará belos aspectos com Saturno este mês, proporcionando-lhe um período espiritual. Você conhecerá amigos com características espirituais, e talvez eles sejam os instrumentos do cosmos. Você estará muito receptivo às influências espirituais este mês, o que tende a produzir progressos e novas compreensões. Os solteiros terão muitas escolhas no amor, mas a dimensão espiritual – a compatibilidade espiritual – será mais importante. Muitos problemas podem ser contornados se houver compatibilidade espiritual.

No dia 21 do mês passado, o elemento Água se tornou muito forte, essa tendência se manterá até o dia 22 deste mês. Você passou por um período similar em fevereiro e março. A energia emocional terá muito poder neste momento. Quando as emoções são positivas, as coisas ficam alegres, mas, caso se tornem negativas – o que pode acontecer com muita facilidade –, podem causar muita dor. Seja cuidadoso com a sensibilidade das pessoas, que estará exacerbada. A lógica e a praticidade – seus pontos mais fortes – podem ser vistas como cruéis ou insensíveis. Assim, leve isso em conta quando lidar com as pessoas – defenda seu ponto de vista, mas com sensibilidade. É em momentos como este que seu bom-senso é mais necessário – mas será que os outros vão escutar?

As finanças continuam complicadas até o dia 22. Você terá de se esforçar mais para alcançar seus objetivos financeiros. No dia 17, seu planeta das Finanças também entrará em movimento retrógrado. Assim, a vida financeira ficará em revisão praticamente pelo resto do ano – até 17 de dezembro. Isso não vai lhe impedir de ganhar dinheiro, apenas desacelerar as coisas. A intuição financeira não vai estar no auge. Resolva suas responsabilidades financeiras habituais, mas evite compras ou investimentos grandes a partir do dia 17. Você precisa adquirir clareza mental nessa área, o que vai levar tempo. O quadro financeiro não vai ser o que parece. Muitas suposições estarão incorretas. E você as descobrirá nos próximos meses.

No dia 22, o cônjuge ou amor atual entrará em um pico financeiro anual. Provavelmente, ele ou ela compensará qualquer dificuldade.

Um dos pais ou figuras paterna ou materna terá uma boa recompensa financeira nos dias 19 e 20, e será generoso com você. Também haverá favorecimento financeiro de chefes, pessoas mais velhas e figuras de autoridade.

AGOSTO

Melhores dias: 8, 9, 17, 18, 25, 26, 27
Dias mais tensos: 3, 4, 10, 11, 12, 23, 24, 30, 31
Melhores dias para o amor: 3, 4, 6, 7, 8, 9, 15, 16, 19, 25, 26, 30, 31
Melhores dias para o dinheiro: 3, 6, 7, 13, 14, 15, 16, 19, 20, 21, 22, 23, 24, 30, 31
Melhores dias para a carreira: 8, 9, 10, 11, 12, 19, 25, 26

As finanças estão melhorando, mas a situação ainda não é ideal. Ainda haverá muitos desafios a transpor. Uma despesa repentina no lar ou com um membro da família entre os dias 1º e 2 será difícil de resolver. Este não será um bom período para especulações ou riscos, embora você possa estar inclinado a essas atividades. Surgirá uma discordância com as figuras paterna ou materna. Júpiter estará em quadratura com seu planeta das Finanças dos dias 18 a 25. Gastar demais é o principal perigo. Os acordos financeiros vão precisar ser analisados cuidadosamente pelo restante do ano, mas especialmente agora. O cônjuge ou amor atual continuará em meio a um pico financeiro anual e provavelmente será generoso com você. Continue a buscar a clareza financeira – é o fator mais importante. Quando ela chegar, a tomada de decisões será fácil.

A casa precisará ficar mais segura entre os dias 1º e 2. Mantenha objetos afiados ou perigosos fora do alcance das crianças. Certifique-se de que os dispositivos de segurança estejam funcionando adequadamente. Os pais ou figuras paterna ou materna (e outros membros da família) devem dirigir com mais cuidado e evitar atividades arriscadas. Também será preciso controlar o temperamento, pois as pessoas estarão propensas a reações extremas.

No dia 21 de junho, o poder planetário deslocou-se da metade inferior para a superior do zodíaco, colocando-o em um momento mais ambicioso e voltado para o mundo exterior. O lar e a família continuarão sendo importantes, mas será seguro desviar a atenção para a carreira. Você estará pronto para se envolver em um projeto importante – algo grande e delicado.

O amor continuará bem, mas não tão ativo quanto nos meses anteriores. Os solteiros encontrarão oportunidades amorosas em ambientes espirituais – o núcleo de ioga, o seminário de meditação, o encontro de oração, o evento de caridade. Seu magnetismo social será mais forte entre os dias 6 e 21, quando a Lua estiver crescente. Você terá mais ânimo para o amor nesse período.

O elemento Água ainda está muito forte este mês, então lembre-se do que foi dito sobre isso no mês passado. O que é percebido como insensibilidade pode causar complicações desnecessárias. Seja cuidadoso com seu tom de voz e sua linguagem corporal.

A saúde vai precisar de atenção a partir do dia 16. Siga as dicas de saúde detalhadas nas "Tendências Gerais". Além disso, até o dia 8, dê mais atenção ao estômago, aos seios e à dieta. Depois dessa data, cuide melhor do coração. Após o dia 24, preste mais atenção ao intestino delgado. Regimes de desintoxicação serão poderosos entre os dias 8 e 24.

Você continua vivendo um período extremamente espiritual. Observe seus sonhos. Preste atenção a seus palpites. Cada um de seus passos está sendo guiado.

SETEMBRO

Melhores dias: 4, 5, 6, 13, 14, 22, 23
Dias mais tensos: 1º, 7, 8, 20, 21, 27, 28
Melhores dias para o amor: 1º, 4, 5, 8, 13, 14, 17, 18, 24, 27, 28
Melhores dias para o dinheiro: 1º, 2, 3, 9, 10, 11, 12, 15, 16, 18, 19, 20, 21, 27, 28, 29, 30
Melhores dias para a carreira: 7, 8, 17, 18, 27, 28

A saúde vem precisando de mais cuidados desde agosto, e especialmente após o dia 22. O problema parece ser a hiperatividade: você passa de uma atividade à outra sem fazer uma pausa. Tudo é acelerado. Grande parte disso relaciona-se a sua carreira. No dia 22, você ingressou em um pico financeiro anual, de forma que vai estar muito ocupado e assumindo mais responsabilidades. Muitas pessoas ocupadas acham que se forçarem a barra vão produzir mais. Mas normalmente não é o caso. Quando o trabalho é realizado em um estado de cansaço – com um baixo nível de energia –, em geral precisa ser refeito. Você comete mais erros. Assim, o conselho é simples (embora seja mais fácil falar do que fazer): repouse quando estiver cansado. Quando o tanque de gasolina estiver vazio, não adianta dirigir o carro só com o cheiro. Melhore a saúde dando mais atenção ao intestino delgado até o dia 9; e aos rins e quadris do dia 9 ao dia 29. Massagens nos quadris serão poderosas. Seja especialmente cuidadoso dos dias 15 a 17. Vá com calma. Passe mais tempo em um spa. Receba massagens. Dirija com cuidado. Viagens internacionais não são aconselháveis – remarque-as para um momento mais propício.

Haverá bastante sucesso profissional durante o mês todo. Uma reunião ou conversa com um chefe ou superior irá bem nos dias 12 a 14 – haverá boa comunicação entre vocês. O superior estará aberto a suas ideias. E também pode ter algumas boas ideias para você.

Vênus estará em conjunção com Saturno dos dias 17 a 20, o que mostra sucesso e ascensão na carreira. Os superiores o favorecerão. Boas oportunidades profissionais chegarão até você. Vênus forma um trígono com Júpiter nos dias 27 e 28, também proporcionando sucesso e oportunidades.

A situação familiar foi instável durante o ano inteiro. Os ânimos estarão exaltados, especialmente entre os dias 7 e 11. Tenha mais paciência com seus parentes.

As finanças ainda estão complicadas. Você vai passar pelo mês – sem dúvida –, mas alcançar os objetivos financeiros exigirá mais trabalho e esforço. Neste momento, a carreira – seu status e sua vida profissional – vai ter mais importância do que o dinheiro. Talvez você não dê às finanças a atenção merecida. Gastar demais continua sendo um problema. Continue buscando a clareza mental.

Você ainda vive um período muito espiritual, tendo fácil acesso ao mundo invisível. Há todos os tipos de ajuda e apoio espiritual disponíveis para você, o que tornará mais fácil atravessar o mês.

OUTUBRO

Melhores dias: 2, 3, 11, 12, 19, 20, 29, 30
Dias mais tensos: 4, 5, 17, 18, 24, 25, 31
Melhores dias para o amor: 4, 5, 7, 8, 13, 14, 17, 18, 23, 24, 25, 27, 28
Melhores dias para o dinheiro: 1º, 6, 7, 8, 9, 13, 14, 15, 16, 17, 18, 24, 25, 27, 28
Melhores dias para a carreira: 4, 5, 7, 8, 17, 18, 27, 28, 31

Você ainda está em seu pico financeiro anual, ainda envolvido em projetos delicados e complicados, e vivendo um período frenético. A saúde continuará precisando de atenção até o dia 23. Você vai progredir na carreira envolvendo-se com grupos e organizações. Atividades on-line e networking também serão um bom incentivo profissional até o dia 9. As amizades continuam sendo testadas, e haverá muitos dramas que poderão mudar a vida de amigos, mas eles estarão prestativos nos assuntos profissionais. Depois do dia 9, quando o planeta da Carreira entrar em sua 12ª Casa, será bom estar mais envolvido em causas de caridade e sem fins lucrativos. Isso melhora sua imagem e o conecta a pessoas importantes. (Para aqueles que estiverem trilhando o caminho espiritual, a prática será a verdadeira carreira neste período.)

No seu caso, os picos profissionais também tendem a desencadear crises. A crise nem sempre é o que você pensa. Por trás dela, existe um sucesso fantástico – uma descoberta. Na verdade, a crise é a mensagem de que acontecerá um progresso. Nenhum grande sucesso jamais acontece sem enfrentar alguns "pesadelos". Há medos e preocupações que nos retardam. Alegre-se quando eles vierem à tona.

A saúde continuará delicada até o dia 23. Dê mais atenção ao cólon, à bexiga e aos órgãos sexuais. Sexo seguro e moderação sexual serão importantes. Uma lavagem intestinal e outras formas de desintoxicação também vão ser benéficas.

A situação familiar foi instável o ano todo. Agora, um eclipse solar no dia 18 vai botar lenha na fogueira. Ele ocorrerá em sua quarta Casa – do Lar e da Família. Portanto, seja mais paciente com os membros da família e especialmente com um dos pais ou figuras paterna ou materna. Os ânimos familiares estiveram exaltados o ano todo, mas agora ficarão ainda mais. Faça tudo o que puder para não piorar a situação e para manter a casa mais segura. Verifique o funcionamento de detectores de fumaça e de sistemas de alarme. Se houver objetos perigosos à mão, livre-se deles. Muitas vezes, falhas escondidas no lar são reveladas sob um eclipse, e os reparos e correções precisam ser feitos. Este eclipse terá um forte impacto sobre você, então programe uma agenda calma e tranquila nesse período – os membros da família também. Como em todo eclipse solar, o anjo da morte faz uma visita, avisando que está por perto. Ele lhe recorda que a vida aqui na Terra é curta e frágil. Será o momento de se dedicar às questões realmente sérias da vida. O cônjuge ou amor atual vai passar por uma crise financeira e será forçado a fazer importantes mudanças. Esse eclipse terá impacto sobre Júpiter, seu planeta espiritual, de forma que acontecerão alterações nessa área – troca de professores ou ensinamentos e de práticas. Haverá abalos em uma organização espiritual ou de caridade da qual você faça parte.

As finanças ainda estarão difíceis, mas vão melhorar depois do dia 23. Você ainda está revendo essa área. Continue tentando obter clareza mental.

NOVEMBRO

Melhores dias: 7, 8, 16, 17, 25, 26, 27
Dias mais tensos: 1º, 13, 14, 20, 21, 22, 28, 29
Melhores dias para o amor: 3, 4, 7, 11, 12, 16, 17, 20, 21, 22, 23, 26, 27
Melhores dias para o dinheiro: 3, 4, 5, 6, 9, 10, 11, 12, 13, 14, 21, 22, 23, 24, 30
Melhores dias para a carreira: 1º, 7, 16, 17, 26, 27, 28, 29

Como na família, a situação com os amigos também teve um ano instável. Um eclipse lunar no dia 3 vai jogar mais lenha na fogueira. Ele ocorrerá em sua 11ª Casa – da Amizade –, colocando à prova as amizades, e vai proporcionar eventos dramáticos que poderão mudar a vida de amigos. Um eclipse na 11ª Casa tende a deixar seus computadores e aparelhos mais problemáticos. Eles começam a funcionar de maneira estranha sem razão aparente (esses tipos de aparelhos são extremamente suscetíveis à energia cósmica. E quando esta fica turbulenta, eles não funcionam como deveriam). Certifique-se de que seus softwares antivírus e anti-hacking estejam atualizados. Todo eclipse lunar testa a vida amorosa, e este não será diferente. Seja mais paciente com a pessoa amada nesse período, pois ele ou ela estará mais temperamental. Bons relacionamentos sobrevivem a problemas e ficam ainda melhores. Os falhos correm perigo. Como esse eclipse vai afetar carros e equipamentos de comunicação, dirija com mais cuidado. Haverá dramas na vida de irmãos (ou figuras fraternas) e de vizinhos. Falhas na comunicação são frequentes com esse tipo de eclipse.

A saúde estará muito melhor este mês, mas ainda precisará de cuidados. Veja como melhorá-la nas dicas do mês passado – dê mais atenção ao cólon, à bexiga e aos órgãos sexuais. Desintoxicações foram benéficas o ano todo, mas serão especialmente dos dias 4 a 7. Além disso, tenha mais cuidado ao dirigir e evite atividades arriscadas. Os programas de emagrecimento serão mais efetivos neste momento – uma boa hora para começar, caso você precise. Também haverá encontros sexuais. Seu planeta da Saúde continua a retroceder até o dia 10, então evite fazer grandes mudanças na dieta ou nas práticas de saúde – ou tomar decisões médicas importantes – até esse dia. Este será o momento para obter clareza nas questões de saúde, pedir segundas e terceiras opiniões – ler mais sobre esses assuntos. Muitos modismos e novos suplementos não cumprem o prometido.

Em 22 de setembro, o poder planetário se deslocou do ocidente para o oriente. E essa mudança estará muito pronunciada no momento. Você vai viver um período de independência pessoal. Agora seus músculos sociais estão fortes e será a hora de desenvolver a autoafirmação e a iniciativa pessoal. Com mais independência, surgem uma autoconfiança e uma autoestima acentuadas. Você vai ser "calibrado" pelo poder planetário, terá mais poder pessoal e poderá modificar sua vida mais facilmente – moldá-la como quiser.

O amor será bom em novembro. Vênus entrará em seu signo no dia 5, de forma que a aparência pessoal, o estilo e o comportamento terão mais glamour, beleza e graça (seja qual for sua idade ou fase da vida, sua imagem terá mais beleza e graça do que de costume). O sexo oposto vai notar. O magnetismo social será mais forte dos dias 3 a 17, quando a Lua estiver crescente.

DEZEMBRO

Melhores dias: 4, 5, 13, 14, 23, 24
Dias mais tensos: 10, 11, 12, 18, 19, 25, 26
Melhores dias para o amor: 2, 3, 4, 5, 11, 12, 13, 14, 18, 19, 22, 23, 24
Melhores dias para o dinheiro: 1º, 2, 3, 6, 7, 8, 9, 10, 11, 18, 19, 20, 21, 28, 29, 30, 31
Melhores dias para a carreira: 4, 5, 13, 14, 23, 24, 25, 26

O poder planetário aproxima-se da posição mais oriental do ano. O setor oriental também estará fortalecido no mês que vem. Agora, você não precisará ceder aos outros o tempo todo: pode e deve agir do seu jeito, desde que isso não seja prejudicial. Será o momento de se afirmar de maneira positivar, de criar as condições de vida como deseja que sejam. A iniciativa pessoal fará diferença.

Desde que Júpiter entrou em Câncer no final de junho, você está vivendo um período muito espiritual. No dia 22 do mês passado, sua 12ª Casa – da Espiritualidade – também se tornou poderosa, e ficará assim até o dia 21 deste mês. Para os racionais capricornianos, é incomum. Haverá diversos eventos de sincronicidade, fenômenos espirituais e sobrenaturais. Você terá muitos sonhos proféticos – e não conseguirá desconsiderar as mensagens, que serão vívidas e reais. Às vezes, o caminho "pouco prático" – o que não tem relação com o terreno – é o mais prático. Você estará enxergando através da ilusão do mundo – vendo como o mundo e o universo realmente funcionam. Muitos progressos espirituais vão acontecer. O vasto mundo invisível lhe mostra que existe e está no comando. Você verá essas coisas especialmente nos assuntos de saúde e de cura, e reagirá muito bem a terapias espirituais. Também conseguirá enxergar o poder dessas práticas para os outros. Os médicos podem declarar que determinada situação é um caso perdido, mas o poder espiritual agirá de qualquer maneira e resolverá o problema.

Sua saúde estará boa este mês – relativamente boa. Ficará ainda melhor depois do dia 21, quando o Sol entrar em seu signo. Você vai estar com uma boa aparência, haverá mais apelo sexual e glamour em sua imagem, e o sexo oposto perceberá. O amor será bom. Você ainda terá fortes aspectos para um casamento este ano – e até meados do ano que vem.

Seu planeta das Finanças começará a mover-se para a frente no dia 17, após muitos meses de movimento retrógrado. É uma boa notícia. Você começará a obter clareza mental, e o senso financeiro se tornará novamente confiável. Mesmo assim, as finanças serão complicadas em dezembro. Você vai lidar com muitos desafios. Os amigos e a família não oferecerão suporte nos objetivos financeiros. Os gastos familiares estarão mais altos que de costume. Você vai precisar trabalhar e se esforçar mais que o habitual para alcançar seus objetivos financeiros. A compreensão espiritual será um grande auxílio para lidar com isso.

No dia 8, Marte, o planeta da Família, cruzará o Meio do Céu e ingressará em sua décima Casa. Isso indica que essa área se tornará a maior prioridade. A família dará apoio a sua carreira, mas não às finanças. Esse foco vai ser positivo. No dia 21, o poder planetário se deslocará da metade inferior para a superior do zodíaco, sinalizando a necessidade de se concentrar no lar, na família e no bem-estar emocional.

Haverá aspectos dinâmicos no fim do mês – dos dias 23 a 31 – que terão uma influência muito intensa sobre amigos e família. Eles devem se afastar o máximo que puderem do perigo, dirigir com mais cuidado e evitar atividades arriscadas.

AQUÁRIO

O AGUADEIRO

Nascidos entre 20 de janeiro e 18 de fevereiro

PERFIL PESSOAL

AQUÁRIO NUM RELANCE

Elemento: Ar
Planeta Regente: Urano
  Planeta da Carreira: Plutão
  Planeta da Saúde: Lua
  Planeta do Amor: Vênus
  Planeta das Finanças: Netuno
  Planeta do Lar e da Vida Familiar: Vênus
Cores: azul-relâmpago, cinza, azul-ultramarino
Cores que promovem o amor, o romance e a harmonia social: dourado, laranja
Cor que propicia ganhos: verde-água
Pedras: pérola negra, obsidiana, opala, safira
Metal: chumbo
Perfumes: azaleia, gardênia
Qualidade: fixa (= estabilidade)
Qualidades essenciais ao equilíbrio: calor, sentimento e emoção
Maiores virtudes: capacidade intelectual; facilidade de compreender, formular e transmitir conceitos abstratos; amor ao novo; vanguardismo
Necessidades mais profundas: conhecer o novo e implementá-lo
Características a evitar: frieza, rebeldia gratuita, ideias fixas
Signos de maior compatibilidade: Gêmeos, Libra

Signos de maior incompatibilidade: Touro, Leão, Escorpião
Signo mais útil à carreira: Escorpião
Signo que fornece maior suporte emocional: Touro
Signo mais prestativo em questões financeiras: Peixes
Melhor signo para casamento e associações: Leão
Signo mais útil em projetos criativos: Gêmeos
Melhor signo para sair e se divertir: Gêmeos
Signos mais úteis em assuntos espirituais: Libra, Capricórnio
Melhor dia da semana: sábado

COMPREENDENDO A PERSONALIDADE AQUARIANA

Os nativos de Aquário apresentam as faculdades intelectuais mais desenvolvidas do que qualquer outro signo zodiacal. Eles pensam de forma clara e científica. Exibem notória capacidade de raciocínio abstrato e de formular leis, teorias e regras claras com base na observação empírica de fatos. Os geminianos podem ser exímios coletores de informação, mas os aquarianos dão um passo além, interpretando primorosamente as informações que compilam.

As pessoas pragmáticas e voltadas para assuntos mundanos erroneamente tendem a considerar o pensamento abstrato como algo sem finalidade prática. É verdade que o reino da abstração nos afasta do universo físico, mas as descobertas efetuadas nesses domínios muitas vezes acabam exercendo tremendo impacto em nossas vidas. As maiores invenções e descobertas científicas originam-se nos domínios do abstrato.

O aquariano, mais do que ninguém, parece talhado para sondar as dimensões abstratas. Os que puderam explorar essas regiões bem sabem que são zonas frias, destituídas de emoção e sentimentos. Na verdade, a emotividade impede o funcionamento adequado nessas dimensões, o que pode transmitir aos nativos de outros signos a impressão de que os aquarianos sejam desprovidos de emoção. Não é que não sintam ou sejam incapazes de nutrir emoções profundas, apenas o excesso de sentimentalismo nubla sua capacidade de pensar e de inventar. Pessoas de alguns outros signos mal conseguem entender ou tolerar a ideia de que não seja possível para o aquariano exceder-se no plano sentimental, mas é essa objetividade que qualifica os nativos deste signo para o exercício da ciência, da comunicação e da amizade.

Os aquarianos são muito amigáveis, mas não fazem alarde dessa virtude. Agem da forma mais acertada para auxiliar seus amigos, mas jamais de forma passional ou afetada.

São apaixonados pela clareza de pensamento. E também adoram romper com a autoridade instituída. Comprazem-se em fazê-lo, pois encaram a rebelião como um jogo ou desafio. A miúde, opõem-se pelo puro prazer de rebelar-se, sem sequer considerar se a autoridade que desafiam é legítima ou não. Os conceitos de "certo ou errado" não são tão rígidos na mente rebelde aquariana; desafiar a autoridade e o poder é uma questão de princípios.

Se Capricórnio e Touro tendem a errar por conservadorismo, Aquário tende a fazê-lo por sede de inovação. Sem essa virtude, no entanto, seria pouco provável que o mundo evoluísse. O conservadorismo entrava o progresso. A originalidade e a inventividade pressupõem a capacidade de demolir barreiras; cada nova descoberta representa a derrocada de um obstáculo ao livre pensamento. Os aquarianos se interessam vividamente por romper fronteiras e derrubar paredes, seja no campo científico, no político ou no social. Outros signos zodiacais, como Capricórnio, são dotados de aptidão científica, mas são os aquarianos que primam pelas ciências sociais e humanas.

FINANÇAS

Nas finanças os aquarianos procuram ser idealistas e humanitários a ponto de beirar o autossacrifício. Contribuem generosamente para as causas políticas e sociais. E, nesse sentido, diferem dos capricornianos e dos taurinos, os quais geralmente esperam alguma recompensa; os aquarianos são capazes de contribuir desinteressadamente.

Tendem a tratar as finanças com a mesma frieza e racionalidade com que administram a maior parte dos setores de suas vidas. O dinheiro é algo de que necessitam, e os aquarianos empregam métodos científicos para conquistá-lo.

O dinheiro apresenta valor para um aquariano pelos bens que pode proporcionar. Jamais, como na visão de outros signos, pelo status que confere. Os aquarianos não são perdulários nem avarentos. Gastam seus recursos de forma prática, visando, por exemplo, facilitar o progresso pessoal, o da família e até o de estranhos.

Para atingir seu pleno potencial financeiro, contudo, eles devem explorar mais sua natureza intuitiva. Se seguirem apenas as teorias financeiras – ou as que eles julgam teoricamente corretas –, poderão sofrer perdas e decepções. Se, entretanto, fizerem uso da intuição, se sairão bem melhor. Para os aquarianos, a intuição é o melhor atalho para o sucesso.

CARREIRA E IMAGEM PÚBLICA

Os aquarianos gostam de ser vistos não só como demolidores de barreiras, mas também como transformadores da sociedade e do mundo. Anseiam por reconhecimento nessas áreas e desempenham bem seu papel. Respeitam os que agem dessa forma e até esperam que seus superiores o façam.

Os aquarianos preferem empregos que envolvam uma boa dose de idealismo; procuram carreiras de cunho filosófico. Precisam engajar-se em trabalhos criativos nos quais tenham acesso à pesquisa de novas técnicas e métodos. Gostam de manter-se ocupados e de resolver os problemas de forma direta e imediata, sem perda de tempo. São trabalhadores ágeis, que geralmente têm sugestões de melhora que beneficiam os colegas. Os aquarianos são muito prestativos no ambiente de trabalho e aceitam de bom grado as responsabilidades, preferindo assumi-las a ter que receber ordens de terceiros.

Para realizar suas metas profissionais mais sublimes, precisam desenvolver a sensibilidade emocional, a profundidade de sentimentos e o ardor passional. É fundamental que aprendam a focalizar a atenção nas particularidades e a concentrar-se mais na tarefa que têm em mãos. Precisam aprender ainda a deixar que o "fogo da motivação" os incendeie por completo, se desejam chegar ao topo. Quando essa paixão se fizer presente em suas vidas, obterão êxito em qualquer empreendimento a que se dedicarem.

AMOR E RELACIONAMENTOS

Os aquarianos são excelentes amigos, mas deixam um pouco a desejar como amantes. É claro que se apaixonam, mas seus pares sempre têm a impressão de terem um bom amigo ao seu lado, não um namorado propriamente dito.

Da mesma forma que os capricornianos, os nativos de Aquário não são propensos a demonstrações ostensivas ou arrebatadas de paixão e afetividade. Na verdade, ficam incomodados quando o cônjuge os toca ou acaricia demasiadamente. Não significa que não amem seus parceiros, apenas demonstram seu amor de outras formas. Curiosamente, tendem a atrair para si o tipo de relacionamento que mais os deixa acanhados: relações com pessoas calorosas, passionais, românticas e afetivas. Talvez intuam, saibam de maneira instintiva, que essas pessoas exibem virtudes de que eles carecem e por isso as procuram. De qualquer modo, a combinação parece funcionar bem. A frieza aquariana gela um pouco o ardor do parceiro, enquanto o fogo da paixão aquece um pouco o sangue-frio do aquariano.

As principais qualidades que os aquarianos precisam cultivar no plano sentimental são o calor, a generosidade, a paixão e a alegria de viver. Eles adoram relacionamentos mentais. Nesse terreno, fazem jus à menção honrosa. Se a relação carecer de uma pitada de comunhão intelectual, seu amante aquariano seguramente se sentirá entediado ou insatisfeito.

VIDA DOMÉSTICA E FAMILIAR

Também na esfera doméstica e familiar, os aquarianos tendem a agir de forma mutável, não convencional e instável. Desejam abolir constrições familiares tanto quanto anseiam por eliminar as pressões de qualquer ordem.

Mesmo assim, são bastante sociáveis. Gostam de manter um lar agradável, onde possam receber e entreter familiares e amigos. Suas casas são geralmente decoradas de forma moderna e abarrotadas de utensílios e aparatos de última geração, que os aquarianos consideram indispensáveis.

A fim de terem uma vida doméstica saudável e satisfatória, os aquarianos precisam aprender a injetar nela um pouco de estabilidade e mesmo de conservadorismo. Não é possível viver só de novidades. A durabilidade, a permanência e a constância são necessárias em pelo menos uma das esferas da vida; a doméstica e familiar parece a ideal.

Vênus, o planeta do Amor, rege também a quarta Casa Solar aquariana – do Lar e da Família –, e isso indica que, tratando-se de família e da educação dos filhos, a teoria, o raciocínio frio e o intelecto não bastam. Os aquarianos precisam acrescentar amor a essa equação para terem uma vida doméstica maravilhosa.

AQUÁRIO
HORÓSCOPO 2013

TENDÊNCIAS GERAIS

O ano de 2012 foi basicamente um bom ano. De maneira alguma perfeito, mas mais fácil que difícil. Os planetas de curso lento o deixaram em paz ou formaram aspectos harmoniosos com você. A saúde e a energia estavam boas, o que significou a conquista de seus objetivos. No final de 2012, Saturno fez um importante movimento, ingressando em Escorpião em alinhamento desfavorável a você. Ainda que só isso não seja o bastante para causar doenças, mostra a necessidade de conservar as energias. Também indica que você deve ter mais paciência na obtenção de suas metas, pois Saturno pode desacelerá-lo, mas não o impedirá.

Plutão está em sua 12ª Casa desde 2008 e continuará nela em 2013. Uma desintoxicação cósmica está ocorrendo em sua vida espiritual – nas atitudes e nas práticas. Muito do "material defeituoso" está sendo removido da vida espiritual para que o poder espiritual possa fluir livremente – como deve ser.

Em 2012, Netuno entrou em sua Casa do Dinheiro, um trânsito importante. Isso acentuou a tendência que já atuava havia muitos anos – você está se aprofundando na dimensão espiritual da riqueza, acessando as fontes sobrenaturais de suprimentos, entendendo como o espírito trabalha para produzir a riqueza material. Essa tendência vai continuar neste e por muitos anos.

Em 2011, Urano, seu planeta regente, fez um grande movimento, saindo de Peixes e ingressando em Áries, sua terceira Casa. Embora você seja sempre um ótimo comunicador, essa habilidade agora ficará ainda mais acentuada. Você gosta de experimentar, mas agora esse comportamento se aplicará também à comunicação. Sua originalidade nessa área – no que escreve, fala e em suas atividades no mundo virtual – será muito maior.

Júpiter está em sua quinta Casa – da Criatividade – desde junho do ano passado, e ficará lá até 27 de junho deste ano. Portanto, este será um ano animado para você, que vai explorar a "alegria de viver" e envolver-se em todos os tipos de atividades divertidas. As aquarianas em idade de engravidar estarão extraordinariamente férteis nesse período.

Júpiter entrará em sua sexta Casa – do Trabalho – em 27 de junho. Será um aspecto maravilhoso para os candidatos a emprego e para os empregadores. A oportunidade do emprego dos sonhos vai aparecer. E para os empregadores, haverá abundância de bons funcionários disponíveis.

Saturno entrou em sua décima Casa – da Carreira – no final do ano passado. Essa área vai ser complicada neste momento. O sucesso será obtido única e exclusivamente pelo mérito. Além disso, dois eclipses em sua décima Casa indicam mudanças profissionais este ano.

Suas mais importantes áreas de interesse este ano serão finanças; comunicação e interesses intelectuais; diversão, filhos e criatividade pessoal (até 27 de junho); saúde e trabalho (a partir de 27 de junho); carreira; espiritualidade.

Seus caminhos para a maior realização este ano serão carreira; diversão, filhos e criatividade (até 27 de junho); saúde e trabalho (a partir de 27 de junho).

SAÚDE

(Trata-se de uma perspectiva astrológica sobre a saúde, não de uma visão médica. No passado, essas perspectivas eram idênticas, porém, hoje, podem ocorrer diferenças. Para obter uma opinião com base em diagnósticos da medicina convencional, consulte seu médico ou um profissional da saúde.)

A saúde, como foi mencionado, será boa este ano. Haverá apenas um planeta de curso lento – Saturno – em alinhamento desfavorável a você. Ainda assim, sua energia não vai estar tão intensa quanto no ano passado – e essa diferença pode se tornar uma preocupação (não, você não tem Síndrome da Fadiga Crônica – é apenas um trânsito normal de Saturno). Por si só, Saturno não basta para causar mal-estar ou doenças, mas quando um planeta rápido se junta a ele em um aspecto desfavorável, você pode ficar mais suscetível a eles. Certifique-se de descansar e relaxar mais, especialmente de 20 de abril a 20 de maio, de 22 de julho a 22 de agosto e de 23 de outubro a 21 de novembro. Esses serão seus períodos mais vulneráveis do ano.

As questões da saúde não serão um foco na primeira metade de 2013. Mas quando Júpiter entrar em sua sexta Casa no dia 27, você começará a lhes dar atenção, o que basicamente é positivo.

Há muito que pode ser feito para melhorar a saúde e impedir que os problemas se desenvolvam. Dê mais atenção ao seguinte:

Estômago e seios. Sempre são áreas importantes para você, pois a Lua é seu planeta da Saúde. A dieta é um problema permanente para você, pois seu estômago tende a ser sensível. O *que* você come é importante, mas *como* você come talvez seja igualmente importante. As refeições devem ser feitas calmamente, em um estado de paz. Se possível, ouça músicas bonitas e harmoniosas (músicas de elevador) enquanto come. Agradeça pela comida (com suas próprias palavras). Abençoe a comida (com suas próprias palavras). Eleve o ato de comer de mero apetite animal a algo mais alto – um ato de adoração. Isso vai garantir que você absorva da comida apenas as vibrações mais altas, e a digestão será melhor.

Tornozelos e panturrilhas. Também são sempre importantes para você. Aquário rege essas áreas. Massagens regulares nas panturrilhas serão maravilhosas. E também será bom massagear os tornozelos. Dê a eles mais suporte quando estiver fazendo exercícios.

Coração. Essa área se tornou um problema desde outubro do ano passado. Evite preocupação e ansiedade o máximo possível. Todas as ações possíveis devem ser tomadas para melhorar uma situação, mas depois que fizer isso, esqueça a preocupação.

Fígado e coxas. Se tornaram um problema desde 27 de junho, quando Júpiter, o planeta que rege essas áreas, entrou em sua sexta Casa. As coxas devem ser massageadas regularmente. Uma desintoxicação do fígado este ano (existem muitas maneiras naturais de fazê-la) pode ser uma boa ideia.

Júpiter em sua sexta Casa – da Saúde – indica que você se beneficiará muito de terapias metafísicas – oração, entonação de palavras, afirmações positivas. Também mostra uma necessidade de pureza filosófica. Equívocos no corpo mental superior não apenas complicam os assuntos terrenos, mas, caso sejam mantidos por muito tempo, manifestam-se como patologias. O horóscopo nos mostra tanto a raiz do problema quanto o próprio problema.

A melhor cura para os equívocos religiosos e filosóficos é *luz*. Invoque-a com frequência. Pense na luz. Visualize-a entrando na mente e no corpo.

LAR E FAMÍLIA

Sua quarta Casa – do Lar e da Família – não será uma casa de poder este ano. Foi durante metade de 2011 e de 2012. Muitos aquarianos se mudaram, reformaram a casa ou compraram residências adicionais. Mas agora tudo estará em ordem e não haverá necessidade de fazer mudanças drásticas. Você terá um ano sem grandes alterações em 2013.

Haverá um eclipse solar em sua quarta Casa em 10 de maio, o que vai causar um abalo temporário, mas não proporcionará mudanças importantes. Esse eclipse vai testar a situação da família e da casa. Se houver falhas escondidas ali (como roedores, substâncias tóxicas, fiações ou encanamentos defeituosos), este será o momento para descobri-las e realizar as correções. É possível que esse eclipse traga acontecimentos dramáticos, que vão mudar a vida de membros da família. Mas quando a poeira baixar, a estabilidade voltará a prevalecer.

Um dos pais ou figuras paterna ou materna estará melancólico e pessimista este ano. Ele ou ela parecerá frio e insensível. Essa pessoa assumirá responsabilidades extras e talvez passe por eventos que mudarão sua vida. Tenha mais paciência com ela.

Você estará muito próximo a um irmão ou figura fraterna este ano, muito mais devotado e evolvido com essa pessoa que de costume. Esse irmão ou figura fraterna provavelmente fará uma boa mudança em 2013.

Nenhuma figura paterna fará uma mudança este ano. Os filhos (ou enteados) provavelmente terão um ano sem alterações. Vão estar prósperos e bem-sucedidos – levando uma boa vida, viajando –, mas não é provável que se mudem.

Se estiver planejando reformas importantes, o período entre 20 de abril e 31 de maio será bom. Caso deseje fazer mudanças decorativas – repintar, colocar novas cortinas e coisas desse tipo – o período entre 15 de abril e 9 de maio será propício. Este último também favorecerá a compra de objetos de arte e de decoração para a casa.

Como o rápido Vênus é seu planeta da Família, haverá muitas tendências de curto prazo nessa área. Elas serão analisadas de modo mais detalhado nas "Previsões Mensais".

DINHEIRO E CARREIRA

Como foi mencionado, a presença de Netuno em sua Casa do Dinheiro para o longo prazo aumenta e reforça seu interesse nas fontes espirituais de suprimentos. Esse interesse já existe há muitos anos, e está apenas se aprofundando. Netuno rege a intuição, a orientação interna e as revelações vindas do plano superior, de forma que esses fatores se tornarão extremamente importantes para as finanças neste momento. Um milissegundo de verdadeira intuição equivale a muitos anos de trabalho duro. Na verdade, é o atalho para a riqueza. Com Netuno no próprio signo e na própria casa – uma posição que o fortalece – sua intuição financeira vai estar excelente. Cada um de seus passos será guiado na direção de seus objetivos financeiros. A intuição será confiável. (Netuno entrará em movimento retrógrado durante alguns meses deste ano, e nesses períodos a intuição não deverá ser seguida cegamente.)

Com o planeta das Finanças forte tanto terrestre quanto celestialmente, o poder aquisitivo se tornará maior que de costume. É um bom sinal de prosperidade. Em 27 de junho, Júpiter começará a formar aspectos fantásticos com seu planeta das Finanças – outro sinal de prosperidade. Você terá golpes de sorte financeiros enquanto isso estiver acontecendo. Julho será especialmente afortunado, e muitos aquarianos poderão investir pequenas quantias na loteria ou em algum outro tipo de especulação (não use o dinheiro das compras ou do aluguel para isso, apenas o que estiver sobrando e você puder se dar ao luxo de perder. O cosmos pode ter outros planos para fazê-lo prosperar).

Ganhar muito dinheiro simplesmente não será suficiente nesse momento – você tem de obtê-lo de maneiras que "ajudem o planeta", que sejam benéficas para todos. Isso vai ser um desafio para você. A mesma tendência vai se manifestar na carreira. Não bastará ser bem-sucedido nas áreas terrenas, e sim de maneiras idealistas que sejam benéficas para todos.

A presença de Júpiter em sua quinta Casa indica sorte nas especulações, e pode ser aconselhável investir pequenas quantias nisso, especialmente quando a intuição chegar até você.

Nesse período, você terá os aspectos de alguém que busca uma carreira espiritual. O sacerdócio, a caridade e um trabalho em tempo integral para uma causa altruística ou sem fins lucrativos serão muito atraentes no momento. Isso é visível em todos os cantos do horóscopo; Netuno, o planeta da espiritualidade, rege as finanças. Seu planeta espiritual, Saturno, está bem no Meio do Céu da carreira. Seu planeta da Carreira, Plutão, está em sua 12ª Casa – da Espiritualidade. Portanto, você buscará uma carreira altruísta e espiritual neste momento. Mas mesmo que tenha uma carreira convencional, envolver-se em causas de caridade também o auxiliará. Primeiro, porque você obterá satisfação ao fazer o bem – ajudando os outros e o mundo – e segundo, porque conhecerá pessoas e fará conexões que ajudarão sua carreira, melhorando-a e elevando-a.

O trabalho será difícil este ano. Muito mais desafiador que as finanças. Saturno na décima Casa indica um chefe exigente. Alguém rígido que o levará ao limite. Este será um ano no qual você obterá o sucesso da maneira mais difícil – exclusivamente pelo mérito.

Urano passará 2013 em quadratura com Plutão, seu planeta da Carreira. Esse aspecto vai se tornar mais exato em outubro e novembro. Portanto, haverá mudanças repentinas e significativas na carreira. Além disso, acontecerão dois eclipses na décima Casa – da Carreira – um lunar, no dia 25 de abril e um solar, em 3 de novembro –, o que também tende a provocar mudanças profissionais. Enquanto estiver acontecendo, sem dúvida haverá muita insegurança, mas o resultado será positivo. Como foi dito, Júpiter em sua sexta Casa a partir de 27 de junho indica ótimas oportunidades de trabalho.

Um dos pais ou figuras paterna ou materna vai prosperar – terá um ano fantástico do ponto de vista financeiro. Os filhos ou enteados terão prosperidade ou desfrutarão a vida da alta. Os irmãos terão um ano sem alterações nas questões financeiras.

AMOR E VIDA SOCIAL

Como aconteceu em 2012, a sétima Casa – do Amor e do Casamento – não será uma casa de poder. Casamento, amor e relacionamentos sérios não serão uma grande questão em 2013, e provavelmente não passarão por alterações. Os casados tendem a permanecer casados, e os solteiros tendem a permanecer solteiros.

O fato de a sétima Casa estar (praticamente) vazia pode ser interpretado como algo positivo. Você vai se sentir basicamente satisfeito com a vida amorosa e não terá necessidade de fazer nenhuma mudança drástica ou dar a essa área uma atenção desnecessária.

Embora o casamento não esteja escrito nas estrelas este ano, os casos amorosos estão. Mas não serão sérios, apenas mais uma forma de diversão. Haverá muitas oportunidades para encontros amorosos e, de qualquer forma, os solteiros provavelmente vão preferir que seja assim.

O Sol é seu planeta do Amor. Ele é um planeta rápido. Ao longo de um ano, passa por todos os signos e casas de seu zodíaco. Portanto, amor e oportunidades sociais podem acontecer de diversas formas com várias pessoas. Suas necessidades amorosas tendem a se alterar mensalmente, e, assim, haverá muitas tendências de curto prazo no amor, que serão detalhadas nas "Previsões Mensais".

O Sol passará por dois eclipses este ano – um em 10 de maio e o seguinte em 3 de novembro. Esses eclipses provavelmente vão testar o relacionamento vigente. Bons relacionamentos tendem a sobreviver – mas a roupa suja tem de ser lavada. O cônjuge ou amor atual deve estar mais temperamental nesses períodos. Que este seja um aviso e você esteja pronto para lidar com essa situação quando acontecer.

Um dos pais ou figuras paterna ou materna terá o casamento ou relacionamento atual testado. O amor será muito difícil este ano. Irmãos (e figuras fraternas) estarão muito voltados para a liberdade. Essa tendência pode pôr à prova um relacionamento. O cônjuge ou amor atual deles vai precisar conceder muito espaço. Os filhos (ou enteados) em idade de se casar provavelmente se casarão ou se envolverão em um romance sério este ano. Também pode ter acontecido no ano passado. Será um relacionamento muito feliz – o cônjuge ou pessoa amada se esforçará para agradar a esse filho. Não há nada que ele precise fazer de especial para atrair o amor – ele o encontrará. Ele ou ela nem sequer conseguirá escapar. Mesmo que essa pessoa seja jovem demais para se casar, haverá amor este ano. A vida social vai ser boa. Os netos em idade apropriada (caso os tenha) provavelmente não se casarão em 2013 – nem seria aconselhável. Eles terão aspectos para casos amorosos, não para casamento. Se já forem casados, o casamento vai ser severamente testado. As questões financeiras serão uma das causas – mas não a única.

AUTOAPRIMORAMENTO

A carreira será a área mais difícil da vida este ano, mas, ao mesmo tempo, a mais satisfatória. Como pode? Há uma imensa alegria e satisfação em obter êxito em algo difícil; quando nos esforçamos ao máximo e finalmente conseguimos. Poucas pessoas são familiares com esse tipo de alegria, que é, na maioria das vezes, conhecida por quem assume desafios difíceis. Os conquistadores do monte Everest, o mestre do xadrez, o atleta olímpico, os mestres das ciências e disciplinas secretas são as pessoas que conhecem essa alegria. O choque de adrenalina e a alegria do momento da conquista fazem valer a pena todo o esforço, a luta e a dor anteriores – que são esquecidos no momento da vitória. É essa a alegria que o espera na carreira, caso você mantenha o foco e a disciplina. Os chefes estarão exigentes. O trabalho será duro. Você terá de lidar com muita atividade nos bastidores e provavelmente com atividades "sigilosas". Além das fraudes abertas. Haverá mudança nas regras, nas políticas e muito provavelmente em sua hierarquia corporativa e indústria. Ainda assim, se você se mantiver firme, conseguirá. Saturno exige que você seja bem-sucedido apesar de todos os obstáculos, e que seu sucesso seja exclusivamente fruto do mérito. Se tiver mérito – se for o melhor no que faz – terá pouco a temer de todas as maracutaias que acontecerão nos bastidores. Saturno vai garantir que você ocupe seu lugar de direito em sua indústria ou profissão, seja na empresa atual ou em outra. Assim, o objetivo este ano é cultivar a excelência profissional.

Nenhuma grande conquista acontece da noite para o dia. Com Saturno em seu Meio do Céu, esqueça isso. Tenha uma atitude metódica e dê um passo de cada vez em direção ao sucesso.

Muitos de vocês já trilham o caminho espiritual. E 2013 será um ano para tornar essa prática a prioridade máxima. Na verdade, será sua missão neste e nos próximos anos. A prática espiritual nunca é verdadeiramente pessoal, embora pareça ser. O trabalho é realizado por você, mas o efeito se transfere para seu ambiente e, eventualmente, para o mundo todo. O meditador solitário que tem um progresso espiritual – talvez em uma casa velha e desmazelada, talvez em uma caverna no Himalaia – faz mais para mudar o mundo do que presidentes ou reis. O meditador é a causa, o presidente ou rei apenas retifica a mudança que já ocorreu. Geralmente, não acontece de imediato, e são poucos os que conseguem enxergar a conexão. Mas eventualmente acontece. Muitas das tendências que parecem tão convencionais atualmente, um dia foram impensáveis – e se tornaram convencionais porque algumas poucas almas resistentes fizeram o progresso espiritual. Portanto, não deixe de fazer o trabalho espiritual.

Aqueles que não estiverem no caminho espiritual devem se esforçar para encontrar um. Que esse esforço seja sua prioridade.

PREVISÕES MENSAIS

JANEIRO

Melhores dias: 4, 5, 12, 13, 21, 22, 31
Dias mais tensos: 6, 7, 19, 20, 26, 27, 28
Melhores dias para o amor: 2, 3, 8, 9, 10, 11, 18, 19, 21, 26, 27, 28, 29, 30, 31
Melhores dias para o dinheiro: 4, 6, 12, 14, 15, 22, 24, 31
Melhores dias para a carreira: 2, 3, 6, 7, 10, 11, 19, 20, 29, 30

Neste e no mês que vem, os planetas estarão em sua posição mais oriental. Você vai viver um auge de independência pessoal e poder criativo, e pode e deve fazer as coisas a sua maneira – desde que não sejam destrutivas. Sua iniciativa pessoal e sua autoafirmação serão desenvolvidas. Você conhece a si mesmo, sabe em que acredita, o que é certo para você e seguirá esse caminho – seja ele aceito ou não. Você sairá de qualquer armário em que estiver e afirmará corajosamente quem é. Este será o momento de criar as condições de vida de acordo com seu gosto. Será um período de "criar o carma". Daqui a alguns meses, você terá de conviver com sua criação – não vai ser tão fácil modificar as coisas – e estará "pagando o carma". Portanto, construa com sabedoria.

Muitos aquarianos fazem aniversário este mês. Se for o caso, será um excelente período para começar novos projetos ou empreendimentos. O ciclo solar universal está crescente (desde 21 de dezembro) e, em seu aniversário, seu ciclo solar pessoal também estará. O impulso planetário vai estar acelerado, o que ajuda. Se puder dar início a esses projetos no período entre o dia do seu aniversário e o dia 27 (quando a Lua estará crescente), será melhor. Os que fizerem aniversário depois do dia 27 ou no mês que vem terão um período igualmente favorável em fevereiro. Provavelmente é melhor esperar até lá.

A saúde será boa este mês. Ficará ainda melhor depois do dia 19, quando seu signo se tornar poderoso. Siga as dicas de saúde mencionadas em "Tendências Gerais".

Você vivera um período muito espiritual ate o dia 19, um bom momento para alcançar seus objetivos altruístas e espirituais e para fazer viagens como peregrinações, visitas a lugares sagrados e retiros espirituais em locais exóticos. Essas oportunidades se abrirão para você depois do dia 10. Sua carreira vai precisar de um progresso espiritual, o que estará disponível no momento. Esta será a hora de se conectar mais ao poder superior interno e permitir que ele faça o que desejar – permitir que aja com liberdade em sua mente, seu corpo e sua vida. Isso começará a harmonizar todas as áreas da vida. Até mesmo o amor (para os solteiros) estará esperando em ambientes espirituais, especialmente até o dia 19. Se for a boates ou locais de entretenimento, provavelmente vai perder seu tempo. Nesse período, o amor vai estar no núcleo de ioga, no encontro de oração, no seminário de meditação, no evento de caridade.

No dia 19, o planeta do Amor entrará em seu signo – sua primeira Casa. Portanto, o amor vai buscá-lo e o encontrará. Não vai ser preciso fazer nada especial. Apenas siga sua rotina habitual e esteja disponível.

FEVEREIRO

Melhores dias: 1º, 9, 10, 18, 19, 27, 28
Dias mais tensos: 2, 3, 15, 16, 17, 23, 24
Melhores dias para o amor: 1º, 9, 10, 18, 19, 20, 23, 24
Melhores dias para o dinheiro: 2, 9, 11, 12, 18, 20, 27
Melhores dias para a carreira: 2, 3, 7, 8, 15, 16, 25, 26

No dia 19 do mês passado, você começou um de seus picos anuais de prazer pessoal. Um momento feliz. Os prazeres dos sentidos – do corpo – o buscam, e você poderá se entregar. Também será uma boa hora para deixar o corpo e a imagem em forma. Você terá mais controle sobre o corpo nesse período, o que ajuda. O prazer pessoal ficará forte até o dia 18. Você estará com sua melhor aparência, se vestirá bem e com estilo e terá mais carisma – aquele quê invisível que é a essência por trás de toda beleza.

Como foi mencionado, você continuará em um período poderoso para dar início a novos projetos ou empreendimentos. Todos os planetas estarão se movendo para a frente até o dia 18 (o que é extremamente incomum). Assim, será uma rara oportunidade para começar uma nova empreitada. O período entre os dias 10 e 18 será o melhor. Uma boa segunda opção vai ser entre os dias 18 e 25.

No dia 19 do mês passado, o poder planetário se deslocou da metade superior para a inferior de seu zodíaco. Esse deslocamento ficará ainda mais forte depois do dia 2, quando Vênus se mover para baixo da linha do horizonte em seu mapa. Assim, será a hora de minimizar a ênfase na carreira e intensificar a do lar, da família e do bem-estar emocional. Um momento de reunir forças para seu próximo pico profissional, que virá em cerca de seis meses. Essas pausas são muito saudáveis. São como uma boa noite de sono. O corpo fica quieto. Os objetivos do mundo exterior são deixados para trás. As forças são reunidas para lidar com o dia seguinte. A pessoa que se priva do sono não funciona direito no dia seguinte. Evidentemente, você continuará resolvendo as necessidades profissionais básicas – não vai simplesmente abandonar a carreira –, mas se concentrará no lar e na vida emocional.

No dia 18, você ingressará em um pico financeiro anual. Um deles. Sua prosperidade será ainda maior em julho (e depois), mas neste mês também vai ser excelente. Sua Casa do Dinheiro será de longe a mais poderosa do zodíaco este mês. Cinquenta por cento e, às vezes, 60 por cento dos planetas passarão por ela ou já estarão ali. A intuição financeira estará muito aguçada. Seus instintos estarão bons. Você terá muita ajuda – muito favorecimento financeiro – dos amigos, do amor atual, de vizinhos, estrangeiros ou companhias internacionais. O dinheiro entrará facilmente. Os portões do Céu se abrirão e haverá um temporal de riqueza. Ela chegará de muitas formas e por intermédio de muitas pessoas. Aproveite. Com esse tipo de aspecto, coisas loucas e maravilhosas começam a acontecer. Você pode mandar uma fatura para alguém com o valor X, e essa pessoa lhe enviar 2X, dizendo-lhe que fique com o troco. Você pode pedir certa quantia à pessoa amada e ela lhe dar o dobro.

Os aquarianos são pessoas racionais e lógicas. Mas depois do dia 18, essa força não fará diferença. O elemento Água estará muito poderoso. As pessoas serão guiadas pelos sentimentos e agirão de acordo com o humor do momento. Elas não estarão propensas a escutar a voz da razão, mas se você conseguir apelar ao sentimento e à imaginação delas, será ouvido. Além disso, não se esqueça de que os outros vão ficar hipersensíveis neste mês. Cuidado com as palavras, com a linguagem corporal e as expressões faciais. As pessoas terão reações exageradas a essas coisas.

MARÇO

Melhores dias: 1º, 8, 9, 17, 18, 19, 27, 28
Dias mais tensos: 2, 3, 15, 16, 22, 23, 29, 30
Melhores dias para o amor: 2, 3, 10, 11, 21, 22, 23, 31
Melhores dias para o dinheiro: 1º, 2, 8, 9, 10, 11, 17, 18, 20, 27, 28, 29
Melhores dias para a carreira: 2, 3, 6, 7, 15, 16, 24, 25, 29, 30

Você continua em um período excelente para lançar novos projetos, produtos ou empreendimentos. Todos os aquarianos estão em seu ciclo solar crescente (que começa no aniversário). A Lua vai estar crescente dos dias 11 a 27, tornando o momento ainda mais favorável. Até o dia 17, 80 por cento dos planetas estarão em movimento direto. Depois, serão 90 por cento. A força planetária vai estar incrivelmente acelerada, o que é outro bom agouro para novos projetos. O período que vai do dia 17 ao dia 27 será o mais propício do mês.

O elemento Água permanecerá muito forte até o dia 20, então lide com os sentimentos dos outros com muito cuidado. Quando as pessoas ficam hipersensíveis, até mesmo uma simples piada pode ser mal-interpretada.

As finanças ainda serão importantes até o dia 20. Hora de aumentar o saldo bancário, os investimentos e a poupança e fazer seu planejamento financeiro. Tenha em mente as previsões do mês passado sobre o assunto.

A vida amorosa ainda estará bem. Desde o dia 18 do mês passado, os solteiros encontram o amor durante a busca de seus objetivos financeiros habituais – e com pessoas envolvidas em suas finanças. A riqueza – presentes e apoio – será o maior estimulante amoroso neste período. Assim você se sentirá amado e expressará amor. O bom provedor, a pessoa generosa, o gastador se tornarão muito atraentes. Entretanto, seria um erro ignorar a compatibilidade espiritual, pois ela é igualmente importante. Se conseguir encontrar uma pessoa que seja tanto rica quanto espiritualizada, que seja uma pessoa de negócios, mas também um pouco poeta, terá encontrado seu par ideal. No dia 20, o planeta do Amor entrará em sua terceira Casa, e isso indica uma mudança nas atitudes amorosas. O dinheiro deixará de ser tão importante. Você vai desejar uma pessoa com quem possa se comunicar, alguém com quem dividir seus pensamentos. A intimidade mental será importante. Você precisa se apaixonar pela mente – pelo processo mental – da pessoa tanto quanto pelo corpo. Quem possuir riqueza de conhecimento e habilidades de comunicação o fascinará. E parece que você vai achar essa pessoa. O período entre os dias 27 e 30 proporcionará um importante encontro amoroso. Embora seu pico amoroso e social vá acontecer mais para o meio do ano – julho e agosto –, este período pode ser considerado um minipico amoroso e social. A vida social estará extremamente ativa. Os solteiros terão mais encontros. Haverá mais festas e reuniões, e um "clima de amor".

O amor vai estar nos arredores – perto de casa. Não há necessidade de viajar para longe para encontrá-lo. O amor vai acontecer também em ambientes educacionais – na escola, biblioteca, na palestra ou seminário.

Depois do dia 20, você estará em outro bom período para colocar o corpo e a imagem em forma. Embora tecnicamente não seja seu pico de prazer pessoal, será um minipico. A saúde estará bem. Sua aparência vai brilhar. Exceder-se será o único perigo para a saúde. Talvez você exija demais do corpo. O esgotamento será o principal risco à saúde depois do dia 20.

ABRIL

Melhores dias: 4, 5, 14, 15, 23, 24
Dias mais tensos: 11, 12, 19, 20, 25, 26
Melhores dias para o amor: 1º, 9, 10, 19, 20, 21, 22, 29, 30
Melhores dias para o dinheiro: 4, 5, 6, 7, 8, 14, 15, 16, 23, 24, 25
Melhores dias para a carreira: 2, 3, 11, 12, 21, 22, 25, 26, 29, 30

Recentemente, aconteceram muitas mudanças profissionais. Tem sido assim desde o começo do ano, e a situação vai se intensificar este mês, com mais mudanças no futuro. Não há muito que possa ser feito neste momento. Seu planeta da Carreia entrará em movimento retrógrado no dia 12. A maioria dos planetas ainda vai estar abaixo da linha do horizonte do mapa e direcionando-se à posição mais baixa. Mantenha o foco no lar, na família e na vida emocional. Coloque a vida doméstica em ordem. Se as questões profissionais o desagradarem, faça correções internamente, em seus pensamentos e sentimentos, e não através de ações abertas. O importante neste período será obter clareza mental em relação à situação da carreira – na empresa ou na indústria. As coisas não são o que você pensa.

Essa tendência será reforçada por um eclipse lunar no dia 25. Acontecerão muitas mudanças profissionais, talvez até mudanças de emprego.

Além do mais, você estará em conflito com um dos pais ou figuras paterna ou materna neste período, o que pode sinalizar um rompimento com essa pessoa. Entretanto, com mais trabalho e esforço – muito mais –, isso poderá ser harmonizado. Mas, sem esforço, não acontecerá muita coisa.

Você, seus pais ou figuras paterna ou materna devem dirigir com mais cuidado este mês e evitar confrontos e situações perigosas.

O amor vai estar complicado nos dias 1º e 2, então seja mais paciente com a pessoa amada. Ela também precisa evitar atividades arriscadas nesse período.

Sua terceira Casa – da Comunicação – se tornou poderosa no dia 20 do mês passado e continuará assim até dia 19 de abril. Suas faculdades mentais, normalmente aguçadas, ficarão ainda mais eficientes nesses dias. As informações e o aprendizado serão facilmente assimilados. Um bom período para os estudantes, propício para fazer cursos sobre assuntos que o interessem e também para ensinar aos outros. O único perigo neste momento é exceder-se. A mente estará tão poderosa que ficará hiperativa facilmente e você pode não conseguir desligá-la. Isso normalmente causa insônia e outros problemas nervosos. Aproveite a mente, mas desligue-a quando não estiver sendo usada. A meditação é um grande auxílio.

A saúde precisará de maior atenção a partir do dia 19. Não chega a ser um problema de longo prazo, apenas não será um de seus melhores períodos deste ano. Portanto, descanse e relaxe mais. Encontre seu ritmo, passe mais tempo em um spa, receba mais massagens. Aprimore seu bem-estar seguindo as dicas mencionadas em "Tendências Gerais".

As tendências amorosas de março ainda valem até o dia 19. Depois, a intimidade emocional vai se tornar mais importante. A necessidade será compartilhar sentimentos verdadeiros, não apenas conceitos intelectuais. A pessoa com quem você se sentir emocionalmente confortável será a mais atraente. Você precisará se sentir "seguro" ao expressar seus reais sentimentos para a pessoa amada, mesmo que pareçam tolos. O amor continuará próximo de casa. Os membros da família se divertirão em bancar o cupido. Haverá mais entretenimento no lar.

MAIO

Melhores dias: 2, 3, 11, 12, 21, 22, 29, 30
Dias mais tensos: 8, 9, 10, 16, 17, 23, 24
Melhores dias para o amor: 8, 9, 10, 11, 16, 17, 19, 20, 21, 22, 29, 30
Melhores dias para o dinheiro: 2, 3, 4, 5, 11, 12, 13, 21, 22, 23, 29, 30, 31
Melhores dias para a carreira: 8, 9, 18, 19, 23, 24, 27, 28

Sua quarta Casa, que se tornou forte em 19 de abril, continuará assim até 20 de maio. Portanto, o foco estará no lar e na família. Um eclipse solar no dia 10 também ocorre na quarta Casa, reforçando essa tendência.

Quando a quarta Casa se fortalece, fazemos progresso ao olhar para trás, ou seja, alteramos o futuro resolvendo o passado. Muitos problemas na vida têm origem em lembranças antigas e dolorosas. Embora as tenhamos esquecido conscientemente há muito tempo, elas operam em níveis subconscientes que impedem o progresso. Muitas vezes, essas antigas memórias também afetam a saúde. Portanto, é benéfico explorá-las e eliminá-las. Quando isso acontece, o futuro se modifica. Maio será um mês para esse tipo de atividade. O acesso ao passado será fácil. Aqueles que estiverem fazendo terapia terão progressos. E mesmo se não estiver "oficialmente" em terapia, o terapeuta cósmico estará trabalhando duro este mês. Antigas lembranças virão à tona espontaneamente para ser eliminadas. Muitas vezes, encontramos pessoas de um passado distante e relembramos "os velhos tempos". Às vezes – e será o seu caso – esbarramos com paixões antigas e temos a chance de resolver velhas questões. Pode ser que você não encontre exatamente a pessoa, mas alguém que parece aquela pessoa. O efeito é o mesmo. Você tem a oportunidade de observar uma antiga, e talvez dolorosa, situação a partir de seu estado atual de consciência – com seu conhecimento e sua compreensão atuais – e, portanto, ter uma perspectiva inteiramente nova em relação a ela. Isso é curativo.

O eclipse solar do dia 10 terá um forte impacto sobre você, então tenha uma programação tranquila nesse período. Na verdade, você deve fazer isso durante o mês todo – até o dia 20 –, mas especialmente no período do eclipse. Esse eclipse testará o seu relacionamento atual. Seja paciente com a pessoa amada, pois ela estará mais temperamental, assim como os membros da família. Se houver falhas no lar, este será o momento para descobri-las e fazer as correções necessárias.

O eclipse lunar do dia 25 será mais benigno para você, mas não custa nada planejar atividades mais tranquilas nesse período. Esse eclipse indica mudanças no emprego, nas condições e no local de trabalho. Se você é empregador, haverá dramas com os funcionários. Netuno, seu planeta das Finanças, será intensamente afetado por esse eclipse, de forma que você fará mudanças drásticas em sua vida financeira – provavelmente por causa de alguma reviravolta ou de um evento inesperado. Seu planejamento financeiro e suas estratégias vão precisar de revisão. Haverá mudanças de longo prazo em seu seus hábitos de saúde e em sua dieta. As amizades serão postas à prova. Muitas vezes, acontecem eventos dramáticos que mudam a vida dos amigos.

A saúde ainda vai precisar de atenção até o dia 20. Depois, você verá uma grande melhora.

JUNHO

Melhores dias: 7, 8, 17, 18, 25, 26
Dias mais tensos: 5, 6, 12, 13, 19, 20
Melhores dias para o amor: 7, 8, 10, 12, 13, 17, 18, 19, 20, 27, 28
Melhores dias para o dinheiro: 1º, 8, 9, 10, 17, 18, 19, 26, 27, 28
Melhores dias para a carreira: 5, 6, 15, 16, 19, 20, 23, 24

A saúde vai estar muito melhor este mês. Você estará mais focado nessa área, o que ajuda, e também estará mais interessado em um estilo de vida saudável.

As mudanças financeiras que você realizou no mês passado (e que talvez ainda esteja realizando) vão funcionar muito bem. Uma crise ou perturbação financeira acaba sendo uma benção disfarçada – uma dádiva do alto. Você sentirá a prosperidade no começo do mês, mas as coisas mais importantes começarão a acontecer mais tarde, depois do dia 27. Júpiter vai começar a formar ótimos aspectos com seu planeta das Finanças (outros planetas também o farão). Será um período muito próspero. Você terá o apoio financeiro do cônjuge ou amor atual, dos amigos e da família. A intuição financeira também vai estar excelente, mas não deverá ser seguida cegamente. O único problema nesse momento é o movimento retrógrado de Netuno, que começa no dia 7 e pode causar alguns atrasos e dificuldades nas finanças. Não interromperá a prosperidade, mas vai trazer algumas complicações. Você terá de se esforçar para lidar corretamente com essas questões financeiras – não se esqueça de nenhum detalhe. Guarde copias dos recibos de todas as transações. Talvez seja uma boa ideia manter um registro ou diário de suas conversas com as pessoas envolvidas em suas finanças. Mudanças importantes precisarão ser consideradas cuidadosamente. O importante neste momento será obter clareza mental em relação às finanças. As coisas não serão o que parecem (provavelmente, serão muito melhores do que parecem).

Até o dia 21, você estará em um pico anual de prazer pessoal, um período divertido. As aquarianas em idade de engravidar estarão muito mais férteis que de costume (tem sido assim desde o começo do ano). O amor também será feliz neste momento – divertido e pouco sério. Você vai aproveitar mais a companhia dos amigos e da pessoa amada – marcando mais atividades divertidas com eles. Para os solteiros, isso indica uma atração por pessoas com quem possam se divertir. A riqueza material e a compatibilidade mental ou emocional não serão tão importantes quanto foram nos meses anteriores. Você desejará a companhia de pessoas "divertidas". Os solteiros encontrarão o amor nos lugares habituais neste período – boates, resorts e pontos de entretenimento noturno. Os filhos ou enteados vão bancar os cupidos. Seu planeta do Amor estará em conjunção com Júpiter dos dias 19 a 22, o que proporciona encontros amorosos importantes.

Depois do dia 21, o amor vai ficar mais sério – mais meloso e emocional. Você e o amor atual estarão entregues aos "ânimos" amorosos: quando os ânimos estiverem bons, o amor será maravilhoso, mas quando estiverem ruins, será um pesadelo. O problema não estará em seu relacionamento, mas em seu ânimo. Faça um esforço para mantê-lo positivo.

Embora sua 12ª Casa não seja forte este mês, ainda será um período bastante espiritual. Seu planeta da Espiritualidade, Saturno, receberá estímulos muito positivos. Assim, acontecerão progressos nessa área, especialmente no fim do mês, e também muitas experiências sobrenaturais.

JULHO

Melhores dias: 4, 5, 6, 14, 15, 23, 24
Dias mais tensos: 2, 3, 9, 10, 11, 17, 29, 30
Melhores dias para o amor: 1º, 7, 8, 9, 10, 11, 17, 18, 19, 20, 27, 29, 30
Melhores dias para o dinheiro: 7, 8, 16, 17, 25, 26
Melhores dias para a carreira: 2, 3, 12, 13, 17, 21, 22, 29, 30

No dia 21 do mês passado, o elemento Água tornou-se extraordinariamente proeminente. Sessenta por cento e, às vezes 70 por cento dos planetas estavam nos signos de Água ou transitando por eles. O mesmo valerá até o dia 22 deste mês. Você experimentou esse tipo de energia em fevereiro e março. As pessoas estarão se guiando pelos sentimentos e, se quiser ser ouvido, terá de apelar para as emoções. A razão, a lógica e as questões práticas terão pouca importância. O humor e o sentimento farão a diferença. O mundo vai precisar muito de você neste momento, pois haverá a necessidade de pessoas racionais. Lembre-se do que foi dito sobre esse assunto em fevereiro e março. Seja mais sensível em relação aos sentimentos dos outros. Cuidado com tons de voz, linguagem corporal e expressões faciais. As pessoas estarão propensas a reagir de forma exagerada a essas coisas. Sua lógica será necessária, mas apresente-a de maneiras "sensíveis" para não piorar a situação.

Sua sexta Casa – da Saúde e do Trabalho – se tornou poderosa no dia 21 do mês passado e continuará assim pelo restante do ano, especialmente até o dia 22. Será um ótimo período para os que estiverem procurando trabalho. A oportunidade do emprego dos sonhos chegará nesses dias. Você terá ânimo para trabalhar, desejará ser produtivo e, portanto, obterá sucesso profissional. Surgirão novas tecnologias que lhe possibilitarão produzir mais no trabalho. Este será um bom mês para os empregadores. A força de trabalho vai se expandir e a qualidade dos funcionários será boa, outro indicador de sucesso financeiro. Empresas com dificuldades normalmente não contratam novos funcionários.

As finanças continuarão excelentes. Reveja o que foi dito no mês passado. Pode ser que aconteçam atrasos, mas os objetivos financeiros serão alcançados. A questão é: para onde você irá depois? Como será a vida em uma condição "pós-riqueza"? Será positivo começar a ponderar essas questões depois do dia 17, quando Urano entra em movimento retrógrado. Será preciso refletir mais sobre seus objetivos pessoais.

O poder planetário está no setor ocidental desde 19 de abril. Este mês, os planetas estarão em sua posição mais ocidental. Sua sétima Casa – do Amor – se tornará muito forte depois do dia 22, e você começará um pico anual amoroso e social. Será o momento para colocar os outros em primeiro lugar; para tirar férias de si mesmo e de seus próprios desejos; para permitir que as coisas boas aconteçam em vez de tentar obtê-las pelo esforço pessoal. Quando fizer isso, você descobrirá que seus interesses pessoais serão resolvidos de forma tranquila e natural. O amor será feliz depois do dia 22. Você e a pessoa amada estarão em harmonia. Os solteiros encontrarão novos interesses românticos. Um casamento é mais provável no ano que vem, mas você conhecerá pessoas "para casar".

Antes do dia 22, o amor ainda estará tenso. Você e o amor atual não estarão em sintonia. Você passou por essas situações muitas vezes, e não será um problema de longo prazo. Comprometa-se. Ceda, desde que não seja a algo destrutivo. Deixe que a pessoa amada faça o que quiser. Não é preciso piorar ainda mais as coisas.

AGOSTO

Melhores dias: 1º, 2, 10, 11, 12, 19, 20, 28, 29
Dias mais tensos: 6, 7, 13, 14, 25, 26, 27
Melhores dias para o amor: 6, 7, 8, 9, 15, 16, 19, 25, 26
Melhores dias para o dinheiro: 3, 13, 14, 21, 22, 30, 31
Melhores dias para a carreira: 8, 13, 14, 17, 25, 26

Vá com calma nos dias 1º e 2, pois Marte estará em quadratura com Urano. Dirija com mais cuidado, evite confrontos e situações arriscadas, mantenha o temperamento sob controle. As pessoas (e você) estarão mais propensas a ter reações exageradas. A comunicação será mais difícil nesse período, seja paciente.

Você vai continuar em meio a um pico anual amoroso e social até o dia 22. Será um bom período para alcançar seus objetivos. Você terá boas oportunidades sociais. Os solteiros irão a mais encontros. Seja você solteiro ou comprometido, haverá mais festas e eventos sociais neste momento. É mais provável que os solteiros se casem no ano que vem, mas agora serão "preparados" para isso.

A saúde ficou mais delicada no dia 22 do mês passado e continuará assim até o dia 22 deste mês. Descanse e relaxe mais. Passe mais tempo em um spa. Receba mais massagens. Siga as dicas de saúde mencionadas em "Tendências Gerais". Felizmente, você dará mais atenção a essa área no período – um sinal positivo. A energia e o bem-estar voltarão ao normal depois do dia 22.

As amizades serão testadas do dia 4 ao dia 13, e do dia 18 ao dia 25. Seja mais paciente com os amigos, eles estarão mais temperamentais. Problemas no relacionamento e comportamentos bizarros podem ser provenientes de problemas na vida deles, e não culpa sua. A aparelhagem de alta tecnologia também será posta à prova. Certifique-se de que seus programas antihacker e antivírus estejam atualizados. Às vezes, defeitos reais são descobertos em seus aparelhos e estes acabam precisando ser substituídos. Outras vezes não existem falhas fundamentais, o equipamento apenas não funciona como de costume.

Você continua em um ciclo financeiro muito próspero. Em alguns casos, oportunidades e dinheiro em demasia podem ser algo estressante e confuso. Esse será o problema do período. Continue a trabalhar para obter clareza mental nas finanças. As coisas são melhores do que lhe parecem.

No dia 22, o cônjuge ou amor atual ingressará em um pico financeiro anual e provavelmente será mais generoso. Haverá uma discordância, em relação a dinheiro, de curto prazo com o amor atual dos dias 22 a 27. No final, ele ou ela será mais generoso.

Os candidatos a emprego terão excelentes oportunidades.

SETEMBRO

Melhores dias: 7, 8, 15, 16, 24, 25, 26
Dias mais tensos: 2, 3, 9, 10, 22, 23, 29, 30
Melhores dias para o amor: 2, 3, 4, 5, 8, 13, 14, 17, 18, 24, 27, 28, 29, 30
Melhores dias para o dinheiro: 1º, 9, 10, 17, 18, 19, 27, 28
Melhores dias para a carreira: 4, 5, 9, 10, 13, 14, 22, 23

Em 22 de julho, o poder planetário se deslocou da metade inferior para a superior de seu zodíaco. Essa mudança se tornou ainda mais forte em 28 de agosto, quando Marte passou da metade inferior para a superior. Esperamos que nos últimos meses você tenha colocado a base doméstica em ordem e esteja em seu ponto de harmonia emocional. Agora, poderá concentrar-se em seus objetivos profissionais externos. As mudanças na carreira têm fermentado durante o ano inteiro, e provavelmente vão acontecer nos próximos meses. A família, cujo status será elevado depois do dia 11, dará mais apoio aos objetivos profissionais depois desse dia. A família continuará sendo muito importante nesse período, mas você pode servi-la melhor obtendo sucesso no mundo exterior.

O setor social, ocidental, do mapa ainda está mais forte que o setor oriental, então continue a cultivar suas habilidades sociais e evite autoafirmação e teimosia desnecessárias. Você ainda precisa da cooperação dos outros para alcançar seus objetivos.

Sua oitava Casa se tornou poderosa no dia 22 do mês passado e continuará assim até o dia 22 deste mês. Será um período sexualmente ativo. O cônjuge ou amor atual terá prosperidade. Também vai ser um bom período para pagar dívidas ou pegar dinheiro emprestado, caso você precise. Será um bom mês para regimes de desintoxicação em todos os níveis – físico, emocional e mental.

A morte não é um assunto apreciado. Em geral, evitamos pensar sobre isso. Mas quando a oitava Casa está forte, é inevitável. O anjo da morte chama. Normalmente, ele não aparece para levá-lo consigo, apenas para lembrar que está por perto. Ele tem suas maneiras de fazer isso. Às vezes, acontece uma morte na família de parceiros de negócios ou de amigos. Em outras, ocorrem experiências de quase morte. Ocasionalmente, as pessoas sonham com familiares ou entes queridos que já morreram. Em alguns casos, elas procuram médiuns para se comunicar com parentes que já se foram. O que acontece é um processo de educação em relação à morte, que acaba se mostrando positivo.

O amor vai ser mais difícil nesse período. Você e seu amor atual estarão em lados opostos do universo. Você estará mais distante, sobretudo depois do dia 22. A distância não significa necessariamente rompimento ou separação – mas caso permita-se que ela continue, pode acabar levando a isso. Seu desafio será superar as diferenças e aceitar o ponto de vista da pessoa amada – e até mesmo mudar de opinião. Caso consiga, seu relacionamento se tornará melhor do que era antes. Na astrologia, o parceiro amoroso natural é o oposto. No nível espiritual (mas não no nível psicológico mortal), nos apaixonamos por nossos opostos. Há um reconhecimento da unidade essencial dos opostos nos níveis mais altos.

Os filhos ou enteados devem ser mantidos longe de riscos, dirigir com mais cuidado e evitar atividades perigosas dos dias 15 a 17. Viagens internacionais não são aconselháveis nesse período.

OUTUBRO

Melhores dias: 4, 5, 13, 14, 22, 23, 31
Dias mais tensos: 1º, 6, 7, 19, 20, 27, 28
Melhores dias para o amor: 1º, 4, 5, 7, 8, 13, 14, 17, 18, 23, 24, 27, 28
Melhores dias para o dinheiro: 6, 7, 15, 16, 24, 25
Melhores dias para a carreira: 2, 3, 6, 7, 11, 12, 19, 20, 29, 30

Haverá muitas mudanças este mês, que será um período frenético, repleto de atividade.

Haverá um eclipse lunar no dia 18 em sua terceira Casa. Carros e equipamentos de comunicação serão testados. Dirija com mais cuidado e de forma mais defensiva. Seja mais paciente com irmãos e figuras fraternas – eles estarão propensos a ser mais temperamentais. Acontecerão eventos que podem mudar a vida deles. Todo eclipse lunar tende a proporcionar mudanças no emprego e nos hábitos relativos à saúde – e este não será diferente. Os empregadores podem ter uma rotatividade dos funcionários nesse período. Às vezes, não é uma rotatividade literal, mas acontecem eventos dramáticos na vida dos funcionários. Seja mais paciente com eles também. Ressentimentos há muito enterrados provavelmente voltarão à tona para ser corrigidos.

Esse eclipse vai afetar Júpiter, seu planeta dos Amigos. Assim, as amizades serão testadas. Os amigos vão estar mais temperamentais e podem se comportar de maneira estranha. Paciência, paciência, paciência. Sua aparelhagem de alta tecnologia também será testada e provavelmente não vai funcionar bem. As energias dinâmicas geradas por um eclipse muitas vezes afetam as coisas físicas. Às vezes os problemas são apenas temporários, mas em outras, os equipamentos precisam ser substituídos.

O outro destaque do mês será a carreira, que estará mais instável. A hierarquia da empresa ou da indústria vai estar incerta. As regras do jogo podem mudar drasticamente. A boa notícia é que você vai estar muito concentrado na profissão este mês – especialmente depois do dia 23, quando você entra em um pico profissional. Você vai estar focado, e o foco tende a levar ao sucesso. Você estará disposto a lidar com todos os desafios que surgirem. O relacionamento com um chefe poderia melhorar. O mesmo vale para um dos pais ou figuras paterna ou materna. As relações com o governo também não serão muito boas. Se tiver pendências com o governo, o ideal será tratar delas em momento mais propício – postergue-as o máximo que puder.

A situação amorosa será praticamente a mesma do mês passado. Ainda haverá muita distância entre você e a pessoa amada. Ele ou ela estará "por cima", dando as cartas – no comando. Às vezes, isso é difícil de tolerar. Por outro lado, ele ou ela dará apoio para os objetivos profissionais. A tensão no amor será reduzida depois do dia 22, mas você continuará muito distante da pessoa amada, como se levassem vidas separadas.

Apesar das dificuldades, você vai prosperar. As finanças serão boas durante o mês inteiro, mas especialmente depois do dia 22. A pessoa amada dará apoio financeiro, e os amigos também. O dinheiro vai entrar, mas você ainda precisa se esforçar para obter clareza mental. Seu planeta das Finanças continua retrocedendo.

NOVEMBRO

Melhores dias: 1º, 9, 10, 18, 19, 28, 29
Dias mais tensos: 3, 4, 16, 17, 23, 24, 30
Melhores dias para o amor: 3, 4, 7, 11, 12, 16, 17, 23, 24, 26, 27
Melhores dias para o dinheiro: 3, 4, 11, 12, 20, 21, 22, 30
Melhores dias para a carreira: 3, 4, 7, 8, 16, 17, 25, 26, 30

A carreira ainda será um ponto importante este mês. A instabilidade está chegando ao auge. Um eclipse solar ocorrerá em sua décima Casa – da Carreira – no dia 3. Algo estará prestes a estourar. Os rumores do ano passado – e do mês passado – atingirão um clímax. Não só sua carreira vai mudar, mas também a empresa e a indústria. Procure não piorar as coisas. Aconteça o que acontecer, você ainda terá perspectivas profissionais excelentes para este mês e pelo restante do ano. Seja mais paciente com chefes, pais ou figuras paterna ou materna – suas vidas passarão por dramas. Essas pessoas deverão evitar atividades arriscadas nesse período. O amor também será posto à prova pelo eclipse. Isso não significa necessariamente um divórcio ou rompimento. Bons relacionamentos sobrevivem a esses eventos. Mas os falhos tendem a se desfazer – ou explodir, para ser mais exato. O cosmos quer o melhor para você (e para seu amor atual) – assim, qualquer coisa inferior à perfeição provavelmente será destruída por esse evento. Esse eclipse terá impacto sobre Saturno, seu planeta espiritual. Portanto, haverá alterações em suas atitudes e práticas espirituais. As figuras de gurus e mentores terão experiências dramáticas. Haverá reviravoltas em organizações espirituais ou de caridade com as quais você esteja envolvido. Saturno fornece nosso senso de segurança e estabilidade – de forma que neste período você se sentirá menos seguro, sua rotina de vida será abalada. Isso passará, e você encontrará uma rotina melhor, mas nesse meio-tempo, será desconfortável.

Você ainda está em um pico profissional anual, de forma que haverá muito foco nessa área. Apesar de todos os desafios e crises, você terá sucesso – mas conseguirá tudo pelo "suor da camisa".

A saúde se tornou mais delicada no dia 23 do mês passado e continuará assim até o dia 22 deste mês. Será preciso ter uma agenda mais tranquila, especialmente durante o período do eclipse. Siga as dicas de saúde mencionadas em "Tendências Gerais". Você estará muito ocupado, mas programe períodos de repouso sempre que for possível.

A despeito de todos os desafios, as finanças vão continuar excelentes. A prosperidade não será afetada por nada disso. Seu planeta das Finanças começará a se mover para a frente no dia 18, o que é outro bom sinal. A clareza mental está chegando. Depois do dia 18, será mais seguro executar novos planos financeiros. Haverá alguma discordância financeira dos dias 22 a 26, mas serão de curto prazo e passarão logo.

O amor vai melhorar depois do dia 22, e haverá harmonia com a pessoa amada. Os solteiros, aqueles que não estiverem em um relacionamento, encontrarão parceiros românticos – o dia 30 será especialmente propício. Faça um esforço para projetar mais amor e afeto para os outros dos dias 4 a 7. Você pode estar dando a impressão de ser "frio" sem perceber. No dia 22, o planeta do Amor ingressa em sua 11ª Casa. Isso indica oportunidades amorosas na internet – por meio das redes sociais ou de serviços de namoro. Também mostra oportunidades românticas ligadas a seu envolvimento com grupos e organizações. Desde 23 de outubro, você tem se sentido atraído por "pessoas poderosas" – os mandachuvas. O poder foi um forte afrodisíaco para você. Mas agora, a partir do dia 22, você desejará amizade com a pessoa amada – não um chefe, mas um amigo.

DEZEMBRO

Melhores dias: 6, 7, 15, 16, 17, 25, 26
Dias mais tensos: 1º, 13, 14, 20, 21, 22, 28, 29
Melhores dias para o amor: 2, 3, 4, 5, 11, 12, 13, 14, 20, 21, 22, 23, 24
Melhores dias para o dinheiro: 1º, 8, 9, 18, 19, 28, 29
Melhores dias para a carreira: 1º, 4, 5, 13, 14, 23, 24, 28, 29

Em 23 de outubro, o poder planetário se deslocou para o oriente. Agora, essa mudança ficará ainda mais intensa. Você estará vivendo um período de independência pessoal que se tornará mais forte nos próximos meses. O cosmos tem como objetivo um desenvolvimento equilibrado. Às vezes, autoafirmação e iniciativa pessoal são importantes, e o que é chamado de "egoísmo" é bom. Em outras, precisamos colocar os interesses dos outros à frente dos nossos. Nenhuma das duas posições é correta o tempo todo. Não podemos agir em prol dos outros a não ser que sejamos fortes e autoconfiantes. Uma pessoa fraca não pode fazer muito pelos outros. Este será um momento para exercitar seu poder pessoal e criar as condições de vida que deseja. Parece egoísmo. Você cuida de seus próprios assuntos e de si mesmo. Quando estiver saciado, será mais eficiente a serviço dos outros.

No dia 22 do mês passado, sua 11ª Casa se tornou poderosa e continuará assim até o dia 21. Será o Paraíso de Aquário. O Jardim do Éden. Shamballa. Você poderá fazer tudo o que mais ama – que faz bem – o que significa sucesso este mês.

A 11ª Casa diz respeito à amizade, grupos e atividades coletivas. Este será um mês social, mas não o social que ligamos à sétima Casa. A 11ª Casa refere-se às amizades da mente, e a sétima, às do coração. A 11ª Casa tem a ver com relacionamentos descompromissados. Todos são livres. Ninguém deve nada a ninguém. Você se reúne a pessoas com interesses e ideias similares, desfrutam a companhia uns dos outros, formam redes de contatos e voltam para casa e para suas atividades habituais. As conexões são mentais, não emocionais.

Como seu planeta do Amor ficará na 11ª Casa até o dia 21, essas amizades da mente ganharão potencial de ir mais longe. Talvez um relacionamento comece dessa forma, mas acabe se tornando muito mais. Grupos e atividades coletivas ainda serão uma via para o romance até o dia 21.

A 11ª Casa está associada à alta tecnologia – outro ponto forte dos aquarianos. Este será um bom mês para expandir seu conhecimento nessa área. A velocidade das mudanças hoje em dia é de tirar o fôlego, e sempre há mais para aprender.

Este foi um ano de progressos espirituais para você, e depois do dia 21, mais progressos acontecerão. Será um período espiritual. Todas as atividades ligadas a essa área – meditação, oração, trabalhos de caridade – vão prosperar. Até mesmo o amor chegará enquanto você estiver trilhando seu caminho espiritual – em locais de espiritualidade e com pessoas espiritualizadas. O amor será um pouco complicado nesse período. Seja mais paciente com a pessoa amada.

♓

PEIXES

OS PEIXES
Nascidos entre 19 de fevereiro e 20 de março

PERFIL PESSOAL

PEIXES NUM RELANCE

Elemento: Água
Planeta Regente: Netuno
  Planeta da Carreira: Júpiter
  Planeta da Saúde: Sol
  Planeta do Amor: Mercúrio
  Planeta das Finanças: Marte
  Planeta do Lar e da Vida Familiar: Mercúrio
Cores: verde-água, azul-turquesa
Cores que promovem o amor, o romance e a harmonia social: tons terrosos, amarelo, amarelo-ouro
Cores que propiciam ganhos: vermelho, escarlate
Pedra: diamante branco
Metal: estanho
Perfume: lótus
Qualidade: mutável (= flexibilidade)
Qualidades essenciais ao equilíbrio: estruturação, capacidade de lidar com a forma
Maiores virtudes: sensitividade psíquica, sensibilidade, abnegação, altruísmo
Necessidades mais profundas: iluminação espiritual, liberação
Características a evitar: escapismo, procura de más companhias, estados psicológicos negativos

Signos de maior compatibilidade: Câncer, Escorpião
Signos de maior incompatibilidade: Gêmeos, Virgem, Sagitário
Signo mais útil à carreira: Sagitário
Signo que fornece maior suporte emocional: Gêmeos
Signo mais prestativo em questões financeiras: Áries
Melhor signo para casamento e associações: Virgem
Signo mais útil em projetos criativos: Câncer
Melhor signo para sair e se divertir: Câncer
Signos mais úteis em assuntos espirituais: Escorpião, Aquário
Melhor dia da semana: quinta-feira

COMPREENDENDO A PERSONALIDADE PISCIANA

Se os piscianos exibem uma virtude notória, é sua capacidade de acreditar no lado espiritual, invisível ou psíquico das situações. Os bastidores da realidade são tão verdadeiros para eles quanto o chão em que pisam. Tão concretos que amiúde ignoram os aspectos visíveis e palpáveis da realidade, a fim de concentrar-se em suas facetas invisíveis, ditas intangíveis.

Peixes é o signo zodiacal no qual as faculdades intuitivas e a emoção se acham mais desenvolvidas. Os piscianos parecem fadados a viver sob a égide delas, e esse procedimento pode tirar os outros do sério, sobretudo as pessoas dotadas de natureza materialista, científica ou técnica. Se você é daqueles que acreditam que o dinheiro, o status e o sucesso mundano são as únicas coisas na vida que valem a pena, jamais conseguirá compreender um pisciano.

Os piscianos são dotados de intelecto, mas este serve apenas para racionalizar o que já sabem intuitivamente. Para um aquariano ou geminiano, o intelecto se revela uma ferramenta valiosa na hora de angariar conhecimentos. Para um bom pisciano, ele não passa de uma ferramenta que exprime o conhecimento.

Os piscianos percebem-se como peixes nadando num vasto oceano de pensamento e emoção. Esse oceano apresenta diversos níveis de profundidade e é perpassado por várias correntes e subcorrentes. Eles anseiam por águas límpidas, habitadas por criaturas boas, belas e verdadeiras, mas muitas vezes se veem subitamente arrastados a profundezas de águas turvas e lodosas. Os piscianos sentem que não criam os próprios pensamentos; apenas sintonizam ideias preexistentes, e é por isso que fazem questão de buscar águas límpidas. Essa habilidade em sintonizar com pensamentos de ordem superior agracia-os com acentuada inspiração musical e artística.

O fato de Peixes ser tão voltado para a espiritualidade – por mais que os piscianos envolvidos com o universo empresarial tentem ocultá-lo – nos obriga a analisar esse aspecto em detalhes. Sem o qual, fica quase impossível compreender a personalidade pisciana.

Existem quatro tipos de posicionamento espiritual. O primeiro deles é o ceticismo inveterado, a postura dos materialistas seculares. A segunda atitude caracteriza-se pela crença intelectual ou emocional e pela adoração à figura de um Deus distante; é a atitude da maioria dos frequentadores de igrejas. A terceira postura transcende a crença, por incluir a vivência espiritual direta; é a postura dos religiosos que renasceram misticamente de alguma forma. O quarto tipo de posicionamento é a união com o Divino, a fusão plena com o universo espiritual que caracteriza a prática do ioga. Esse quarto tipo de atitude corresponde à mais profunda das necessidades piscianas. E os nativos do signo se acham singularmente qualificados para se dedicar a essa tarefa e obter êxito nela.

Consciente ou inconscientemente, os piscianos buscam a comunhão com o mundo espiritual. A crença numa realidade maior os torna compreensivos e tolerantes em relação aos demais, talvez até em excesso. Haverá ocasiões em suas vidas nas quais terão que dar um basta e preparar-se para defender seus pontos de vista e até armar uma confusão para salvaguardá-los, se preciso for. Contudo, em virtude das qualidades que exibem, será preciso pisar muito fundo em seus calos para extrair deles esse tipo de reação.

Os piscianos aspiram basicamente à santidade. E, com esse intento, trilham um caminho muito pessoal. Ninguém deve tentar impor-lhes um conceito estereotipado de santidade: eles terão de encontrá-lo por si próprios.

FINANÇAS

O dinheiro, em geral, não é excessivamente importante para os piscianos. É claro que necessitam dele para sobreviver tanto quanto os nativos dos demais signos, e muitos nativos de Peixes alcançam grande fortuna. Não é, porém, sua meta principal. Fazer o bem, sentir-se satisfeito consigo próprio, alcançar a paz de espírito e o alívio da dor e do sofrimento são os pontos verdadeiramente cruciais para eles.

Eles ganham dinheiro de forma intuitiva e instintiva. Seguem mais suas premonições do que a lógica racional. Tendem a ser generosos e até caritativos em excesso. O menor dos infortúnios basta para que os piscianos coloquem a mão no bolso e resolvam fazer doações. Embora seja uma de suas maiores virtudes, eles devem ser mais cuidadosos com suas finanças. Precisam escolher bem a quem emprestam dinheiro, para que não sejam explorados. Se doarem verbas a instituições de caridade, devem acompanhar o destino que essas darão às suas doações. Mesmo quando não são ricos, os piscianos gostam de gastar dinheiro auxiliando seus semelhantes. Uma vez mais, precisam agir com cautela, aprender a dizer não algumas vezes e servir-se em primeiro lugar, vez por outra.

Talvez a maior pedra no caminho financeiro dos piscianos seja a passividade. Eles nutrem uma postura no estilo "deixe estar" que poderá fazê-los tropeçar. Apreciam mesmo é fluir ao léu. Mas, no terreno das finanças, certa dose de agressividade se mostra necessária. Os nativos de Peixes precisam aprender a fazer com que as coisas aconteçam, a gerar sua própria riqueza. A passividade excessiva tende a causar perda de dinheiro e de oportunidades. Simplesmente preocupar-se com a segurança financeira não trará a segurança almejada. Os piscianos precisam aprender a perseguir com maior tenacidade seus objetivos.

CARREIRA E IMAGEM PÚBLICA

Os piscianos gostam de ser publicamente vistos como pessoas prósperas (tanto espiritual quanto materialmente), generosas e propensas à filantropia. Respeitam os que demonstram coração magnânimo e empatia para com a humanidade. Admiram muito os que se envolvem em empreendimentos de larga escala. Gostariam até de ocupar posições assim. Em suma, gostam de sentir-se ligados a organizações de porte, que realizem tarefas grandiosas.

Para atingir seu pleno potencial profissional, é vital que viajem mais, aprimorem sua educação e conheçam verdadeiramente o mundo. Em outras palavras, precisam do otimismo desbravador dos sagitarianos para chegar ao topo.

Em razão de seu desvelo e sua generosidade, os piscianos amiúde optam por profissões em que possam ser úteis à vida dos seus semelhantes. É por isso que há tantos piscianos médicos, enfermeiros, assistentes sociais e professores. Pode levar bom tempo até que os piscianos descubram o tipo de atividade que desejam exercer profissionalmente, mas, tendo encontrado uma carreira que lhes desperte o interesse e que lhes permita empregar suas virtudes, a desempenharão primorosamente.

AMOR E RELACIONAMENTOS

Não é de surpreender que alguém tão voltado para o outro mundo como os piscianos procure parceiros práticos e de pés no chão. Eles preferem ligar-se a cônjuges que lidem bem com os detalhes, já que eles próprios detestam fazer isso. Buscam essa qualidade tanto em seus parceiros profissionais quanto nos sentimentais. Mais do que qualquer outra coisa no mundo, isso confere-lhes a sensação de estarem ancorados em terra e conectados com a realidade.

Conforme seria de esperar, esse tipo de relacionamento, embora necessário, certamente será marcado por altos e baixos. Mal-entendidos tendem a ocorrer com frequência quando polos tão opostos tentam conciliar-se. Se estiver enamorado de um pisciano, você vivenciará essas flutuações na pele e precisará ser muito paciente até as coisas se estabilizarem. Os piscianos são temperamentais, intuitivos, afetuosos e difíceis de conhecer. Somente o tempo e as atitudes corretas poderão desvendar-lhe os segredos do universo pisciano.

Entretanto, se estiver apaixonado por um nativo do signo, você constatará que nadar nessas correntes vale a pena, pois são pessoas boas e sensíveis, que apreciam e necessitam doar amor e afeição.

Quando apaixonados, adoram fantasiar. Para eles, a fantasia representa 90 por cento do prazer numa relação. Tendem a idealizar o par, o que pode ser simultaneamente bom e ruim. O lado difícil para qualquer um que se apaixone por um pisciano é o de corresponder às elevadas aspirações idealizadas pelos nativos do signo.

VIDA DOMÉSTICA E FAMILIAR

Em sua vida doméstica e familiar, os piscianos precisam resistir ao impulso de querer que seu cônjuge e seus familiares adivinhem seus sentimentos e estados de espírito. Não é razoável, leitor de Peixes, esperar que eles exibam o mesmo grau de intuição que você. Será preciso que você desenvolva mais a comunicação verbal. Uma troca serena de ideias e opiniões, marcada pela calma e pelo distanciamento emocional, beneficiará a todos.

Muitos piscianos apreciam a mobilidade. A estabilidade parece cercear sua liberdade. Eles detestam ficar trancafiados num local por uma eternidade.

O signo de Gêmeos ocupa a cúspide da sexta Casa Solar pisciana – do Lar e da Família. Isso indica que os nativos de Peixes necessitam de um ambiente doméstico que estimule seus interesses mentais e intelectuais. Tendem a tratar os vizinhos como uma extensão da família. Alguns exibem atitude ambivalente em relação ao lar e à família. Por um lado, apreciam o apoio emocional que a família fornece; mas, por outro, não se habituam às obrigações, às restrições e aos deveres a que ela os une. Encontrar o equilíbrio é, para os piscianos, a chave mestra de uma vida familiar ditosa.

PEIXES
HORÓSCOPO 2013

TENDÊNCIAS GERAIS

Passar pelos anos de 2008 a 2010 com a saúde e a sanidade intactas foi uma grande conquista. Se você está lendo isto, parabenize a si mesmo. As coisas serão muito, muito mais fáceis agora. Aproveite.

Muitas mudanças importantes e positivas aconteceram nos últimos anos. Netuno, seu planeta regente, ingressou em seu signo, o que acrescenta muito glamour à imagem – um tipo de beleza celestial. Além disso, confere mais confiança e autoestima. A vibração do corpo inteiro é elevada.

Em 2011, Urano entrou em sua Casa do Dinheiro, causando grandes mudanças na vida financeira como um todo – seus investimentos, a maneira como você ganha e suas atitudes em relação ao dinheiro.

Júpiter está em sua quarta Casa desde junho de 2012 e permanecerá ali até 27 de junho deste ano. Portanto, haverá mudanças, reformas e um aumento do círculo familiar. Tudo será muito feliz.

Júpiter entrará em sua quinta Casa em 27 de junho, o que indica um período alegre e divertido de férias cósmicas. Você começará a experimentar a alegria de viver. Isso também proporciona sorte nas especulações. As piscianas em idade de engravidar estarão mais férteis que de costume.

Saturno entrou em sua nona Casa no final do ano passado – em outubro – e ficará ali por mais dois anos. Para os estudantes – especialmente os que estão nos níveis de graduação e pós-graduação – será um período difícil. Terão de se esforçar muito mais nos estudos que o habitual. Não haverá "golpes de sorte" – precisarão passar apenas com o mérito. Os que não forem estudantes terão suas crenças testadas – passarão por uma reorganização da mente superior. Geralmente, isso proporciona "crises de fé".

Suas áreas de maior interesse este ano serão corpo e imagem; finanças; lar e família (até 27 de junho); filhos, diversão, criatividade (a partir de 27 de junho); religião, filosofia, metafísica, viagens internacionais; amigos, grupos e atividades coletivas.

Seus caminhos para a maior realização este ano serão lar e família (até 27 e junho); diversão, filhos e criatividade (a partir de 27 de junho); religião, filosofia, metafísica e viagens internacionais.

SAÚDE

(Trata-se de uma perspectiva astrológica sobre a saúde, não de uma visão médica. No passado, essas perspectivas eram idênticas, porém, hoje, podem ocorrer diferenças. Para obter uma opinião com base em diagnósticos da medicina convencional, consulte seu médico ou um profissional da saúde.)

Como Saturno, Urano e Plutão se afastaram de seus aspectos tensos, a saúde melhorou muito nos últimos anos. O período entre 2008 e 2010 foi especialmente delicado. Este ano, apenas um planeta de curso lento – Júpiter – formará um aspecto desfavorável a você, e só até 27 de junho. Depois dessa data, todos os planetas de curso lento estarão em aspectos harmoniosos (a maioria) ou deixando-o em paz. A saúde será boa este ano, e ficará ainda melhor depois de 27 de junho. A sexta Casa vazia confirma a boa saúde. Não será preciso prestar muita atenção nessa área, pois não haverá nenhum problema sério.

Evidentemente, haverá momentos do ano em que a saúde estará "menos tranquila" que de costume, mas serão causados por trânsitos temporários. Quando o trânsito difícil passar, a boa saúde habitual retornará.

Por melhor que esteja sua saúde, você pode deixá-la ainda melhor. Dê mais atenção às seguintes áreas:

Coração e pés. São sempre importantes. Massagens regulares nos pés são uma terapia excelente, e especialmente benéfica para você, que reage a elas melhor que a maioria. Escalda-pés – com hidromassagem – também vão se mostrar muito poderosos. Há muitos aparelhos para isso no mercado, e pode ser aconselhável investir em um deles. Evite preocupação e ansiedade, duas emoções que são as raízes espirituais dos problemas de coração.

Como essas serão as áreas mais vulneráveis do ano, os problemas (caso ocorram) provavelmente começarão nelas. Assim, mantê-las saudáveis é o melhor jeito de exercer a medicina preventiva.

A outra tendência importante na saúde será a entrada de Netuno em seu signo, que aconteceu no ano passado. Isso mostra refinamento do corpo físico, que terá, como mencionamos, sua vibração elevada e se tonará mais sensível. Portanto, hábitos alimentares que nunca o incomodaram no passado podem se tornar um problema. Será necessário alimentar-se de modo mais seletivo. Nunca é aconselhável abusar de álcool ou drogas, e isso é especialmente verdadeiro para os piscianos, ainda mais com Netuno em seu signo. A nova sensibilidade pode provocar uma reação exagerada a essas substâncias.

Já percebi que pessoas sensíveis reagem até mesmo a pesticidas e inseticidas. Esses produtos geralmente são necessários, mas pode ser que você se beneficie ao substituí-los por outros, mais orgânicos, que sejam mais suaves para seu organismo.

Peixes é o mais sensitivo dos signos, embora Escorpião seja um concorrente e tanto. Os piscianos reagem até mesmo a pensamentos negativos. Se estiver perto de um nativo desse signo e desejar ter um bom relacionamento, deve praticar um rigoroso controle mental. Mas, agora, essa sensibilidade será muito intensificada, tornando-se "física" e tangível. Vibrações sutis serão sentidas diretamente no corpo. Caso experimente dores, desconforto ou sensações estranhas no corpo, é provável que não estejam vindo de você, mas que as esteja captando do ambiente – de pessoas a sua volta ou de alguém com quem possui uma conexão espiritual. Será preciso ter cuidado para não se "identificar" com essas sensações. Caso contrário, você passará por todo tipo de procedimentos médicos desnecessários. Enxergue seu corpo como um dos medidores do painel de seu carro. Eles meramente "registram" certas informações, mas não são as próprias informações. Separe-se dessas sensações. Sim, você as terá, mas elas não serão suas.

O Sol é seu planeta da Saúde, um planeta rápido. Durante o curso de um ano, ele passa por todos os signos e casas de seu zodíaco. Assim, haverá muitas tendências de curto prazo na saúde – dependendo de onde o Sol estiver e de que aspectos receber – que serão detalhadas nas "Previsões Mensais".

LAR E FAMÍLIA

Esta será uma área muito importante da vida em 2013, um dos focos principais. Não apenas porque Júpiter ocupará essa Casa até 27 de junho, mas também porque Júpiter é seu planeta da Carreira. É possível dizer que sua missão espiritual será colocar a vida, o lar e a vida doméstica e familiar em ordem este ano. Até 27 de junho, esta será sua maior prioridade.

Sem dúvida, você terá sucesso nessa área. Júpiter é um planeta benevolente e o ajudará.

Como foi mencionado, pode ser que tenham ocorrido mudanças no ano passado, mas se não, é provável que aconteçam este ano. Muitas vezes, as pessoas não se mudam realmente, mas compram casas adicionais e reformam ou expandem a residência atual. O efeito final acaba sendo o mesmo, e é "como se" elas tivessem se mudado.

A presença de Júpiter em sua quarta Casa indica uma expansão do círculo familiar. Geralmente, isso acontece por meio de nascimentos, casamentos ou do encontro com pessoas que são como se fossem da família para você. As piscianas em idade de engravidar estarão mais férteis que de costume.

Você receberá muito apoio familiar este ano – emocionalmente, financeiramente e de outras maneiras. A vida familiar será basicamente feliz.

Esse trânsito indica a prosperidade e o sucesso da família como um todo. O status da família será elevado. E haverá prosperidade e a generosidade de uma figura paterna ou materna.

A presença do planeta da Carreira na quarta Casa tem interpretações terrenas à parte das que mencionamos. Indica que você exercerá a carreira em casa – muitas vezes, mostra um negócio com base doméstica. Mesmo que você trabalhe em um escritório, fará mais trabalho em casa, tornando-a tanto um local para os negócios quanto um lar.

Se os pais ou figuras paterna ou materna forem casados, o relacionamento será muito mais feliz este ano. Um se esforçará muito para ser devotado ao outro. Se os pais ou figuras paterna ou materna forem solteiros, haverá um romance sério em 2013. Eles provavelmente não se mudarão este ano, assim como irmãos e figuras fraternas.

Os filhos ou enteados terão um ano espiritual. Haverá muito crescimento e desenvolvimento interior, que se tornará evidente depois de 27 de junho, quando eles começarem a prosperar e a obter todo tipo de golpes de sorte. Após essa data, entrarão em um ciclo de prosperidade de dois anos.

DINHEIRO E CARREIRA

Muitas das tendências dos últimos dois anos ainda terão validade em 2013. Urano ficará em sua Casa do Dinheiro por mais cerca de cinco anos, o que indica muita experimentação financeira: buscar novas direções, tentar diferentes estratégias financeiras, fugir do caminho habitual e aprender o que funciona para você por tentativa e erro. Isso tornará a vida financeira muito empolgante – sem um momento sem graça sequer –, mas também pode testar sua fé. Você estará em território desconhecido nesse período.

Nos últimos dois anos, você fez drásticas mudanças financeiras – em seus investimentos, na maneira como lida com o dinheiro, na forma de gastar e de ganhar. Esse tipo de mudança provavelmente vai continuar este ano.

Urano rege a indústria de alta tecnologia, as novas invenções e inovações. Assim, essas áreas serão muito atraentes nesse momento e você terá uma boa intuição para elas. Isso também indica que estar atualizado com as últimas tecnologias será importante. Sim, será caro, você precisará gastar dinheiro, mas adquirir esses produtos será extremamente importante para os ganhos.

Urano também rege o mundo on-line – sites, negócios virtuais –, que também será atraente.

Urano rege a mídia eletrônica – rádio, TV e internet – de forma que essas áreas são importantes para as finanças.

Você estará em um período da vida no qual "o de sempre" simplesmente não vai ser o bastante. Você precisará realizar mudanças, fazer as coisas de forma diferente. É como dizem: "Se você continuar fazendo o que sempre fez, como pode esperar um resultado diferente?" Se quiser resultados diferentes, terá de alterar seus métodos.

Urano também é seu planeta espiritual. Portanto, essa entrada em sua Casa do Dinheiro mostra que você se aprofundará nas dimensões espirituais da riqueza. Os piscianos já entendem muito bem esses assuntos, mas agora se aprofundarão neles. Seu desafio será deixar de lado as fontes naturais, terrenas, e acessar as fontes sobrenaturais de fortuna.

Sua intuição costuma ser boa. Peixes talvez seja o signo mais intuitivo. Mas agora, com a presença de Netuno em seu signo, e o planeta espiritual em sua Casa do Dinheiro, a intuição ficará ainda mais aguçada. Siga-a em direção à prosperidade. Ela será basicamente confiável (haverá momentos em que não deve ser seguida cegamente, como quando Netuno ou Urano estiver retrocedendo ou recebendo aspectos tensos, mas em geral será confiável).

Urano estará em conjunção com Plutão durante a maior parte do ano. O aspecto será mais exato – consequentemente, mais poderoso – em outubro e novembro. Isso mostra uma necessidade de tomar cuidado com os aspectos legais de suas finanças. Peça a seu advogado para checar as movimentações financeiras importantes. Aprenda mais sobre as ramificações legais de sua profissão. Um pouco de prudência prevenirá muitas dores de cabeça no futuro.

A carreira estará mediana no começo do ano. Como foi mencionado, será a hora de colocar o lar e a família em ordem. Um negócio com base doméstica é muito provável. Se você trabalha em um escritório, provavelmente estará produzindo mais em casa. No dia 27 de junho, Júpiter entrará em Câncer e começará a formar aspectos fantásticos com Netuno – seu planeta pessoal. Isso indica muito sucesso e ascensão profissional na segunda metade do ano. Mas primeiro a vida doméstica e emocional deve estar organizada. O que é positivo nesse trânsito é que a carreira será divertida. Você aproveitará seu caminho profissional. A carreira pode envolver entretenimento, esportes ou atividades de lazer.

AMOR E VIDA SOCIAL

Sua sétima Casa – do Amor e do Casamento – não será uma casa de poder este ano. Você estará satisfeito com a situação e não terá uma compulsão especial em fazer mudanças drásticas (entretanto, caso sinta vontade, caso se sinta extremamente motivado, terá mais liberdade nessa área).

O amor e as questões sociais simplesmente não serão muito importantes para você este ano. Alguns anos são assim. Você deverá se concentrar em si mesmo, em suas finanças e na situação familiar. Os solteiros estarão em um estágio de preparação para o amor, assim como seus futuros parceiros. A sincronicidade é muito importante nas questões amorosas. Você e sua futura alma gêmea podem se cruzar na rua todos os dias e não se reconhecer – até chegar a hora certa.

Casamento e relacionamentos sérios não serão vistos este ano. Os solteiros provavelmente continuarão solteiros. Os casados tenderão a continuar casados.

De qualquer maneira, os solteiros certamente terão mais encontros e casos amorosos, especialmente depois do dia 27 de junho, quando Júpiter entrar em sua quinta Casa. Mas esses relacionamentos não serão sérios – você estará apenas se divertindo.

Como foi dito, as piscianas em idade de engravidar estarão muito mais férteis que de costume. Para bom entendedor, meia palavra basta.

Para os solteiros, haverá oportunidades de casos amorosos nos lugares habituais, como festas, resorts, boates e pontos de entretenimento. Em 2013, você terá os aspectos para um romance com um superior em seu local de trabalho.

Mercúrio, seu planeta do Amor, é um planeta muito rápido. Ao longo de um ano, ele passa por todos os signos e casas de seu zodíaco. Portanto, haverá muitas tendências de curto prazo no amor, que serão analisadas com mais detalhes nas "Previsões Mensais".

Mercúrio entra em movimento retrógrado três vezes por ano. São períodos para ir com calma no amor, rever sua vida social e amorosa e definir que pontos podem ser melhorados. Não será o momento de tomar nenhum tipo de decisão amorosa importante. Este ano, os períodos em que Mercúrio ficará retrógrado serão de 23 de fevereiro a 16 de março, de 26 de junho a 19 de julho e de 21 de outubro a 9 de novembro. O amor também tende a ficar mais complicado nesses períodos. Portanto, tente ser mais paciente.

AUTOAPRIMORAMENTO

Saturno entrou em sua nona Casa – da Religião, Filosofia, Teologia, Educação Superior e das Viagens ao Exterior – em outubro passado e continuará ali pelos próximos dois anos. Além disso, haverá dois eclipses em sua nona Casa este ano – um lunar em 25 de abril e um solar em 3 de novembro. Esta será uma área da vida que passará por grandes mudanças e agitações.

Há muitos textos sobre a importância da psicologia – do humor e dos sentimentos – como uma influência na vida. Mas não lemos muito a respeito da religião, da filosofia e da metafísica pessoais, o que é estranho, pois na verdade os assuntos da nona Casa são muito mais poderosos do que os da quarta Casa. Sua religião pessoal – todos têm uma – molda sua psicologia. As mudanças que acontecem nessa área – e acontecerão – alteram a vida como um todo. Você interpreta o significado dos eventos de maneira diferente, de forma que terá reações psicológicas diferentes a eles.

Nos panteões antigos, Júpiter (ou Zeus, como os gregos o chamavam), era o Rei do Céu – o mais alto dos deuses. Não por acaso, e o senhor natural da nona Casa. Existe um paralelo. Os assuntos na nona Casa controlam os assuntos de todas as outras casas.

Com Saturno, o rigoroso amante da realidade, passando por essa casa, suas crenças serão testadas, o que é bom. Elas passarão por uma "terapia de realidade". Vão ocorrer eventos em sua vida que contradirão muitas coisas nas quais você acredita – que considera axiomas. Isso levará a uma revisão e uma reorganização de suas crenças. Algumas serão descartadas. Outras, revisadas – ajustadas. E outras ainda – as verdadeiras – permanecerão intactas. No final, você terá uma sólida metafísica pessoal, que sobreviverá ao teste do tempo.

Este será um bom ano para prestar mais atenção a essa área. Quando o assunto são as questões filosóficas, a melhor terapia é luz. Quando estiver em uma crise de fé – e haverá muitas este ano – reze por luz. Não pare até obtê-la. Você tem esse direito. Seja inflexível em relação a isso.

Mencionamos anteriormente que você vai se aprofundar nas dimensões espirituais da riqueza. Talvez, a lição mais importante seja distinguir entre os aspectos "visíveis e tangíveis" da riqueza – dinheiro, carros, casas etc. – e o poder que produz essas coisas. Infelizmente, a maioria de nós idolatra os efeitos colaterais em vez da fonte – o poder que gera a riqueza.

PREVISÕES MENSAIS

JANEIRO

Melhores dias: 6, 7, 14, 15, 24, 25
Dias mais tensos: 2, 3, 8, 9, 21, 22, 23, 29, 30
Melhores dias para o amor: 2, 3, 8, 9, 10, 11, 18, 19, 21, 29, 30, 31
Melhores dias para o dinheiro: 4, 5, 12, 13, 17, 18, 22, 23, 31
Melhores dias para a carreira: 4, 8, 9, 12, 22, 31

Você começará seu ano com a maioria dos planetas na metade superior do zodíaco. Embora tenha passado por um pico profissional anual – que aconteceu no mês passado –, terá um minipico após o dia 19. O lar e a família continuarão sendo muito importantes – um dos focos principais –, mas você poderá se concentrar na carreira. A melhor maneira de servir a sua família neste momento será ser bem-sucedido no mundo profissional. Haverá sucesso depois do dia 19. Os candidatos a emprego terão oportunidades fantásticas. Você conseguirá o favorecimento de chefes, pessoas mais velhas, pais e figuras paterna ou materna durante o mês todo, mas especialmente entre os dias 3 e 5. As especulações também serão propícias nesse período. Haverá um bom resultado financeiro.

A maioria dos planetas estará no setor oriental, do *self* e do interesse por si mesmo. Portanto, você viverá um período de independência e terá mais poder pessoal. As outras pessoas são sempre importantes, mas elas não conseguirão interferir muito No que você vai desejar ou criar. Você terá a chance de fazer as coisas a sua maneira, e sua forma de agir será a melhor. Nem sempre esse é o caso, mas por enquanto será. Assim, se não estiver satisfeito com alguns aspectos de sua vida, procurar mudá-los. A independência pessoal se tornará mais forte ao longo dos próximos meses. O mundo vai estar pronto para se adaptar a você, e não o contrário.

A maioria dos planetas estará em movimento direto – 90 por cento até o dia 30 e 100 por cento depois. As coisas acontecerão rapidamente. Haverá muito progresso em direção a seus objetivos – e no mundo como um todo. Normalmente, este seria um ótimo período para começar novos projetos, mas é melhor esperar até seu aniversário. Seu ciclo solar pessoal ainda vai estar na fase minguante. Em seu aniversário, o ciclo solar ficará crescente.

Os aspectos profissionais serão muito positivos depois do dia 19. Antes dessa data, não estarão tão bons. Entretanto, seu planeta da carreira continuará retrocedendo até o dia 30. Você ainda vai precisar analisar melhor os assuntos profissionais, especialmente novas ofertas e oportunidades. Júpiter também ficará em quadratura com Netuno até o final do mês, o que indica muitas atividades acontecendo nos bastidores. As coisas não serão o que parecem, e você deve examiná-las com mais cuidado e obter mais fatos.

O amor será basicamente feliz este mês. Os solteiros provavelmente não vão se casar, mas haverá oportunidades românticas. A vida social será harmoniosa. Até o dia 19, as oportunidades românticas acontecerão quando você estiver envolvido com grupos, atividades coletivas e amigos. O mundo virtual também proporcionará chances de romance. Depois do dia 19, o amor se tornará mais espiritual – mais idealista. As oportunidades românticas estarão em ambientes espirituais – no retiro espiritual ou de ioga, no seminário de meditação, no encontro de oração, na palestra espiritual ou em eventos de caridade. Muitos progressos amorosos acontecerão nos bastidores. Pode ser que você não os veja externamente ainda, mas estarão acontecendo.

A saúde será boa.

FEVEREIRO

Melhores dias: 2, 3, 11, 12, 20, 21, 22
Dias mais tensos: 5, 18, 19, 25, 26
Melhores dias para o amor: 1º, 9, 10, 11, 12, 18, 19, 20, 21, 25, 26
Melhores dias para o dinheiro: 1º, 9, 11, 12, 13, 14, 18, 20, 21, 22, 27
Melhores dias para a carreira: 1º, 11, 12, 18, 19, 21, 22

A vida espiritual, a vida interior, será o maior destaque do mês. Sua 12ª Casa – da Espiritualidade – estará repleta de planetas, denotando muito interesse e foco. Depois do dia 18, seu signo se tornará muito poderoso – o que também intensifica a vida espiritual. Seu desafio será manter os dois pés no chão e lidar com os detalhes mundanos da vida. Você estará vivendo mais no mundo espiritual do que aqui na Terra. Os que estiverem trilhando o caminho espiritual farão grandes progressos este mês. Aqueles que não estiverem nesse caminho também terão muitas experiências sobrenaturais – mas provavelmente as classificarão como "coincidências". As pessoas que não estiverem no caminho espiritual ficarão propensas a exagerar no álcool e nas drogas nesse período, o que não é aconselhável. O corpo vai estar mais sensível que de costume, e pode ter uma reação exagerada a essas coisas. A verdadeira prática espiritual o deixará mais alto que qualquer droga, e você manterá suas faculdades mentais.

Os planetas estarão em sua posição mais oriental, o que também vale para o mês que vem. Assim, você estará vivendo um período de máximo poder pessoal. Faça as coisas a sua maneira, construa a vida de seus sonhos, crie o que desejar. O cosmos o ajudará. Mais tarde, em alguns meses, será mais difícil fazer isso. Este é o momento.

No dia 18, você entrará em um pico anual de prazer pessoal. Um deles. Por um lado, você poderá desfrutar as delícias sensuais – as fantasias sensuais serão realizadas nesse período. Aproveite. Por outro, este será um ótimo período para deixar o corpo e a imagem em forma – como você quer que eles sejam.

Este será um mês feliz. Haverá prosperidade e sorte nas finanças. As oportunidades financeiras o procurarão – você não vai ter de fazer nada especial. Elas o encontrarão. Dos dias 3 a 5 haverá uma boa recompensa financeira ou uma oportunidade. A intuição financeira – sempre boa – estará excelente neste período. Você precisa apenas confiar nela. Antes de um acontecimento, a intuição parece ilógica, mas, depois, é vista como algo "extremamente racional". É porque a intuição vê o futuro de uma maneira que a mente lógica não é capaz.

Os candidatos a emprego continuarão tendo oportunidades fantásticas este mês, especialmente depois do dia 18. Não haverá nada especial a fazer – as oportunidades irão até você. O período entre os dias 19 e 21 será especialmente propício para quem estiver procurando emprego.

Se você fizer aniversário neste mês, um bom momento para lançar novos projetos, empreendimentos ou produtos será o período entre seu aniversário e o dia 27, quando todos os ciclos cósmicos e pessoais estarão em alinhamento. Caso seu aniversário seja em março, espere até o mês que vem.

A saúde estará excelente. Você vai ter toda a energia de que precisa para realizar seus objetivos.

O amor também estará feliz. Assim como as outras coisas da vida, o amor vai procurá-lo e encontrá-lo. Não será necessário fazer nada especial.

MARÇO

Melhores dias: 2, 3, 10, 11, 20, 21, 29, 30
Dias mais tensos: 4, 5, 17, 18, 19, 24, 25, 26, 31
Melhores dias para o amor: 2, 3, 10, 11, 20, 21, 22, 24, 25, 26, 29, 30, 31
Melhores dias para o dinheiro: 1º, 2, 3, 8, 9, 11, 12, 13, 14, 17, 18, 22, 27, 28, 31
Melhores dias para a carreira: 1º, 4, 5, 8, 9, 17, 18, 27, 28, 31

O elemento Água, seu elemento natural, tornou-se muito poderoso no dia 18 do mês passado e continuará assim até o dia 20 deste mês. Basicamente, esta será uma energia confortável para você. A única advertência é que você precisa manter seus sentimentos positivos e construtivos. O sentimento e a energia emocional são muito poderosos. Quando forem construtivos, você estará no paraíso na Terra. Seus desejos e suas orações serão respondidos com muita rapidez. Mas se as emoções se tornarem negativas, podem acontecer grandes danos e destruições. Haverá uma voltagem mais alta em seus sentimentos, e você pode se descontrolar com muita rapidez. Este mês pode ser um sonho que se torna realidade ou seu pior pesadelo. Depende de você.

A saúde continuará excelente. Além disso, você vai estar mais focado nessa área até o dia 20. A boa saúde é o melhor cosmético que existe. Seu estado físico terá grande impacto em sua aparência. Muito provavelmente, esta será a causa de seu interesse. Você poderá melhorar a saúde ainda mais dando atenção aos pés (com massagens) até o dia 20 e à cabeça, rosto e couro cabeludo (com massagens no couro cabeludo e no rosto) a partir do dia 20. Exercícios físicos serão benéficos após o dia 20. A cura espiritual será muito poderosa dos dias 27 a 30.

Muitos piscianos fazem aniversário este mês. Caso esteja planejando lançar um novo produto ou empreitada, faça-o dos dias 20 a 27. Todos os ciclos cósmicos estarão bem sincronizados para esse fim. Haverá muita força por trás de seus esforços.

A prosperidade será forte durante todo o mês. Até o dia 12, as oportunidades financeiras vão procurá-lo. Não será preciso fazer muita coisa. Você vai gastar consigo mesmo e adotar uma imagem de riqueza. Vai se vestir com roupas mais caras. As pessoas verão que você é rico e próspero. No dia 20, você entrará em um pico financeiro anual. Portanto, as portas do céu estarão abertas, e a afluência virá do alto. A você parecerá que a riqueza vem de "fora", deste mundo, mas essas coisas são apenas efeitos colaterais do temporal de afluência espiritual que cairá sobre você.

Mudanças repentinas no emprego podem acontecer do dia 27 ao dia 30. Mudanças financeiras importantes acontecerão dos dias 18 a 21. Isso normalmente indica oportunidades ou golpes de sorte que "aparecem do nada" – de um lugar inesperado.

Dirija com mais cuidado dos dias 26 a 29. Os irmãos e figuras fraternas devem evitar atividades arriscadas nesse período.

O amor continuará feliz este mês, e você ainda poderá impor seus termos nessa área. O romance ainda o perseguirá, mas o planeta do Amor entrou em movimento retrógrado no dia 23 de fevereiro e continuará assim até o dia 17. Isso indica "falta de direção" na vida amorosa. Os relacionamentos darão a impressão de andar para trás em vez de para a frente. Será um bom momento para rever a vida amorosa e o relacionamento atual e verificar se podem ser feitas melhorias Evite tomar decisões importantes no amor até depois do dia 17, quando haverá clareza nessa área.

ABRIL

Melhores dias: 6, 7, 8, 16, 17, 25, 26
Dias mais tensos: 1º, 14, 15, 21, 22, 27, 28
Melhores dias para o amor: 1º, 7, 8, 9, 10, 19, 21, 22, 27, 28, 29, 30
Melhores dias para o dinheiro: 1º, 4, 5, 9, 10, 14, 15, 21, 23, 24, 29, 30
Melhores dias para a carreira: 7, 8, 14, 15, 19, 27, 28

O poder planetário ainda está basicamente abaixo do horizonte. Esse deslocamento aconteceu em 18 de fevereiro, e fica mais forte a cada dia. Seu foco estará no lar, na família e em seu bem-estar emocional.

Este será um momento para preparar as condições interiores – psicológicas e emocionais – para o futuro sucesso profissional. As pessoas envolvidas com as artes cênicas e os esportes sabem que as preparações, as atividades invisíveis são igualmente importantes – se não mais – que a peça, o concerto ou a produção. Quando as pessoas vão a uma peça, veem apenas a ponta do iceberg. A preparação para a produção foi mais extensa e complicada que a própria produção. E assim será com você. Sua carreira – seu sucesso exterior – será construída durante uma atividade interna e invisível. Você estará em uma fase de sua carreira que acontecerá "nos bastidores", e que não deve ser desconsiderada.

A prosperidade continuará forte. Você ainda vai estar em meio a um pico financeiro anual. Haverá bons resultados financeiros (ou ótimas oportunidades) dos dias 5 a 9 e dos dias 14 a 20. O pessoal de vendas fará bons negócios entre os dias 4 e 9. Escritores e jornalistas venderão seus produtos nesse período. Talvez você compre um carro novo ou equipamentos de comunicação. Um irmão ou figura fraterna vai prosperar. Filhos ou enteados prosperarão dos dias 14 a 20. Você gastará mais com a saúde nesse período, mas também pode obter lucro nesse campo.

Urano formará uma quadratura bastante exata com Plutão este mês – um aspecto muito dinâmico. Haverá turbulência no mundo. Em seu caso, é melhor evitar viagens internacionais (especialmente se não forem necessárias) este mês. Suas crenças religiosas e filosóficas serão desafiadas, o que muitas vezes gera uma crise de fé. Os estudantes farão mudanças drásticas em seus planos educacionais.

A saúde ainda estará boa. Você pode melhorá-la ainda mais dando atenção à cabeça, ao rosto e ao couro cabeludo (massagens no couro cabeludo e no rosto serão muito benéficas) até o dia 19, e ao pescoço e à garganta a partir do dia 19. Massagens no pescoço e terapia sacrocranial serão poderosas.

Sua terceira Casa – da Comunicação – se tornará poderosa no dia 19. Haverá alegria no exercício da mente. Aprender será benéfico para você, tenha ou não algum valor prático. Em seu caso, terá valor prático, mas como efeito colateral. Suas habilidades de comunicação e seus conhecimentos serão importantes no nível financeiro nesse período. Fazer bom uso da mídia – boa propaganda e boas relações públicas – também será importante. As pessoas precisam saber o que você tem a oferecer.

Os candidatos a emprego terão ótimas oportunidades dos dias 19 a 25.

Um eclipse lunar acontecerá em sua nona Casa no dia 25. Ele será benigno para você, mas os filhos e enteados devem ser mantidos longe do período. Esse eclipse terá impacto sobre assuntos legais, que começarão a fazer grandes progressos, e sobre os estudantes, que vão realizar mudanças nos planos educacionais. Evite viagens internacionais e especulações no período do eclipse.

MAIO

Melhores dias: 4, 5, 13, 14, 15, 23, 24, 31
Dias mais tensos: 11, 12, 18, 19, 25, 26
Melhores dias para o amor: 8, 9, 10, 11, 18, 19, 21, 22, 29, 30
Melhores dias para o dinheiro: 2, 3, 6, 7, 8, 9, 10, 11, 12, 18, 19, 21, 22, 27, 28, 29, 30
Melhores dias para a carreira: 8, 9, 10, 11, 12, 21, 22, 29, 30

Ocorrerão dois eclipses este mês. Isso garante que maio será tumultuado e repleto de mudanças dramáticas – principalmente no nível mundial. Para você, o segundo eclipse – lunar, do dia 25 – será o mais forte, mas, de qualquer forma, não custa nada programar uma agenda tranquila para o primeiro.

O eclipse solar no dia 10 acontecerá em sua terceira Casa e terá impacto sobre seu planeta das Finanças. Portanto, acontecerão mudanças financeiras importantes. Algum choque ou surpresa as precipitará. Provavelmente, suas ideias ou planejamentos não eram realistas e o eclipse lhe mostrará o motivo. Carros e equipamentos de comunicação serão testados. Muitas vezes, há uma necessidade de substituição. Mas em outras, essas alterações são apenas temporárias.

Dirija com mais cuidado nesse período e, se possível, evite viagens de carro longas – se não forem necessárias – e as remarque para uma hora mais propícia. Haverá dramas que podem mudar a vida de irmãos, figuras fraternas ou vizinhos. Podem ocorrer mudanças no emprego também. Muitas vezes, essa alteração profissional acontecerá dentro da empresa atual. O local de trabalho vai estar em um estado exaltado. Ao longo dos próximos seis meses, também acontecerão mudanças nos hábitos relacionados à saúde.

A saúde se tornará mais delicada depois do dia 20. Não haverá nenhum problema de longo prazo, mas será um de seus períodos vulneráveis do ano. Você deve programar uma agenda mais tranquila a partir do dia 20, especialmente no período do eclipse do dia 25.

O eclipse lunar no dia 25 acontecerá em sua décima Casa, indicando mudanças na carreira. Não serão apenas mudanças pessoais, mas terão impacto na hierarquia da empresa e da indústria. Esse eclipse terá um impacto direto sobre Netuno, o senhor de seu zodíaco, um planeta muito importante em seu mapa. Portanto, o eclipse produzirá eventos que o forçarão a redefinir a si mesmo, sua personalidade e seu autoconceito. Caso não o faça, outros farão, e provavelmente não será agradável. Quando você começa a mudar a maneira de pensar sobre si mesmo, sua imagem exterior – sua apresentação para o mundo – também se modifica. Assim, haverá alterações no guarda-roupa e no cabelo – alterações na imagem. Se você não tem tido cuidado com a questão alimentar, esse momento pode proporcionar uma desintoxicação do corpo. Em geral, é bom ficar longe de problemas nesse período. Passe mais tempo em casa, com tranquilidade. Leia um bom livro, assista a um filme, medite e reze. É a melhor maneira de lidar com esse tipo de energia.

Aprimore a saúde dando mais atenção ao pescoço e à garganta até o dia 20. Massagens no pescoço serão poderosas, assim como a terapia sacrocranial. Após o dia 20, dê mais atenção ao sistema respiratório, aos pulmões, braços e ombros. A tensão tende a se acumular nos ombros, e precisa ser liberada. Receba massagens regularmente. Exercícios respiratórios e o bom e velho ar fresco sempre são benéficos.

JUNHO

Melhores dias: 1º, 10, 11, 19, 20, 27, 28
Dias mais tensos: 7, 8, 15, 16, 21, 22
Melhores dias para o amor: 1º, 10, 11, 15, 16, 19, 20, 27, 28
Melhores dias para o dinheiro: 2, 3, 7, 8, 9, 17, 18, 25, 26, 27, 30, 31
Melhores dias para a carreira: 8, 9, 17, 18, 21, 22, 26, 27

Sua quarta Casa – do Lar e da Família – se tornou forte no dia 20 do mês passado e continuará assim até o dia 21 deste mês. Será o momento para colocar a situação doméstica e do lar em ordem. Muitas mudanças importantes e felizes acontecerão na carreira – progressos positivos –, mas mesmo assim seu foco deve permanecer na casa, na família e na vida emocional. Quando existe harmonia emocional, a carreira floresce naturalmente. Sua missão espiritual continua sendo sua família – como foi durante o ano todo. Depois do dia 27, quando Júpiter entrar em Câncer, a família ainda será importante, mas haverá mais foco nos filhos ou enteados. Sua missão será estar presente para eles.

O elemento Água se tornará extraordinariamente forte depois do dia 21. Teremos uma situação similar à de fevereiro e março. Sessenta a 70 por cento dos planetas (nos dias 27 e 28 serão 70 por cento) estarão em signos de Água ou passando por eles. As pessoas vão ficar mais emotivas e se guiarão pelos sentimentos. A energia emocional do planeta será muito mais forte que de costume (muitas vezes, chove mais, e ocasionalmente ocorrem enchentes sob esse aspecto). Embora você fique muito confortável com esse excesso de Água, deve certificar-se de que seus sentimentos sejam positivos e construtivos. Quando são positivos, você cria e experimenta o céu na Terra. Quando se tornam negativos, você vive um inferno. Fique alerta.

Para aqueles que trilham o caminho espiritual, haverá importantes implicações metafísicas. Uma oração ou meditação bem-sucedida é quando você consegue alcançar a "sensação" daquilo por que está rezando. Quando isso acontece, a oração é respondida e você pode interromper seu trabalho. Agora, será muito mais fácil alcançar essa sensação, portanto você terá mais poder para manifestar o que deseja. Afirmações positivas são maravilhosas, mas até que a sensação seja obtida, são apenas "palavras" – abstrações. A sensação de sua afirmação chegará com muito mais rapidez que de costume neste período. O trabalho espiritual funcionará melhor.

A saúde melhora muito depois do dia 21. Você terá toda a energia de que precisar para conseguir o que quiser. Os objetivos serão alcançados com muito mais facilidade – com muito menos da confusão, da desordem e do incômodo pelos quais muitos passam. Você entrará em um pico anual de prazer pessoal – que será mais forte do que os demais. Júpiter também vai ingressar em sua quinta Casa. Será um período divertido, suas férias cósmicas.

Haverá muitas oportunidades para breves casos amorosos. Os que estiverem envolvidos em um relacionamento vão se divertir mais com a pessoa amada. O amor terá cara de lua de mel nesse período.

Quando Júpiter entrar em Câncer no dia 27, você começará um ciclo afortunado. Haverá sorte nas especulações; fertilidades para os que tiverem idade; mais criatividade pessoal. Viagens divertidas acontecerão.

JULHO

Melhores dias: 7, 8, 17, 25, 26
Dias mais tensos: 4, 5, 6, 12, 13, 19, 20
Melhores dias para o amor: 1º, 7, 8, 10, 11, 12, 13, 17, 19, 20, 25, 26, 29, 30
Melhores dias para o dinheiro: 1º, 5, 6, 7, 8, 16, 17, 25, 26, 27, 28
Melhores dias para a carreira: 7, 8, 16, 17, 19, 20, 25

Muitas das tendências do mês passado ainda valerão para julho. O elemento Água continua muito poderoso (especialmente depois do dia 22). Você ainda estará em meio a um pico anual de prazer pessoal (talvez o mais importante de sua vida) até o dia 22. A vida será boa nesse período. Haverá alguns desafios? Certamente. Mas o bem e a harmonia serão muito mais fortes. Quando surgirem problemas, você terá muita ajuda para lidar com eles.

Júpiter formará belos aspectos com Netuno este mês, o que vai lhe proporcionar oportunidades profissionais. Você será favorecido por chefes, pessoas mais velhas, pais ou figuras paterna ou materna e aqueles que forem figuras de autoridade em sua vida. Caso tenha problemas com essas pessoas (ou com o governo), este será o melhor momento para lidar com eles. Tudo vai se resolver do melhor jeito possível.

Você vai conhecer novos amigos – amigos poderosos – que serão úteis para sua carreira. Sua capacidade de gerenciamento – a habilidade de resolver os próprios assuntos e os dos outros – estará muito mais forte. Você simplesmente tem um jeito "inato" para isso. A carreira será agradável. Você conseguirá se divertir enquanto exercer sua profissão. Muitos piscianos encontrarão carreiras mais divertidas.

A saúde será excelente durante o mês todo. O maior perigo será exceder-se. O peso pode se tornar um problema. Aproveite, mas não exagere. Você poderá melhorar a saúde dando mais atenção ao estômago e à dieta até o dia 22. As mulheres devem cuidar melhor dos seios. Após o dia 22, preste mais atenção ao coração.

As finanças serão boas este mês. Você será favorecido por um dos pais ou figuras paterna ou materna. Você gastará mais com a casa e com a família, mas poderá obter lucro com essa área. As conexões familiares também serão importantes financeiramente. Marte estará em conjunção com Júpiter dos dias 19 a 27 – um período muito forte para as finanças. Acontecerá um bom resultado financeiro, que pode vir na forma de um aumento de salário (os chefes apoiarão seus objetivos financeiros) ou de sorte nas especulações. Você lucrará graças a sua criatividade. Você terá o favor financeiro dos amigos. As atividades virtuais incrementarão os lucros. Além disso, o momento será propício para se envolver com grupos e organizações.

O amor será feliz, mas ficará sem direção até o dia 21. O planeta do Amor está retrocedendo. Seja mais paciente com a pessoa amada dos dias 17 a 27. Ela ficará propensa a demonstrar um comportamento mais temperamental. Além disso, essa pessoa deve se manter longe de perigos, pois acontecerão eventos que podem mudar sua vida. O amor será testado nesse período.

No dia 21 de maio, o poder planetário se deslocou do oriente para o ocidente. Sua época de independência pessoal terminou. Agora, e nos próximos meses, será necessário conviver com o que criou e se adaptar às circunstâncias da melhor maneira que puder. Felizmente, você estará confortável e essa adaptação não vai ser um problema. Você vai viver um período no qual não "fará" acontecer, mas "deixará" acontecer. As coisas boas já estão preparadas para você, e será apenas uma questão de "sair do caminho" e permitir que se manifestem. Suas habilidades sociais serão importantes nesse momento.

AGOSTO

Melhores dias: 3, 4, 13, 14, 21, 22, 30, 31
Dias mais tensos: 1º, 2, 8, 9, 15, 16, 28, 29
Melhores dias para o amor: 3, 4, 8, 9, 15, 16, 19, 24, 25, 26
Melhores dias para o dinheiro: 3, 4, 13, 14, 21, 22, 23, 24, 30, 31
Melhores dias para a carreira: 3, 13, 14, 15, 16, 21, 22, 30, 31

O período animado dos últimos dois meses ainda não terminou, está apenas mais calmo. Você continua se divertindo e aproveitando a vida, mas faz "pausas para trabalhar" desde o dia 22 do mês passado. Como a sexta Casa – da Saúde e do Trabalho – continuará poderosa até o dia 22, os candidatos a emprego terão aspectos excelentes. Este será um bom mês para realizar todas aquelas pequenas tarefas "chatas" – organizar seus arquivos, certificar-se de que possui cópias dos documentos e arquivos importantes, fazer sua contabilidade, conferir seus cheques etc. Você terá mais habilidade para lidar com detalhes nesse momento, e deve tirar proveito disso.

O poder planetário estara em sua posição mais ocidental este mês e continuará assim em setembro. Lembre-se do que foi dito sobre esse assunto no mês passado. Autoafirmação e teimosia não vão funcionar agora. Deixe que as coisas boas aconteçam, não tente forçá-las. Cultive as boas graças dos outros, pois eles são instrumentos para o seu bem.

O amor será feliz este mês. O planeta do Amor estará em um movimento direto acelerado. Haverá muita confiança nessa área e você dará passos importantes. Os objetivos sociais serão alcançados com rapidez. Além disso, você começará um pico social anual no dia 22, tornando a vida social muito mais ativa que de costume. Provavelmente, os solteiros não vão se casar neste período – os aspectos para um casamento serão muito melhores em 2014 e 2015 –, mas mesmo assim haverá romance e felicidade na vida amorosa. Às vezes, acontece um encontro com a pessoa com quem você se casará no futuro. Em outras, você conhece pessoas "para casar". Isso pode acontecer de muitas formas.

O principal desafio no amor – que acontecerá depois do dia 24 – será superar as diferenças entre você e a pessoa amada. Você conhecerá gente que é seu exato oposto, com perspectivas e posições contrárias sobre a vida e outras coisas. Os que já estiverem em um relacionamento também vão passar por essa situação com o parceiro. Tenha em mente que na astrologia, a pessoa mais oposta a você é seu parceiro natural para o matrimônio. Os opostos podem ser antagonistas, mas em um nível mais alto, são vistos como complementares – caras-metades. Quando os opostos se unem e superam suas diferenças, acontecem os relacionamentos mais poderosos. Evite especulações e riscos financeiros nos dias 1º e 2, pois mudanças importantes estarão acontecendo nessa área. A intuição financeira – ainda que boa – não deverá ser seguida cegamente nesse período. Procure evitar situações arriscadas em geral.

Tenha mais paciência com os pais, figuras paterna ou materna e chefes dos dias 4 a 13. Eles passarão por mudanças pessoais, e talvez fiquem mais temperamentais. Essas pessoas também devem evitar situações arriscadas e ficar longe do perigo nesse período.

A saúde ficará mais delicada depois do dia 22. Como sempre, descanse e relaxe mais. Concentre sua mente no que for de fato importante e deixe para lá o que não for. Dê mais atenção ao coração até o dia 22, e ao intestino delgado depois dessa data. Tensões no amor depois do dia 22 terão um impacto sobre a saúde. Caso isso aconteça, restaure a harmonia o mais rápido possível.

SETEMBRO

Melhores dias: 1º, 9, 10, 18, 19, 27, 28
Dias mais tensos: 4, 5, 6, 11, 12, 24, 25, 26
Melhores dias para o amor: 4, 5, 6, 8, 15, 16, 17, 18, 25, 26, 27, 28
Melhores dias para o dinheiro: 1º, 2, 3, 9, 10, 11, 12, 18, 19, 20, 21, 27, 28, 29, 30
Melhores dias para a carreira: 1º, 9, 10, 11, 12, 18, 19, 27, 28

Os planetas continuarão em sua posição mais ocidental do mês. O poder planetário se afastará de você em vez de ir em sua direção. Será um momento de tirar férias de si mesmo e de seus interesses pessoais e se concentrar nos outros. Alguns diriam que é hora de exercer o "desprendimento". Você não sentirá necessidade de fazer as coisas do seu jeito. Seu próprio bem chegará naturalmente pela lei cármica quando você se focar nos outros. Assim, desde que não seja algo destrutivo, coopere com as pessoas este mês. A maneira de agir delas provavelmente será melhor no momento. Cultive o fator da simpatia, pois por enquanto este será mais importante que as habilidades pessoais ou o mérito.

A saúde continuará precisando de cuidados até o dia 22. Os planetas de curso lento não prejudicarão você, de forma que nada grave acontecerá, mas este vai ser um dos períodos mais vulneráveis do ano. A harmonia no amor e com os amigos será importante para você durante todo o mês. A desarmonia nessa área pode se tornar a raiz de problemas físicos. Dê mais atenção ao intestino delgado (e à dieta) até o dia 22, e aos rins e quadris depois dessa data.

A saúde deve melhorar depois do dia 22. Como este será um mês ativo, agitado, você terá de ser muito criativo para se manter bem-disposto até o dia 22. Estabeleça prioridades e terá energia suficiente. Entretanto, isso requer que façamos escolhas difíceis – e nem todos ficarão contentes.

Você continua em meio a um pico social anual. Mesmo quando sua sétima Casa se enfraquecer depois do dia 22, o signo de Libra (que rege o amor e o romance) será poderoso. Você se sentirá naturalmente atraído para romances com profissionais de saúde e no escritório, e essa tendência se tornará ainda mais forte até o dia 22. Oportunidades românticas não acontecerão apenas nos lugares habituais – festas e reuniões –, mas no local de trabalho e durante sua busca por hábitos saudáveis. Até o dia 9, continuará existindo a necessidade de "superar as diferenças" – de unir os opostos. Se conseguir fazer isso, terá um relacionamento muito poderoso.

No dia 22, quando sua oitava Casa se fortalecer, você ingressará em um período sexualmente ativo. Seja qual for sua idade ou fase da vida, a libido estará mais forte que de costume. Será um bom momento para regimes de desintoxicação em todos os níveis – físico, emocional, mental e financeiro. Os canais espirituais e físicos tendem a ficar obstruídos pela matéria inútil e precisam de uma limpeza periódica.

No dia 22 do mês passado, o poder planetário deslocou-se da metade inferior para a superior do mapa. É hora de concentra-se na carreira e nos objetivos do mundo exterior.

Embora você esteja em um período basicamente afortunado de sua vida, o dinheiro será obtido pelo trabalho. Este não é o horóscopo de um ganhador de loteria. Um desentendimento financeiro com um amigo complicará essa área da vida, mas passará em outubro.

OUTUBRO

Melhores dias: 6, 7, 15, 16, 24, 25
Dias mais tensos: 2, 3, 8, 9, 22, 23, 29, 30
Melhores dias para o amor: 2, 3, 6, 7, 8, 15, 16, 17, 18, 24, 25, 27, 28, 29, 30
Melhores dias para o dinheiro: 1º, 6, 7, 8, 9, 15, 16, 17, 18, 19, 24, 25, 30
Melhores dias para a carreira: 6, 7, 8, 9, 15, 16, 24, 25

Este mês ainda será agitado, mas a saúde estará mais forte e você conseguirá lidar com isso. Faça regimes de desintoxicação, pois eles serão benéficos durante o mês todo. Até o dia 23, continue a dar mais atenção aos rins e aos quadris. Massagens nos quadris também serão benéficas. Após o dia 23, preste mais atenção ao cólon, à bexiga e aos órgãos sexuais. Muitos piscianos estarão mais sexualmente ativos que de costume, mas depois do dia 23 será preciso ter moderação. Se escutar seu corpo, saberá quando parar.

O principal destaque deste mês será o eclipse lunar do dia 18. Basicamente, esse eclipse será benigno para você – o eclipse do mês que vem será muito mais intenso. Ele ocorrerá em sua Casa do Dinheiro, o que indica importantes mudanças financeiras. Muitas vezes, fica claro que o pensamento e o planejamento não são realistas e precisam de ajustes. Investimentos que você julgava bons revelam-se não ser tão bons assim. Às vezes, acontece uma despesa inesperada que força a mudança de hábitos. Marte ingressará em sua sétima Casa no dia 15, o que vai proporcionar oportunidades para negócios, parcerias ou *joint ventures*. Júpiter sofrerá um impacto do eclipse. Portanto, alterações na carreira também estão em andamento. Essas mudanças não serão apenas pessoais, mas podem envolver sua companhia e indústria. Os pais ou figuras paterna ou materna devem ficar longe dos perigos nesse período – assim como os filhos. Haverá eventos que mudarão a vida de pais, figuras paterna ou materna e filhos. Seja mais paciente, pois eles estarão mais temperamentais que de costume. Se você estiver na área de artes criativas – como muitos piscianos –, haverá uma atitude completamente nova em relação a sua criatividade.

Embora o eclipse vá produzir dramas e mudanças, este será um mês basicamente feliz e bem-sucedido. O elemento Água será forte durante o mês todo, mas especialmente depois do dia 23. Você se sentirá confortável com isso, mas lembre-se: quando a energia emocional é dominante, pode agir como uma faca de dois gumes. Quando as energias estão positivas (algo em que é preciso trabalhar), você cria o céu na Terra. Suas orações e desejos se manifestam rapidamente. Caso se tornem negativas – bem... é como uma explosão nuclear.

O amor será feliz este mês, mas faltará direção. Haverá harmonia com a pessoa amada, mas nem você nem o parceiro terão ideia de para onde estão indo. Seu planeta do Amor entrará em movimento retrógrado no dia 21. A falta de direção não será um problema. Este será o momento para obter clareza mental. Mercúrio formará belos aspectos com Júpiter dos dias 17 a 26. Para os solteiros, isso indica um importante encontro amoroso. Para os casados, mais harmonia e romance no relacionamento.

Sua nona Casa – considerada a mais afortunada pelos hindus – se tornará poderosa no dia 23. Portanto, as terras estrangeiras o chamarão. Você terá boas oportunidades educacionais e de viagem. Haverá progressos religiosos e filosóficos para aqueles que os desejam. Nesse momento, uma discussão teológica pode ser mais interessante do que sair à noite.

NOVEMBRO

Melhores dias: 3, 4, 11, 12, 20, 21, 22, 30
Dias mais tensos: 5, 6, 18, 19, 25, 26, 27
Melhores dias para o amor: 3, 4, 7, 11, 12, 16, 17, 20, 21, 22, 25, 26, 27, 30
Melhores dias para o dinheiro: 3, 4, 7, 8, 11, 12, 13, 14, 16, 17, 21, 22, 26, 27, 30
Melhores dias para a carreira: 3, 4, 5, 6, 11, 12, 21, 22, 30

O eclipse solar do dia 3 terá um forte impacto sobre você, então vá com calma e faça tudo o que puder para ficar longe dos perigos. Dirija de maneira cautelosa, evite viagens desnecessárias, atividades arriscadas e confrontos. As pessoas ficam propensas a ter reações exageradas sob essas influências. Esse eclipse pode causar algum susto na saúde. Tanto o planeta da Saúde, o Sol, quanto o senhor do zodíaco, Netuno, serão afetados. Como a saúde estará basicamente boa – não vai haver nenhum planeta de curso lento em posição prejudicial a você – provavelmente não passará de um susto. Obtenha uma segunda opinião. Não faça nada drástico sem pensar. Muitas vezes, quando o senhor do zodíaco é afetado, acontece uma desintoxicação do corpo. Não é uma doença, mas muitas vezes é diagnosticada assim – os sintomas são parecidos. No período do eclipse, passe mais tempo em casa, com tranquilidade. Leia um bom livro, assista a um bom filme, reze e medite. A melhor maneira de passar por trânsitos tensos é estar na vibração mais alta possível. A segurança é uma "condição interna". Em uma vibração alta, você saberá que passos dar. Pode haver mudanças no emprego ou no ambiente de trabalho. Esse eclipse vai ocorrer em sua nona Casa. Para os estudantes, isso indica importantes alterações nos planos educacionais. Às vezes, acontecem reviravoltas e abalos na instituição de ensino. Outras vezes, ocorrem grandes mudanças nas políticas. Seu sistema de crenças, sua filosofia de vida e sua compreensão metafísica serão testados. Passarão por um "choque de realidade", o que é benéfico. Algumas crenças devem ser revistas. Algumas ficarão pelo caminho e serão substituídas por outras melhores. Muitos piscianos têm viajado nos últimos tempos. Nesse caso, marque seus voos para alguns dias antes ou depois do eclipse, tente não viajar nesse período.

No dia 22, quando o Sol cruzar seu Meio do Céu, você ingressará em um pico profissional anual. A carreira esteve boa durante o mês todo, mas ficará ainda melhor depois do dia 22. Haverá muito progresso e sucesso. Você obterá sucesso da maneira tradicional – trabalhando duro. Sua ética profissional será um fator importante. Você simplesmente trabalhará e produzirá mais que seus concorrentes.

A saúde ficará mais delicada depois do dia 22. Não haverá problemas de longo prazo, mas você entrará em um dos períodos mais vulneráveis do ano. Felizmente, estará atento a essa área – a saúde será uma de suas maiores prioridades –, o que é um sinal positivo. Não vai ignorar as coisas. Dê mais atenção ao fígado e às coxas depois do dia 22. Massagens nas coxas serão poderosas. Dos dias 4 a 7, uma visita ao quiroprático ou ao osteopata será uma boa ideia. Cuidado com a postura.

Novembro será um ótimo mês para o amor. O planeta do Amor fará aspectos incríveis com Netuno e Júpiter. Os solteiros conhecerão parceiros românticos. Haverá harmonia com a pessoa amada. O romance acontecerá no exterior com estrangeiros, assim como em ambientes educacionais e religiosos. Os pais ou figuras paterna ou materna também terão mais harmonia no amor. Se forem casados, haverá mais harmonia no relacionamento. Caso sejam solteiros, encontrarão parceiros românticos.

DEZEMBRO

Melhores dias: 1º, 8, 9, 18, 19, 28, 29
Dias mais tensos: 2, 3, 15, 16, 17, 23, 24, 30, 31
Melhores dias para o amor: 1º, 4, 5, 10, 11, 13, 14, 21, 22, 23, 24
Melhores dias para o dinheiro: 1º, 4, 5, 8, 9, 10, 11, 12, 15, 16, 18, 19, 25, 26, 28, 29
Melhores dias para a carreira: 1º, 2, 3, 8, 9, 18, 19, 28, 29, 30, 31

No dia 22 do mês passado, o poder planetário se deslocou do ocidente para o oriente. No dia 5, Mercúrio também vai fazer esse deslocamento, fortalecendo a mudança. Você ingressará em um período de independência e poder pessoais. Alguns podem considerar este um período de "egoísmo". O poder planetário irá em sua direção, em vez de se afastar de você. A época de agradar os outros já está praticamente terminada. É hora de desenvolver a iniciativa pessoal e a autoconfiança. Um bom momento para se tornar responsável por seu destino e criar o que você quer para a vida. Nos últimos seis meses, você percebeu o que precisava ser modificado, e agora será o momento de começar a realizar as mudanças. Há lições que aprendemos ao criar nosso mundo, e outras, aprendemos ao ser forçados a viver com o que criamos. É hora de criar.

A saúde ainda precisará de atenção até o dia 21. O mais importante é conservar as energias. Mas você pode melhorar essa área dando mais atenção ao fígado e às coxas até o dia 21, e a coluna, joelhos, dentes, ossos, pele e alinhamento geral do esqueleto, depois. Massagens nas costas e nos joelhos serão poderosas após o dia 21. Uma visita a um quiroprático ou ao osteopata também será uma boa ideia caso se sinta indisposto.

Você ainda vai estar em um pico profissional anual, de forma que haverá muito sucesso. Como no mês passado, você obterá seu sucesso basicamente por meio do trabalho – do desempenho. Sua boa ética profissional será notada pelos superiores. Oportunidades de carreira surgirão este mês, mas como seu planeta da Carreira estará retrocedendo, deverão ser analisadas com cuidado. Não se apresse, informe-se antes de decidir. Os superiores estarão menos satisfeitos com sua ética de trabalho depois do dia 21, mas será uma situação temporária. Talvez eles mesmos não tenham certeza do que querem. No dia 5, Mercúrio, o planeta do Amor, cruzará o Meio do Céu e ingressará na décima Casa. Isso mostra que a vida social será importante para a carreira. Será importante ir e dar as festas certas – interagir socialmente com aqueles que podem ajudá-lo profissionalmente. O amor será importante nesse período, mas problemático. Você estará irritado e fora de sintonia com a pessoa amada. Esse será um problema de curto prazo que se resolverá depois do dia 24.

O planeta do Amor ficará na casa da Carreira dos dias 5 a 24. Portanto, haverá oportunidades românticas com chefes e superiores. Em geral, você se sentirá atraído por pessoas poderosas e estará propenso a socializar com elas. O amor será "prático" este mês, um trabalho como outro qualquer. A paixão vai estar ausente. Essa será sua função: projetar conscientemente mais amor e afeto para os outros – especialmente para a pessoa amada.

Você vem lidando com mudanças financeiras – e extremos financeiros – o ano inteiro. Mas há mais alterações se aproximando dos dias 23 a 31. A intuição financeira – que estará basicamente boa – não deverá ser seguida cegamente nesse período. Ela pode não significar o que você pensa.

Este livro foi composto na tipologia Minion Pro Regular, em corpo 10/12,5, e impresso em papel off-set 56g/m² no Sistema Cameron da Divisão Gráfica da Distribuidora Record.